Python
财务应用编程

胡奕冰 张炜 穆礼渊 等●著

人民邮电出版社
北京

图书在版编目（CIP）数据

Python财务应用编程 / 胡奕冰等著. -- 北京：人民邮电出版社，2024.6
ISBN 978-7-115-63805-2

Ⅰ．①P… Ⅱ．①胡… Ⅲ．①软件工具－程序设计－应用－财务管理 Ⅳ．①F275

中国国家版本馆CIP数据核字(2024)第042639号

内 容 提 要

本书结合具体实例由浅入深、从易到难地讲解 Python 财务应用的精髓。本书按知识结构分为两篇（共 11 章），第一篇为基础入门篇，讲解 Python 基础知识、NumPy 数组、财务数据采集、财务数据处理与可视化、财务报表分析；第二篇为案例实战篇，讲解企业利润管理、企业成本管理、企业流动资产管理、企业固定资产管理、企业筹资决策分析、企业投资决策分析。

随书附赠的电子资料包括书中案例素材和源代码、所有实例操作过程以及基础知识的视频教程。

本书适合作为财务数据分析相关人员的学习参考书，也适合作为各学校和培训机构相关专业教师和学生的教学和自学辅导书。

♦ 著　　胡奕冰　张　炜　穆礼渊　等
　　责任编辑　胡俊英
　　责任印制　王　郁　焦志炜

♦ 人民邮电出版社出版发行　　北京市丰台区成寿寺路 11 号
　邮编 100164　电子邮件 315@ptpress.com.cn
　网址 https://www.ptpress.com.cn
　固安县铭成印刷有限公司印刷

♦ 开本：787×1092　1/16
　印张：22.75　　　　　2024 年 6 月第 1 版
　字数：569 千字　　　2024 年 6 月河北第 1 次印刷

定价：89.80 元

读者服务热线：(010)81055410　印装质量热线：(010)81055316
反盗版热线：(010)81055315
广告经营许可证：京东市监广登字 20170147 号

前言

  Python 简单易学，可以让用户简单、有效地对数据进行处理，编写出易读、易维护的代码。Python 是一门功能强大、跨平台的计算机脚本语言，鉴于其开源特性，Python 易于扩展，有着丰富的扩展库，开发者可以用 Python 实现完整应用程序所需的各种功能，轻松完成各种高级任务，并且所编写的代码可以被移植到许多平台。

一、本书特色

  本书具有五大特色。

- 特色 1：针对性强。

  本书编者根据自己在财务应用领域多年的工作经验和教学经验，针对初学者学习 Python 财务数据处理的难点和疑点由浅入深、全面细致地讲解 Python 在财务应用领域的各种功能及其使用方法。

- 特色 2：实例专业。

  书中的很多实例本身就是财务应用项目案例，经过编者精心提炼和改编，不仅能保证读者掌握知识点，还能帮助读者掌握实际的操作技能。

- 特色 3：提升技能。

  本书从全面提升读者的 Python 财务应用操作能力的角度出发，结合大量的实例来讲解如何利用 Python 实现财务专业应用，真正让读者懂得财务数据处理并能够独立地完成各种财务数据分析任务。

- 特色 4：内容全面。

  本书在有限的篇幅内，讲解 Python 的大部分常用功能，内容涵盖 Python 基础知识、NumPy 数组、财务数据采集、财务数据处理与可视化、财务报表分析、企业利润管理、企业成本管理、企业流动资产管理、企业固定资产管理、企业筹资决策分析、企业投资决策分析等。通过学习本书，读者可以较为全面地掌握 Python 财务应用相关知识。本书不仅有透彻的讲解，还有丰富的实例，通过对这些实例的演练，能够帮助读者找到一条学习 Python 财务应用的捷径。

- 特色 5：知行合一。

  本书结合大量的财务应用实例，详细讲解 Python 的知识要点，让读者在学习实例的过程中潜移默化地掌握 Python 软件操作技巧，培养读者财务应用与数据分析的实践能力。

二、电子资料使用说明

  本书还随书赠送了一系列电子资料，其中包括本书配套的案例素材及源码文件，以及其他有助于自学和教学的资源。本书配套的视频教程可以通过微信"扫一扫"功能扫描正文中的二维码观看。

三、本书服务

1. 安装软件的获取

按照本书上的实例进行操作练习，以及使用 Python 进行财务应用与数据分析练习时，需要事先在计算机上安装相应的软件。读者可访问官网下载并安装 Python。

2. 关于本书的技术问题或有关本书信息的发布

读者遇到有关本书的技术问题，可以在 QQ 群 609322744 直接留言，我们将尽快回复。

四、本书编写人员

本书主要由中国农业大学国际学院的胡奕冰、河北省农业农村厅的张炜、某部石家庄审计中心的穆礼渊、河北省农业农村厅的张晓敏和河北农业项目监测中心的刘朋以及河北农业大学经济管理学院的张晓璇编写。其中胡奕冰执笔编写了第 1~3 章，张炜执笔编写了第 4~5 章，穆礼渊执笔编写了第 6~7 章，张晓敏执笔编写了第 8~9 章，刘朋执笔编写了第 10 章，张晓璇执笔编写了第 11 章。杨雪静为本书的出版提供了大量的帮助，在此一并表示感谢。

由于编者水平有限，书中不足之处在所难免，望广大读者加入 QQ 群 609322744 参与交流和讨论，帮助我们更好地改进内容。

编　者

2023 年 10 月

资源与支持

资源获取

本书提供如下资源：
- 本书案例素材及源代码；
- 书中彩图文件；
- 本书思维导图；
- 异步社区 7 天 VIP 会员。

此外，本书还额外附赠效率提升资源包。
- 提升工作效率：
  - AI 工具全面指南；
  - AI 工具全景图。
- 提升教学效率：
  - 教学大纲；
  - 课程教案；
  - 课程标准；
  - PPT 串讲。

要获得以上资源，您可以扫描下方二维码，根据指引领取。

提交错误信息

作者和编辑尽最大努力来确保书中内容的准确性，但难免会存在疏漏。欢迎您将发现的问题反馈给我们，帮助我们提升图书的质量。

当您发现错误时，请登录异步社区（https://www.epubit.com），按书名搜索，进入本书页面，单击"发表勘误"，输入错误信息，单击"提交勘误"按钮即可（见下图）。本书的作者和编辑会对您提交的错误信息进行审核，确认并接受后，您将获赠异步社区的 100 积分。积分可用于在异步社区兑换优惠券、样书或奖品。

与我们联系

我们的联系邮箱是 contact@epubit.com.cn。

如果您对本书有任何疑问或建议,请您发邮件给我们,并请在邮件标题中注明本书书名,以便我们更高效地做出反馈。

如果您有兴趣出版图书、录制教学视频,或者参与图书翻译、技术审校等工作,可以发邮件给我们。

如果您所在的学校、培训机构或企业,想批量购买本书或异步社区出版的其他图书,也可以发邮件给我们。

如果您在网上发现有针对异步社区出品图书的各种形式的盗版行为,包括对图书全部或部分内容的非授权传播,请您将怀疑有侵权行为的链接发邮件给我们。您的这一举动是对作者权益的保护,也是我们持续为您提供有价值的内容的动力之源。

关于异步社区和异步图书

"**异步社区**"是由人民邮电出版社创办的IT专业图书社区,于2015年8月上线运营,致力于优质内容的出版和分享,为读者提供高品质的学习内容,为作译者提供专业的出版服务,实现作者与读者在线交流互动,以及传统出版与数字出版的融合发展。

"**异步图书**"是异步社区策划出版的精品IT图书的品牌,依托于人民邮电出版社在计算机图书领域的发展与积淀。异步图书面向IT行业以及各行业使用IT的用户。

目录

第一篇 基础入门篇

第1章 Python基础知识 3
- 1.1 初识Python 3
  - 1.1.1 Python简介 3
  - 1.1.2 安装Python 4
  - 1.1.3 解释器IDLE Shell 3.11.0 9
  - 1.1.4 安装Python库 10
- 1.2 集成开发环境PyCharm 11
  - 1.2.1 安装PyCharm 12
  - 1.2.2 配置PyCharm 14
  - 1.2.3 PyCharm的编辑环境 16
  - 1.2.4 运行Python文件 18
  - 1.2.5 加载模块库 19
  - 1.2.6 导入模块 20
- 1.3 Python语法基础 21
  - 1.3.1 语法规范 21
  - 1.3.2 标识符 22
  - 1.3.3 基本符号 23
  - 1.3.4 功能符号 25
  - 1.3.5 Python数据类型 26
  - 1.3.6 程序结构 29
  - 1.3.7 常用的输入、输出函数 31

第2章 NumPy数组 35
- 2.1 数组与矩阵 35
  - 2.1.1 创建数组 35
  - 2.1.2 创建矩阵 40
- 2.2 数组运算 42
  - 2.2.1 数组的维数 42
  - 2.2.2 数组变维 43
  - 2.2.3 扩展数组 46
  - 2.2.4 连接数组 48
  - 2.2.5 拆分数组 50
  - 2.2.6 统计函数 52
- 2.3 矩阵运算 55
  - 2.3.1 乘法运算 55
  - 2.3.2 求逆与转置 57
  - 2.3.3 矩阵范数 59
  - 2.3.4 计算特征值 59

第3章 财务数据采集 61
- 3.1 直接获取财务数据 61
  - 3.1.1 安装数据处理库pandas 61
  - 3.1.2 pandas数组数据 62
  - 3.1.3 安装PrettyTable库 67
  - 3.1.4 PrettyTable表格数据 68
- 3.2 从文件获取财务数据 74
  - 3.2.1 电子表格文件 75
  - 3.2.2 文本文件 85
  - 3.2.3 数据集文件 87
- 3.3 通过检索获取财务数据 89
  - 3.3.1 检索数据库 89
  - 3.3.2 网络爬虫 94
- 3.4 保存财务数据 97
  - 3.4.1 保存为Excel文件 98
  - 3.4.2 保存为CSV文件 100
- 3.5 格式化表格 101
  - 3.5.1 设置单元格格式 101
  - 3.5.2 页面设置 104

第4章 财务数据处理与可视化 107
- 4.1 数据处理 107
  - 4.1.1 数据清洗 107
  - 4.1.2 数据合并 114
  - 4.1.3 数据提取 117
  - 4.1.4 数据分类 119
  - 4.1.5 数据排序 121
  - 4.1.6 统计分组 124
- 4.2 图表结构 128
  - 4.2.1 图窗 129
  - 4.2.2 坐标系和坐标轴 132
- 4.3 可视化图表 134
  - 4.3.1 绘制折线图 134
  - 4.3.2 绘制条形图 136

| 4.3.3 绘制饼图 138
| 4.3.4 绘制散点图 140
| 4.3.5 绘制面积图 142
| 4.3.6 绘制箱形图 144
| 4.3.7 绘制雷达图 146
| 第 5 章 财务报表分析 149
| 5.1 财务报表概述 149
| 5.1.1 财务报表分类 149
| 5.1.2 财务报表的组成 150
| 5.1.3 财务报表分析分类 151
| 5.1.4 财务报表分析的基本方法 151
| 5.2 操作 Excel 文件 153
| 5.2.1 执行算术运算 153
| 5.2.2 创建图表 154
| 5.3 编制财务报表 159

| 5.3.1 资产负债表 160
| 5.3.2 利润表 161
| 5.3.3 现金流量表 162
| 5.4 财务比率分析 164
| 5.4.1 偿债能力 164
| 5.4.2 营运能力 169
| 5.4.3 盈利能力 173
| 5.5 根据财务报表计算财务比率 177
| 5.5.1 读取财务报表 177
| 5.5.2 编制财务比率表 178
| 5.5.3 计算财务比率 179
| 5.6 使用数据透视表分析数据 181
| 5.6.1 数据透视表的组成 181
| 5.6.2 创建数据透视表 182

第二篇 案例实战篇

第 6 章 企业利润管理 187
  6.1 销售预测 187
      6.1.1 移动平均法预测销售量 188
      6.1.2 指数平滑法预测销售额 191
  6.2 某企业利润的影响因素分析 198
      6.2.1 量本利分析法 199
      6.2.2 创建利润影响因素分析模型 199
      6.2.3 对利润影响因素进行测算 201
      6.2.4 使用图表展示分析结果 204
  6.3 某产品利润敏感性分析 206
      6.3.1 利润敏感性分析 206
      6.3.2 建立利润敏感性分析模型 207
      6.3.3 查看单因素变动对利润的
            影响 208
      6.3.4 查看多因素变动对利润的
            影响 211

第 7 章 企业成本管理 214
  7.1 生产成本预测 214
      7.1.1 历史成本分析法预测成本 215
      7.1.2 因素分析法预测成本 221
      7.1.3 利润推算法预测成本 227
  7.2 某企业生产成本汇总分析 229
      7.2.1 编制各产品成本分析表 229
      7.2.2 编制总生产成本分析表 235

      7.2.3 编制生产成本汇总表 239
      7.2.4 全年生产成本统计分析 242
      7.2.5 全年生产成本趋势分析 246
      7.2.6 全年生产成本结构分析 250
      7.2.7 总生产成本年度比较 254

第 8 章 企业流动资产管理 259
  8.1 现金管理 259
      8.1.1 计算最佳现金持有量 259
      8.1.2 现金日记账管理 265
      8.1.3 银行日记账管理 267
  8.2 应收账款管理与分析 270
      8.2.1 建立应收账款统计表 270
      8.2.2 往来单位应收账款明细表 272
      8.2.3 应收账款的账龄分析 275
  8.3 存货管理 278
      8.3.1 存货的经济批量基本模型 278
      8.3.2 有数量折扣的经济批量模型 280
      8.3.3 允许缺货时的经济批量模型 281

第 9 章 企业固定资产管理 284
  9.1 建立固定资产统计表 284
      9.1.1 编制固定资产统计表 284
      9.1.2 创建分类汇总 287
  9.2 固定资产计提折旧 289
      9.2.1 计提折旧常用方法 289

9.2.2 编制固定资产折旧表⋯⋯⋯⋯295
9.2.3 编制固定资产报表⋯⋯⋯⋯298
9.3 固定资产更新决策分析⋯⋯⋯⋯302

第10章 企业筹资决策分析⋯⋯⋯307
10.1 货币时间价值函数⋯⋯⋯⋯⋯307
10.1.1 等额还款函数⋯⋯⋯⋯⋯⋯307
10.1.2 本金计算函数⋯⋯⋯⋯⋯⋯309
10.1.3 利息计算函数⋯⋯⋯⋯⋯⋯311
10.1.4 利率计算函数⋯⋯⋯⋯⋯⋯312
10.2 建立借款筹资的还款计划表⋯⋯⋯⋯⋯⋯⋯⋯⋯314
10.2.1 等额摊还法计划表⋯⋯⋯314
10.2.2 等额本金还款法计划表⋯⋯316
10.3 借款筹资决策⋯⋯⋯⋯⋯⋯⋯318
10.4 租赁筹资决策分析⋯⋯⋯⋯⋯320
10.4.1 建立租赁筹资模型⋯⋯⋯321
10.4.2 计算租赁筹资方案的现值⋯⋯322
10.4.3 租赁筹资租金摊销计划表⋯⋯324

第11章 企业投资决策分析⋯⋯⋯329
11.1 投资指标函数⋯⋯⋯⋯⋯⋯⋯329
11.1.1 计算净现值⋯⋯⋯⋯⋯⋯⋯329
11.1.2 计算内部收益率⋯⋯⋯⋯⋯331
11.1.3 计算修正内部收益率⋯⋯⋯333
11.2 投资决策分析⋯⋯⋯⋯⋯⋯⋯335
11.2.1 计算投资回收期⋯⋯⋯⋯⋯335
11.2.2 投资决策模型⋯⋯⋯⋯⋯⋯339
11.2.3 创建投资计划评估表⋯⋯⋯340
11.3 投资项目敏感性分析⋯⋯⋯⋯342
11.3.1 投资项目敏感性分析的步骤⋯⋯343
11.3.2 多因素变动对净现值的影响⋯⋯⋯⋯⋯⋯⋯⋯⋯⋯347
11.3.3 单因素变动对净现值的影响⋯⋯⋯⋯⋯⋯⋯⋯⋯⋯352

第一篇

基础入门篇

本篇主要介绍 Python 编程的一些基础知识与 Python 财务应用的基础知识,包括 Python 基础知识、NumPy 数组、财务数据采集、财务数据处理与可视化、财务报表分析等。通过本篇的学习,读者可以打下在财务方面应用 Python 的基础,为后面的具体案例实战进行必要的知识准备。

第 1 章　Python 基础知识

Python 简单易学，易于扩展，有着丰富的扩展库，开发者可以用 Python 实现完整应用程序所需的各种功能，轻松完成各种高级任务，并且所编写的代码可以被移植到许多平台。因此 Python 是一门功能强大、跨平台的计算机脚本语言。

"工欲善其事，必先利其器。"本章主要介绍 Python 的安装方法、数据类型、集成开发环境、常用的模块库，以及程序结构等，帮助读者初步认识 Python，对 Python 的功能和工作环境有大体的了解。

1.1　初识 Python

Python 是一种面向对象、解释型的编程语言，距今已有 30 多年的发展历史，成熟且稳定。它包含一组完善而且容易理解的标准库，语法非常简洁和清晰，能够轻松完成许多常见的任务。

1.1.1　Python 简介

1989 年，荷兰数学和计算机科学研究学会（Centrum Wiskunde & Informatica，CWI）的吉多·范罗苏姆（Guido van Rossum）为了克服 ABC 语言非开放的缺点，受 Modula-3 的影响，结合 UNIX Shell 和 C 的用法，使用 C 语言开发了一个新的脚本解释程序，命名为 Python。

1991 年发布 Python 的第一个版本。此时 Python 已经具有类、函数、异常处理，包含表和词典在内的核心数据类型，以及以模块为基础的拓展系统。1991—1994 年，Python 增加了 lambda、map、filter 和 reduce。1995 年，Guido van Rossum 继续他在 Python 方面的工作，发布了它的多个版本。1999 年，Python 的 "Web 框架之祖"——Zope 发布。

2000 年 5 月，Guido van Rossum 和 Python 核心开发团队转到 BeOpen，并组建了 BeOpen PythonLabs 团队。同年 10 月，BeOpen PythonLabs 团队发布了 Python 2，该版本加入了内存回收机制，构成了现在 Python 语言框架的基础，该系列稳定版本是 Python 2.7。

2001 年，Python 软件基金会（Python Software Foundation，PSF）成立，这是一个专为拥有 Python 相关知识产权而创建的非营利组织。2004 年，Web 框架 Django 诞生，自此以后，Python 的使用率呈线性增长。

2008 年 12 月 3 日，发布了 Python 3，该版本不完全兼容 Python 2。2011 年 1 月，Python 3 被 TIOBE 编程语言排行榜评为 2010 年年度语言。

2021 年 10 月 4 日，Python 正式发布了 3.10 版本。2022 年 10 月 24 日，发布 3.11 版本。

自诞生之初，Python 的定位就是优雅、明确、简单，因此提供了高效的高级数据结构，Python

是严谨的程序设计语言,这使得 Python 程序总是简单易懂,被广泛应用于系统管理任务的处理和 Web 编程,成为最受欢迎的程序设计语言之一。其主要特点有以下几点。

- Python 是一种解释型语言:开发过程中没有编译这个环节,类似于 PHP 和 Perl 语言。
- Python 是交互式语言:可以在一个 Python 命令提示符>>>后直接执行代码。
- Python 是面向对象语言:Python 是支持面向对象的风格或将代码封装在对象中的编程技术。
- Python 是适合初学者使用的语言:Python 对初级程序员而言,是一种伟大的语言,它支持广泛的应用程序开发,从简单的文字处理软件到浏览器再到游戏都支持。

1.1.2 安装 Python

Python 是一门解释型脚本语言,要运行编写的代码,需要先安装 Python 解释器。

1. 下载 Python

在浏览器中打开 Python 官网下载页面,向下滑动页面,在"Looking for a specific release?"列表框中可以看到可下载的 Python 版本列表(从 Python 2.0.1~Python 3.11.0,Python 3.11.0 为写稿时最新版本),如图 1-1 所示。

图 1-1 Python 版本列表

单击要下载的版本右侧的"Download",即可进入指定版本的安装程序下载页面。如果要下载最新版本 3.11.0,还可以直接单击官网顶部的"Download Python 3.11.0"按钮,进入图 1-2 所示的下载页面。

> 提示
>
> 每个版本的 Python 根据不同的计算机操作系统,分为不同的安装程序。计算机操作系统包括 Windows、Linux/UNIX、macOS 等。一般读者都使用 Windows 系统,因此这里只介绍 64 位 Windows 环境下的 Python 3.11.0 下载及安装过程。本书中介绍的程序也是在该系统下进行演示的。

Version	Operating System	Description	MD5 Sum	File Size	GPG	Sigstore	
Gzipped source tarball	Source release		c5f77f1ea256dc5bdb0897eeb4d35bb0	26333656	SIG	CRT	SIG
XZ compressed source tarball	Source release		fe92acfa0db9b9f5044958edb451d463	19819768	SIG	CRT	SIG
macOS 64-bit universal2 installer	macOS	for macOS 10.9 and later	98fa94815780c9330fc2154559365834	42602603	SIG	CRT	SIG
Windows embeddable package (32-bit)	Windows		0888959642cc8af087d88da3866490a5	9560053	SIG	CRT	SIG
Windows embeddable package (64-bit)	Windows		7df0f4244e5a66760b7caaed58e86c93	10545380	SIG	CRT	SIG
Windows embeddable package (ARM64)	Windows		e3dbbd5d63c6cb203adc6c0c8ca5f5f7	9765886	SIG	CRT	SIG
Windows installer (32-bit)	Windows		e369a267acaad62487223bd835279bb9	23987136	SIG	CRT	SIG
Windows installer (64-bit)	Windows	Recommended	4fe11b2b0bb0c744cf74aff537f7cd7f	25157416	SIG	CRT	SIG
Windows installer (ARM64)	Windows	Experimental	18e5bd9a4854109adf3b77c7c9dc1ded	24289144	SIG	CRT	SIG

图 1-2 下载页面

单击要下载的安装程序 Windows installer(64-bit)，即可下载 Python 3.11.0 的安装程序 python-3.11.0-amd64.exe（64 位的完整的离线安装程序）。

2．安装 Python

（1）双击安装程序 python-3.11.0-amd64.exe，弹出图 1-3 所示的 "Python 3.11.0(64-bit) Setup" 对话框。

下面介绍图 1-3 所示界面中的选项。

- Install Now：默认安装，且默认安装路径不能更改（一般默认安装在 C 盘）。
- Customize installation：自定义安装，可指定安装路径和安装设置。
- Use admin privileges when installing py.exe：勾选该复选框，可使用管理员权限安装 Python。
- Add python.exe to PATH：勾选该复选框，可将 Python 自动添加到环境变量中。

（2）勾选 "Add python.exe to PATH" 复选框，如图 1-3 所示。这样可以将 Python 命令工具所在目录添加到系统 PATH 环境变量中，以后开发程序或者执行 Python 命令会非常方便。

提示

> 勾选 "Add python.exe to PATH" 复选框这一步非常重要。如果不勾选该复选框，Python 安装完成后，命令提示符窗口中会显示 "'python' 不是内部或外部命令，也不是可运行的程序或批处理文件。"，如图 1-4 所示。要解决这种问题，就需要手动在计算机的环境变量中添加 Python 安装路径。

图 1-3　安装界面

图 1-4　安装错误信息

（3）单击 "Customize installation" 选项，弹出图 1-5 所示的选项设置界面 "Optional Features"，在这里可以选择默认参数设置。

- Documentation：勾选该复选框，安装 Python 帮助文档。
- pip：勾选该复选框，可安装下载 Python 的工具 pip。pip（Python install package）是通用的 Python 包管理工具。
- tcl/tk and IDLE：安装开发环境 tkinter 和 IDLE（Integrated Development and Learning Environment，集成开发和学习环境）。
- Python test suite：安装标准库测试套件。
- py launcher：安装 Python 的启动器。
- for all users(requires admin privileges)：适用于所有用户（需要管理员权限）。

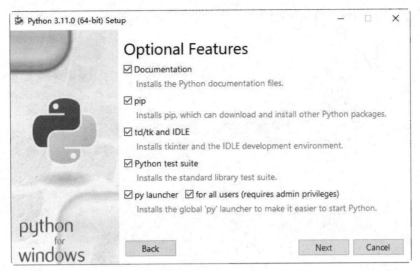

图 1-5　选项设置界面

（4）单击"Next"按钮，进入图 1-6 所示的高级设置界面"Advanced Options"，在"Customize install location"文本框中更改安装路径（选择的路径应具有写入权限，不建议安装在 C 盘），其余保持默认设置。

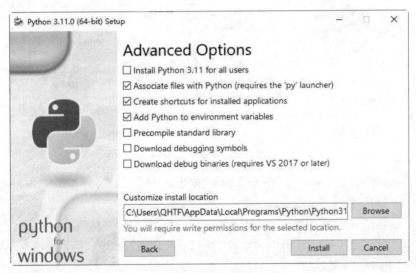

图 1-6　高级设置界面

（5）单击"Install"按钮，即可开始安装 Python，此时对话框内显示安装进度，如图 1-7 所示。由于系统需要复制大量文件，所以需要等待几分钟。在安装过程中，可以随时单击"Cancel"按钮终止安装过程。

（6）安装成功后，显示安装成功界面"Setup was successful"，如图 1-8 所示。单击"Close"按钮关闭对话框，即可完成 Python 3.11.0 的安装工作。

3．检查安装是否成功

Python 安装结束后，还需要检查安装是否成功。

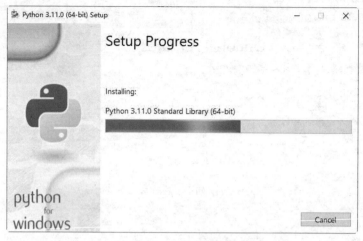

图 1-7　安装进度界面

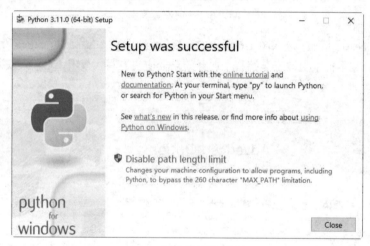

图 1-8　安装成功界面

（1）安装结束后，单击桌面左下角的"开始"按钮，在弹出的菜单中选择"Windows 系统"→"运行"命令，打开"运行"对话框。

（2）在"运行"对话框中执行"cmd"命令，打开命令提示符窗口。

（3）在命令提示符后输入"python"，然后按 Enter 键执行命令，如果出现图 1-9 所示的运行结果，表示 Python 安装成功。

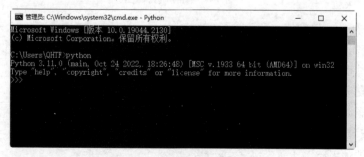

图 1-9　安装检查运行结果

1.1 初识 Python

● **实例 1：初识 Python 的交互式运行环境**

安装好 Python 后，接下来通过一个简单的加减法运算实例，帮助读者熟悉 Python 的交互式运行环境。

操作步骤如下。

（1）按 Windows+R 快捷键，打开"运行"对话框。

（2）在"打开"文本框中输入"cmd"，单击"确定"按钮或按 Enter 键，打开命令提示符窗口，如图 1-10 所示。

实例1：初识 Python 的交互式运行环境

（3）在命令提示符后输入"python"命令，按 Enter 键，显示 Python 的版本信息，同时启动交互式运行环境，并显示命令提示符>>>，如图 1-11 所示。

（4）在命令提示符>>>后输入下面的代码：

```
25+18-22
```

（5）按 Enter 键执行命令，即可在命令提示符窗口中立即看到运行结果，并输出一个新的命令提示符>>>，如图 1-11 所示。

图 1-10　命令提示符窗口

图 1-11　命令运行结果

（6）按 Ctrl+Z 快捷键或者输入"exit()"命令，然后按 Enter 键，即可退出交互式运行环境，回到 Windows 命令行程序，如图 1-12 所示。

图 1-12　退出交互式运行环境

1.1.3　解释器 IDLE Shell 3.11.0

Python 解释器 IDLE Shell 3.11.0 是一个功能完备的交互式编程客户端，在安装 Python 时会自动安装。

在"开始"菜单中选择"Python 3.11"文件夹中的"IDLE(Python 3.11 64-bit)"，即可启动 IDLE Shell 3.11.0，如图 1-13 所示。

在命令提示符后输入命令，按 Enter 键即可执行命令，查看运行结果，如图 1-14 所示。

在 IDLE Shell 3.11.0 中还可以新建 Python 文件。对于较复杂的程序或后续需要重复执行的程序，可以选择"File"→"New File"命令，新建Python文件，在文件中编写程序并保存，如图1-15所示。

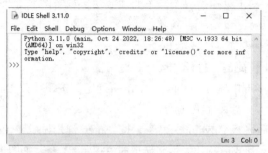

图1-13　IDLE Shell 3.11.0解释器

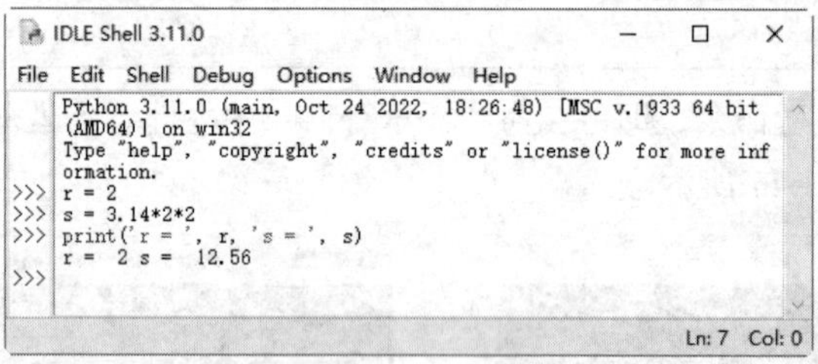

图1-14　运行结果

在菜单栏选择"Run"→"Run Module"命令，或直接按F5快捷键，即可运行文件中的程序，如图1-16所示。

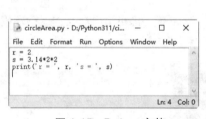

图1-15　Python文件

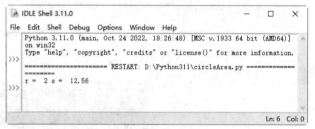

图1-16　运行结果

当然，也可以打开命令提示符窗口，进入文件保存的路径，然后执行"python circleArea.py"（Python文件名称），即可输出运行结果。

1.1.4　安装Python库

Python的一大特色是其拥有丰富的模块库，模块库分为3类：Python标准库、第三方库、应用程序自定义模块库。财务分析使用到的模块库通常包括NumPy、pandas、Matplotlib、SciPy、PrettyTable等。所有第三方库需要下载、安装、导入后才可以应用。

安装模块库可以使用包管理工具pip3和Anaconda3，本书介绍使用pip3安装模块库的方法。

pip3是Python 3用来管理包的工具，可以用来安装、升级、卸载第三方库，查看包信息等。

利用pip3，用户可以借助工具（例如twine）将自己所写的包发布到PyPI（Python Package Index，Python包索引）。在安装Python 3.11时已经安装了pip3工具。

下面以安装数值计算扩展库NumPy为例，介绍使用pip3安装Python模块库的操作方法。

（1）按Windows+R快捷键打开"运行"对话框，输入"cmd"后按Enter键，打开命令提示符窗口，显示当前系统的用户名，例如：

```
C:\Users\QHTF>
```

（2）在命令提示符窗口中输入如下命令并按Enter键执行：

```
pip3 install numpy
```

出现NumPy的安装过程信息，显示如下：

```
C:\Users\QHTF>pip3 install numpy
Collecting numpy
  Downloading numpy-1.23.5-cp311-cp311-win_amd64.whl (14.6 MB)
```

（3）安装结束后，显示安装成功信息：

```
Installing collected packages: numpy
Successfully installed numpy-1.23.5
```

（4）启动Python，在命令提示符窗口中输入下面程序并按Enter键执行，可以验证安装是否成功：

```
from numpy import *
eye(4)
array([[1., 0., 0., 0.],
       [0., 1., 0., 0.],
       [0., 0., 1., 0.],
       [0., 0., 0., 1.]])
```

提示

> from numpy import * 表示导入NumPy库。
> eye(4)用于生成单位矩阵，该矩阵对角线上的元素为1，其余位置的元素为0。

如果未安装成功，会以红色字体显示如下所示的警告信息：

```
Traceback (most recent call last):
  File "<pyshell#19>", line 1, in <module>
    from numpy import *
ModuleNotFoundError: No module named 'numpy'
```

1.2　集成开发环境PyCharm

PyCharm是由捷克的软件开发公司JetBrains打造的一款Python IDE（Integrated Development Environment，集成开发环境）。PyCharm具备一般Python IDE的功能，比如调试、语法高亮、项目管理、代码跳转、智能提示、自动完成、单元测试、版本控制等。PyCharm还提供了一些很好的功能用于Django开发，支持Google App Engine，还支持在.NET和Mono上实现的Python语言IronPython。

1.2.1　安装 PyCharm

首先下载软件。

（1）登录 PyCharm 的官网，看到有两个版本，即 Professional（专业版，收费，可试用 30 天）和 Community（社区版，免费），可供选择，如图 1-17 所示。

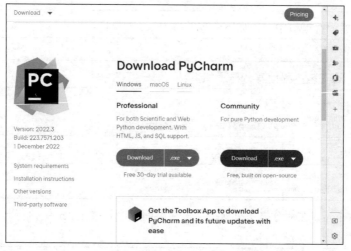

图 1-17　PyCharm 官网下载页面

一般对于初学者或读者来说，下载免费社区版即可。

（2）在"Community"下方的"Download"按钮右侧的下拉列表框中根据计算机操作系统的 CPU（Central Processing Unit，中央处理器）架构选择对应的选项".exe"或".exe（ARM64）"。然后单击"Download"按钮，下载 PyCharm 2022.3 版本的 pycharm-community-2022.3.exe 文件。

（3）双击下载的 pycharm-community-2022.3.exe 文件，弹出 PyCharm 的安装界面，如图 1-18 所示。

（4）单击"Next"按钮，在打开的对话框中设置 PyCharm 的安装路径。默认安装在 C 盘下，如图 1-19 所示，可以单击"Browse..."按钮，自定义安装路径。

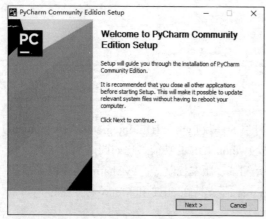

图 1-18　安装界面

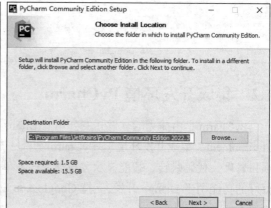

图 1-19　设置安装路径

（5）单击"Next"按钮，在图 1-20 所示的对话框中设置安装选项。
- PyCharm Community Edition：勾选该复选框，为 PyCharm 创建桌面快捷方式。
- Add "bin" folder to the PATH：勾选该复选框，将 PyCharm 的启动目录添加到环境变量，执行该操作过后，需要重启计算机。
- Add "Open Folder as Project"：勾选该复选框，添加右键快捷菜单，使用打开项目的方式打开选中的文件夹。
- .py：勾选该复选框，将 .py 文件与 PyCharm 关联起来，默认用 PyCharm 打开 .py 文件。勾选该复选框后，PyCharm 每次打开的速度会比较慢。

（6）单击"Next"按钮，设置 PyCharm 桌面快捷方式所在的"开始"菜单中的文件夹，默认选择"JetBrains"，如图 1-21 所示。单击"Install"按钮，此时对话框内会显示安装进度，如图 1-22 所示，然后等待安装完毕。

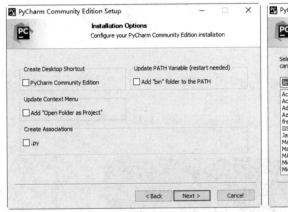

图 1-20　设置安装选项　　　　　图 1-21　选择"开始"菜单中的文件夹

（7）安装结束后出现一个对话框，提示用户必须重启计算机以完成 PyCharm 的安装，如图 1-23 所示。用户可以选中"Reboot now"单选按钮，即刻自动重启计算机，也可以选中"I want to manually reboot later"单选按钮，稍后手动重启计算机。

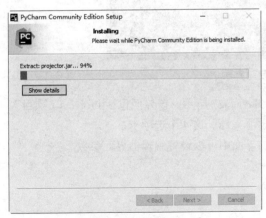
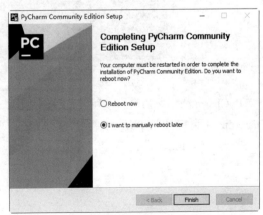

图 1-22　安装进度　　　　　　　图 1-23　安装结束对话框

1.2.2 配置 PyCharm

双击桌面上的 PyCharm 图标，进入协议界面，勾选"I confirm that I have read and accept the terms of this User Agreement"复选框，同意使用协议，如图 1-24 所示。

单击"Continue"按钮，弹出数据共享界面"DATA SHARING"，如图 1-25 所示，确定是否需要进行数据共享，单击"Don't send"按钮，激活 PyCharm 启动界面，如图 1-26 所示。

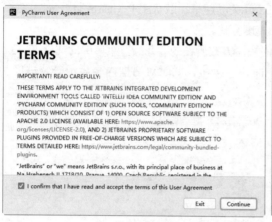

图 1-24　协议界面　　　　　　　　图 1-25　数据共享界面

图 1-26　启动界面

PyCharm 激活之后会自动跳转到编辑界面，如图 1-27 所示。该界面包括 Projects（项目）、Customize（自定义）、Plugins（插件）、Learn（学习文档）这 4 个选项卡。

打开"Customize"选项卡，在图 1-28 所示的界面中可以设置编辑器界面参数。

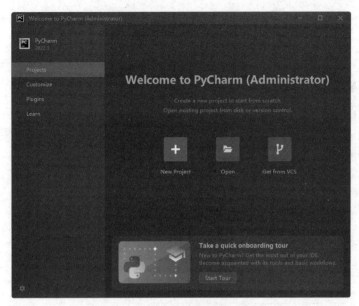

图 1-27 编辑界面

图 1-28 "Customize"选项卡

在"Color theme"下拉列表中显示以下主题。
- IntelliJ Light：白色主题，如图 1-29 所示。本书后续的编辑器界面将采用白色主题进行讲解。
- Darcula：黑色主题，默认选择该选项。
- High contrast：黑色高对比度主题。

第 1 章 Python 基础知识

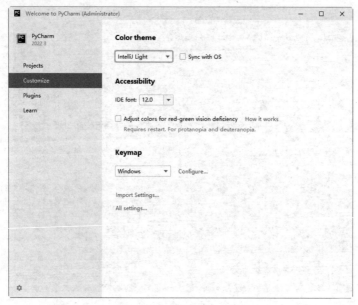

图 1-29　IntelliJ Light 主题

在"Accessibility"选项组中,可以看到"IDE font"默认为"12.0",用户可以根据需要修改字号。本书将字号设置为"14"。

在"Keymap"选项组中,可以根据需要配置快捷键。

1.2.3　PyCharm 的编辑环境

在"Projects"选项卡中单击"New Project"按钮,在弹出的"New Project"对话框中设置项目路径和名称,如图 1-30 所示。

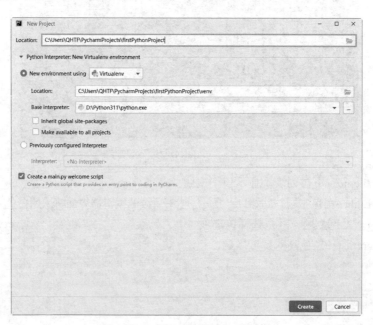

图 1-30　"New Project"对话框

单击"Create"按钮，即可打开 PyCharm 编辑器界面，并显示创建的项目，如图 1-31 所示。

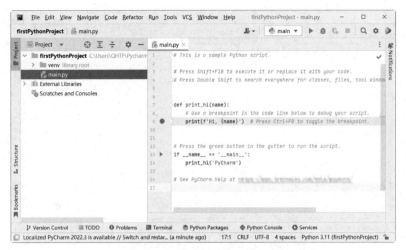

图 1-31　PyCharm 编辑器界面

创建 PyCharm 项目文件后，需要创建 Python 文件，才可以进入 PyCharm 与 Python 的交互式命令编辑窗口。

创建 Python 文件有以下两种常用方法。

1．通过菜单命令创建

在 PyCharm 中创建一个新文件最简便的方法是在"File"→"New"子菜单中选择一种适当的文件类型。

选择菜单栏中的"File"→"New"命令，打开图 1-32 所示的子菜单。

选择"Python File"命令，弹出"New Python file"子菜单、Python 文件包含下面 3 种文件类型：Python file（Python 文件）、Python unit test（Python 单元测试文件）、Python stub（Python 存根文件）。

选择"Python file"，输入文件名称"test file01"，如图 1-33 所示，按 Enter 键，即可进入新建的文件 test file01.py 的命令编辑窗口，如图 1-34 所示。

图 1-32　"New"子菜单

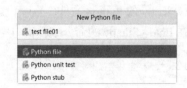

图 1-33　"New Python file"子菜单

2．利用右键快捷菜单

右击项目文件，在弹出的右键快捷菜单中选择"New"→"Python File"命令，也可以新建 Python 文件。

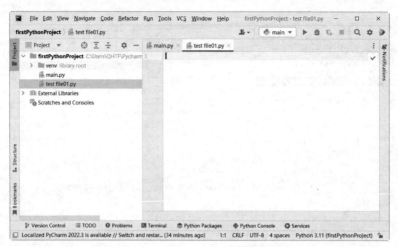

图 1-34　test file01.py 的命令编辑窗口

1.2.4　运行 Python 文件

在 PyCharm 中运行 Python 文件常用的方法有以下 3 种。
- 在 Python 文件的命令编辑窗口中，在需要运行的代码上右击，从弹出的右键快捷菜单中选择命令"Run"。
- 单击菜单栏下方工具栏中的"Run"按钮▶。
- 按 Ctrl+Shift+F10 快捷键。

如果打开了"Run"面板，单击该面板左侧工具栏中的"Run"按钮▶，也可以运行 Python 文件。

实例 2：第一个 Python 文件

本实例在 PyCharm 中创建一个简单的 Python 文件并运行，帮助读者进一步熟悉 PyCharm 的工作环境，以及编辑、运行 Python 文件的操作方法。

实例 2：第一个
Python 文件

操作步骤如下。

（1）在 PyCharm 中新建一个名为 ch01 的项目。然后在项目中新建一个名为 firstPyFile.py 的 Python 文件。

（2）在 firstPyFile.py 的命令编辑窗口中编写如下程序：

```python
# 一个简单的 Python 文件
name = "Alice"   # 定义字符串变量 name，并赋初值为"Alice"
age = 4   # 数值变量 age
print(name, "is", age, "years old!")        # 输出变量值
age = age + 1   # 修改变量 age 的值
print(name, "is", age, "years old now!")    # 输出变量值
```

（3）在命令编辑窗口顶部右击 Python 文件 firstPyFile.py 的标签，从弹出的右键快捷菜单中选择"Run 'firstPyFile'"命令，即可打开"Run"面板，显示运行结果，如图 1-35 所示。

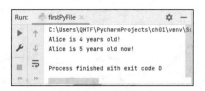

图 1-35　运行结果

1.2.5　加载模块库

用 Python 进行数据分析时常用的模块库有 NumPy、SciPy、pandas、Matplotlib，使用 pip（pip3）工具或 Anaconda 在下载、安装这些模块后，可以在 IDLE Shell 中使用关于数组、矩阵的函数。如果要在 PyCharm 中使用数据分析模块，则需要另行安装。

（1）打开 PyCharm，选择菜单栏中的"File"→"Settings"命令，打开"Settings"对话框。

（2）在左侧的列表框中展开"Project:firstPythonProject"→"Python Interpreter"节点，在右侧的列表框顶部单击"Install"按钮 +，弹出"Available Packages"对话框。

（3）在搜索框中输入需要安装的数组矩阵模块库（例如 NumPy），左侧列表框中会自动选择相应的模块库，右侧显示该库的简要说明，如图 1-36 所示。

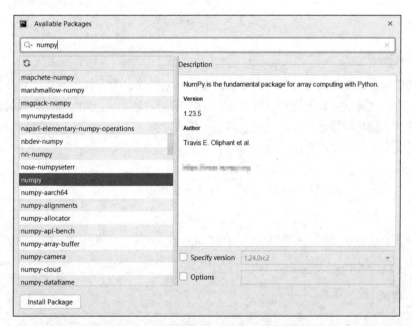

图 1-36　"Available Packages"对话框

（4）单击"Install Package"按钮，即可安装该模块。安装成功后，在对话框底部显示安装完成的信息，如图 1-37 所示。

（5）安装完成后，关闭"Available Packages"对话框，返回"Settings"对话框。此时在列表框中可以看到当前项目中已加载的包列表。

（6）单击"OK"按钮关闭对话框。

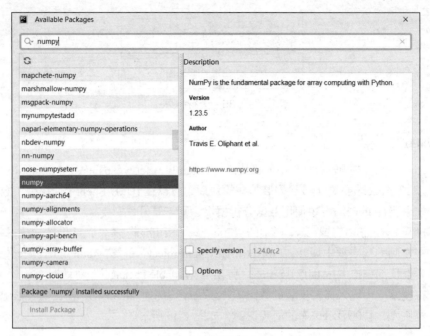

图 1-37 包安装成功

1.2.6 导入模块

模块的应用提高了代码的复用性和可维护性。利用模块，编写代码不必从 0 开始，当一个模块编写完毕，就可以被其他地方引用，也可以引用其他模块，包括 Python 内置的模块和来自第三方的模块。使用模块还可以避免函数名和变量名冲突。

下面简要介绍导入模块常用的两个命令。

1）import

Python 导入模块一般使用 import 实现，具体方法如下：

```
import modename
```

这种导入方法常用于导入内置模块（如 os 和 sys.time 等）或者第三方库，例如：

```
import sys
```

 提示

　　一个模块可以在当前位置导入多次，但只有第一次导入会将模块包含的内容加载到内存，并执行源文件内的代码。第二次导入，不会再次执行该模块，只是完成一次引用。

为了简化程序、方便维护，在导入模块时运用 as 可以重命名模块，例如：

```
import numpy as np      # 导入 NumPy 模块，重命名为 np
# 调用模块中的函数
np.linspace()
np.empty()
```

2）from…import…

from…import…命令用于导入模块库中的指定模块，而不是所有模块，其调用格式如下：

```
from modename import funcname
```

例如：

```
from os import chown,chmod    #导入模块 chown 和 chmod
from A.b import c             #从 A 的子模块 b 导入模块 c
```

1.3 Python 语法基础

与其他常见的编程语言相比，Python 最突出的特点就是简洁。它用更直观的、符合人们思维习惯的代码，代替了 C 语言和 Fortran 语言的冗长代码。本节简要介绍 Python 的基本语法。

1.3.1 语法规范

1．行宽

每行代码尽量不超过 80 个字符，便于在控制台查看代码，增强代码可读性。

2．空行

空行并不是 Python 语法的一部分，其作用主要是分隔两段不同功能或含义的代码，便于代码的维护或重构。

通常，函数之间或类的方法之间用空行分隔，表示一段新的代码的开始。类和函数入口之间也用一行空行分隔，以突出函数入口的开始。其他使用空行的情况如下：

- 模块级函数和定义类之间空两行；
- 类成员方法之间空一行；
- 函数中使用空行分隔逻辑相关的代码。

例如：

```
class A:
    def __init__(self):
        pass

    def hello(self):
        pass

def main():
    pass
```

3．空格

（1）在二元运算符两边各空一格，二元运算符如=、-、+=、==、>、in、is not、and 等。例如：

```
# 规范
i = i + 1
x = x * 2 - 1
# 不规范
i=i+1
x = x*2-1
```

（2）在函数的参数列表中，逗号、#和冒号之后要有空格。例如：

```
# 规范
```

```
def complex(real, imag):
    pass
# 不规范
def complex(real,imag):
    pass
```

（3）函数的参数列表中，默认值的等号两边不要添加空格。例如：

```
# 规范
def complex(real, imag=0.0):
    pass
# 不规范
def complex(real, imag = 0.0):
    pass
```

（4）左圆括号之后、右圆括号之前不要加多余的空格。例如：

```
# 规范
spam(ham[1], {eggs: 2})
# 不规范
spam( ham[1], { eggs : 2 } )
```

（5）字典对象的左方括号之前不要加多余的空格。例如：

```
# 规范
dict['key'] = list[index]
# 不规范
dict ['key'] = list [index]
```

（6）不要使用额外的空格。例如：

```
# 规范
x = 1
y = 2
# 不规范
x             = 1
y             = 2
```

1.3.2 标识符

在程序中自定义的类名、函数名、变量名等名称和符号，称为标识符。在 Python 中，命名标识符应遵循以下规则。

（1）由 ISO Latin-1 字符集中的字符（A~Z、a~z）、下画线、数字组成，且第一个字符不能是数字。

（2）标识符中不能包含空格、@、#、¥等特殊字符。

（3）标识符区分字母大小写。

（4）不能使用 Python 中的保留字。

保留字（reserved word）是指在高级语言中已经定义过的标识符，不能再用于命名变量、函数、类、模块和其他对象，否则会报错。Python 中的保留字也区分字母大小写。执行下面的命令，可以查看 Python 的所有保留字。

```
>>> import keyword
>>> print(keyword.kwlist)
['False', 'None', 'True', 'and', 'as', 'assert', 'async', 'await', 'break', 'class', 'continue', 'def', 'del', 'elif', 'else', 'except', 'finally', 'for', 'from', 'global', 'if', 'import', 'in', 'is', 'lambda', 'nonlocal', 'not', 'or', 'pass', 'raise', 'return', 'try', 'while', 'with', 'yield']
```

（5）以下画线（_）开头的标识符具有特殊的意义，一般应避免使用相似的标识符。

以单下画线开头（_×××）的标识符表示不能直接访问的类属性，也不能通过 from…import…语句导入；以双下画线开头（__×××）的标识符表示类的私有成员；以双下画线开头和结尾（__××__）的是 Python 中专用的标识符，表示构造函数。

（6）不使用汉字作为标识符，虽然不会报错，但是不建议使用。

下面举例介绍几种标识符：

```
No_1=103        # 合法标识符
age#$=18        # 包含特殊符号，不合法
32name="a"      # 以数字开头，不合法
type="month"    # type 是 Python 关键字，不合法
a=1             # 合法的标识符，但不建议使用，最好使用具有特定意义的变量名
```

1.3.3 基本符号

Python 语言基于 C++，因此语法特征与 C++语言的极为相似，而且更加简单，更加符合科技人员对数学表达式的书写格式。

Python 中不同的数字、字符、符号代表不同的含义，可以组成丰富的表达式，能满足用户的各种需求。本节将按照不同的命令生成方法简要介绍各种符号的功能。

1. 命令提示符

命令行"头首"的">>>"是自动生成的命令提示符，表示 Python 处于准备就绪状态，如图 1-38 所示。在命令提示符后输入一条命令或一段程序后按 Enter 键，Python 将给出相应的结果，然后再次显示一个命令提示符，为输入下一段程序做准备。在脚本文件中，指令前没有命令提示符，如图 1-39 所示。

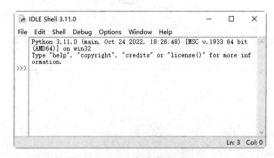

图 1-38　命令编辑窗口

图 1-39　脚本文件

下面介绍几种常见的命令输入过程中的错误及显示的警告与错误信息。

（1）输入的圆括号为中文格式，例如：

```
>>> range（5）
SyntaxError: invalid character '（' (U+FF08)
```

在输入命令时，应在英文状态下输入。

（2）函数使用格式错误，例如：

```
>>> range[5]
SyntaxError: closing parenthesis ']' does not match opening parenthesis '('
```

（3）未定义变量，例如：

```
>>> range(data)
Traceback (most recent call last):
  File "<pyshell#9>", line 1, in <module>
    range(data)
NameError: name 'data' is not defined
```

与一些编程语言不同，在 Python 中，换行与缩进不仅是为了增强代码的可读性，而且是 Python 语法规范的一部分。

2．换行

Python 支持在圆括号内换行，有以下 5 种情况。

（1）第二行缩进到圆括号的起始处，例如：

```
foo = long_function_name(var_one, var_two,
                         var_three, var_four)
```

（2）第二行缩进 4 个空格，适用于起始圆括号后就换行的情况，例如：

```
def long_function_name(
    var_one, var_two, var_three,
    var_four):
    pass
```

（3）使用反斜线\（续行符号）换行。二元运算符+和.等应出现在行末。当代码行较长时，也可以用这种方法换行，例如：

```
session.query(MyTable).\
        filter_by(id=1).\
        one()
print 'Hello, '\
      '%s %s!' %\
      ('Harry', 'Potter')
```

（4）避免同一行出现多条语句，例如：

```
# 规范
do_first()
do_second()
do_third()

# 不规范
do_first();do_second();do_third();
```

（5）在选择结构中要换行，例如：

```
# 规范
if foo == 'blah':
    do_blah_thing()

# 不规范
if foo == 'blah': do_blash_thing()
```

3．缩进

在 Python 中，缩进量是可变的，但是所有代码块语句必须包含相同的缩进量。通常统一使用 4 个空格进行缩进，例如：

```
if True:
    print ("True")
```

```
else:
    print ("False")
```

有时也按 1 次 Tab 键进行缩进，但由于按 Tab 键不一定输出 4 个空格，因此有时会出错。在缩进代码时，应使用统一的形式进行缩进，尽量避免有的地方使用 Tab 键进行缩进，有的地方使用空格缩进。

1.3.4 功能符号

除了命令输入必需的符号外，Python 为了解决命令输入过于烦琐、复杂的问题，提供了注释符号和续行符号。

1. 注释符号

注释用于对代码功能进行解释说明，以增强代码的可读性。注释可以出现在代码中的任何位置。Python 解释器在执行代码时会忽略注释，不做任何处理。

 提示

> 利用注释符号的特点，在调试程序时，可以使用注释符号屏蔽可能存在错误的代码，让 Python 解释器忽略这段代码运行，以此缩小错误所在的范围，提高程序调试效率。

Python 支持两种类型的注释：单行注释和多行注释。

1）单行注释

Python 使用井号（#）作为单行注释符号，语法格式为：

```
# 注释内容
```

从井号开始，直到这行行末的所有内容都是注释。对多行代码的功能进行说明时，一般将注释放在代码的上一行；对单行代码的功能进行说明时，通常将注释放在代码的右侧。

2）多行注释

多行注释内有多行内容（包含一行），通常用于为 Python 文件、模块、类或者函数等添加版权或者功能描述信息。

Python 使用英文状态下 3 个连续的单引号'''或者 3 个连续的双引号"""创建多行注释，引号内的内容全部是注释内容，例如：

```
"""
第一行注释
第二行注释
"""
```

Python 多行注释不支持嵌套，因此下面的写法是错误的：

```
'''
外层注释
    '''
    内层注释
    '''
'''
```

不管是单行注释还是多行注释，当注释符号作为字符串的一部分出现时，就不能再将它们

视为注释符号,而应该看作正常代码的一部分,例如:

```
>>> print('''Hello, Python!''')
>>> print("""Welcome to Python!""")
```

运行结果如下:

```
Hello, Python!
Welcome to Python!
```

2. 续行符号

在编写 Python 语句时,如果语句太长或出于某种需要,可使用续行符号(\)将长语句进行多行书写,例如:

```
>>> content = [' 销售产品、提供劳务收到的现金',' 收到其他与经营活动有关的现金',\
               ' 购买原材料、接受劳务支付的现金',' 支付的职工薪酬',' 支付的税费']
>>> print(content)
```

运行结果如下:

[' 销售产品、提供劳务收到的现金',' 收到其他与经营活动有关的现金',' 购买原材料、接受劳务支付的现金',' 支付的职工薪酬',' 支付的税费']

1.3.5 Python 数据类型

数据类型是用一组属性描述其定义、标识、表示和允许值的数据单元。

按照数据的结构进行分类,Python 中的数据类型主要包括 number(数值)、string(字符串)、list(列表)、tuple(元组)、range(区间)、set(集合)、dictionary(字典)。

1. 数值

这里的数值指由阿拉伯数字和一些特殊字符组成的单个的数值,而不是由一组组的数值组成的对象。

2. 字符串

字符串主要由 26 个英文字母及空格等一些特殊符号组成,在 Python 中使用单引号或双引号创建,例如'Python'和"my hometown"。Python 不支持单字符类型,单字符(例如'P')也是作为一个字符串使用的。

 提示

> 单引号与双引号的作用其实是一样的,如果引号中要包含单引号或双引号,可以使用转义字符\'或\"。例如,"字母\"x\"要加粗"。
> 如果要创建一个包含换行符、制表符以及其他特殊字符的跨多行的复杂字符串,可以使用三引号。例如,'''hello.
> Nice to meet you'''表示创建一个包含换行符、占据两行的字符串。

Python 的字符串有 2 种取值顺序:
- 从左到右索引默认从 0 开始,最大值是字符串长度-1;
- 从右到左索引默认从-1 开始,最小值是字符串长度的负数。

例如：

```
>>> name = 'James Zhou'    # 创建字符串变量
>>> name                   # 显示字符串变量
'James Zhou'
>>> name[0]                # 显示变量从左到右索引为 0 的元素，即第 1 个元素
'J'
>>> name[-4]               # 显示变量从右到左索引为-4 的元素，即从右到左第 4 个元素
'Z'
```

3. 列表

Python 列表是任意对象的有序集合，列表通常由方括号 "[]" 创建，元素之间用逗号分隔。这里的任意对象，既可以是列表，也可以是字符串，例如：

```
>>> student = ['name',['Wang','Li'],'Age',[20,23]]
>>> student
```

运行结果如下：

```
['name', ['Wang', 'Li'], 'Age', [20, 23]]
```

每个列表变量中的元素从 0 开始计数，利用方括号引用索引，可以选取列表中的特定元素。例如，下面的代码分别用于选取列表 student 的第 1 个和第 3 个元素。

```
>>> student[0]
'name'
>>> student[2]
'Age'
```

如果要移除列表中某个值的第一个匹配项，可以使用 remove 函数，在变量名称后使用圆点表示法即可轻松调用，语法格式如下：

```
list.remove(obj)
```

其中，list 为列表变量的名称，参数 obj 为列表中要移除的对象。该语法格式不返回值，但是会移除列表 list 中与指定值匹配的第一项。

实例 3：列表操作

本实例通过创建一个列表，然后删除列表中的指定元素，帮助读者进一步掌握创建列表以及引用列表元素的方法。

启动 Python 解释器 IDLE Shell 3.11.0，在命令编辑窗口执行以下程序：

```
>>> A="lunch"              # 创建字符串 A
>>> B='panda'              # 创建字符串 B
>>> C= "lunch"             # 创建字符串 C
>>> ls=[A,B,C]             # 创建列表变量 ls
>>> ls                     # 显示列表变量 ls
['lunch', 'panda', 'lunch']
>>> ls[1]                  # 显示列表变量 ls 中索引为 1 的元素，即第 2 个元素
'panda'
>>> ls.remove('lunch')     # 删除列表变量 ls 中值为 'lunch' 的第一个匹配项
>>> ls
['panda', 'lunch']
>>> ls=[ls,"box"]          # 嵌套列表
>>> ls
[['panda', 'lunch'], 'box']
```

4. 元组

元组与列表类似，其不同之处在于元组的元素不能修改。元组变量通过圆括号"()"创建，元素之间用逗号分隔。

例如，下面的代码用于创建一个元组变量 info，然后显示变量 info 的类型：

```
# 创建元组变量
>>> info = ('trade mark',('A','B','C','D'),'price',(18,21,20,19))
>>> type(info)                    # 显示变量的类型
```

运行结果如下：

```
<class 'tuple'>
```

显示创建的变量类型为元组"tuple"。

5. 区间

区间类似于一个整数列表，使用 range 函数创建。该函数的调用格式如下：

```
range(start, stop[, step])
```

参数说明如下。

- start：起始值为 start，默认从 0 开始。使用默认起始值时，该参数可省略。例如，range(6) 等价于 range(0,6)。
- stop：结束值为 stop-1。例如，range(2,6)的值为[2,3,4,5]。
- step：步长值，默认为 1。使用默认步长值时，该参数可省略。例如，range(2,6)等价于 range(2,6,1)。

 注意

在 Python 3.x 中，range 函数返回的是一个可迭代对象（类型是对象），而不是列表，因此输出时不会输出列表。

6. 集合

集合是一个没有重复元素的无序序列，可以使用花括号"{}"或者 set 函数创建。

 注意

空集不能使用花括号创建，必须使用 set 函数创建。

例如，下面的代码用于创建一个集合变量 fruits，并显示变量的类型：

```
# 创建集合变量
>>> fruits = {'orange','peach','banana','pear'}
>>> type(fruits)                    # 显示变量的类型
```

运行结果如下：

```
<class 'set'>
```

显示创建的变量类型为集合"set"。

7. 字典

字典是一种可存储任意类型对象的可变容器模型。在 Python 中，字典是除列表以外，最灵活的内置数据类型。

字典通常由"{}"创建,是一个无序的键(key)值(value)对的集合,语法格式如下:

```
dic = {key1 : value1, key2:value2}
```

例如,下面的代码用于创建一个字典 information,并输出该变量的值:

```
>>> information = {'name':'Alice', 'age':'21'}
>>> print(information)
```

其中,name 和 age 是键,Alice 和 21 是对应的值。

运行结果如下:

```
{'name': 'Alice', 'age': '21'}
```

1.3.6 程序结构

程序结构是指程序的流程控制结构。Python 的程序结构大致可分为图 1-40 所示的顺序结构、选择结构与循环结构。

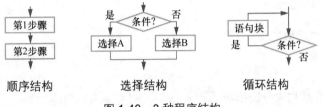

图 1-40　3 种程序结构

1. 顺序结构

顺序结构是最简单、最易学的一种程序结构。它由多个 Python 语句顺序构成,各语句之间用分号";"隔开,若不加分号,则必须分行编写。程序执行时也是由上至下进行的。

2. 选择结构

选择结构也称为分支结构,根据条件是否满足执行不同的分支,较常用的是 if-else 结构。根据分支的多少,Python 分支结构可分为单分支结构、二分支结构、多分支结构。它的一般形式为:

```
if    表达式:
语句块
```

3. 循环结构

在利用 Python 进行数值实验或工程计算时,用得最多的是循环结构。循环结构是指为在程序中反复执行某个语句块而设置的一种程序结构。它根据循环体中的条件判断是继续执行某个语句块还是退出循环。在循环结构中,被重复执行的语句块称为循环体。Python 常用的循环结构有两种:for 循环与 while 循环。

1)for 循环

在 for 循环中,循环次数一般情况下是已知的,除非用其他语句提前终止循环。这种循环以 for 开头,其一般形式为:

```
for <variable> in <sequence>:
    <statements>
```

```
else:
    <statements>
```

在每次循环中，迭代变量<variable>用于接收迭代对象<sequence>中元素的值，变量每取一次值，循环便执行一次，直到迭代完对象的最后一项。

如果需要遍历数字序列，可以使用 range 函数生成数字序列作为迭代对象，执行有限次数的循环。如果迭代对象是列表或者字典，此时迭代变量表示列表或者字典中的元素。

2）while 循环

如果不知道所需要的循环到底要执行多少次，可以选择 while 循环，这种循环以 while 开头，其一般形式如下：

```
while 表达式:
    可执行语句 1
    ...
    可执行语句 n
```

其中的表达式即循环控制语句，它一般是由逻辑运算或关系运算，以及一般运算组成的表达式。如果表达式的值非 0，则执行一次循环，否则停止循环。一般来说，能用 for 循环实现的程序也能用 while 循环实现。

■ 实例 4：求分段函数的值

本实例利用选择结构求分段函数 $f(x) = \begin{cases} 3x+2 & x < -1 \\ x & -1 \leq x \leq 1 \\ 2x+3 & x > 1 \end{cases}$ 的值。

实例 4：求分段函数的值

操作步骤如下。

（1）在 PyCharm 中打开项目 ch01。然后在项目中新建一个名为 piecewiseFunction.py 的 Python 文件。

（2）在 piecewiseFunction.py 的命令编辑窗口中编写如下程序：

```python
# 这个文件使用 if-elif-else 结构求分段函数 f(x) 的值
# 当 x<-1 时，f(x)=3x+2
# 当 -1≤x≤1 时，f(x)=x
# 当 x>1 时，f(x)=2x+3
x = 2    # 定义变量
if x < -1:
    y = 3 * x + 2
elif -1 <= x & x <= 1:
    y = x
else:
    y = 2 * x + 3
print('当x=', x, '时,y=', y)
```

在文件 functionValue.py 上右击，从弹出的右键快捷菜单中选择"Run"命令，运行文件，即可打开"Run"面板，显示运行结果，如图 1-41 所示。

选择菜单栏中的"Tools"→"Python or Debug Console"命令，在 PyCharm 中打开"Python Console"，并显示命令提示符">>>"，如图 1-42 所示。

1.3 Python 语法基础

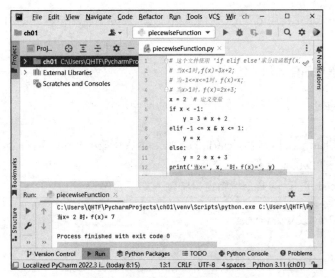

图 1-41　运行结果

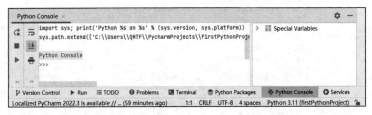

图 1-42　"Python Console"编辑环境

在这里可以输入命令并运行。例如，输入如下命令：

```
>>> x=-2
>>> y=3*x+2
>>> print('当 x=',x,'时, f(x)=',y)
```

运行结果如图 1-43 所示。

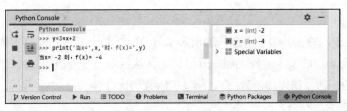

图 1-43　运行结果

1.3.7　常用的输入、输出函数

在编写程序时，经常会需要接收用户输入、输出计算结果，以实现程序与用户的交互。本节介绍 Python 常用的输入输出函数。

1. input 函数

input 函数用于提示用户从键盘输入数据、字符串或者表达式，并接收输入值。其调用格式如下：

```
input(prompt)
```

这种格式是以文本字符串 prompt 为信息给出用户提示，将用户输入的内容赋值给变量，返回字符串。

- **实例 5：录入商品信息**

本实例使用 input 函数接收用户从键盘输入的商品信息。

操作步骤如下。

（1）启动 PyCharm，打开名为 ch01 的项目。然后在该项目中新建一个名为 productsInfo.py 的 Python 文件。

（2）在 productsInfo.py 的命令编辑窗口中输入如下程序：

```
# 这个文件演示 input 函数的用法
print('*'*20, '商品信息录入', '*'*20)
name = input('商品名称: ')
num = input('数量: ')
price = input('单价: ')
```

（3）运行程序，结果如图 1-44 所示。

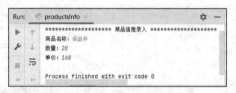

图 1-44　运行结果

在运行程序时，首先输出标题信息，并输出第一条提示信息"商品名称:"，用户从键盘输入"保温杯"，按 Enter 键，输出第二条提示信息"数量:"。用户从键盘输入商品数量后，按 Enter 键，输出第三条提示信息"单价:"，等待用户输入。输入单价后，按 Enter 键，程序结束。

2．print 函数

print 函数用于输出。其调用格式如下：

```
print(objects, sep=' ', end='\n', file=sys.stdout, flush=False)
```

参数说明如下。

- objects：表示输出的多个对象。输出多个对象时，各个对象之间需要用逗号（,）分隔。
- sep：指定输出的多个对象之间的分隔符，默认值是一个空格。
- end：指定用于结束输出内容的字符，默认值是换行符（\n）。
- file：指定要写入的文件对象。
- flush：输出是否被缓存通常取决于 file 参数，但如果 flush 关键字参数为 True，内容会被强制刷新。

- **实例 6：输出录入的商品信息**

本实例使用 print 函数输出上一个实例中录入的商品信息。

操作步骤如下。

（1）启动 PyCharm，打开名为 ch01 的项目。然后在该项目中新建一个名为 printInfo.py 的 Python 文件。

（2）在 printInfo.py 的命令编辑窗口中输入如下程序：

```
# 这个文件演示 print 函数的用法
print('*'*20, '商品信息录入', '*'*20)
# 录入信息
name = input('商品名称: ')
num = input('数量: ')
price = input('单价: ')
# 输出明细
print('*'*20, '商品明细', '*'*20)
print('名称', '数量', '单价', sep='\t'*2)
print(name, '\t', num, '\t', price)
```

（3）运行程序，结果如图 1-45 所示。

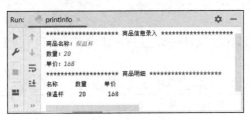

图 1-45　运行结果

使用 print 函数输出数据时，还可以像其他编程语言（如 C）一样，自定义数据输出格式，实现数据的格式化输出。在这里要提请使用过 C 语言的读者注意，Python 中的格式控制符和转换说明符用%分隔，而不是逗号。例如：

```
print('字符串%s 的长度为%d' % (s1, n))
```

其中，'字符串%s 的长度为%d'称为格式控制符，(s1, n)称为转换说明符，转换说明符左侧的%用于标记转换说明符的开始。

Python 格式控制符如表 1-1 所示。

表 1-1　　　　　　　　　　　　　　Python 格式控制符

格式控制符	说　明
%s	字符串采用 str 类型表示
%d	有符号十进制整数
%b	二进制整数
%o	八进制整数
%x	十六进制整数
%c	单个字符
%e 或%E	基底为 e 或 E 的指数
%f 或%F	浮点数
%%	百分号（%）

在格式控制符中通常还指定最小字段宽度、精度和转换标志。最小字段宽度用于指定转换后的字符串至少应该具有的宽度（小数点也占一位）。如果最小字段宽度是*（星号），则从元组中读取宽度。圆点（.）后跟精度值，如果要输出实数，精度值表示出现在小数点后的位数；如果要输出字符串，精度值表示最大字段宽度；如果是*，则从元组中读取精度。例如：

```
r = 5.142536
# 指定最小字段宽度为 6,精度为 2
print('半径为%6.2f ' % r)              # 半径为   5.14
print("半径为%*.4f" % (6,r))           # 半径为 5.1425
```

转换标志可以设置数据输出的对齐方式,是否添加符号、空格或 0。其中,负号(-)表示左对齐;加号(+)表示在数值前要加上正负号;""(空格)表示正数之前保留空格;0 表示如果转换值位数不够就用 0 填充。

实例 7:输出产品销售额

本实例使用 print 函数按指定格式输出某产品的销售额。
操作步骤如下。

(1) 启动 PyCharm,打开名为 ch01 的项目。然后在该项目中新建一个名为 salesPrint.py 的 Python 文件。

(2) 在 salesPrint.py 的命令编辑窗口中输入如下程序:

```
# 此文件输出某产品的销售额,演示数据的格式化输出
print('*'*20, 'A 产品销售额', '*'*20)
print('产品名称:', 'A')
print('销量(kg): 245.32', '单价(元): 36.89', sep='\n')
# 计算销售额
sales = 245.32 * 36.89
# 输出结果
print('销售额(元):', sales)              # 使用默认格式
print("  保留 2 位小数为:%10.2f" % sales)    # 指定最小字段宽度为 10,精度为 2
print("  保留 3 位小数为:%.*f" % (3, sales))  # 从元组读取精度 3
print("  保留 2 位小数,数据左对齐为:%-10.2f" % sales)
print("  保留 2 位小数,显示正负号:%+10.2f" % sales)
print("  保留 2 位小数,保留空格:% 10.2f" % sales)
print("  保留 2 位小数,用 0 填补:%010.2f" % sales)
```

(3) 运行程序,结果如图 1-46 所示。

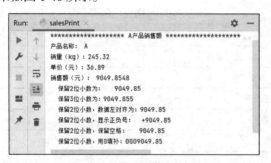

图 1-46 运行结果

从运行结果中可以看到,在输出精度为 2 的销售额时,由于指定最小字段宽度为 10,而销售额的位数为 7,小于 10,所以在输出值左边填补了 3 个空格。输出保留 3 位小数的销售额时,在格式控制符中使用了星号(*),因此从后面的元组(3, sales)读取精度 3。由于没有指定最小字段宽度,因此输出时不会额外填补空格进行缩进。

如果指定了转换标志负号(-),输出数据时左对齐,即使数据位数小于指定的最小字段宽度,也不会自动填补空格。如果指定了转换标志 0,则在转换值位数小于指定的最小字段宽度时,在数据左侧用 0 填补。

第 2 章 NumPy 数组

NumPy 是 Numerical Python 的缩写,是一个开源的 Python 科学计算库,包含很多实用的数学函数,涵盖线性代数运算、傅里叶变换和随机数生成等功能。使用 NumPy,可以很便捷地存储和处理数组(array/ndarray)和矩阵(matrix),比 Python 自身的嵌套列表结构(nested list structure)要高效得多。

数组、矩阵是 NumPy 中两种常用的数据类型。数组可以表示任意维度数据,矩阵是数组的特殊形式,只能表示二维的数据。当矩阵的某一维的维度为 1 时,即可称之为向量。本章主要介绍数组和矩阵的创建方法以及常见的运算。

2.1 数组与矩阵

数组是计算机中的概念,是有序的元素序列;矩阵和向量是线性代数中定义的数学概念。从外观和数据结构上看,二维数组和数学中的矩阵没有区别,一维数组和数学中的向量没有区别。可以说,向量、矩阵是特殊的数组,三者的关系如图 2-1 所示。

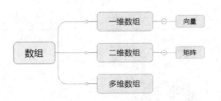

图 2-1 数组、矩阵与向量的关系

2.1.1 创建数组

在 NumPy 中,每一个线性的数组称为一个轴(axis),也就是维度(dimension)。根据数组中元素的维度,可以将数组分为一维数组、二维数组、多维数组。

1. array 函数

NumPy 使用 array 函数定义数据、创建数组,返回 N 维数组对象(即 ndarray)。该函数的调用格式如下:

```
numpy.array(object,
dtype=None, copy=True, order='K', subok=False, ndmin=0)
```

参数说明如下。
- object:公开数组接口的任何对象。
- dtype:数组的数据类型。这是可选参数,只能用于向上转换数组,如果没有给出,则数据类型保持为序列中的对象所需的最小数据类型。
- copy:可选参数,指定是否复制对象,值为布尔值。默认值为 True,表示复制对象。
- order:可选参数,指定序列的内存布局,可设置为'K'(按元素在内存中出现的顺序排列)、'A' (按原顺序排列)、'C' (按行排列)、'F' (按列排列)。如果 object 不是数组,则新创建的数组将按行排列,除非指定为'F',才能采用 Fortran 顺序(按列)排列。
- subok:可选参数,指定是否传递子类,值为布尔值。如果值为 True,则子类将被传递,否则返回的数组将被强制默认为基类数组。
- ndmin:可选参数,值为 int 类型数据,指定结果数组应具有的最小维数。

在 Python 中,数组的定义是广义的,数组的元素可以是任意类型的数据,例如可以是数值、字符串等。

实例 8:array 函数

本实例通过调用 NumPy 库中的 array 函数创建两个数组,帮助读者进一步掌握创建数组的方法。

操作步骤如下。

(1)启动 PyCharm,新建一个名为 ch02 的项目,在项目中新建一个名为 arrayDemo.py 的 Python 文件。

(2)在菜单栏选择"File"→"Settings"命令,打开"Settings"对话框。在左侧的列表框中展开"Project:ch02"→"Python Interpreter"节点,在右侧的列表框顶部单击"Install"按钮,弹出"Available Packages"对话框。

(3)在搜索框中输入需要安装的数组矩阵模块库 NumPy,然后单击"Install Package"按钮,安装该模块库。安装完成后,关闭对话框。

(4)在 arrayDemo.py 的命令编辑窗口中编写如下程序:

```
import numpy as np      # 导入 NumPy 模块
# 创建数组
X1 = np.array(['hello! Python'])       # 创建一维数组
X2 = np.array([['name', 'age', 'major'], ['Alice', 22, 'English']], ndmin=2)  # 创建维数至少
为 2 的数组
# 输出数组、数组类型、数组数据类型
print(X1, type(X1), X1.dtype)
print(X2, type(X2), X2.dtype)
```

运行结果如图 2-2 所示。

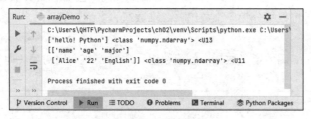

图 2-2 运行结果

2. arange 函数

arange 函数通过指定起始数据和终止数据之间的增量,而不是定义数据元素来创建数组。该函数的调用格式如下:

```
numpy.arange(first_value, last_value, step, dtype)
```

该调用格式表示创建一个从 first_value 开始,到 last_value 结束,数据元素的增量为 step (默

认元素增量为 1）的数组，dtype 用于定义输出数组的数据类型。

实例 9：arange 函数

实例 9：arange 函数

本实例创建从 2 开始，到 10 结束，增量分别为 1 和 2 的两个数组 arr1 和 arr2。

操作步骤如下。

（1）启动 PyCharm，打开项目 ch02，在项目中新建一个名为 arrayDemo2.py 的 Python 文件。

（2）在 arrayDemo2.py 的命令编辑窗口中编写如下程序：

```
import numpy as np           # 导入 NumPy 模块
arr1 = np.arange(2, 10)      # 创建数组
arr2 = np.arange(2, 10, 2, dtype='int8')    # 创建指定数据类型的数组
# 输出数组、数组类型、数组数据类型
print(arr1, type(arr1), arr1.dtype)
print(arr2, type(arr2), arr2.dtype)
```

运行结果如图 2-3 所示。

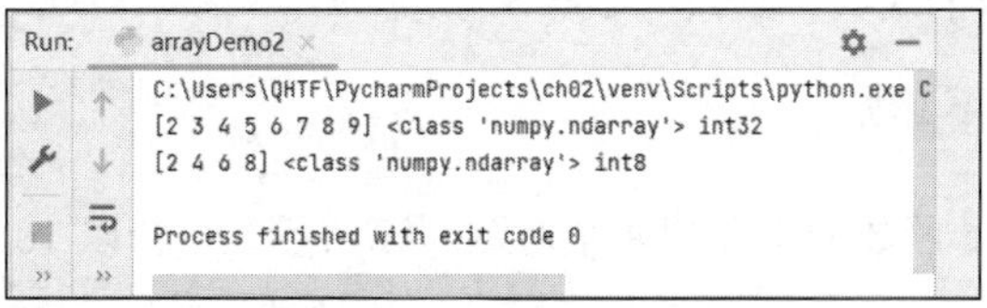

图 2-3 运行结果

3. linspace 函数

linspace 通过指定数据范围和数据元素个数，而不是直接定义数据元素来创建等距分布的一维数组（向量），相邻数据间的增量由系统自动计算得到。此函数的调用格式如下：

```
numpy.linspace(first_value,last_value,number=50,endpoint=True,retstep=False, dtype=None)
```

该调用格式表示创建一个从 first_value 开始，到 last_value 结束，包含 number 个元素的向量。number 默认值为 50。endpoint 用于设定是否包含 last_value，该值为 True 时，数组中包含 last_value，否则不包含，默认值为 True。retstep 如果为 True，生成的数组中会显示间距，否则不显示。dtype 用于设置数组的数据类型。

实例 10：linspace 函数

实例 10：linspace 函数

本实例利用 linspace 函数创建从 3 开始，到 11 结束，包含 5 个数据元素的向量。

操作步骤如下。

（1）启动 PyCharm，打开项目 ch02，在项目中新建一个名为 arrayDemo3.py 的 Python 文件。

（2）在 arrayDemo3.py 的命令编辑窗口中编写如下程序：

```
import numpy as np    # 导入 NumPy 模块
x = np.linspace(3, 11, 5)    # 创建包含终点值的数组
y = np.linspace(3, 11, 5, endpoint=False)    # 创建不包含终点值的数组
# 输出数组
print('包含终点值的数组 x=', x)
print('不包含终点值的数组 y=', y)
```

运行结果如图 2-4 所示。

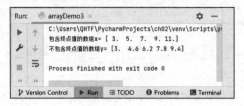

图 2-4 运行结果

4. logspace 函数

logspace 函数与 linspace 函数类似,也是通过指定数据范围和数据元素个数,而不是直接定义数据元素和元素增量来创建对数间隔的数组。logspace 函数的调用格式如下:

```
numpy.logspace(first_value, last_value,number =50, endpoint=True, base=10.0, dtype=None)
```

上述调用格式表示创建一个从 10^{first_value} 开始,到 10^{last_value} 结束,包含 number 个数据元素的数组。参数 endpoint 是一个布尔值,用于表示数组是否包含终点值 10^{last_value};base 表示对数的底数,默认为 10。

实例 11:logspace 函数

本实例利用 logspace 函数分别创建两个对数间隔向量,一个以 10 为底,一个以 2 为底。

操作步骤如下。

(1)启动 PyCharm,打开项目 ch02,在项目中新建一个名为 arrayDemo4.py 的 Python 文件。

(2)在 arrayDemo4.py 的命令编辑窗口中编写如下程序:

```python
import numpy as np          # 导入 NumPy 模块
x = np.logspace(0, 2, 3)    # 在区间[1,100]创建以 10 为底,包含终点值的等比数组
y = np.logspace(2, 8, 3, endpoint=False, base=2)    # 在区间[2²,2⁸]创建以 2 为底,不包含终点值,有 3 个元素的等比数组
# 输出数组
print('包含终点值,以 10 为底的等比数组', x)
print('不包含终点值,以 2 为底的等比数组', y)
```

运行结果如图 2-5 所示。

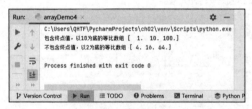

图 2-5 运行结果

5. asarray 函数

asarray 函数与 array 函数类似,也可以用来创建数组。该函数的调用格式如下:

```
numpy.asarray(a, dtype = None, order = None)
```

参数说明如下。

- a:任意形式的输入参数,可以是任何能够被转换为数组的数据,例如列表、元组列表、

元组、元组的元组、列表的元组、多维数组等。
- dtype：可选参数，指定数据类型。默认从输入的数据类型中继承数据类型。
- order：指定数组元素在计算机内存中的存储顺序，包括"C"（行优先）和"F"（列优先）。

6．frombuffer 函数

frombuffer 函数用于实现动态数组，接收 buffer 作为输入参数，将数据以流的形式读入并转化成 ndarray 对象。该函数的调用格式如下：

```
numpy.frombuffer(buffer, dtype = float, count = -1, offset = 0)
```

参数说明如下。
- buffer：缓冲区，可以是任意对象，以流的形式读入。
- dtype：创建的数组的数据类型。
- count：读取的条目数，默认值为-1，表示读取所有数据。
- offset：读取缓冲区的起始位置，以字节为单位，默认值为 0。

7．fromiter 函数

fromiter 函数用于从可迭代对象中建立 ndarray 对象，返回一维数组。该函数的调用格式如下：

```
numpy.fromiter(iterable, dtype, count=-1)
```

参数说明如下。
- iterable：提供数组数据的可迭代对象。
- dtype：数组的数据类型。
- count：从可迭代对象中读取的条目数，默认值为-1，表示读取所有数据。

实例 12：使用不同函数创建数组

本实例使用 3 个不同函数创建数组，分别演示使用 asarray 函数、frombuffer 函数和 fromiter 函数创建数组的方法。

实例 12：使用不同函数创建数组

操作步骤如下。

（1）启动 PyCharm，打开项目 ch02，在项目中新建一个名为 arrayDemo5.py 的 Python 文件。

（2）在 arrayDemo5.py 的命令编辑窗口中编写如下程序：

```python
import numpy as np        # 导入 NumPy 模块
list1 = [3, 6, 9, 12]     # 创建列表
list2 = b'I love my family'   # 创建字符串
# 生成数组
a = np.asarray(list1)     # 将列表中的元素创建为数组 a
b = np.frombuffer(list2, dtype='S1')    # 将缓冲区 list2 解释为一维数组 b
c = np.fromiter(iter(list1), dtype=float)  # 从可迭代对象创建一个一维数组 c
# 输出数组
print('*'*20)
print('从列表创建的数组 a：', a)
print('读取缓冲区创建的数组 b：', b)
print('从可迭代对象创建的数组 c：', c)
print('*'*20)
```

在上面的程序中，需要说明的是，list2 是字符串，由于 Python 3 中默认对字符串采用 Unicode 编码的 str 类型来表示，任一字符用两字节表示，而 Python 3 在进行文件操作和网络通信时都是

使用字节进行的，所以要在原字符串前加上 b 转成比特流。

运行结果如图 2-6 所示。

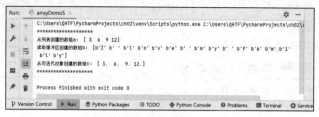

图 2-6　运行结果

2.1.2　创建矩阵

NumPy 中包含一个矩阵库 numpy.matlib，该模块中的函数返回的是一个矩阵，而不是 ndarray 对象。矩阵其实也是一种数组，只不过是维数为 2 的特殊数组。

矩阵是由 $m \times n$ 个数 a_{ij}（$i=1,2,\cdots,m$；$j=1,2,\cdots,n$）排成的 m 行 n 列数组，记成

$$A = \begin{pmatrix} a_{11} & a_{12} & \cdots & a_{1n} \\ a_{21} & a_{22} & \cdots & a_{2n} \\ \vdots & \vdots & & \vdots \\ a_{m1} & a_{m2} & \cdots & a_{mn} \end{pmatrix}$$

该矩阵称为 $m \times n$ 矩阵，也可以记成 (a_{ij}) 或 A_{mn}。其中，i 表示行数，j 表示列数。若 $m=n$，则该矩阵为 n 阶矩阵（n 阶方阵）。矩阵里的元素可以是数字、符号或数学式。

在 Python 中，创建矩阵常用的两种方法是，采用 matrix 函数创建矩阵和采用 mat 函数创建矩阵。

1. matrix 函数

在 NumPy 中，matrix 函数用于创建矩阵。该函数的调用形式如下：

```
numpy.matrix(data, dtype=None, copy=True)
```

利用该调用形式可以创建一个与 data 相同的新矩阵，当修改 data 时，新矩阵不会受 data 的影响而改变。

参数说明如下。

- data：表示定义矩阵的数据，可以是 ndarray 对象或者字符串。矩阵的不同行必须用分号（;）隔开，同一行之间的元素必须以空格分隔，内部数据必须为字符串形式（可使用''）。例如：

```
>>> import numpy as np    # 导入 NumPy 模块
>>> m = np.matrix('1 4 7; 2 5 8; 3 6 9')
>>> m
matrix([[1, 4, 7],
        [2, 5, 8],
        [3, 6, 9]])
```

- dtype：可选参数，定义数据类型。
- copy：bool 类型，定义是否复制 data。

2. mat 函数

mat 函数用来创建一个矩阵，该函数中的输入参数 data 可以是以分号（;）分隔的字符串，

也可以是以逗号（,）分隔的列表，调用形式如下：

```
numpy.mat(data, dtype=None)
```

参数说明如下。
- data：表示定义矩阵的数据。
- dtype：定义数据类型。

如果输入参数 data 本身是一个矩阵，则 mat 函数不会复制该矩阵，而仅仅是创建一个新的引用，相当于 matrix 函数在 copy=False 时的特例。

实例 13：生成矩阵

本实例分别利用 matrix 和 mat 函数创建矩阵，演示这两个函数的使用方法以及区别。

操作步骤如下。

（1）启动 PyCharm，打开项目 ch02，在项目中新建一个名为 matrixDemo.py 的 Python 文件。

（2）在 matrixDemo.py 的命令编辑窗口中编写如下程序：

```python
import numpy as np     # 导入 NumPy 模块
# 生成数组
data = [[1, 3, 5], [2, 4, 6]]
x = np.array(data)     # 创建数组
m1 = np.mat(x)         # 创建矩阵
m2 = np.matrix(x)      # 创建矩阵
# 输出数组和矩阵
print('*'*10,'生成的矩阵','*'*10)
print('输入数据 x: ', x, sep='\n')
print('mat 创建的矩阵 m1: ', m1, sep='\n')
print('matrix 创建的矩阵 m2: ', m2, sep='\n')
# 修改输入数组
x[1, 1] = 8
# 输出矩阵
print('*'*10, '修改输入后的矩阵', '*'*10)
print('输入数据 x: ', x, sep='\n')
print('mat 创建的矩阵 m1: ', m1, sep='\n')
print('matrix 创建的矩阵 m2: ', m2, sep='\n')
```

运行结果如图 2-7 所示。

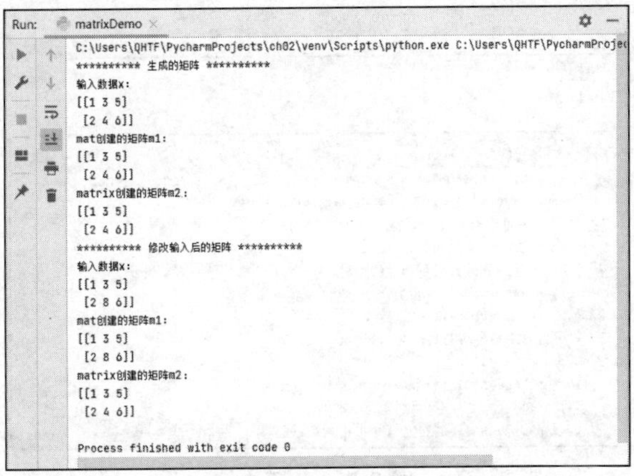

图 2-7　运行结果

从图 2-7 中可以看到，将输入数据（二维数组 x）索引为(1,1)的元素由 4 修改为 8 后，mat 函数创建的矩阵 m1 随之发生了变化，也就是说，它仅仅是创建了输入数据 x 的一个新的引用，结果受 x 数组的影响；而 matrix 函数创建的矩阵 m2 则没有变化，也就是说，它创建了与输入数据 x 相同的一个新矩阵，创建后，修改 x 不会影响已生成的矩阵。

2.2 数组运算

数组运算实际上是对数组元素的运算，包括数组的变维、扩展、连接和拆分。

2.2.1 数组的维数

NumPy 数组都有一个 shape 属性表示数组的形状，它是一个元组，返回数组各个维度的维数。该属性的调用形式如下：

```
array.shape= (m,n)
```

其中，m、n 表示数组各个维度的维数，通过索引可以返回具体的值。

实例 14：查看数组的维数

本实例利用 shape 属性分别返回一维数组和二维数组的维数。

操作步骤如下。

（1）启动 PyCharm，打开项目 ch02，在项目中新建一个名为 shapeDemo.py 的 Python 文件。

实例 14：查看数组的维数

（2）在 shapeDemo.py 的命令编辑窗口中编写如下程序：

```python
import numpy as np    # 导入 NumPy 模块
# 生成数组
x = np.array([7, 8, 9])
y = np.array([[1, 3, 5], [2, 4, 6]])
# 计算并输出数组各个维度的维数
print('*'*10, '数组各个维度的维数', '*'*10)
print('一维数组x: ', x, '; 大小: ', x.shape)
print('二维数组y: ', y, '; 大小: ', y.shape)
# 输出数组的行数和列数
print('*'*10, '数组的行列数', '*'*10)
print('一维数组 x 的行数: ', x.shape[0])
print('二维数组 y 的行数: ', y.shape[0], '; 列数: ', y.shape[1])
```

运行结果如图 2-8 所示。

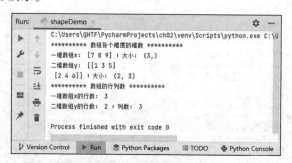

图 2-8　运行结果

从运行结果中可以看到,数组 x 的 shape 值为(3,),表示 x 是一维数组,数组中有 3 个元素。数组 y 的 shape 值为(2,3),表明 y 是一个 2 行 3 列的数组,也就是 y 中有 2 个一维数组,每个一维数组中包含 3 个元素。y.shape[0]代表行数,y.shape[1]代表列数。

2.2.2 数组变维

在实际应用中,有时会需要对数组进行变维。NumPy 提供了以下几个函数用于改变数组的形状。

1. reshape 函数

reshape 函数是在不改变数据内容的情况下,改变一个数组的形状,返回创建的新数组。该函数的调用形式有如下两种:

```
numpy.reshape(arr, newshape, order='C')
arr.reshape(newshape)
```

参数说明如下。

- arr:要修改维度的输入数组。
- newshape:新数组的形状,取值为整数或元组。新的形状应该与原始形状兼容。如果是整数,则结果将是长度为该整数的一维数组。

> **提示**
>
> 一个形状的维度可以是-1,在这种情况下,从数组的长度和其余维度推断该值。例如:reshape(1,-1)表示转化成 1 行;reshape(2,-1)转换成两行;reshape(-1,1)转换成 1 列;reshape(-1,2)转化成两列。

- order:指定读取输入数组 arr 的元素的顺序,并按照索引顺序将元素放到变换后的数组中。

上述 reshape 函数的两种调用形式都会返回一个数据与 arr 一致但是形状不同的数组,且 arr 原有的形状不会被改变。

实例 15:4 阶单位数组变维

本实例利用 reshape 函数对 4 阶单位数组变维。

操作步骤如下。

(1)启动 PyCharm,打开项目 ch02,在项目中新建一个名为 reshapeDemo.py 的 Python 文件。

(2)在 reshapeDemo.py 的命令编辑窗口中编写如下程序:

```
import numpy as np      # 导入 NumPy 模块
# 生成 4 行 4 列单位数组
a = np.eye(4, 4)
b = a.reshape(2, 8)     # 生成 2 行 8 列数组
# 输出数组
print('*'*10, '原始数组', '*'*10)
print(a)
print('*'*10, '变维后的数组', '*'*10)
print(b)
```

运行结果如图 2-9 所示。

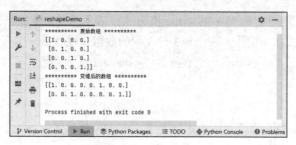

图 2-9　运行结果

2. resize 函数

resize 函数用于改变调用数组自身，将输入数组变维成 m 行 n 列的数组。该函数的调用形式有如下两种：

```
numpy.resize(arr, newshape, order='C')
arr.resize(newshape)
```

其中的参数与 reshape 函数的相同。

注意

第一种调用形式不会改变输入数组 arr 的形状，第二种调用形式会改变输入数组的形状。

实例 16：reshape 和 resize 效果对比

实例 16：reshape 和 resize 效果对比

本实例分别使用 reshape 函数和 resize 函数的两种调用形式对给定数组进行变维，比较不同调用形式对原始数据的影响。

操作步骤如下。

（1）启动 PyCharm，打开项目 ch02，在项目中新建一个名为 resizeDemo.py 的 Python 文件。

（2）在 resizeDemo.py 的命令编辑窗口中编写如下程序：

```
import numpy as np     # 导入 NumPy 模块
# 创建数组
arr = np.arange(12)
print('原数组', arr)
# 使用 reshape 函数变维，输出数组
print('*'*10, 'reshape 变维前、后的数组', '*'*10)
a = np.reshape(arr, (3, 4))
print('第一种调用形式变维后的数组 a：', a)
print('变维后的输入数组 arr：', arr)
b = arr.reshape(3, 4)
print('第二种调用形式变维后的数组 b：', b)
print('变维后的输入数组 arr：', arr)
# 使用 resize 函数变维，输出数组
print('*'*10, 'resize 变维前、后的数组', '*'*10)
print('输入数组 arr：', arr)
c = np.resize(arr, (3, 4))
print('第一种调用形式变维后的数组 c：', c)
print('变维后的输入数组 arr：', arr)
d = arr.resize((3, 4))
print('第二种调用形式变维后的数组 d：', d)
print('变维后的输入数组 arr：', arr)
```

运行结果如图 2-10 所示。

图 2-10 运行结果

从运行结果中可以看到，reshape 函数的两种调用形式分别返回与输入数组数据相同，但形状修改了的数组 a 和 b，且变维后原数组 arr 的形状不变。与 reshape 函数不同，resize 函数的第一种调用形式有输出值 c，原数组的形状没有改变；第二种调用形式没有输出值（显示为 None），而且原数组的形状也发生了变化，也就是说，这种调用形式只改变原数组的形状，而不会产生新数组。

3．ravel 函数

ravel 函数用于将多维数组展开为一维数组，从而改变数组的形状。该函数的调用形式如下：

```
numpy.ravel()
```

4．newaxis 函数

newaxis 函数用于给现有的数组增加一个维度，实现数组维度的变化，例如将一维数组变为二维数组，将二维数组变为三维数组……。该函数的调用形式如下：

```
numpy.newaxis
```

实例 17：数组的展开与增维

本实例分别对给定数组执行 ravel 函数和 newaxis 函数，演示这两个函数的用法。

操作步骤如下。

（1）启动 PyCharm，打开项目 ch02，在项目中新建一个名为 ravelNewaxis.py 的 Python 文件。

（2）在 ravelNewaxis.py 的命令编辑窗口中编写如下程序：

实例 17：数组的展开与增维

```
import numpy as np      # 导入 NumPy 模块
arr = np.array([[1, 2, 3], [4, 5, 6]])
print('原数组 arr：', arr, '\t 形状：', arr.shape)
print('对数组 arr 进行展开操作：')
```

```
r = arr.ravel()
print(r, '\t形状: ', r.shape)
print('对二维数组 arr 进行增维操作: ')
ar = arr[np.newaxis, :]    # 沿第一维添加轴
print('沿第一维进行增维: ', ar, '\t形状: ', ar.shape)
cr = arr[:, np.newaxis]    # 沿第二维添加轴
print('沿第二维进行增维: ', cr, '\t形状: ', cr.shape)
```

运行结果如图 2-11 所示。

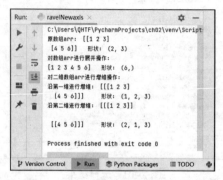

图 2-11　运行结果

在运行结果中可以看到，对 2 行 3 列的二维数组 arr 进行展开操作后，变成了一个包含 6 个元素的一维数组。对二维数组 arr 进行增维操作后，变成了三维数组。

2.2.3　扩展数组

所谓扩展数组，是指在一个数组中复制另一个数组中的元素。数组的扩展包括横向复制和纵向复制，如图 2-12 所示。扩展数组可以看作连接数组的特例，有关连接数组的操作将在 2.2.4 节进行介绍。

在 Python 中实现数组扩展有以下两种常用方法：采用 tile 函数扩展数组和采用 repeat 函数扩展数组。由于数组不能进行动态扩展，因此调用以下两个函数之后都会重新分配新的空间来存储扩展后的数据，也就是生成新的数组。

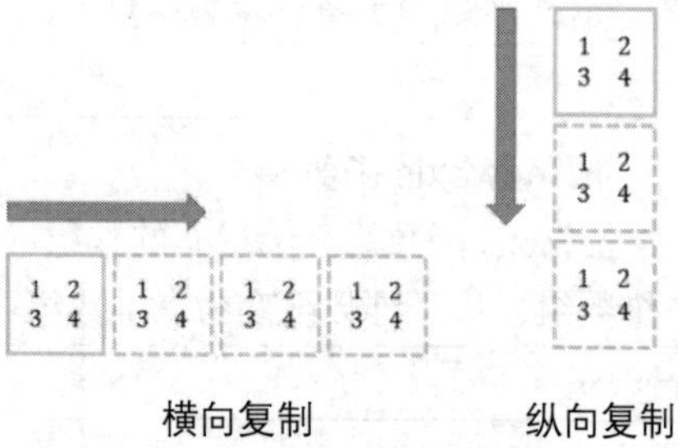

图 2-12　数组的扩展

1. tile 函数

tile 函数位于 Python 模块 numpy.lib.shape_base 中，主要功能是将一个给定的数组整个横向、纵向重复一定次数，形成一个新数组。该函数的调用形式如下：

```
numpy.tile(data, reps)
```

参数说明如下。

- data：输入的数组。
- reps：指定沿各个维度复制的次数，可以为整数或者元组。当 reps 为整数时，直接将数组 data 中的内容复制 reps 次。当 reps 为元组时，将 data 的维度和 reps 的长度进行对比，新数组的维度取二者最大值，同时将内容沿各个维度分别复制。

2. repeat 函数

repeat 函数用于对 NumPy 数组中的元素进行连续复制。该函数的调用形式有如下两种：

```
numpy.repeat(arr,repeats,axis=None)
arr.repeat(repeats, axis=None)
```

参数说明如下。
- arr：输入的数组。
- repeats：数组复制的次数，可以为一个数，也可以为一个矩阵。在这里读者要注意的是，当 repeats 为矩阵时，len(repeats)==arr.shape[axis]，否则程序会报错，不能扩展数组。
- axis：表示数组复制方向的轴。axis=None，表示展开当前矩阵，数组转变为一个行向量；axis=0，表示沿着 y 轴复制，增加行数；axis=1，表示沿着 x 轴复制，增加列数。

实例 18：数组扩展

实例 18：数组扩展

本实例分别使用 tile 函数和 repeat 函数对给定数组进行扩展，帮助读者进一步掌握这两个函数的参数意义以及使用方法，理解它们在扩展数组时的区别。

操作步骤如下。

（1）启动 PyCharm，打开项目 ch02，在项目中新建一个名为 tileRepeat.py 的 Python 文件。

（2）在 tileRepeat.py 的命令编辑窗口中编写如下程序：

```
import numpy as np    # 导入NumPy模块
# 创建二维数组
arr = np.array([[2, 5], [0, 9]])
print('原数组：', arr)
# 使用tile函数扩展数组
print('*'*10, 'tile 扩展数组', '*'*10)
tr = np.tile(arr, 2)
tr2 = np.tile(arr, (2, 3))
print('reps 为2进行扩展：', tr)
print('reps 为(2,3)进行扩展：', tr2)
# 使用repeat函数扩展数组
print('*'*10, 'repeat 扩展数组', '*'*10)
print('（1）第一种调用形式，repeats 为整数2')
rr = np.repeat(arr, 2)
rr2 = np.repeat(arr, 2, axis=0)
rr3 = np.repeat(arr, 2, axis=1)
print('axis=None，重复2次进行扩展：', rr)
print('axis=0，纵向重复2次进行扩展：', rr2)
print('axis=1，横向重复2次进行扩展：', rr3)
print('（2）第一种调用形式，repeats 为矩阵[2, 3]时')
mrr = np.repeat(arr, [2, 3], axis=0)
mrr2 = np.repeat(arr, [2, 3], axis=1)
print('axis=0：', mrr)
print('axis=1：', mrr2)
print('此时的输入数组 arr:', arr)
print('（3）第二种调用形式扩展数组')
print('repeats 为整数2:', arr.repeat(2))
```

运行结果如图 2-13 所示。

```
Run:    tileRepeat
C:\Users\QHTF\PycharmProjects\ch02\venv\Scripts\python.exe C:\Users\QHTF\P
原数组: [[2 5]
 [0 9]]
********** tile扩展数组 **********
reps为2扩展:  [[2 5 2 5]
 [0 9 0 9]]
reps为(2,3)进行扩展:  [[2 5 2 5 2 5]
 [0 9 0 9 0 9]
 [2 5 2 5 2 5]
 [0 9 0 9 0 9]]
********** repeat扩展数组 **********
(1) 第一种调用形式, repeats为整数2
axis=None,重复2次进行扩展:  [2 2 5 5 0 0 9 9]
axis=0,纵向重复2次进行扩展: [[2 5]
 [2 5]
 [0 9]
 [0 9]]
axis=1,横向重复2次进行扩展:  [[2 2 5 5]
 [0 0 9 9]]
(2) 第一种调用形式, repeats为矩阵[2, 3]时
axis=0: [[2 5]
 [2 5]
 [0 9]
 [0 9]
 [0 9]]
axis=1: [[2 2 5 5 5]
 [0 0 9 9 9]]
此时的输入数组arr: [[2 5]
 [0 9]]
(3) 第二种调用形式扩展数组
repeats为整数2: [2 2 5 5 8 0 9 9]
```

图 2-13 运行结果

2.2.4 连接数组

所谓连接数组，是指将多个相同类型的数组拼接在一起。在 Python 中，直接使用星号就可以对数组进行连接。此外，Python 还提供了几个常用的函数对数组进行连接、组合。

1. concatenate 函数

concatenate 函数用于沿指定轴连接相同形状的两个及以上数组，返回连接后的数组。该函数的调用形式如下：

```
numpy.concatenate((a1, a2, ...), axis=0)
```

参数说明如下。

- (a1, a2, ...)：表示相同类型的数组序列，a1,a2,...均应该为可以迭代的对象，且维度不能够为 0。注意这里的圆括号"()"不能省略，否则会报错。
- axis：连接数组的轴（例如 x 轴，y 轴或者 z 轴），默认值为 0。

2. stack 函数

stack 函数用于沿新轴连接给定的数组序列，生成一个新数组，该数组比输入数组多一个维度。该函数的调用形式如下：

```
numpy.stack(arrays, axis)
```

参数说明如下。

- arrays：表示相同形状的数组序列。
- axis：指定结果数组维度中的维度索引值（或轴索引值）。例如，axis=0，表示第一个维度；axis=-1，表示最后一个维度。

3. hstack 函数和 vstack 函数

hstack 函数通过将给定数组横向串联生成新数组。该函数的调用形式如下：

```
numpy.hstack((a1, a2, ...))
```

vstack 函数通过将给定数组纵向串联生成新数组。该函数的调用形式如下：

```
numpy.vstack((a1, a2, ...))
```

4．column_stack 函数和 row_stack 函数

column_stack 函数用于将一维数组序列作为列堆叠到二维数组中。该函数的调用形式如下：

```
numpy.column_stack (tup)
```

row_stack 函数可将一维数组序列作为行组合成二维数组。该函数的调用形式如下：

```
numpy.row_stack (tup)
```

参数说明如下。

- tup：对于 column_stack 函数，必须是具有相同的第一维的一维或二维数组序列。对于 row_stack 函数，除了第一个轴之外，序列必须沿所有方向具有相同的形状；一维数组必须具有相同的长度。

实例 19：拼接数组

本实例使用上面介绍的 6 个数组连接函数对给定数组序列进行拼接，以帮助读者进一步掌握这几个函数的参数意义以及使用方法，理解它们在拼接数组时的区别。

实例 19：拼接数组

操作步骤如下。

（1）启动 PyCharm，打开项目 ch02，在项目中新建一个名为 stackArrays.py 的 Python 文件。

（2）在 stackArrays.py 的命令编辑窗口中编写如下程序：

```
import numpy as np       # 导入 NumPy 模块
# 创建两个二维数组
a1 = np.array([[10, 20], [30, 40]])
a2 = np.eye(2, 2)
print('数组 a1: ', a1)
print('数组 a2: ', a2)
print('*'*10, 'concatenate 拼接数组', '*'*10)
# 使用 concatenate 函数拼接数组
c1 = np.concatenate((a1, a2))
c2 = np.concatenate((a1, a2), axis=1)
print('-'*4, 'axis=0: ', c1)
print('-'*4, 'axis=1: ', c2)
# 使用 stack 函数拼接数组
print('*'*10, 'stack 拼接数组', '*'*10)
s1 = np.stack((a1, a2), 0)
s2 = np.stack((a1, a2), 1)
s3 = np.stack((a1, a2), 2)
print('-'*4, 'axis=0: ', s1)
print('-'*4, 'axis=1: ', s2)
print('-'*4, 'axis=2: ', s3)
# 使用 hstack 函数和 vstack 函数拼接数组
print('*'*10, 'hstack 和 vstack 拼接数组', '*'*10)
h1 = np.hstack((a1, a2))
v1 = np.vstack((a1, a2))
print('-'*4, '数组水平串联: ', h1)
print('-'*4, '数组垂直串联: ', v1)
print('*'*10, 'column_stack 和 row_stack 拼接数组', '*'*10)
cs = np.column_stack((a1, a2))
rs = np.row_stack((a1, a2))
print('-'*4, '沿列堆叠数组: ', cs)
print('-'*4, '沿行堆叠数组: ', rs)
```

运行结果如下：

```
数组 a1: [[10 20]
 [30 40]]
数组 a2: [[1. 0.]
 [0. 1.]]
********** concatenate 拼接数组 **********
---- axis=0: [[10. 20.]
 [30. 40.]
 [ 1.  0.]
 [ 0.  1.]]
---- axis=1: [[10. 20.  1.  0.]
 [30. 40.  0.  1.]]
********** stack 拼接数组 **********
---- axis=0: [[[10. 20.]
  [30. 40.]]

 [[ 1.  0.]
  [ 0.  1.]]]
---- axis=1: [[[10. 20.]
  [ 1.  0.]]

 [[30. 40.]
  [ 0.  1.]]]
---- axis=2: [[[10.  1.]
  [20.  0.]]

 [[30.  0.]
  [40.  1.]]]
********** hstack 和 vstack 拼接数组 **********
---- 数组水平串联: [[10. 20.  1.  0.]
 [30. 40.  0.  1.]]
---- 数组垂直串联: [[10. 20.]
 [30. 40.]
 [ 1.  0.]
 [ 0.  1.]]
********** column_stack 和 row_stack 拼接数组 **********
---- 沿列堆叠数组: [[10. 20.  1.  0.]
 [30. 40.  0.  1.]]
---- 沿行堆叠数组: [[10. 20.]
 [30. 40.]
 [ 1.  0.]
 [ 0.  1.]]
```

2.2.5 拆分数组

所谓拆分数组，是指将一个给定的数组按一定方式分为多个子数组。本节介绍 Python 中常用的几个数组拆分函数。

1. split 函数

split 函数用于沿指定轴将一个数组拆分为多个数组。该函数的调用形式如下：

```
numpy.split(arr, indices_or_sections, axis)
```

参数说明如下。
- arr：被拆分的数组。
- indices_or_sections：如果是一个整数，则将 arr 拆分为大小相同的 indices_or_sections 个子数组；如果是一个数组，则表示沿轴拆分的位置。
- axis：设置拆分方向，默认值为 0，表示沿垂直方向拆分。值为 1 时，表示沿水平方向拆分。

2. hsplit 函数和 vsplit 函数

hsplit 函数通过指定返回相同形状的子数组个数或者拆分后的列数,将一个数组水平拆分为多个子数组。该函数的调用形式如下:

```
numpy.hsplit(arr, indices_or_sections)
```

与 hsplit 函数类似,vsplit 函数用于将一个数组垂直拆分为多个子数组。该函数的调用形式如下:

```
numpy.vsplit(arr, indices_or_sections)
```

实例 20:拆分数组

本实例使用上面介绍的 3 个数组拆分函数对给定数组进行拆分,以帮助读者进一步掌握这几个函数的参数意义以及使用方法,理解它们在拆分数组时的区别。

实例 20:拆分数组

操作步骤如下。

(1)启动 PyCharm,打开项目 ch02,在项目中新建一个名为 splitArray.py 的 Python 文件。
(2)在 splitArray.py 的命令编辑窗口中编写如下程序:

```python
import numpy as np        # 导入 NumPy 模块
# 创建随机整数数组
arr = np.random.randint(50, 100, size=(4, 3))
print('被拆分数组: ', arr)
# 拆分数组
print('*'*10, 'split 拆分数组', '*'*10)
sav = np.split(arr, 2)
sah = np.split(arr, 3, axis=1)
sal = np.split(arr, [2, 3])
print('--默认垂直(0轴)拆分为2个子数组')
print('第1部分: ', sav[0], '第2部分: ', sav[1], sep='\n')
print('--水平(1轴)拆分为3个子数组: ')
print('第1部分: ', sah[0], '第2部分: ', sah[1], '第3部分: ', sah[2], sep='\n')
print('--从索引为2、3的位置垂直拆分: ')
print('第1部分: ', sal[0], '第2部分: ', sal[1], '第3部分: ', sal[2],sep='\n')
print('*'*10, 'hsplit 和 vsplit 拆分数组', '*'*10)
ha = np.hsplit(arr, 3)
va = np.vsplit(arr, 2)
print('--水平拆分为3个子数组: ', ha[0], ha[1],ha[2], sep='\n')
print('--垂直拆分为2个子数组: ', va[0], va[1], sep='\n')
```

运行结果如下:

```
被拆分数组: [[78 66 91]
 [98 86 95]
 [61 99 57]
 [72 70 95]]
********** split 拆分数组 **********
--默认垂直(0轴)拆分为2个子数组
第1部分:
[[78 66 91]
 [98 86 95]]
第2部分:
[[61 99 57]
 [72 70 95]]
--水平(1轴)拆分为3个子数组:
第1部分:
[[78]
 [98]
 [61]
```

```
    [72]]
第 2 部分:
[[66]
 [86]
 [99]
 [70]]
第 3 部分:
[[91]
 [95]
 [57]
 [95]]
--从索引为 2、3 的位置垂直拆分:
第 1 部分:
[[78 66 91]
 [98 86 95]]
第 2 部分:
[[61 99 57]]
第 3 部分:
[[72 70 95]]
********** hsplit 和 vsplit 拆分数组 **********
--水平拆分为 3 个子数组:
[[78]
 [98]
 [61]
 [72]]
[[66]
 [86]
 [99]
 [70]]
[[91]
 [95]
 [57]
 [95]]
--垂直拆分为 2 个子数组:
[[78 66 91]
 [98 86 95]]
[[61 99 57]
 [72 70 95]]
```

2.2.6 统计函数

NumPy 提供了很多统计函数,用于从数组中查找最小元素、最大元素、标准差和方差等。本节简要介绍几个常用的极值统计函数和平均值统计函数。

1. 极值统计函数

在数学分析中,在给定范围(相对极值)内或函数的整个域(全局或绝对极值)中,函数的最大值和最小值被统称为极值(极数)。NumPy 中的极值统计函数如表 2-1 所示。

表 2-1   极值统计函数

名称	说明
numpy.min(arr,axis) numpy.amin(arr,axis)	计算数组中的元素沿指定轴的最小值
numpy.max(arr,axis) numpy.amax(arr,axis)	计算数组中的元素沿指定轴的最大值
numpy.argmin(arr,axis)	返回数组中沿指定轴的最小值元素的索引
numpy.argmax(arr,axis)	返回数组中沿指定轴的最大值元素的索引
numpy.ptp(arr)	计算数组中元素最大值与最小值的差(最大值-最小值)

2. 平均值统计函数

平均值包含算术平均值、几何平均值、平方平均值（均方根平均值）、调和平均值、加权平均值等。一般情况下，平均值是指算术平均值。在 NumPy 中，mean 函数用来计算给定数组的算术平均值。它的使用格式如下：

numpy.mean(arr, axis=None)

参数说明如下。
- arr：输入的数值、矩阵或数组。
- axis：可选参数，指定运算方向的轴。

加权平均值即将各数值乘相应的权重，然后求和得到总体值，再除以总的单位数得到的结果。在 NumPy 中，average 函数用来根据在另一个数组中给出的各自的权重计算数组中元素的加权平均值，不指定权重时相当于 mean 函数。它的使用格式如下：

numpy.average(arr, axis=None, weights=None, returned=False)

参数说明如下。
- arr：包含要求平均值的数据的数组。如果不是数组，则尝试进行转换。
- axis：可选参数，指定运算方向的轴，取值为 None、整数或整数元组，默认值为 None，表示将对输入数组的所有元素求平均值。如果值为负数，则从最后一个轴开始计数。如果值是整数元组，则对元组中指定的所有轴执行平均值运算。
- weights：可选参数，指定与 arr 中的值相关联的权重数组。如果 weights 为一维数组，其长度必须是沿着给定轴的 arr 的大小。默认值为 None，表示 arr 中的所有数据的权重都等于 1。
- returned：bool 类型的可选参数，默认值为 False，表示仅返回平均值；如果值为 True，则返回元组(平均值,权重之和)。当 weights 取值为 None 时，权重之和等于运算平均值的元素个数。

实例 21：多个地区平均工资统计分析

国家统计局编著出版的《中国统计年鉴—2022》公布了 2021 年各地区的城镇非私营单位和私营单位的就业人员平均年工资数据。部分数据如表 2-2 所示，求给定数据的极值与平均值。

实例 21：多个地区平均工资统计分析

表 2-2　　　　　　　　　　　平均工资数据　　　　　　　　　　　单位：元

地区	城镇非私营单位	城镇私营单位
S1	122309	69228
S2	82413	45748
S3	82526	48185
S4	98071	62433
S5	94768	56521
S6	96994	56429
S7	101670	59307
S8	118133	73231
S9	74872	48117
S10	94487	51557

操作步骤如下。

(1)启动 PyCharm,打开项目 ch02,在项目中新建一个名为 averageWage.py 的 Python 文件。

(2)在 averageWage.py 的命令编辑窗口中编写如下程序:

```python
import numpy as np       # 导入 NumPy 模块
print('*'*20, '多个地区的平均工资统计分析', '*'*20)
# 创建工资数据的二维数组
data = [[122309, 82413, 82526, 98071, 94768, 96994, 101670, 118133, 74872, 94487],
        [69228, 45748, 48185, 62433, 56521, 56429, 59307, 73231, 48117, 51557]]
A = np.array(data)
# 计算极值
print('='*10, '极值分析', '='*10)
w1 = np.min(A, 1)        # 按行分别计算非私营、私营单位最低平均工资
i1 = np.argmin(A, 1)     # 计算非私营、私营单位最低平均工资所在位置
w2 = np.max(A, 1)        # 按行分别计算非私营、私营单位最高平均工资
i2 = np.argmax(A, 1)     # 计算非私营、私营单位最高平均工资所在位置
print('非私营单位最低平均工资:', w1[0], '\t 所在地区:S', i1[0]+1)
print('私营单位最低平均工资:', w1[1], '\t 所在地区:S', i1[1]+1)
print('非私营单位最高平均工资:', w2[0], '\t 所在地区:S', i2[0]+1)
print('私营单位最高平均工资:', w2[1], '\t 所在地区:S', i2[1]+1)
# 计算算术平均值
print('='*10, '算术平均值', '='*10)
mw1 = np.mean(A, 0)      # 按列计算每个地区的平均工资
mw2 = np.mean(A, 1)      # 按行计算非私营、私营单位的平均工资
print('各个地区的平均工资:\n', mw1)
print('非私营单位的平均工资:', mw2[0], '\n 私营单位的平均工资:', mw2[1])
# 计算加权平均值
print('='*10, '加权平均值', '='*10)
print('(1)权重值均为 1')
aw1 = np.average(A, 1, weights=None)     # 权重值都等于 1
print('非私营单位的平均工资:', aw1[0], '\n 私营单位的平均工资:', aw1[1])
print('(2)指定权重数组')
w = np.linspace(1, 5, 10)                # 权重值
aw2 = np.average(A, 1, weights=w, returned=True)   # 加权平均值和权重之和
print('权重值:', w)
print('非私营单位的平均工资:', aw2[0][0], '\n 私营单位的平均工资:', aw2[0][1])
print('权重之和:', aw2[1])
```

运行结果如下:

```
******************** 多个地区的平均工资统计分析 ********************
========== 极值分析 ==========
非私营单位最低平均工资:74872      所在地区:S 9
私营单位最低平均工资:45748        所在地区:S 2
非私营单位最高平均工资:122309     所在地区:S 1
私营单位最高平均工资:73231        所在地区:S 8
========== 算术平均值 ==========
各个地区的平均工资:
 [95768.5 64080.5 65355.5 80252.  75644.5 76711.5 80488.5 95682.  61494.5
 73022. ]
非私营单位的平均工资:96624.3
私营单位的平均工资:57075.6
========== 加权平均值 ==========
(1)权重值均为 1
非私营单位的平均工资:96624.3
私营单位的平均工资:57075.6
(2)指定权重数组
权重值:[1.         1.44444444 1.88888889 2.33333333 2.77777778 3.22222222
 3.66666667 4.11111111 4.55555556 5.        ]
```

非私营单位的平均工资:95793.72962962963
私营单位的平均工资:56877.85185185185
权重之和:[30. 30.]

2.3 矩阵运算

在 Python 中,矩阵的基本运算包括加、减、乘、除,与数组基本运算相同。NumPy 提供了线性代数函数库 linalg,该库包含线性代数所需的所有功能,使得矩阵运算非常简洁、方便、高效。

2.3.1 乘法运算

在线性代数中,经常会遇到向量、数组和矩阵这 3 种数据结构。在 Python 中,向量、矩阵与数组的区别主要体现在乘法运算上。本节详细介绍矩阵的乘法运算,其中,点乘运算是矩阵所特有的。

1. 数乘运算

数 λ 与矩阵 $A=(a_{ij})$ 的乘积记成 λA 或 $A\lambda$,规定为

$$\lambda A = \begin{pmatrix} \lambda a_{11} & \lambda a_{12} & \cdots & \lambda a_{1n} \\ \lambda a_{21} & \lambda a_{22} & \cdots & \lambda a_{2n} \\ \vdots & \vdots & & \vdots \\ \lambda a_{m1} & \lambda a_{m2} & \cdots & \lambda a_{mn} \end{pmatrix}$$

同时,矩阵还满足下面的规律:

$$\lambda(\mu A)=(\lambda\mu)A$$
$$(\lambda+\mu)A=\lambda A+\mu A$$
$$\lambda(A+B)=\lambda A+\lambda B$$

其中,λ、μ 为数,A、B 为矩阵。

2. 乘运算

若 3 个矩阵有相乘关系,设 $A=(a_{ij})$ 是一个 $m\times s$ 矩阵,$B=(b_{ij})$ 是一个 $s\times n$ 矩阵,规定 A 与 B 的积为一个 $m\times n$ 矩阵 $C=(c_{ij})$,

$$c_{ij}=a_{i1}b_{1j}+a_{i2}b_{2j}+\cdots+a_{is}b_{sj}$$
$$i=1,2,\cdots,m \ ; \quad j=1,2,\cdots,n$$

也就是说,$C=AB$,需要满足以下 3 个条件。

- 矩阵 A 的列数与矩阵 B 的行数相同。
- 矩阵 C 的行数等于矩阵 A 的行数,矩阵 C 的列数等于矩阵 B 的列数。
- 矩阵 C 的第 m 行 n 列元素值等于矩阵 A 的 m 行元素与矩阵 B 的 n 列元素对应值积的和。

$$i\text{行}\rightarrow \begin{pmatrix} a_{i1} & a_{i2} & \cdots & a_{is} \end{pmatrix} \begin{pmatrix} b_{1j} \\ b_{2j} \\ \vdots \\ b_{sj} \end{pmatrix} = \begin{pmatrix} c_{ij} \end{pmatrix}$$
$$j\text{列}$$

在这里要提请读者注意的是，$AB \neq BA$，即矩阵的乘法不满足交换律。如果矩阵 A、B 满足 $AB = 0$，也未必有 $A=0$ 或 $B=0$ 的结论。

在 NumPy 中，matmul 函数用于计算矩阵 a 和 b 的乘积，相当于 a*b。该函数的调用形式如下：

```
numpy.matmul(a, b, out=None)
```

其中，out 用于保存输出结果。需要说明的是，a 和 b 必须同维。

实例22：计算矩阵的乘积

实例 22：计算矩阵的乘积

本实例分别使用 matmul 函数和乘法运算符对两个给定的矩阵进行乘法运算。

操作步骤如下。

（1）启动 PyCharm，打开项目 ch02，在项目中新建一个名为 matmulDemo.py 的 Python 文件。

（2）在 matmulDemo.py 的命令编辑窗口中编写如下程序：

```python
import numpy as np                              # 导入 NumPy 模块
print('*'*10, '矩阵乘法运算', '*'*10)
a = np.matrix('1 2 3;0 3 1;4 2 5')              # 创建矩阵
b = np.matrix('6 3 4;2 5 1;3 8 1')              # 创建矩阵
print('矩阵 a 和 b:', a, b, sep='\n')
# 计算矩阵的乘积
m1 = np.matmul(a, b)
print('-'*4, 'matmul 计算结果：', m1)
m2 = a*b
print('-'*4, '运算符计算结果：', m2)
```

运行结果如图 2-14 所示。

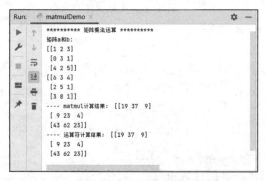

图 2-14　运行结果

3．点乘运算

点乘运算是指将两个矩阵中相同位置的元素进行相乘运算，将积保存在原位置组成新矩阵。在 NumPy 中，multiply 函数用于计算矩阵的点乘。该函数的调用形式如下：

```
numpy.multiply(a, b)
```

需要说明的是，a 和 b 必须同维。

4．内积运算

在 NumPy 中，inner 函数用于计算两个数组的向量内积。该函数的调用形式如下：

```
numpy.inner(a, b, out=None)
```

其中，out 用于保存输出结果。需要说明的是，a 和 b 可以是一维数组，也可以是矩阵。对于矩阵，返回最后一个轴上的乘积的和。

实例 23：计算矩阵点乘与向量内积

本实例分别使用 multiply 函数和 inner 函数计算给定矩阵的点乘和向量内积。

操作步骤如下。

（1）启动 PyCharm，打开项目 ch02，在项目中新建一个名为 mulInnerDemo.py 的 Python 文件。

（2）在 mulInnerDemo.py 的命令编辑窗口中编写如下程序：

```
import numpy as np      # 导入 NumPy 模块
a = np.matrix('5,6,9;8,5,3;6,7,0')    # 创建矩阵
b = np.matrix('1 2 3;0 3 3;7 9 5')    # 创建矩阵
print('矩阵 a 和 b：', a, b, sep='\n')
# 计算点乘和向量内积
p1 = np.multiply(a, b)    # 计算点乘
p2 = np.inner(b, a)       # 计算向量内积
# 输出结果
print('矩阵点乘：', p1, sep='\n')
print('向量内积：', p2, sep='\n')
```

运行结果如图 2-15 所示。

图 2-15　运算结果

2.3.2　求逆与转置

对于 n 阶方阵 A，如果有 n 阶方阵 B 满足 $AB=BA=E$（E 为单位矩阵），则称矩阵 A 为可逆的，称方阵 B 为方阵 A 的逆矩阵，记为 A^{-1}。

逆矩阵的性质如下：

（1）若 A 可逆，则 A^{-1} 是唯一的；

（2）若 A 可逆，则 A^{-1} 也可逆，并且 $(A^{-1})^{-1}=A$；

（3）若 n 阶方阵 A 与 B 都可逆，则 AB 也可逆，且 $(AB)^{-1}=B^{-1}A^{-1}$；

（4）若 A 可逆，则 A^T 也可逆，且 $(A^T)^{-1}=(A^{-1})^T$；

（5）若 A 可逆，则 $|A^{-1}|=|A|^{-1}$。

我们把满足 $|A|\neq 0$ 的方阵 A 称为非奇异的，否则就称为奇异的。

求解矩阵 X 的逆，可使用 numpy.linalg 模块中的函数 inv。函数 inv 的使用格式如下：

```
numpy.linalg.inv(X)
```

对于矩阵 A，如果有矩阵 B 满足 $B=(a_{ji})$，即 $(b_{ij})=(a_{ji})$，也就是 B 的第 i 行第 j 列元素是 A 的第 j 行第 i 列元素，简单来说就是，将矩阵 A 的行元素变成矩阵 B 的列元素、矩阵 A 的列元素变成矩阵 B 的行元素。则称 $A^T=B$，矩阵 B 是矩阵 A 的转置矩阵。

$$D = \begin{pmatrix} a_{11} & a_{12} & \cdots & a_{1n} \\ a_{21} & a_{22} & \cdots & a_{2n} \\ \vdots & \vdots & & \vdots \\ a_{n1} & a_{n2} & \cdots & a_{nn} \end{pmatrix}, D^T = \begin{pmatrix} a_{11} & a_{21} & \cdots & a_{n1} \\ a_{12} & a_{22} & \cdots & a_{n2} \\ \vdots & \vdots & & \vdots \\ a_{1n} & a_{2n} & \cdots & a_{nn} \end{pmatrix}$$

矩阵的转置满足下述运算规律：

（1）$(A^T)^T = A$；

（2）$(A+B)^T = A^T + B^T$；

（3）$(\lambda A)^T = \lambda A^T$；

（4）$(AB)^T = B^T A^T$。

矩阵 A 的转置运算可以通过函数 transpose 来实现。该函数的调用格式如下：

numpy.transpose (A)

实例 24：验证矩阵的转置运算规律

本实例使用 transpose 函数验证 $A^T B^T \neq B^T A^T$，其中，A 和 B 为矩阵。操作步骤如下。

（1）启动 PyCharm，打开项目 ch02，在项目中新建一个名为 transposeDemo.py 的 Python 文件。

实例 24：验证矩阵的转置运算规律

（2）在 transposeDemo.py 的命令编辑窗口中编写如下程序：

```
import numpy as np                          # 导入 NumPy 模块
A = np.matrix('1 -1 2;0 1 6;2 3 4')          # 创建矩阵
B = np.matrix('5 2 2;4 1 2;2 7 9')           # 创建矩阵
print('原矩阵A和B:', A, B, sep='\n')
# 求解矩阵的转置矩阵
T1 = np.transpose(A)*np.transpose(B)
T2 = np.transpose(B)*np.transpose(A)
print('A′B′:', T1, 'B′A′:', T2, sep='\n')
# 判断，输出结果
if (T1 == T2).all():                         # 判断所有元素是否都相等
    print('因此：A′B′=B′A′')
else:
    print('因此：A′B′!=B′A′')
```

运行结果如图 2-16 所示。

图 2-16　运行结果

2.3.3 矩阵范数

范数是数值分析中的一个概念，常用于度量向量或矩阵的大小，在工程计算中有着重要的作用。

对于矩阵 $A \in \mathbf{R}^{m \times n}$，常用的矩阵范数有以下几种。

- A 的行范数（∞-范数）：$\|A\|_\infty = \max\limits_{1 \leqslant i \leqslant m} \sum\limits_{j=1}^{n} |a_{ij}|$。

- A 的列范数（1-范数）：$\|A\|_1 = \max\limits_{1 \leqslant j \leqslant n} \sum\limits_{i=1}^{m} |a_{ij}|$。

- A 的欧氏范数（2-范数）：$\|A\|_2 = \sqrt{\lambda_{\max}(A^\mathrm{T} A)}$，其中 $\lambda_{\max}(A^\mathrm{T} A)$ 表示 $A^\mathrm{T} A$ 的最大特征值。

- A 的 Forbenius 范数（F-范数）：$\|A\|_\mathrm{F} = \left(\sum\limits_{i=1}^{m} \sum\limits_{j=1}^{n} a_{ij}^2 \right)^{\frac{1}{2}} = \mathrm{trace}(A^\mathrm{T} A)^{\frac{1}{2}}$。

在 Numpy 中，norm 函数用来求解向量范数和矩阵范数，使用格式如下：

```
numpy.linalg.norm(A)
```

实例 25：计算两点之间的距离

一艘帆船计划从巴巴多斯北角（北纬 13.33°，西经 59.62°）航行到法国布雷斯特（北纬 48.36°，西经 4.49°），本实例计算两点之间的欧几里得距离。

实例 25：计算两点之间的距离

操作步骤如下。

（1）启动 PyCharm，打开项目 ch02，在项目中新建一个名为 distanceNorm.py 的 Python 文件。

（2）在 distanceNorm.py 的命令编辑窗口中编写如下程序：

```python
import numpy as np                      # 导入 NumPy 模块
A = np.matrix('13.33 -59.62')           # 创建起始点坐标矩阵
B = np.matrix('48.36 -4.49')            # 创建终点坐标矩阵
print('起点A坐标: ', A, '终点B坐标: ', B, sep='\n')
# 计算距离
D = np.linalg.norm(B-A)                 # 计算范数
print('A、B 的欧氏距离为: ', D)
```

运行结果如图 2-17 所示。

图 2-17　运行结果

2.3.4 计算特征值

物理学和工程技术中的很多问题在数学上都可以归结为求矩阵的特征值问题。例如，振动问题（桥梁的振动、机械的振动、电磁振荡、地震引起的建筑物的振动等）、物理学中某些临界值的确定等。

在 NumPy 中，使用 eig 函数可以计算方阵的特征值和右特征向量。该函数的使用格式如下：

numpy.linalg.eig(A)

其中，参数 A 是一个表示方阵的数组，该函数返回 A 的特征值 w 和特征向量 v。特征值不会特意进行排序，一般都是复数形式，除非虚部为 0，才会被转换为实数。如果输入数组 A 是实数，得到的特征值也是实数或以共轭对形式出现。特征向量 v 是长度为 1 的归一化后的特征向量，特征向量 v[:,i]对应特征值 w[i]。

实例 26：求解矩阵的特征值和特征向量

本实例使用 eig 函数求解矩阵的特征值和特征向量。

操作步骤如下。

实例 26：求解矩阵的特征值和特征向量

（1）启动 PyCharm，打开项目 ch02，在项目中新建一个名为 eigDemo.py 的 Python 文件。

（2）在 eigDemo.py 的命令编辑窗口中编写如下程序：

```python
import numpy as np                          # 导入 NumPy 模块
# 创建方阵
A = np.diag((3, 6, 9))                      # 创建对角矩阵 A
B = np.matrix('5 6 3;0 9 5;2 4 9')          # 创建方阵 B
# 计算特征值和特征向量
w, v = np.linalg.eig(A)                     # 分别返回特征值和特征向量
E = np.linalg.eig(B)                        # 返回结果数组
# 输出结果
print('矩阵A: ', A, '特征值: ', w, '特征向量: ', v, sep='\n')
print('*'*60)                               # 分隔线
print('矩阵B: ', B, '特征值: ', E[0], '特征向量: ', E[1], sep='\n')
```

运行结果如图 2-18 所示。

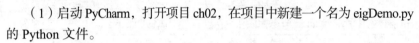

图 2-18　运行结果

从上面的运行结果可以看到，矩阵 A 具有实特征值和特征向量，矩阵 B 具有复特征值和特征向量。

第 3 章　财务数据采集

财务数据是反映企业财务状况与经营成果的数据,是企业运营数据分析中很重要的一部分,主要包括财务账簿数据及报表数据、企业的各项指标分析数据。财务账簿数据及报表数据是根据真实的企业经营财务信息统计核算并登记的数据,主要包括资产负债表数据、损益表数据、现金流量表数据等,是企业的基础财务数据。企业的各项指标分析数据是通过数学模型或对应的公式计算得到的数据,例如各部门的考核数据、用于投资决策分析的数据等。

与其他研究数据相同,财务数据可以通过录入、导入、应用程序接口(Application Program Interface,API)、爬虫等多种方式进行采集。例如,通过系统录入页面,可以将已有的数据录入系统;对于已有的批量的结构化数据,可以利用导入工具将其导入;通过 API,可以采集其他系统中的数据;对于资讯类互联网数据,可以编写网络爬虫,设置数据源后,有目的地抓取数据。

本章详细介绍直接获取、从文件获取和通过检索获取 3 种采集财务数据的方法。

3.1 直接获取财务数据

直接获取财务数据常用的两种方法是:人工录入和直接读取经过转换的财务数据。

在 Python 中,输入或读取数据常用的数据类型有 pandas 数组和 Pretty Table 表格。此外,Python 还可以很方便地读取 Excel 数据、HTML 数据和 CSV 数据等。

3.1.1 安装数据处理库 pandas

pandas 是 Python 中基于 NumPy 的一个核心的数据处理库。它包括大量库和一些标准的数据模型,提供高效操作大型数据集所需的工具,包含快速、灵活、明确的数据结构,旨在简单、直观地处理关系数据、标记型数据。

(1)打开命令提示符窗口,输入并执行以下命令:

```
pip3 install pandas
```

出现 pandas 的安装过程信息与安装结果,如图 3-1 所示。

(2)打开 PyCharm,选择菜单栏中的 "File" → "Settings" 命令,打开 "Settings" 对话框。

(3)在左侧的列表框中展开 "Project:firstPythonProject" → "Python Interpreter" 节点,在右侧的列表框顶部单击 "Install" 按钮 +,弹出 "Available Packages" 对话框。

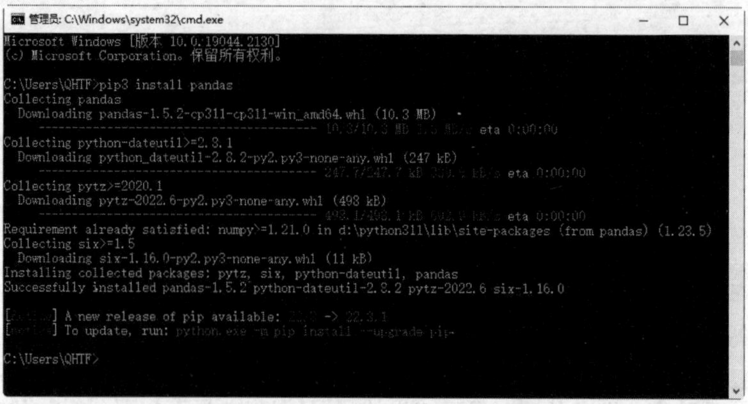

第 3 章 财务数据采集

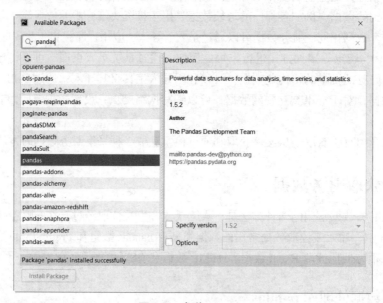

图 3-1 安装过程信息与安装结果

（4）在搜索框中输入 pandas，然后单击"Install Package"按钮，安装该模块。安装成功后，在对话框底部显示安装完成的信息，如图 3-2 所示。

图 3-2 安装 pandas

（5）关闭"Available Packages"对话框，返回"Settings"对话框。此时在列表框中可以看到已安装的包。

（6）单击"OK"按钮关闭对话框。

3.1.2 pandas 数组数据

pandas 有两大主要数据结构 Series（一维数组结构）和 DateFrame（二维数组结构），这两种数据结构足以处理金融、统计、社会科学、工程等领域的大多数典型用例，是 Python 数据分析的基本数据类型。

1．一维数组结构 Series

Series 是一种带索引的一维数组，由一组数据（ndarray 类型）以及一组与之相关的数据索引组成，可存储整数、浮点数、字符串、Python 对象等数据。这种数据结构的索引与数据默认对齐，索引在左边，值在右边，除非特殊情况，一般不会断开连接，因此可直接通过索引取值，非常方便。

1）创建 Series 对象

在 pandas 中，创建一维数组对象 Series 可以使用 Series 函数，使用格式如下：

pandas.Series(data, index, dtype, name, copy)

参数说明如下。

- data：输入数据，如 ndarray、列表、字典等。
- index：数据索引，默认从 0 开始。索引必须是唯一可哈希的，与数据 data 的元素数量相同。如果没有指定索引，则默认为 numpy.arrange(n)，即自动创建一个 0～n-1 的整数索引。
- dtype：数据类型，默认自动判断。
- name：设置名称。
- copy：指定是否复制数据，默认为 False。

2）Series 属性

创建 Series 对象后，可以根据需要修改 Series 属性。Series 常用属性如表 3-1 所示。

表 3-1　　　　　　　　　　　　Serie 常用属性

属性	说明
values	数组数据
index	索引
name	数组数据的名称
index.name	索引的名称

● **实例 27：编制简易现金流量表**

现金流量表是财务报表的 3 个基本报表之一，展现的是在一个固定期间（通常是每月或每季度）内，一家机构的现金（包含银行存款）的增减变动情形。根据其用途，常划分为经营、投资及融资这 3 个活动分类。现金流量表可用于分析一家机构在短期内是否有足够现金应付开销。相比于资产负债表，现金流量表能更加细致描述一段时间内企业资金流动情况，解释资产负债表中"货币资金"的变化原因。

实例 27：编制简易现金流量表

本实例分别通过列表、字典和 NumPy 数组创建 Series 对象，编制一个简易现金流量表，以帮助读者理解、掌握创建 Series 对象的方法。

操作步骤如下。

（1）启动 PyCharm，新建一个名为 ch03 的项目，在项目中新建一个名为 cashFlow.py 的 Python 文件。

（2）在菜单栏中选择"File"→"Settings"命令，打开"Settings"对话框。在左侧的列表框中展开"Project:ch03"→"Python Interpreter"节点，在右侧的列表框顶部单击"Install"按钮，弹出"Available Packages"对话框。

（3）在搜索框中输入 pandas，然后单击"Install Package"按钮，安装该模块。按照同样的

63

方法安装 NumPy 库，安装完成后，关闭对话框。

（4）在 cashFlow.py 的命令编辑窗口中编写如下程序：

```
import numpy as np          # 导入 NumPy 模块
import pandas as pd         # 导入 pandas 模块
print('项目', ' '*15, '行次', '本年金额', '上年金额', sep='\t\t')
print('='*60)               # 分隔线
print('一、经营活动产生的现金流量')
# 创建列表
X1 = list(range(1, 6, 1))       # 创建列表
index1 = [' 销售产品、提供劳务收到的现金', ' 收到其他与经营活动有关的现金', ' 购买原材料、接受劳务支付的现金', ' 支付的职工薪酬', ' 支付的税费']
S1 = pd.Series(X1, index1)      # 通过列表创建
print(S1)
print('二、投资活动产生的现金流量净额')
# 创建字典
dic = {" 收回短期投资得到的现金": 6, " 取得投资收益得到的现金": 7, " 购建固定资产支付的现金": 8}
S2 = pd.Series(dic)             # 通过字典创建
print(S2)
print('三、筹资活动产生的现金流量净额')
X3 = np.array([9, 10])          # 创建 NumPy 数组
index3 = [' 支付的现金1', ' 得到的现金2']
S3 = pd.Series(X3, index3)      # 通过 NumPy 数组创建
print(S3)
print('='*60)                   # 分隔线
```

运行结果如图 3-3 所示。

2. 二维数组结构 DataFrame

DataFrame 是一个表格型的数据结构，它含有一组有序的列，每列的值可以是不同类型的数据（如数值、字符串、布尔值等）。DataFrame 既有行索引也有列索引，可以看作由 Series 组成的字典（共用同一个索引）。DataFrame 中的数据是以一个或多个二维块的形式存放的，而不是列表、字典或别的一维数据结构。

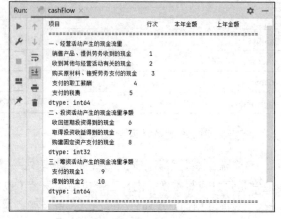

图 3-3　运行结果

1）创建 DataFrame 对象

在 pandas 中，使用 DataFrame 函数可以创建二维数组对象 DataFrame。该函数的使用格式如下：

```
pandas.DataFrame( data, index, columns, dtype, copy)
```

参数说明如下。

- data：一组数据（如 ndarray、Series、列表、字典等）。创建 DataFrame 对象最常用的一种方法是直接输入一个由等长列表或 NumPy 数组组成的字典。
- index：数据索引，也称为行索引，如果不指定，默认从 0 开始。
- columns：列索引，默认为 0~n-1 的整数索引（n 为 data 的长度），且全部列会被有序排列。
- dtype：数据类型，默认情况下系统自动判断。
- copy：指定是否复制数据，默认为 False。

2）DataFrame 属性

通过属性可以查看定义的 DataFrame 数据，DataFrame 常用属性如表 3-2 所示。

表 3-2　　　　　　　　　　　DataFrame 常用属性

属性	说明
values	DataFrame 的值
index	DataFrame 的行索引
columns	DataFrame 的列索引
axes	DataFrame 的行坐标轴
T	DataFrame 的行列转置
size	DataFrame 中的元素数量

一维数组数据 Series 是二维数组数据 DataFrame 的子集，通过类似字典标记的方式或属性的方式，可以将 DataFrame 的列获取为一个 Series 对象。

DataFrame 对象的迭代函数如表 3-3 所示。

表 3-3　　　　　　　　　　　DataFrame 对象的迭代函数

函数	说明	部分参数
iteritems()	通过列进行迭代	label：列名
iterrows()	通过行进行迭代	index：列的索引
itertuples()	通过行的 namedtuples（具名元组）进行迭代	name：pandas（默认）

针对 DataFrame 对象 df，可以执行下面的操作：

```
### 直接以列名迭代
for col in df:
    print(col)
### 以键值对迭代，将以列标签为键、列元素为值
for key,value in df.iteritems():
    print(key,value)
### 也可以进行行迭代，遍历行，此时列标签将作为索引
for row_index,row in df.iterrows():
    print(row_index,row)
### 也可以将每行封装成一个元组进行迭代
for row in df.itertuples():
    print(row)
###迭代返回原始数据的副本或视图，并不会更改原始对象
for index,row in df.iterrows():
    row['a'] = 10
    print(row)
```

实例 28：编制仓库库存表

实例 28：编制
仓库库存表

所谓库存，是仓库中实际储存的货物，可以主要分为两类：一类是生产库存，即直接消耗物资的企业、事业单位的库存物资，它是为了保证企业、事业单位所消耗的物资能够不间断地供应而储存的；一类是流通库存，即生产企业的原材料或成品库存、生产主管部门的库存和各级物资主管部门的库存。此外，还包括特殊形式的国家储备物资，它们主要是为了保证及时、齐备地将物资供应或销售给企业、事业单位作为供销库存。

第 3 章 财务数据采集

财务部门应采取恰当的措施对仓库部门进行监管，对仓库进行定期（或不定期）的盘点（实地盘存），以及时有效地发现仓库存在的问题，协助仓库部门加强日常管理，通过日常检查和盘点相关工作，拟定报告提出财务意见。

本实例通过两种方法，即直接创建和使用字典创建，编制两个仓库的库存表，帮助读者进一步掌握创建 DataFrame 对象的方法。

操作步骤如下。

（1）启动 PyCharm，打开项目 ch03，在项目中新建一个名为 inventoryTable.py 的 Python 文件。

（2）在 inventoryTable.py 的命令编辑窗口中编写如下程序：

```python
import numpy as np        # 导入 NumPy 模块
import pandas as pd       # 导入 pandas 模块
print('*'*20, 'F1 仓库库存表', '*'*20)
# 设置数据对齐方式
pd.set_option('display.unicode.ambiguous_as_wide', True)
pd.set_option('display.unicode.east_asian_width', True)
# 定义数据
data = [['EBF', 'NH20-C', '289', 'PCS', '', ''],
        ['EBG', 'GH30-G', '1320', 'PCS', '', ''],
        ['EBG', 'GH20-F', '586', 'PCS', '', '含20套工业包装']]
# 定义行标签
index1 = np.array([1, 2, 3])
# 定义列标签
col_1 = ['品牌', '型号', '库存', '单位', '供应商', '备注']
# 直接创建 DataFrame 对象
frame1 = pd.DataFrame(data, index=index1, columns=col_1)
# 输出数据
print(frame1)
print('*'*20, 'F2 仓库库存表', '*'*20)
# 定义行标签
index2 = list(range(1, 5, 1))
# 定义字典
dict1 = {"品牌": ["CBG", "AHF", "VVD", "PSA"],
         "型号": ["ADS-600", "CHF-CS", "VSD-C300", "PSA-60G"],
         "库存": [680, 1260, 982, 754],
         "单位": ["PCS", "SET", "PCS", "PCS"],
         "供应商": ["GTT", "KSA", "QSD", "TJZ"],
         "备注": ["", "含1030套备件库产品", "", ""]}
# 通过字典创建 DataFrame 对象
frame2 = pd.DataFrame(dict1, index=index2)
# 输出数据
print(frame2)
```

在上面的程序中，set_option 是 pandas 中的一个函数，用于设置指定参数的值。该函数的使用格式如下：

```
pandas.set_option(pat, value)
```

参数说明如下。

- pat：参数名，是匹配一个特定选项的正则表达式。读者需要注意的是，尽管目前支持局部的简写以进行匹配，但最好使用特定选项的完整名称（例如 x.y.z.option_name），以免在 Pandas 库的其他版本上出错而中断代码运行。
- value：参数值。

运行结果如图 3-4 所示。

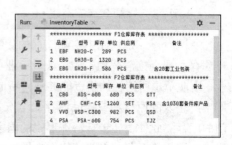

图 3-4　运行结果

3.1.3 安装 PrettyTable 库

PrettyTable 是 Python 的一个第三方库，可以从 CSV 文件、HTML（Hypertext Markup Language，超文本标记语言）文件或数据库中读取数据，生成 ASCII 格式的表格数据。该库不能直接调用，需要下载、安装、加载后才可以使用。

1. 下载、安装

打开命令提示符窗口，输入并执行以下命令：

```
pip3 install PTable
```

出现如下的 PrettyTable 安装过程信息：

```
Collecting PTable
  Downloading PTable-0.9.2.tar.gz (31 kB)
  Preparing metadata (setup.py) ... done
Installing collected packages: PTable
  Running setup.py install for PTable ... done
Successfully installed PTable-0.9.2
```

2. 在 PyCharm 中加载

（1）打开 PyCharm，选择菜单栏中的"File"→"Settings"命令，打开"Settings"对话框。

（2）在左侧的列表框中展开"Project:pythonProject"→"Python Interpreter"节点，然后在右侧的列表框顶部单击"Install"按钮，弹出"Avaliable Packages"对话框。

（3）在搜索框中输入需要安装的表格设计模块库 PrettyTable，在左侧的列表中自动选择"prettytable"。

（4）单击"Install Package"按钮，即可安装该模块。安装完成后，在对话框底部显示安装成功的提示信息，如图 3-5 所示。

（5）返回"Settings"对话框，可以看到已安装的包。单击"OK"按钮关闭对话框。

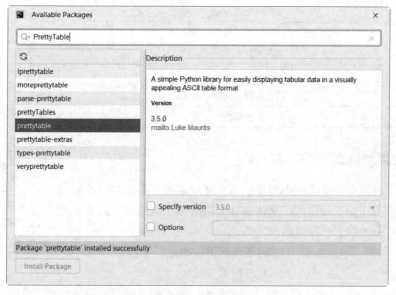

图 3-5 "Avaliable Packages"对话框

3.1.4 PrettyTable 表格数据

表格，又称为表，是一种组织、整理数据，以可视化交流模式展示数据的工具，是最常用的数据处理方式之一。由于表格在通信交流、科学研究以及数据分析活动中有着广泛的应用，因此很多应用程序中都有表格软件或表格控件，主要用于输入、输出、显示、处理和打印数据，可以制作各种复杂的表格文档，甚至能帮助用户进行复杂的统计运算和图表化展示等。表格软件或表格控件还可呈现和编辑数据库中的数据、设计数据录入界面、进行数据交换、制作数据报表等。

表格由一行或多行单元格组成，表格中的项被组织为行和列，用于显示数字和其他项，以便快速引用和分析。

在 Python 中，通过 PrettyTable 模块可以将数据以整齐的表格形式进行输出。该模块常用于 Python 对数据库的操作中。

1. 创建表格

在 PrettyTable 中，PrettyTable 函数用于创建 PrettyTable 格式的空白表格。该函数的使用格式如下：

```
import PrettyTable as pt          # 导入 PrettyTable 模块
tb = pt.PrettyTable()             # 创建表格
```

创建表格之后，就可以在表格中添加分析数据了。PrettyTable 提供了多种添加、删除表格数据的函数（见表 3-4），用于在创建的表格中添加、删除数据。

表 3-4　　添加、删除表格数据函数

函数	说明
title	设置表格的名称
field_names	添加表格的表头。如果没有添加表头，则默认会以"Field+编号"的形式显示
add_row()	添加表格的行名与行数据
add_rows()	添加表格的多行
add_column()	添加表格的列名与列数据
copy()	复制表格
del_row()	删除某行
clear_rows()	清空数据，保留字段名
clear()	清空所有数据

> **实例 29：编制个人所得税税率表**

实例 29：编制个人所得税税率表

个人所得税税率是个人所得税税额与全年应纳税所得额之间的比例。个人所得税税率由国家相应的法律法规规定，根据个人的收入计算。个人所得税税率可分为以下 3 种情况。

- 综合所得：适用 3%～45% 的超额累进税率。
- 经营所得：适用 5%～35% 的超额累进税率。
- 利息、股息、红利所得，财产租赁所得，财产转让所得和偶然所得，适用比例税率，税率为 20%。

本实例利用 PrettyTable 模块中的函数，分别按行和按列编制个人综合所得适用和经营所得适用的税率表。

操作步骤如下。

（1）启动 PyCharm，打开项目 ch03，在项目中新建一个名为 taxRate.py 的 Python 文件。

（2）在 taxRate.py 的命令编辑窗口中编写如下程序：

```python
# /usr/bin/env python3
# -*- coding: UTF-8 -*-
import prettytable as pt      # 导入 PrettyTable 模块
tb = pt.PrettyTable()         # 创建空白表格
tb.title = ['个人所得税税率表（综合所得适用）']   # 添加标题
# 添加表头
tb.field_names = ['级数', '全年应纳税所得额', '税率（%）', '速算扣除数']
# 按行添加数据
tb.add_row(['1', '不超过 36000 元的', 3, 0])
tb.add_row(['2', '超过 36000 元至 144000 元的部分', 10, 2520])
tb.add_row(['3', '超过 144000 元至 300000 元的部分', 20, 16920])
tb.add_row(['4', '超过 300000 元至 420000 元的部分', 25, 31920])
tb.add_row(['5', '超过 420000 元至 660000 元的部分', 30, 52920])
tb.add_row(['6', '超过 660000 元至 960000 元的部分', 35, 85920])
tb.add_row(['7', '超过 960000 元的部分', 45, 181920])
# 输出表格
print(tb)
print('/'*65)
tb2 = pt.PrettyTable()        # 创建空白表格
tb2.title = ['个人所得税税率表（经营所得适用）']    # 添加标题
# 按列添加数据
tb2.add_column('级数', ['1', '2', '3', '4', '5'])
tb2.add_column('全年应纳税所得额', ['不超过 30000 元的', '超过 30000 元至 90000 元的部分',
                                    '超过 90000 元至 300000 元的部分',
                                    '超过 300000 元至 500000 元的部分',
                                    '超过 500000 元的部分'])
tb2.add_column('税率', [5, 10, 20, 30, 35])
tb2.add_column('速算扣除数', [0, 1500, 10500, 40500, 65500])
# 输出表格
print(tb2)
```

运行结果如图 3-6 所示。

图 3-6　运行结果

2. 表格切片

创建表格后，还可以根据需要，选择性地输出某些特定的行或者指定的元素。在 PrettyTable 中，方括号形式的[m:n]可以实现切片功能，通过指定索引输出指定范围的行，m 表示起始行索引，n 表示终止行索引（不包含），索引从 0 开始。

例如，在上面的实例中，如果使用语句 print(tb[2:5])，表示输出表格 tb 的第 3 行到第 5 行，如图 3-7 所示。

图 3-7　输出特定的行

在 PrettyTable 中，使用 get_string 函数也可以将表格切片，输出指定的行或列，还可以对输出进行排序。该函数的使用格式如下：

```
table.get_string(fields, start, end, sortby, reversesort)
```

参数说明如下。
- fields：列名称。
- start 和 end：显示区间的索引，区间中包含 start，不包含 end。
- sortby：输出根据指定列排序的表格。
- reversesort：指定了是否倒序排列，默认为 False，即默认正序排列。

例如：

```
tb.get_string(fields=["级数", "税率"])              # 输出"级数"列和"税率"列
tb.get_string(start = 0, end = 3))                  # 输出前 3 行
tb.get_string(sortby=index_name, reversesort=True)  # 对表格按指定列进行正序排列
```

> 提示
>
> 使用 table.get_html_string()可以输出 HTML 格式的表格。

3. 设置表格样式

PrettyTable 提供了强大的格式化表格功能，可以轻松设置工作表数据的输入格式、对齐方式、边框，调整行高和列宽，使用条件格式，创建和使用样式等。

1）内置样式

PrettyTable 内置了多种表格样式，例如 MSWORD_FRIENDLY、PLAIN_COLUMNS、DEFAULT 和 RANDOM。其中，MSWORD_FRIENDLY 是配合微软 Word 的"转换为表格"功能的样式；PLAIN_COLUMNS 是无边界样式，适用于柱状数据；DEFAULT 是默认样式；RANDOM 是一种随机样式，每一次输出都会在内置样式中随机选择一个。使用 set_style 函数可以设置表格样式，使用上述提到的内置样式时，需要先导入这些样式：

```python
# 导入表格内置样式
from prettytable import MSWORD_FRIENDLY
from prettytable import PLAIN_COLUMNS
from prettytable import RANDOM
from prettytable import DEFAULT
```

实例 30：格式化某项目主要经济指标一览表

实例 30：格式化某项目主要经济指标一览表

项目经济指标是指项目建设中所需要的经济条件和经济标准。项目主要经济指标的确定需要考虑项目的性质、规模、市场需求、投资成本、运营成本等因素。

本实例利用 PrettyTable 模块中的 3 种内置样式，分别格式化某项目主要技术经济指标一览表。

操作步骤如下。

（1）启动 PyCharm，打开项目 ch03，在项目中新建一个名为 economicIndicator.py 的 Python 文件。

（2）在 economicIndicator.py 的命令编辑窗口中编写如下程序：

```python
# /usr/bin/env python3
# -*- coding: UTF-8 -*-
# 导入PrettyTable 模块
from prettytable import PrettyTable
# 导入表格内置样式
from prettytable import MSWORD_FRIENDLY
from prettytable import PLAIN_COLUMNS
from prettytable import DEFAULT
print('='*20, '某项目主要经济指标一览表', '='*20)
tb = PrettyTable()      # 创建空白表格
# 添加表头
tb.field_names = ['序号', '指标名称', '单位', '数量', '备注']
# 按行添加数据
tb.add_row(['1', '项目投入总资金', '万元', 3200, '建设投资2000万，流动资金1200万'])
tb.add_row(['2', '项目部投资', '万元', 2800, ''])
tb.add_row(['3', '项目定员', '人', 68, ''])
tb.add_row(['4', '年总成本费用', '万元', 3000, '正常年'])
tb.add_row(['5', '年销售收入', '万元', 4500, '正常年（含税）'])
tb.add_row(['6', '项目内部收益率', '%', 109.68, '所得税前'])
tb.add_row(['7', '静态投资回收期', '年', 3.15, '税前（含建设期）'])
tb.add_row(['8', '资本金收益率', '%', 156.25, '税后'])
# 输出表格
print(tb)
# 获取第4行到第8行
tb2 = tb[3:8]
# 输出MSWORD_FRIENDLY 样式表格
tb2.set_style(MSWORD_FRIENDLY)
print('/'*30, 'MSWORD_FRIENDLY: ', '/'*30, '\n', tb2)
# 输出PLAIN_COLUMNS 样式表格
tb2.set_style(PLAIN_COLUMNS)
print('/'*30, 'PLAIN_COLUMNS: ', '/'*30, '\n', tb2)
# 输出DEFAULT 样式表格
tb2.set_style(DEFAULT)
print('/'*30, 'DEFAULT: ', '/'*30, '\n', tb2)
```

运行结果如图 3-8 和图 3-9 所示。

第 3 章 财务数据采集

图 3-8 运行结果 1

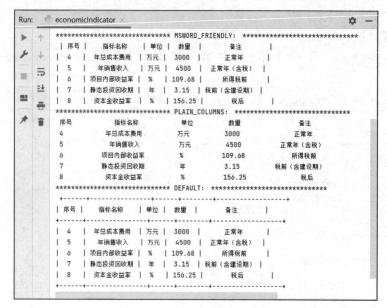

图 3-9 运行结果 2

2）自定义样式

除了内置样式以外，PrettyTable 还允许用户通过设置表格数据的对齐方式、数据输出格式、边框连接符等来自定义表格样式。

在 PrettyTable 中，常用的表格属性如表 3-5 所示。

表 3-5　　　　　　　　　　　常用的表格属性

属性	说明	值
border	控制表格边框是否显示。在 PrettyTable 中，边框由 3 个部分组成：横边框、竖边框和边框连接符（横边框、竖边框交叉处的连接符号）	True、False
header	控制表格第一行是否作为表头显示	True、False
header-style	控制表头信息的大小写	"cap"（每个单词首字母大写）、"title"（除了介词、助词其他单词首字母大写）、"lower"（全部小写）、None（不改变原内容格式）。默认值为 None

续表

属性	说明	值
hrules	设置表格内部横边框	FRAME、ALL、NONE
vrules	设置表格内部竖边框	FRAME、ALL、NONE
align	水平对齐方式	None、"l"（左对齐）、"c"（居中，默认值）、"r"（右对齐）
valign	垂直对齐方式	None、"t"（顶部对齐）、"m"（居中）、"b"（底部对齐）
int_format	控制整数的格式	
float_format	控制浮点数的格式	
padding_width	列数据左右的空格数量（左右边距）	
left_padding_width	列数据左侧的空格数量（左边距）	
right_padding_width	列数据右侧的空格数量（右边距）	
vertical_char	绘制竖边框的字符	默认为"|"
horizontal_char	绘制横边框的字符	默认为"-"
junction_char	绘制横边框、竖边框交汇处的字符	默认为"+"

注意

属性 hrules 和 vrules 的值 FRAME、ALL、NONE 是在 PrettyTable 模块内部定义的变量，在使用之前要先导入或用类似 prettytable.FRAME 的方法调用。

设置表格的样式属性有两种方法：使用 PrettyTable 函数的参数和使用圆点表示法引用属性。例如：

```
tb = PrettyTable()
# 圆点表示法设置样式
tb.border = False        # 不显示边框
tb.header = False        # 第一行不作为表头
tb.padding_width = 5     # 单元格左右边距
# 设置参数定义样式
tb = PrettyTable(border=False, header=False, padding_width=5)
```

实例 31：自定义日常费用明细表的样式

费用明细表是反映企业在一定期间内发生的财务费用及其构成情况的报表，是损益表要素之一。利用该表可以分析财务费用的构成及其增减变动情况，考核各项财务费用计划的执行情况。

本实例编制某公司的日常费用明细表，分别通过圆点表示法和设置 PrettyTable 函数的参数，定义表格样式。

实例 31：自定义日常费用明细表的样式

操作步骤如下。

（1）启动 PyCharm，打开项目 ch03，在项目中新建一个名为 currentExpense.py 的 Python 文件。

（2）在 currentExpense.py 的命令编辑窗口中编写如下程序：

```
# /usr/bin/env python3
# -*- coding: UTF-8 -*-
```

第 3 章 财务数据采集

```python
# 导入PrettyTable模块
from prettytable import *
print('='*20, '日常费用明细表', '='*20)
# 创建表格,不显示边框,不显示内部竖边框
tb = PrettyTable(vrules=NONE)
# 添加表头
tb.field_names = ['编号', '日期', '费用类别', '部门', '经办人', '金额']
# 按行添加数据
tb.add_row(['SW001', '2022年1月5日', '差旅费', '销售部', 'Kevin', 3680])
tb.add_row(['SW002', '2022年1月5日', '办公费', '财务部', 'Tiny', 1650])
tb.add_row(['SW003', '2022年1月8日', '招待费', '企划部', 'Sally', 9800])
tb.add_row(['SW004', '2022年1月9日', '办公费', '研发部', 'Smart', 1920])
tb.add_row(['SW005', '2022年1月12日', '宣传费', '企划部', 'Oliva', 12560])
tb.add_row(['SW006', '2022年1月12日', '差旅费', '人事部', 'Jason', 5680])
tb.add_row(['SW007', '2022年1月15日', '通信费', '销售部', 'Martin', 800])
tb.add_row(['SW008', '2022年1月18日', '差旅费', '销售部', 'Kevin', 3680])
# 输出表格
print('修改样式前的表格: ', tb, sep='\n')
# 设置表格样式
tb.align = 'r'              # 控制水平对齐方式为右对齐
tb.border = True            # 显示边框
tb.junction_char = '$'      # 控制边框连接符
tb.horizontal_char = '='    # 控制横边框符号
tb.vrules = ALL             # 显示所有内部竖边框
tb.vertical_char = '*'      # 控制竖边框符号
tb.padding_width = 3        # 设置单元格左右边距
print('修改样式后的表格: ', tb, sep='\n')
```

运行结果如图 3-10 所示。

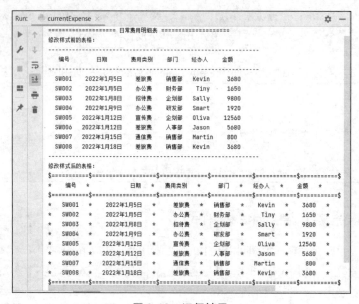

图 3-10 运行结果

3.2 从文件获取财务数据

如果已在 Excel 表格、文本文件或数据库中录入财务数据,Python 支持直接打开这些类型的文件,或从这些类型的文件中导入财务数据。

在 Python 中,从文件获取外部数据有以下 4 个常用的方法:

- 读取电子表格文件，如 Excel 文件等；
- 读取文本文件中的数据，如 TXT 文件和 CSV 文件等；
- 读取统计软件生成的数据集文件，如 SAS 数据集、SPSS 数据集等；
- 读取数据库数据，如 MySQL 数据、SQL Server 数据等。

本节主要介绍前 3 种方法，第 4 种方法将在 3.3 节介绍。

3.2.1 电子表格文件

Excel 文件是 OA（Office Automation，办公自动化）系统常用的电子表格软件，它可以进行各种数据的处理、统计分析和辅助决策操作，广泛地应用于管理、统计、金融等领域。根据版本不同，Excel 文件有.xls 和.xlsx 两种文件扩展名。

Python 针对 Excel 提供了丰富的数据处理模块库，如 xlrd、xlwt、openpyxl、pandas、pyexcel 等。下面简要介绍这些模块库的功能。

1. xlrd 和 xlwt 模块库

xlrd 模块库用于读取 Excel 文件，xlwt 模块库用于写入 Excel 文件（不支持对 XLSX 格式的文件进行修改）。在程序中使用这些模块库，首先要导入该模块，例如：

```
import xlrd      # 导入 xlrd 模块
import xlwt      # 导入 xlwt 模块
```

对 Excel 文件的操作最主要的是对工作簿和工作表的操作，常用的读取对象和写入对象命令分别如表 3-6、表 3-7 所示。

表 3-6　　　　　　　　　　　　常用的读取对象命令

命令名	说明
data = xlrd.open_workbook(filename)	打开指定的 Excel 文件读取数据
table = data.sheets()[i]	通过索引顺序 i 获取指定工作表中的数据，返回一个 xlrd.sheet.Sheet()对象
table = data.sheet_by_index(sheet_indx))	通过表的索引顺序 sheet_indx 获取指定工作表中的数据，返回一个 xlrd.sheet.Sheet()对象
table = data.sheet_by_name(sheet_name)	通过表名称 sheet_name 获取指定工作表中的数据，返回一个 xlrd.sheet.Sheet()对象
names = data.sheet_names()	返回所有工作表的名称
data.sheet_loaded(sheet_name or indx)	检查指定的工作表是否导入完毕

表 3-7　　　　　　　　　　　　常用的写入对象命令

命令名	说明
wb=xlwt.workbook()	创建 Excel 文件，用于写入数据
ws=wb.add_sheet('sheet1')	在工作簿 wb 中创建工作表 sheet1
ws.write(row,col,value,style)	在指定的工作表 ws 中写入数据，row 表示数据所在行，col 表示数据所在列，value 表示数据，style 表示数据格式
wb.save(file)	保存工作簿

注意

在操作 Excel 文件时，要先关闭已打开的相关 Excel 表，否则可能会无法读取或写入数据。

对工作表的操作主要是对单元格的操作，相关命令如表 3-8、表 3-9、表 3-10 所示。

表 3-8　　　　　　　　　　　　　单元格的行命令

命令名	说明
nrows = table.nrows	获取指定工作表 table 中的有效行数
table.row(rowx)	返回由指定行中所有的单元格对象组成的列表
table.row_slice(rowx, start_colx, end_colx)	返回指定行 rowx 中第 start_colx+1 列到第 end_colx 列所有的单元格对象组成的列表
table.row_types(rowx, start_colx, end_colx)	返回指定行 rowx 中第 start_colx+1 列到第 end_colx 列所有单元格中数据的数据类型组成的列表。单元格中数据常用的数据类型有 empty、string、date、boolean、error 和 blank
table.row_values(rowx, start_colx, end_colx)	返回指定行 rowx 中第 start_colx+1 列到第 end_colx 列所有单元格的数据组成的列表
table.row_len(rowx)	返回指定行的有效单元格长度

表 3-9　　　　　　　　　　　　　单元格的列命令

命令名	说明
ncols = table.ncols	获取工作表的有效列数
table.col_slice(colx, start_rowx, end_rowx)	返回指定列 colx 中第 start_rowx+1 行到第 end_rowx 行的所有单元格对象组成的列表
table.col_types(colx, start_rowx, end_rowx)	返回指定列 colx 中第 start_rowx+1 行到第 end_rowx 行的所有单元格的数据的数据类型组成的列表
table.col_values(colx, start_rowx, end_rowx)	返回指定列 colx 中第 start_rowx+1 行到第 end_rowx 行的所有单元格的数据组成的列表

表 3-10　　　　　　　　　　　　　单元格命令

命令名	说明
table.cell(rowx, colx)	返回第 rowx+1 行第 colx+1 列的单元格对象
table.cell_type(rowx, colx) table.cell(rowx, colx).ctype	返回第 rowx+1 行第 colx+1 列的单元格的数据的数据类型
table.cell_value(rowx,colx) table.cell(rowx, colx).value	返回第 rowx+1 行第 colx+1 列的单元格中的数据

实例 32：读取并输出员工医疗费用统计表

某公司在 Excel 中编制的 2021 年员工医疗费用统计表如图 3-11 所示。本实例读取该表格，然后输出表格数据。

实例 32：读取并输出员工医疗费用统计表

操作步骤如下。

（1）打开命令提示符窗口，依次执行命令 pip install xlrd 和 pip install xlwt，分别安装 xlrd 和 xlwt 模块库，如图 3-12 所示。

（2）启动 PyCharm，打开项目 ch03，选择菜单栏中的"File"→"Settings"命令，打开"Settings"对话框。在左侧的列表框中展开"Projectch03"→"Python Interpreter"节点，然后在右侧的列表框顶部单击"Install"按钮，弹出"Avaliable Packages"对话框。

（3）在搜索框中输入需要加载的模块库 xlrd，单击"Install Package"按钮。xlrd 模块库加载完成后,使用同样的方法加载模块库 xlwt。然后关闭对话框。

(4)右击项目 ch03,利用右键快捷菜单新建一个名为 medicalExpense.py 的 Python 文件。

图 3-11　医疗费用统计表　　　　图 3-12　分别安装 xlrd 和 xlwt 模块库

(5)在 medicalExpense.py 的命令编辑窗口中编写如下程序:

```python
# /usr/bin/env python3
# -*- coding: UTF-8 -*-
import xlrd    # 导入 xlrd 模块库
# 打开 Excel 文件读取数据
data = xlrd.open_workbook('员工医疗费用统计表.xls')
# 获取所有工作表的名称
print('当前文件中所有工作表的名称:',data.sheet_names())
# 根据工作表的索引获取工作表
table = data.sheet_by_index(0)
# 输出工作表的名称、行数和列数
print('当前工作表的名称、行数和列数:', table.name, table.nrows, table.ncols)
# 以列表形式输出第 3 行的内容
rou_3 = table.row_values(2)
print('-'*20, '第 3 行的内容', '-'*20)
print(rou_3)
# 输出第 8 列的内容,以列表形式输出
col_8 = table.col_values(7)
print('-'*20, '第 8 列的内容', '-'*20)
print(col_8)
# 使用 3 种方法输出指定单元格的内容
print('-'*20, '获取工作表标题:', '-'*20)
print('方法 1: ', table.cell(0, 0).value)
print('方法 2: ', table.cell_value(0, 0))
print('方法 3: ', table.row(0)[0].value)
```

运行结果如图 3-13 所示。

图 3-13　运行结果

2. openpyxl 模块库

openpyxl 库是一个读写 XLSX 格式的 Excel 文件的 Python 库,能够同时读取和修改 Excel 文件。该库为第三方库,要使用该库中的模块需要先安装、加载该模块库。

在命令提示符窗口中执行以下命令,即可安装 openpyxl 库,如图 3-14 所示。

```
pip install openpyxl
```

图 3-14　安装 openpyxl 库

在 PyCharm 中加载 openpyxl 库的方法与加载其他模块库的相同,这里不赘述。

加载 openpyxl 模块后,要在程序中使用该模块库,还需要导入该模块:

```
import openpyxl as op      # 导入 openpyxl 模块
```

openpyxl 提供 3 个对象用于对 Excel 文件进行操作,分别是 Workbook(工作簿对象)、Sheet(工作表对象)、Cell(单元格对象),其常用命令分别如表 3-11、表 3-12、表 3-13 所示。

表 3-11　Workbook 对象常用命令

命令名	说明
wb = load_workbook('file.xlsx')	加载名为 file.xlsx 的 Excel 文件,返回一个 Workbook 对象
wb = Workbook()	创建一个空白的 Workbook 对象
wb.save("file.xlsx")	将 Workbook 对象 wb 以指定的文件名保存
wb.close()	关闭 wb 表示的 Excel 文件

表 3-12　Sheet 对象常用命令

命令名	说明
sheets = wb.worksheets	通过 worksheets 属性获取 Workbook 对象 wb 的所有 Sheet 对象
wb.sheetnames get_sheet_names()	返回所有 Sheet 对象的列表,类型为 list
sheet1 = sheets[i]	根据索引获取 Sheet 对象
sheet1 = wb["sheetname"] get_sheet_by_name(name)	根据工作表名称获取 Sheet 对象
sheet = wb.active get_active_sheet()	获取 Workbook 对象 wb 当前选中的 Sheet 对象
wb.remove_sheet()	删除指定的 Sheet 对象
wb.create_sheet("mysheet")	在 Workbook 对象 wb 中创建一个 Sheet 对象

续表

命令名	说明
ws.insert_rows(i)	在工作表 ws 的第 i 行前面插入一行
ws.insert_rows(i,n)	在工作表 ws 第 i 行往下数 n 行前插入空行
sheet.max_row	获取工作表数据的最大行数
sheet.max_column	获取工作表数据的最大列数
sheet.rows	按行获取所有的数据
sheet.columns	按列获取所有的数据
workbook.remove('表名') del_workbook['表名']	删除工作表

表 3-13　　　　　　　　　　　Cell 对象常用命令

命令名	说明
ws[column_name]=value	指定列字段
cell(row, column, value)	为指定单元格赋值
cell(row, column).value	获取指定单元格的值，两个参数分别是行索引、列索引

在 Python 中，使用 cell 函数可以获取或设置指定单元格的值。该函数的使用格式如下：

cell(parent=sheet1,coordinate=None, row=None, column=None, value=None)

参数说明如下。
- parent：单元格所属的工作表对象。
- coordinate：所在坐标，如'A1'。
- row：所在行，起始值为 1。
- column：所在列，起始值为 1。
- value：单元格的值。

cell 函数可以通过固定的行号和列号获取单元格的值，也可以通过行号和列号修改单元格内的数据。

实例 33：输出政府集中采购计划表数据

本实例读取图 3-15 所示的 Excel 文件"政府集中采购计划表.xlsx"，通过 for 循环按行遍历并输出单元格的值。

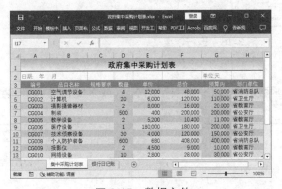

实例 33：输出政府集中采购计划表数据

图 3-15　数据文件

操作步骤如下。

（1）启动 PyCharm，打开项目 ch03，在项目中新建一个名为 procurementPlan.py 的 Python 文件。

（2）在 procurementPlan.py 的命令编辑窗口中编写如下程序：

```python
# /usr/bin/env python3
# -*- coding: UTF-8 -*-
import openpyxl as op     # 导入openpyxl模块
# 打开工作簿
wb = op.load_workbook('政府集中采购计划表.xlsx')
# 获取工作表
sh = wb["集中采购计划表"]
# 获取最大行数
print('最大行数', sh.max_row)
# 获取最大列数
print('最大列数', sh.max_column)
# 按列读取所有数据，每一列的单元格放入一个元组
print('采购计划数据：', sh.columns)
# 读取指定的单元格数据
res1 = sh.cell(row=1, column=1).value
print('*'*20, res1, '*'*20)
# 按行读取所有数据，每一行的单元格放入一个元组
rows = sh.rows
# 通过for循环以及value查看单元格的值
for row in list(rows):      # 遍历每行数据
    case = []    # 用于存放一行数据
    for c in row:    # 把每行的每个单元格的值取出来，存放到case里
        case.append(c.value)
    print(case)
```

运行结果如图 3-16 所示。

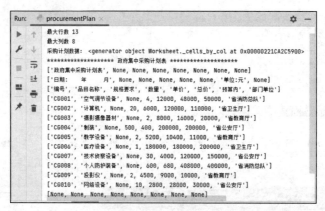

图 3-16　运行结果

3．pandas 模块库

在 pandas 中，使用 read_excel 函数可读取 Excel 自带的 XLS 或 XLSX 文件中的数据。该函数的使用格式如下：

```
pandas.read_excel( io,
        sheet_name=0,
        header=0,
        names=None,
        index_col=None,
        squeeze=False,
```

```
            dtype=None,
            engine=None,
            converters=None,
            true_values=None,
            false_values=None,
            skiprows=None,
            nrows=None,
            na_values=None,
            keep_default_na=True,
            verbose=False,
            parse_dates=False,
            date_parser=None,
            thousands=None,
            skipfooter=0,
            convert_float=True,
            mangle_dupe_cols=True)
```

参数说明如下。
- io：文件类对象，通常为要读取的文件的路径。
- sheet_name：指定要操作的工作表，默认为第一个工作表。如果一个工作簿中有多个工作表，可以设置为整数或工作表的名称。值为整数时，默认值 0 表示第一个工作表。
- header：指定将数据集的第几行用作表头。如果设置为 0，则以第一行的数据作为表头。
- names：该参数接收一个数组，用于为表头赋值。如果原数据集中没有表头，可以通过该参数在读取数据时给数据添加具体的表头。
- index_col：该参数指定从第几列开始索引。将文件中的某一列或者几个列指定为 DataFrame 的 index，可以输入一个整数或者整数列表，后者表示创建 MultiIndex（分层索引），还可以输入 None，表示不为 DataFrame 指定专门的 index。
- squeeze：如果数据中只有一列或者函数的返回值只有一列，默认返回 DataFrame。指定为 True 时，可以返回 Series。
- dtype：为工作表中的各列指定数据类型，可接收字典。
- engine：指定解析数据时使用的引擎。支持的引擎包括 xlrd、openpyxl、odf、pyxlsb 等。
- converters：通过字典的形式，指定列数据类型转换函数。包括 dtype 参数的功能，也可以对某一列使用 lambda 函数，进行某种运算。
- true_values 和 false_values：判断是否将数据中某一列的所有值替换为指定的列表值，值为 True 或 False。
- skiprows：指定需要跳过原数据集中的起始行数。输入整数 n，表示跳过前 n 行；输入一个整数列表，会跳过列表中指定的行；还可以输入可调用对象。
- nrows：指定读取数据中前多少行，常用于较大的数据文件。
- na_values：将指定的值设置为 NaN。
- keep_default_na：指定处理数据是否包含默认的 NaN。
- verbose：指示放置在非数字列中 NA 的数目。
- parse_dates：用于处理日期数据。
- data_parser：设置处理日期数据的函数，利用 lambda 函数，将某个字符串列的数据解析为日期格式。
- throusands：指定原数据集中的千分符。

- skipfooter:输入整数 n,表示不读取数据的最后 n 行。
- convert_float:默认将所有的数值型变量转换成浮点型变量。
- mangle_dupe_cols:用于处理重复的列。

实例 34:输出某公司人事信息表

本实例使用 read_excel 函数读取图 3-17 所示的 Excel 文件"人事信息表.xlsx"中名为"信息表"的工作表,然后输出读取的表格数据。

实例 34:输出某公司人事信息表

图 3-17 人事信息表

操作步骤如下。

(1)启动 PyCharm,打开项目 ch03,在项目中新建一个名为 bankJournal.py 的 Python 文件。

(2)在 bankJournal.py 的命令编辑窗口中编写如下程序:

```
# /usr/bin/env python3
# -*- coding: UTF-8 -*-
import pandas as pd     # 导入 pandas 模块
# 设置数据对齐
pd.set_option('display.unicode.ambiguous_as_wide', True)
pd.set_option('display.unicode.east_asian_width', True)
basestation = '人事信息表.xlsx'     # 定义 Excel 文件路径
# 读取指定路径下的文件
# 将第二行用作表头,选中数据的对应列作为索引
data = pd.read_excel(basestation, header=1, nrows=13,
                     index_col=list(range(0, 7)), sheet_name='信息表')     # 读取指定名称的工作表
print('*'*20, '某公司人事信息表', '*'*20)
print(data.where(data.notnull(), ''))
```

运行结果如图 3-18 所示。

4.pyexcel 模块库

pyexcel 是一个开源的 Excel 操作库,包含一套用于读和写文件数据的 API,这一套 API 接收的参数包括 2 个关键字集合,一个指定数据来源,另一个指定目的文件,每个集合里都有很多关键字参数用于控制读写细节。pyexcel 还实现了工作簿、工作表类型,用于访问、操作和保存数据,读写操作十分丰富。

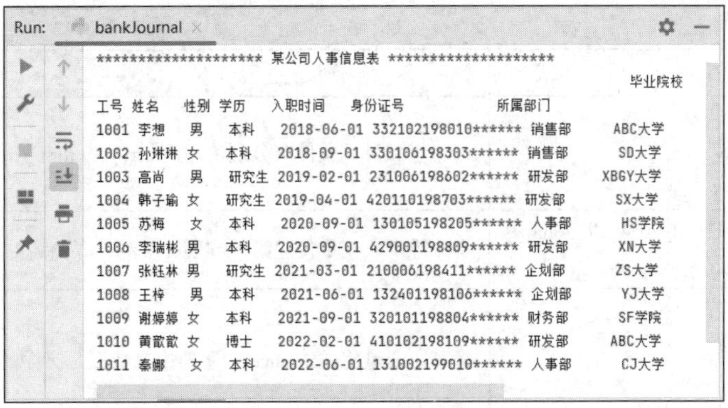

图 3-18 运行结果

在命令提示符窗口中通过 pip 工具安装 pyexcel，如图 3-19 所示。

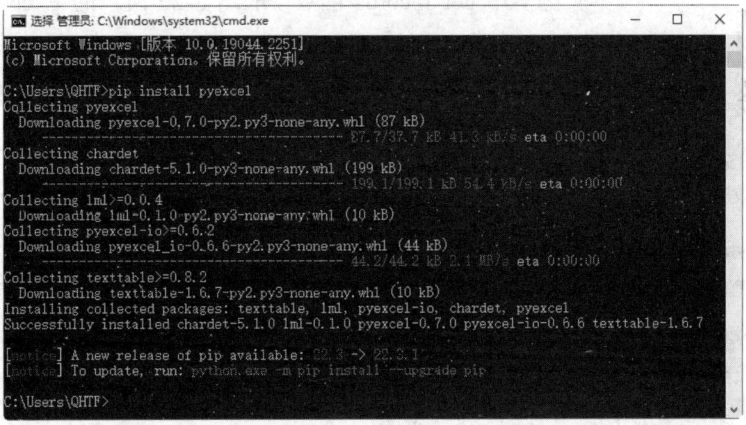

图 3-19 安装 pyexcel

在程序中要使用该模块库，还需要加载、导入该模块。导入该模块如下：

```
import pyexcel as py      # 导入pyexcel模块
```

该模块库支持的文件格式包括 CSV、TSV、CSVZ、TSVZ、XLS、XLSX、XLSM、ODS、FODS、JSON、HTML、simple、RST、mediawiki 等，专门用于 Excel 文件的读取器可以读取流。读取文件时还需要在 PyCharm 中安装 pyexcel-xls、pyexcel-xlsbr、pyexcel-xlsx 等模块。

pyexcel 提供了读取.xls、.xlsx 文件中的数据，并将其转换为不同格式存储的命令，如表 3-14 所示。

表 3-14 数据转换命令

命令名	说明
get_array(file_name,sheet_name)	file_name 为文件名称，sheet_name 为工作表名称，将读取的数据转换为数组
get_records(file_name,sheet_name)	将读取的数据转换为列表，列表中的每条记录都是一个字典
get_dict(file_name,sheet_name)	将 sheet_name 所指文件中的数据转换为一个有序的字典列表，第 1 行的字段作为键，后续行组成的列表作为值
get_book_dict(file_name)	将读取的文件数据转换为一个多工作表的有序字典列表。工作表名称作为键，工作表数据以嵌套列表形式作为值，这在含有多工作表的 Excel 表格中较有用；对于 CSV 文件，由于只有 1 个工作表，返回的有序字典列表仅有 1 项

第 3 章　财务数据采集

续表

命令名	说明
save_as(array=data, dest_file_name="array_data.xls", dest_delimiter=",")	将数组和目标文件名分别传递给 array 和 dest_file_name 参数
save_book_as(bookdict=2d_array_dictionary, dest_file_name='2d_array_data.xls')	将二维字典变量传递给 bookdict 参数，存储后的数据是无序的
data = OrderedDict() data.update({"sheet1": a_dictionary_of_two_ dimensional_arrays['sheet1']})	将字典变量传递给 sheet，字典中的数据是有序的

实例 35：输出某股票一周交易数据

实例 35：输出某股票一周交易数据

本实例使用 get_records 函数读取图 3-20 所示的 Excel 文件"股价走势.xlsx"中的数据，然后输出读取的交易数据。

操作步骤如下。

（1）启动 PyCharm，打开项目 ch03，在项目中新建一个名为 stockPrice.py 的 Python 文件。

（2）在菜单栏中选择"File"→"Settings"命令，打开"Settings"对话框。在左侧的列表框中展开"Project:ch03"→"Python Interpreter"节点，在右侧的列表框顶部单击"Install"按钮，弹出"Available Packages"对话框。

图 3-20　股价走势

（3）在搜索框中输入需要安装的模块库 pyexcel，然后单击"Install Package"按钮，安装该模块。按照同样的方法安装 pyexcel-xlsx 库。安装完成后，关闭对话框。

（4）在 stockPrice.py 的命令编辑窗口中编写如下程序：

```python
# /usr/bin/env python3
# -*- coding: UTF-8 -*-
import pyexcel as py      # 导入 pyexcel 模块
# 将读取的数据转换为数组 records
records = py.get_records(file_name='股价走势.xlsx')
for record in records:
    print("%s 的成交量为 %d, 开盘价为 %6.4f, 收盘价为 %6.4f"
          % (record['星期'], record['成交量'],
             record['开盘价'], record['收盘价']))
```

运行结果如图 3-21 所示。

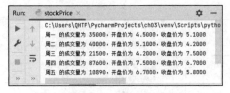

图 3-21　运行结果

3.2.2 文本文件

TXT、CSV 文件是纯文本文件,能够兼容各类程序,常用于存储简单的数据,在程序之间转移表格数据。

对于含有中文的文本文件,在导入时常容易因为编码的问题而读取失败,解决办法有以下两种:

(1)原始 TXT 或 CSV 文件的数据不是 UTF-8 格式时,需要另存为 UTF-8 格式编码;

(2)如果原始的数据文件是 UTF-8 格式,为了正常读入,需要将 read_csv 函数的参数 encoding 设置为 utf-8。

1. read_csv 函数

在 pandas 中,通常使用 read_csv 函数从文件、URL(Uniform Resource Locator,统一资源定位符)、文件对象中加载带分隔符的数据,默认分隔符为逗号。该函数不仅可以读取 CSV 文件,也可以读取 TXT 文件,使用格式如下:

```
pd.read_csv(filepath_or_buffer,sep=',',delimiter=None,header='infer', names=None,
            index_col=None,usecols=None,squeeze=False,prefix=None,mangle_dupe_cols=True,
            dtype=None,engine=None,converters=None,true_values=None,false_values=None,
            skipinitialspace=False,skiprows=None,skipfooter=0,nrows=None,na_values=None,
            keep_default_na=True,na_filter=True,verbose=False,skip_blank_lines=True,
            parse_dates=False,infer_datetime_format=False,keep_date_col=False,
            date_parser=None,dayfirst=False,cache_dates=True,iterator=False,chunksize=None,
            compression='infer',thousands=None,decimal='.',lineterminator=None,
            quotechar='"',quoting=0,doublequote=True,escapechar=None,comment=None,
            encoding=None,dialect=None,error_bad_lines=True,warn_bad_lines=True,
            delim_whitespace=False, low_memory=True,memory_map=False, float_precision=None)
```

下面介绍该函数几个常用的参数。

- filepath_or_buffer:数据输入路径,可以是文件路径、URL(有效的 URL 包括 http、ftp、s3、gs 和文件)链接,也可以是类文件对象。
- sep:指定读取 CSV 文件时使用的分隔符,默认为逗号。如果分隔符长于一个字符并且不是'\s+',将使用 Python 的语法分析器,并且忽略数据中的逗号。正则表达式中\s 匹配任何空白字符,包括空格、制表符、换页符等,等价于\f、\n、\r、\t、\v。

 注意

> 读取 CSV 文件时指定的分隔符一定要与 CSV 文件的分隔符一致。

- delimiter:指定分隔符,与 sep 功能类似。
- delim_whitespace:是否指定空白字符(例如空格、制表符)作为分隔符。
- header:设置导入 DataFrame 的列名,默认为 infer。如果 header=0,替换掉原来的列名。header 参数可以是一个列表,例如[0,1,3],表示将文件中的这些行作为列名(每一列有多个列名)。
- names:指定结果的列名列表。当 names 没被赋值时,header 会变成 0,即选取数据文件的第一行作为列名。当 names 被赋值,header 没被赋值时,那么 header 会变成 None。如果都赋值,就会实现两个参数的组合功能。

> **提示**
>
> names 和 header 主要在如下几种情况下使用。
> （1）CSV 文件有表头并且在第一行，此时 names 和 header 都无须指定。
> （2）CSV 文件有表头，但表头不在第一行，可能从下面几行开始才是真正的表头和数据，此时指定 header 即可。
> （3）CSV 文件没有表头，全部是纯数据，可以通过 names 指定表头。
> （4）CSV 文件虽然有表头，但是用户希望自定义表头，此时可同时指定 names 和 header。先用 header 选出表头和数据，然后用 names 替换表头，这等价于将数据读取进来之后再重命名列。

- prefix：在没有列名时，给列添加前缀。例如，添加'X'成为 X0, X1, ...。
- mangle_dupe_cols：重复的列，将'X'...'X'表示为'X.0'...'X.N'。如果设置为 False，则会将所有重名列覆盖。
- skipinitialspace：忽略分隔符后的空白（默认为 False，即不忽略）。
- skiprows：需要过滤的行数（从文件开始处算起）或需要跳过的行号列表（从 0 开始）。
- skipfooter：从文件尾部开始过滤。
- nrows：需要读取的行数（从文件开始处算起）。
- encoding：指定字符集类型，通常指定为'utf-8'。

实例 36：读取 CSV 文件

本实例使用 read_csv 函数读取图 3-22 所示的 CSV 文件"某公司日常费用表.csv"中的数据，然后输出读取的数据。

实例 36：读取 CSV 文件

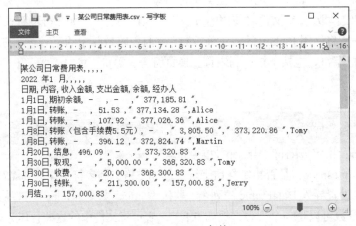

图 3-22 CSV 文件

操作步骤如下。
（1）启动 PyCharm，打开项目 ch03，在项目中新建一个名为 csvIR.py 的 Python 文件。
（2）在 csvIR.py 的命令编辑窗口中编写如下程序：

```
# /usr/bin/env python3
# -*- coding: UTF-8 -*-
```

3.2 从文件获取财务数据

```
import pandas as pd          # 导入 pandas 模块
file = '某公司日常费用表.csv'    # 定义文件路径
# 读取指定路径下的 CSV 文件，读取表格型的文本数据
csv_data = pd.read_csv(file, encoding='utf-8', skiprows=2, skipinitialspace=True, index_col
=u'日期')
print('+'*30, '读取 CSV 数据', '+'*30)
# 设置数据对齐
pd.set_option('display.unicode.ambiguous_as_wide', True)
pd.set_option('display.unicode.east_asian_width', True)
print(csv_data.head(10))                  # 输出 10 行数据
```

运行结果如图 3-23 所示。

图 3-23　运行结果

2．from_csv 函数

PrettyTable 不仅支持手动按行、按列添加数据，也支持直接从 CSV 文件中读取数据。与读取 Excel 文件中的数据不同，读取 CSV 文件数据需要使用 open 函数打开 CSV 文件，使用 from_csv 函数读取打开的 CSV 文件中的数据。该函数的使用格式如下：

```
from_csv（path）
```

其中，path 表示 CSV 文件路径或文件句柄。

3.2.3　数据集文件

如果要查看或使用统计软件自带或生成的数据集，如 Stata 数据集、SAS 数据集、SPSS 数据集等，但计算机上没有安装 SAS、SPSS 等这些大型统计软件，可以使用 pandas 提供的函数 read_stata、read_sas 和 read_spss 读取相应格式的数据集文件。这 3 个函数的使用格式基本相同，下面以 read_stata 函数为例进行介绍。

> **提示**
>
> 读取 SPSS 数据集需要安装 savReaderWriter 模块。

read_stata 函数可以读取 Stata 数据集，返回 DataFrame 或 StataReader，使用格式如下：

```
pandas.read_stata(filepath_or_buffer,
                  convert_dates=True,
                  convert_categoricals=True,
                  index_col=None,
                  convert_missing=False,
                  preserve_dtypes=True,
                  columns=None,
```

```
            order_categoricals=True,
            chunksize=None,
            iterator=False,
            compression='infer',
            storage_options=None)
```

参数说明如下。

- filepath_or_buffer：任何有效的路径字符串。
- convert_dates：将日期变量转换为 DataFrame 时间值。
- convert_categoricals：读取值标签并将列转换为分类/因子变量。
- index_col：指定要设置为索引的列。
- convert_missing：指示是否将缺失值转换为其 Stata 表示形式的标志。值为 False，表示将缺失值替换为 NaN。值为 True，则使用对象数据类型返回包含缺失值的列，并且缺失值由 StataMissingValue 对象表示。
- preserve_dtypes：保留 Stata 数据类型。如果为 False，数字数据将转换为外来数据的 pandas 默认类型（float64 或 int64）。
- columns：指定要保留的列。列将以给定的顺序返回。如果没有指定，则返回所有列。
- order_categoricals：指示转换后的分类数据是否有序。
- chunksize：返回用于迭代的 StataReader 对象。
- iterator：返回 StataReader 对象。
- compression：指定对磁盘上的数据进行即时解压缩的方式。取值可为字符串或字典，默认值为'infer'。如果'infer'和'filepath_or_buffer'是 path 类（路径类），则从扩展名'.gz'、'.bz2'、'.zip'、'.xz' 或 '.zst'中检测压缩，否则表示没有压缩。如果使用'zip'，ZIP 文件必须只包含一个要读入的数据文件。设置为 None 则无须解压。
- storage_options：这是可选参数，用于指定在特定存储时所需要的额外选项，例如主机、端口、用户名、密码等。取值为字典。

实例 37：读取 SAS 数据集

本实例使用 read_sas 函数读取 SAS 数据集中的数据，然后输出读取的数据。

操作步骤如下。

（1）启动 PyCharm，打开项目 ch03，在项目中新建一个名为 sasIR.py 的 Python 文件。

（2）在 sasIR.py 的命令编辑窗口中编写如下程序：

```
# /usr/bin/env python3
# -*- coding: UTF-8 -*-
import pandas as pd        # 导入 pandas 模块
files1 = '租赁筹资模拟运算.sas7bdat'   # 定义文件路径
# 读取指定路径下的 SAS 数据集中的数据
sas_data = pd.read_sas(files1, encoding='gbk')
print('+'*15, '读取 SAS 数据集', '+'*15)
print(sas_data)
```

运行结果如图 3-24 所示。

图 3-24 运行结果

3.3 通过检索获取财务数据

检索是从文件、数据库或存储设备中查找和选取所需数据的操作或过程。它只输出需要的数据源数据，不能对数据源进行更改，所以该方式对数据源本身具有保护作用。由于与数据源之间建立了连接，获得的财务数据可以随着数据源的更新而更新，因此可保证所获得的财务数据的及时性。正因为如此，该方法在财务分析、财务报表、财务审计等方面具有前文其他两种取数方法不可替代的作用。

通过检索获取财务数据时，根据数据源的不同可分为从数据库中检索和从网页中检索。本节简要介绍在 Python 中应用这两种方法获取财务数据的操作。

3.3.1 检索数据库

对实行会计电算化的企业而言，其财务数据绝大多数都是以数据库的形式存储的，因此实现与数据库之间的连接，从而获取财务数据显得尤为重要。目前，数据库的种类繁多，本节以 SQL Server 为例，介绍安装数据库、从数据库检索数据的一般操作。

SQL Server 是一个全面的数据库平台，使用集成的商业智能（Business Intellijence，BI）工具提供企业级的数据管理。SQL Server 数据库引擎为关系数据和结构化数据提供了更安全、更可靠的存储功能，可以构建和管理用于保证业务的高可用性和高性能的数据应用程序。

1. 安装 SQL Server 2019

（1）打开 SQL Server 官网下载页面，单击"Developer"下方的"立即下载"按钮，下载 SQL2019-SSEI-Dev。

（2）下载完成后，运行 SQL2019-SSEI-Dev 程序，在弹出的安装选择对话框中，在"SQL Server 2019 Developer Edition"界面，选择"自定义"安装类型。

（3）将"选择语言"设置为"中文(简体)"，"媒体位置"设置为默认。单击"安装"按钮，进行安装。

（4）安装完成后，打开"SQL Server 安装中心"对话框，选择"安装"选项，切换到"安装"界面，如图 3-25 所示。选择"全新 SQL Server 独立安装或向现有安装添加功能"选项，自动跳转到"产品密钥"界面。

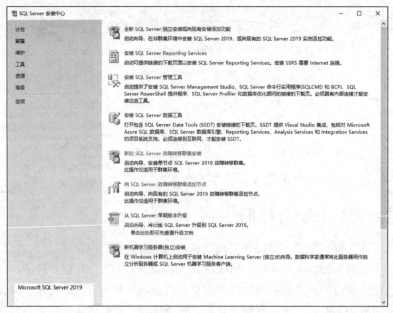

图 3-25 "安装"界面

(5) 在"产品密钥"界面中,将"指定可用版本"设置为"Developer",其他均采用默认设置,单击"下一步"按钮,如图 3-26 所示。

图 3-26 "产品密钥"界面

(6) 跳转到"许可条款"界面,在该界面中勾选"我接受许可条款"复选框,单击"下一步"按钮。然后单击"下一步"按钮,跳转到"功能选择"界面,在该界面中根据自己的需要,选择所需功能,选得越多,文件越大,所以不建议选择用不上的功能,但是"数据库引擎服务"和"SQL Server 复制"是必选的,如图 3-27 所示。选择完后,单击"下一步"按钮。

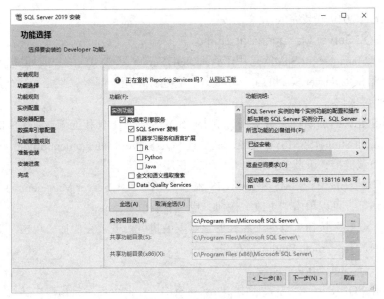

图 3-27 "功能选择"界面

（7）跳转到"实例配置"界面，选中"默认实例"单选按钮，其他均采用默认设置，单击"下一步"按钮，跳转到"服务器配置"界面，采用默认设置，单击"下一步"按钮。

（8）跳转到"数据库引擎配置"界面，选中"混合模式(SQL Server 身份验证和 Windows 身份验证)"单选按钮，此时用户名为 sa，输入密码，单击"添加当前用户"按钮，将本机添加到列表中，如图 3-28 所示。

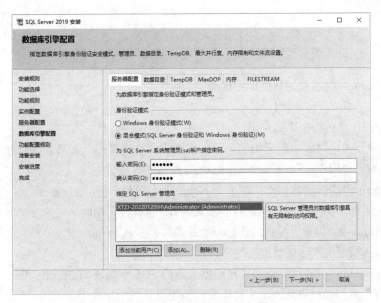

图 3-28 "数据库引擎配置"界面

（9）单击"下一步"按钮，跳转到"准备安装"界面，会显示设置的安装功能。如果有问题，单击"上一步"按钮，重新设置；如果没有问题，单击"安装"按钮，开始安装。

（10）安装完成后，跳转到"完成"界面，显示所有的功能状态为成功，单击"关闭"按钮，至此，SQL Server 2019 安装完成。

2．安装 SQL Server Management Studio

SQL Server Management Studio 是用于管理 SQL Server 基础架构的集成环境。它提供用于配置、监控和管理 SQL Server 实例的工具。此外，它还提供用于部署、监控和升级数据层组件的工具以生成查询和脚本。

（1）打开 SQL Server 官网下载页面，单击"SQL Server 工具和连接器"栏中的"下载 SQL Server Management Studio(SSMS)"链接，跳转到 SQL Server Management Studio 下载页面。

（2）单击下载链接，下载 SSMS-Setup-CHS 程序。

（3）以管理员身份运行 SSMS-Setup-CHS 程序，弹出"SQL Server Management Studio(SSMS) 安装向导"对话框，可以单击"更改"按钮，更改安装位置。

（4）单击"安装"按钮，开始安装，并显示安装进度。安装完成后，单击"关闭"按钮，完成 SQL Server Management Studio 的安装。

3．Python 与 SQL Server 连接

Python 连接 SQL Server，需要使用 pymssql 模块。在命令提示符窗口中执行下面的命令来下载、安装 pymssql 模块库：

```
pip install pymssql
```

按照前面章节介绍的方法在 PyCharm 中加载模块库，然后导入。导入该模块库如下：

```
import pymssql    # 导入 pymssql 模块库
```

在 pymssql 中，使用 connect 函数建立 Python 与 SQL Server 之间的连接，返回一个 Connection 对象。该函数的使用格式如下：

```
pymssql.connect(serverName,user,password,database,timeout,login_timeout,charset,conn_proper
ties,as_dict,appname,port,autocommit,tds_version)
```

参数说明如下。
- serverName：要连接的数据库主机地址。
- user：要连接的数据库用户名。
- password：登录数据库的密码。

与数据库建立连接时，一般常用的登录方式是用户名和密码。如果登录自己计算机上的数据库，常使用不需要用户名和密码的 Windows 身份认证方式。
- database：要连接的数据库，如果为 None 表示不使用特定的数据库。
- timeout：以 s 为单位的查询超时，默认为 0，也就是无超时。
- login_timeout：以 s 为单位的连接和登录超时，默认为 60。
- charset：指定用来连接数据库的字符集。
- conn_properties：连接建立时发送给服务器的 SQL（Structure Query Language，结构查询语言）查询，可以是一个字符串或另一类可迭代的字符串。
- as_dict：用于指示行是否应该作为字典而不是默认的列表返回。如果设置为 True，则后面的查询结果返回的是字典，关键字为查询结果的列名；否则返回的是列表。
- appname：设置用于连接的应用程序名称。
- port：用于连接服务器的 TCP（Transmission Control Protocol，传输控制协议）端口，默

3.3 通过检索获取财务数据

认为 1433。
- **autocommit**:是否使用默认的自动提交模式。默认为 False,如果要对数据表进行更改,则需要手动调用 commit 来提交操作。
- **tds_version**:要使用的 TDS(Tabular Data Stream,表格数据流)协议版本。

在连接建立成功后,与数据库的交互主要是通过 Cursor 对象进行的,其使用格式如下:

```
cursor = conn.cursor()    # conn 是一个 Connection 对象
```

上面的语句返回一个 Cusor 对象,该对象可用于查询数据库并从数据库中获取结果。Cusor 对象的常用方法如表 3-15 所示。

表 3-15　　　　　　　　　　Cusor 对象的常用方法

方法	说明
Cursor.execute(operation) Cursor.execute(operation,params)	提交 SQL 命令。operation 是一个字符串;如果指定 params,它是一个简单的值、一个元组、一个字典或 None。如果指定 params 为字典,则支持键控占位符
Cursor.executemany(operation,params_seq)	operation 是一个 SQL 语句字符串,params_seq 是一系列数据元组。对元组中的每个元素重复执行数据库操作
Cursor.fetchone()	返回查询到一条语句,即一个元组(行)
Cursor.fetchmany(size = None)	返回查询到的 size 条语句
Cursor.fetchall()	返回查询到所有的元组,是一个列表
Cursor.nextset()	使光标跳到下一个可用结果集,丢弃当前集中的所有剩余行。如果下一个结果集可用,返回 True,否则返回 None
Cursor.close()	关闭 Python 与 SQL Server 的连接并释放资源

数据库操作完成后,应调用 close 函数关闭 Python 与 SQL Server 的连接并释放资源。

实例 38:读取数据库中的订单统计数据

实例 38:读取数据库中的订单统计数据

本实例先在 SQL Server 中创建一个名为 order_statistics 的数据库,在该数据库中添加一个名为 dbo.orders 的表,定义字段,并添加记录,如图 3-29 所示。然后使用 pymssql 模块中的 connect 函数在 Python 和数据库之间创建连接,查询数据表,并输出查询结果。

图 3-29　创建的数据表

操作步骤如下。

(1)启动 PyCharm,打开项目 ch03,在项目中新建一个名为 orderStatistics.py 的 Python 文件。

（2）在 orderStatistics.py 的命令编辑窗口中编写如下程序：

```python
# /usr/bin/env python3
# -*- coding: UTF-8 -*-
import pandas as pd      # 导入 pandas 模块
import pymssql            # 导入 pymssql 模块
# 使用 connect 函数连接 Python 与 SQL Server
# 用户名为 sa，密码为 123456，数据库为 order_statistics
server = '127.0.0.1'
user = "sa"
password = "123456"
database = "order_statistics"
conn = pymssql.connect(server, user, password, database)
cursor = conn.cursor()    # 返回一个 Cursor 对象，用于查询数据库并从数据库中获取结果
sql = "SELECT * FROM orders"    # 定义查询，查询表 orders
cursor.execute(sql)
data = cursor.fetchall()  # 返回查询结果，是一个列表
mydata = pd.DataFrame(list(data),
                      columns=['客户名称', '订单号', '机型',
                               '数量', '完成状况', '发货日期', '备注'])
print('*'*35, '订单统计表', '*'*35)
# 设置数据对齐
pd.set_option('display.unicode.ambiguous_as_wide', True)
pd.set_option('display.unicode.east_asian_width', True)
print(mydata.head())      # 输出数据库的前 5 行数据
print('*'*80)
conn.close()              # 关闭连接并释放资源
```

运行结果如图 3-30 所示。

图 3-30　运行结果

3.3.2　网络爬虫

在"大数据时代"，互联网中的数据是海量的，自动、高效地在互联网中获取感兴趣的信息变得日益重要，而爬虫技术就是为了实现这些操作而诞生的。网络爬虫（Web crawler）也叫作网络机器人，是一种按照一定的规则，自动地抓取互联网信息的程序或者脚本，广泛应用于互联网搜索引擎或其他类似网站。

在进行财务数据分析或者数据挖掘时，利用爬虫技术，可自动地从互联网中获取感兴趣的数据，把这些数据爬取回来，将其作为数据源，从而进行更深层次的数据分析，以获得更多有价值的信息。

HTML 是一种制作万维网页面的标准语言，是万维网浏览器使用的一种语言，它消除了不同计算机之间信息交流的障碍，是目前网络上应用最为广泛的语言之一，也是构成网页的主要语言。HTML 文件由嵌套的 HTML 元素构成，可以被多种网页浏览器读取。网页中的表格数据主要通过 <table> 标签实现，其结构大致如下：

```
<table class="..." id="..." ...>
    <thead>
```

```
       <tr>
          <th>...</th>
       </tr>
    </thead>
    <tbody>
       <tr>
          <td>...</td>
       </tr>
       <tr>...</tr>
       <tr>...</tr>
       <tr>...</tr>
          ...
       <tr>...</tr>
       <tr>...</tr>
    </tbody>
    <tfoot>
       <tr>
          <td>...</td>
       </tr>
       <tr>...</tr>
          ...
       <tr>...</tr>
</table>
```

网页中表格常使用的几种标签含义如下。

- <table></table>：定义表格。
- <thead></thead>：位于<tbody>、<tfoot> 和 <tr> 元素之前，用于组合表格的表头内容，通常与 <tbody> 和 <tfoot> 元素结合起来使用，以规定表格的各个部分（表头、主体、页脚）。
- <th> </th>：定义表格中的表头单元格。
- <tbody></tbody>：定义表格的主体。
- <tr></tr>：定义表格的行。
- <td></td>：定义表格单元格。

使用 pandas 的 read_html 函数可以解析网页，寻找静态网页表格数据。如果找到，就将其转换为可以直接用于数据分析的 DataFrame 对象，返回 DataFrame 组成的列表。该函数的使用格式如下：

```
pandas.read_html(io, match='.+',
                flavor=None,
                header=None,
                index_col=None,
                skiprows=None,
                attrs=None,
                parse_dates=False,
                tupleize_cols=None,
                thousands=', ',
                encoding=None,
                decimal='.',
                converters=None,
                na_values=None,
                keep_default_na=True,
                displayed_only=True)
```

常用参数说明如下。

- io：表示 URL、HTML 文本、本地文件等。

- flavor：表示解析器。
- header：表示标题行。
- skiprows：表示跳过的行。
- attrs：表示属性字典。
- parse_dates：表示解析日期。

注意

> lxml 是处理 XML（Extensible Markup Language，可扩展标记语言）和 HTML 文件的模块库，执行与之相关的操作。需要在 PyCharm 中安装该模块库。

实例 39：爬取某资讯网首页的公告速递和交易提示

本实例使用 pandas 的 read_html 函数爬取某资讯网首页的公告速递和交易提示。网页中的表格数据如图 3-31 所示。

实例 39：爬取某资讯网首页的公告速递和交易提示

图 3-31 网页表格数据

操作步骤如下。

（1）启动 PyCharm，打开项目 ch03，在项目中新建一个名为 fundFlow.py 的 Python 文件。

（2）选择 PyCharm 菜单栏中的"File"→"Settings"命令，打开"Settings"对话框。在左侧的列表框中展开"Project:ch03"→"Python Interpreter"节点，在右侧的列表框顶部单击"Install"按钮，弹出"Available Packages"对话框。在搜索框中输入需要安装的模块库 lxml，然后单击"Install Package"按钮，即可安装该模块，如图 3-32 所示。

3.4 保存财务数据

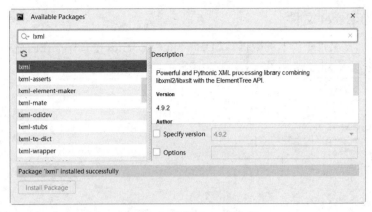

图 3-32 安装 lxml 模块库

（3）在 fundFlow.py 的命令编辑窗口中编写如下程序：

```
# /usr/bin/env python3
# -*- coding: UTF-8 -*-
import pandas as pd
print('*'*20, '公告速递', '*'*20)
df0 = pd.read_html("http://www.cninfo.com.cn/new/index",
                   encoding='utf-8', header=0)[0]
print(df0)
print('*'*20, '交易提示', '*'*20)
df1 = pd.read_html("http://www.cninfo.com.cn/new/index",
                   encoding='utf-8', header=0)[2]
print(df1)
```

pandas 获取网页表格时，会同时解析所有表格，并存储为列表格式，因此需要通过切片的方式，如 table[x]，指定需要的表格。

（4）运行程序，运行结果如图 3-33 所示。

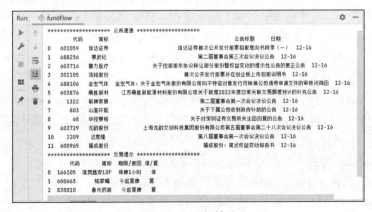

图 3-33 运行结果

3.4 保存财务数据

将数据存储到本地的方式一般有两种：存储为文件和存储在数据库中。本节主要介绍将财务数据存储为 Excel 文件和 CSV 文件的操作方法，有关将数据存储在数据库中的操作方法，读者可参阅数据库的相关资料。

3.4.1 保存为 Excel 文件

在 pandas 中,从文件中读取的数据,以 DataFrame 或 Series 格式保存在内存中,利用 to_excel 函数可以将数据写入 XLS 或 XLSX 文件。该函数的使用格式如下:

```
to_excel(excel_writer,
         sheet_name='Sheet1',
         na_rep=',
         float_format=None,
         columns=None,
         header=True,
         index=True,
         index_label=None,
         startrow=0,
         startcol=0,
         engine=None,
         merge_cells=True,
         encoding=None,
         inf_rep='inf',
         verbose=True,
         freeze_panes=None)
```

参数说明如下。

- excel_writer:文件路径或现有的 ExcelWriter 对象。
- sheet_name:指定存储数据的工作表名称。
- na_rep:缺失值的表示方式,默认为"。
- float_format:格式化浮点数的字符串,默认为 None。
- columns:要写入的列。值为序列。
- header:默认为 True,可以用列表命名列。如果 header = False,则不输出表头。
- index:默认为 True,显示行名(索引),当 index=False 则不显示行索引(名字)。
- index_label:设置索引列的列名,可以使用索引列的列标签。如果没有给出,header 和 index 为 True,则使用索引名称。如果数据文件使用多索引,则需使用序列。
- startrow:将左上角的单元格行转存为 DataFrame 对象。
- startcol:将左上角的单元格列转存为 DataFrame 对象。
- engine:指定写引擎。
- merge_cells:默认为 True,表示合并单元格。
- encoding:设置编码名称。Python 默认编码为 UTF-8,CSV 文件默认编码为 GBK。导入 CSV 文件时,需要设置编码格式,否则会提示错误。
- inf_rep:表示无穷大(在 Excel 中不存在无穷大的本地表示)。
- verbose:默认为 True,在错误日志中显示更多信息。
- freeze_panes:指定要冻结的最底部的行和最右边的列的数量。取值为整数的元组,默认为 None。

实例 40:保存沪深 A 股涨停股池

股票池是基金投资对象备选库的业内通俗称法,一般是指从两地上市公司 2000 多只股票中,选出比较有操作意义的一些股票,放入一个池中,供投资者结合自己的情况和盘面变化,从中选出适合自己买入的股票。

实例 40:保存沪深 A 股涨停股池

某网站显示沪深 A 股涨停股池如图 3-34 所示。本实例爬取涨停股池数据，并将数据保存在名为"沪深 A 股涨停股池.xlsx"的 Excel 文件中。

操作步骤如下。

（1）启动 PyCharm，打开项目 ch03，在项目中新建一个名为 stockPool.py 的 Python 文件。

（2）在 stockPool.py 的命令编辑窗口中编写如下程序：

```python
# /usr/bin/env python3
# -*- coding: UTF-8 -*-
import pandas as pd
print('*'*20, '沪深A股涨停股池', '*'*20)
df = pd.read_html("https://stock.9fzt.com/intelligence/index.html",
                  encoding='utf-8', header=0)[0]
print(df)
df.to_excel('沪深A股涨停股池.xlsx', index=False)
```

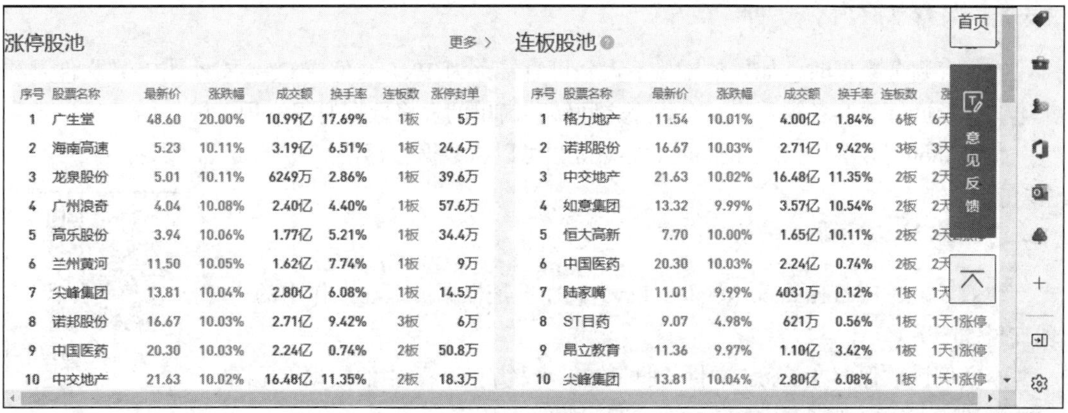

图 3-34 涨停股池

（3）运行程序，运行结果如图 3-35 所示。需要注意的是，由于股票的交易情况随时变动，而爬取数据需要一定时间，因此可能会存在分析结果与网站实时数据不对应的情况。

图 3-35 运行结果

（4）进入指定的文件保存路径，可以看到创建的 Excel 文件"沪深 A 股涨停股池.xlsx"。双击打开该文件，可以看到保存的数据，如图 3-36 所示。

序号	股票名称	最新价	涨跌幅	成交额	换手率	连板数	涨停封单
序号	股票名称	最新价	涨跌幅	成交额	换手率	连板数	涨停封单
1	广生堂	48.60	20.00%	11.09亿	17.85%	1板	5万
2	海南高速	5.23	10.11%	3.78亿	7.67%	1板	19.3万
3	龙泉股份	5.01	10.11%	8581万	3.88%	1板	48.9万
4	广州浪奇	4.04	10.08%	2.46亿	4.51%	1板	43.5万
5	高乐股份	3.94	10.06%	1.78亿	5.24%	1板	34.2万
6	兰州黄河	11.50	10.05%	1.67亿	7.97%	1板	9万
7	尖峰集团	13.81	10.04%	2.95亿	6.39%	1板	12.7万
8	诺邦股份	16.67	10.03%	2.71亿	9.43%	3板	5万
9	中国医药	20.30	10.03%	2.29亿	0.75%	2板	50.7万
10	格力地产	11.54	10.01%	4.01亿	1.84%	6板	334万

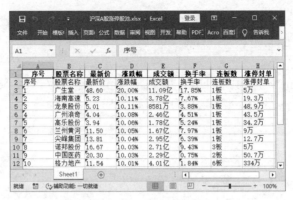

图 3-36　保存的数据

3.4.2　保存为 CSV 文件

在保存财务数据时，如果数据量不大，可直接存为 TXT 文件或 CSV 文件。CSV 文件是纯文本文件，能够兼容各类程序，在程序之间转移简单的表格数据时很实用。

在 Python 中，利用 DataFrame.to_csv 函数可以将数据保存为 CSV 或 TXT 文件。

实例 41：保存职工绩效考核表

实例 41：保存职工绩效考核表

绩效工资（Performance-Related Pay，PRP）是根据员工在工作中的表现支付的酬劳。

本实例读取保存在 Excel 文件“职工绩效考核表.xlsx”中的数据（见图 3-37），然后将数据保存在 CSV 文件“职工绩效考核表.csv”中。

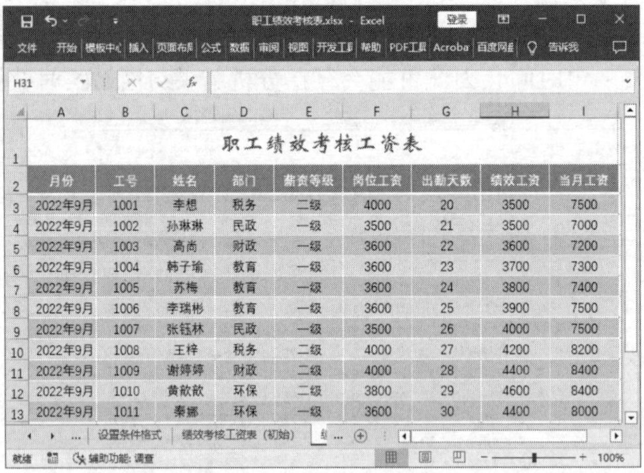

职工绩效考核工资表

月份	工号	姓名	部门	薪资等级	岗位工资	出勤天数	绩效工资	当月工资
2022年9月	1001	李想	税务	二级	4000	20	3500	7500
2022年9月	1002	孙琳琳	民政	一级	3500	21	3500	7000
2022年9月	1003	高尚	财政	一级	3600	22	3600	7200
2022年9月	1004	韩子瑜	教育	一级	3600	23	3700	7300
2022年9月	1005	苏梅	教育	一级	3600	24	3800	7400
2022年9月	1006	李瑞彬	教育	一级	3600	25	3900	7500
2022年9月	1007	张钰林	民政	一级	3500	26	4000	7500
2022年9月	1008	王梓	税务	二级	4000	27	4200	8200
2022年9月	1009	谢婷婷	财政	二级	4000	28	4400	8400
2022年9月	1010	黄歆歆	环保	二级	3800	29	4600	8400
2022年9月	1011	秦娜	环保	一级	3600	30	4400	8000

图 3-37　职工绩效考核表

操作步骤如下。

（1）启动 PyCharm，打开项目 ch03，在项目中新建一个名为 PRP.py 的 Python 文件。

（2）在 PRP.py 的命令编辑窗口中编写如下程序：

```
# /usr/bin/env python3
# -*- coding: UTF-8 -*-
```

```
import pandas as pd      # 导入 pandas 模块
# 设置数据对齐
pd.set_option('display.unicode.ambiguous_as_wide', True)
pd.set_option('display.unicode.east_asian_width', True)
# 读取 XLSX 文件
data = pd.read_excel(r'职工绩效考核表.xlsx', header=1)
print('读取的 Excel 文件: ', data, sep='\n')
print('/'*50)
data.to_csv('职工绩效考核表.csv')
csv_data = pd.read_csv('职工绩效考核表.csv')
print('读取的 CSV 文件: ', csv_data, sep='\n')
```

（3）运行程序，结果如图 3-38 所示。

（4）进入 CVS 文件的保存路径，可以看到创建的 CVS 文件"职工绩效考核表.csv"。使用记事本打开，可以看到保存的数据，如图 3-39 所示。

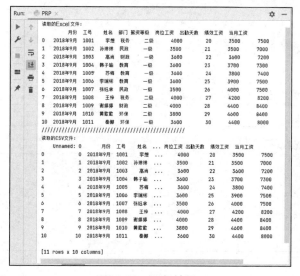

图 3-38　运行结果

图 3-39　保存的数据

3.5　格式化表格

一个精美的数据文件不仅能让人眼前一亮，还能增强数据的可读性。采集到的数据写入文件后，通常采用默认格式。Python 提供了设置 Excel 工作表格式的函数，可以设置输入格式、对齐方式、边框、行高和列宽等，从而美化表格。

3.5.1　设置单元格格式

Excel 数据处理库 openpyxl 中的 styles 模块包含调整单元格格式的函数，可用于设置单元格属性。单元格的属性可用于设置字体、边框、宽高等。

1．设置单元格字体

Font 类可设置字体、字号、字体颜色、下画线、字体加粗等。Font 为 openpyxl.styles 库内的类，使用前应先从库中导入该类，如下：

```
from openpyxl.styles import Font
```

Font 类的使用格式如下：

```
font = Font(name='Arial',
            size=20,
            bold=True,
            italic=True,
            underline='single',
            strike='double',
            color=colors.BLACK,
            …)
```

常用的参数说明如下。

- name：字体名称。
- size：字号。
- bold：字体加粗。
- italic：字体倾斜。
- underline：下画线。
- strike：删除线。
- color：字体颜色。

设置颜色时，可以导入颜色类 Color 或颜色模块 colors，如下：

```
from openpyxl.styles import colors, Color
```

颜色类、颜色模块需要不同的参数设置方法，例如：

```
# 使用颜色类
color=Color(indexed=32)
color=Color(theme=3, tint=0.6)
# 使用颜色模块 colors
# 需要导入每个颜色后才可以使用，不建议使用此种方法
from openpyxl.styles.colors import RED
color=colors.RED
```

 提示

> 行、列对象虽然可以为整行或整列设置 Font 类，但只要有单元格写入操作，通过整行、整列设置的格式就会丢失，因此建议用单元格的 font 属性进行设置。

使用颜色类 Color 设置字体颜色时，常用的颜色如表 3-16 所示。

表 3-16　　　　　　　　　　颜色类中常用的颜色

颜色	参数	颜色	参数
黑色	ColorIndex=1	■褐色	ColorIndex=53
深红色	ColorIndex=9	■橙色	ColorIndex=46
红色	ColorIndex=3	■浅橙色	ColorIndex=45
粉红色	ColorIndex=7	■金色	ColorIndex=44
玫瑰红	ColorIndex=38	■茶色	ColorIndex=40
深青色	ColorIndex=49	■深蓝色	ColorIndex=11
青色	ColorIndex=14	■蓝色	ColorIndex=5
水绿色	ColorIndex=42	■浅蓝	ColorIndex=41
青绿	ColorIndex=8	■天蓝	ColorIndex=33
浅青绿	ColorIndex=34	■淡蓝	ColorIndex=37

2. 设置单元格内容的位置

在 Excel 中新建一个工作簿时，单元格中的数据默认为文本自动左对齐、数字自动右对齐。在实际工作中，用户可以根据需要修改单元格中文本和数字的格式。使用前先从库中导入 Alignment 类：

```
from openpyxl.styles import Alignment
```

openpyxl.styles 库中的 Alignment 类用于设置单元格内容的对齐方式。Alignment 类有左对齐、居中、右对齐、跨列对齐等属性，使用格式如下：

```
alignment=Alignment (horizontal,
                    vertical,
                    wrap_text,
                    shrink_to_fit,
                    indent,
                    text_rotation)
```

参数说明如下。

- horizontal：单元格水平对齐方式，值包括'left'、'right'、'center'等。
- vertical：单元格垂直对齐方式，值包括'center'、'top'、'bottom'等。
- wrap_text：单元格内容自动换行。
- shrink_to_fit：单元格自适应宽度。
- indent：单元格缩进。
- text_rotation：单元格内容的旋转角度。

3. 设置单元格边框

在 Excel 中，每个单元格都由围绕单元格的灰色网格线标识。但是在打印的时候，这些网络线是不显示的。如果希望在打印时也能清楚地区分每个单元格，可以为单元格或单元格区域设置边框。

border 函数用于设置单元格边框。它的使用格式如下：

```
from openpyxl.styles import Border      # 用于设置单元格边框
Border(left,right,top,bottom,…)
```

常用参数说明如下。

top：设置最上面的单元格的上方边框。

设置边框时，可以根据需要指定线型，将边框线条样式设置为实线、虚线、双线等。单元格的边框包含 4 条边线，Side 函数用于设置线条样式，它的使用格式如下：

```
from openpyxl.styles import Side    # 用于设置线条样式
Side (border_style,color)
```

参数说明如下。

- border_style：设置边框线条样式，可选值为'dashDot'、'dashDotDot'、'dashed'、'dotted'、'double'、'hair'、'medium'、'mediumDashDot'、'mediumDashDotDot'、'mediumDashed'、None、'slantDashDot'、'thick'、'thin'等。
- color：边框颜色，可以使用 6 位十六进制颜色代码，#FFFFFF 表示白色，#000000 表示黑色，#FF0000 表示红色，#00FF00 表示绿色，#0000FF 表示蓝色。

4. 设置单元格填充

PatternFill 函数用于设置单元格填充。它的使用格式如下：

```
from openpyxl.styles import PatternFill    # 用于设置单元格填充
PatternFill(fill_type,
            fgColor=colors.RED,
            bgColor=colors.GREEN,
            …)
```

常用参数说明如下。

- fill_type：填充样式，可选值有'darkDown'、'darkGray'、'darkGrid'、'darkHorizontal'、'darkTrellis'、'darkUp'、'darkVertical'、'gray0625'、'gray125'、'lightDown'、'lightGray'、'lightGrid'、'lightHorizontal'、'lightTrellis'、'lightUp'、'lightVertical'、'mediumGray'、'solid'等。
- fgColor：设置填充的前景色。
- bgColor：设置填充的背景色。

5．设置单元格数据格式

数据格式属性 number_format 的值是字符串。openpyxl 内置了一些数据格式，也支持 Excel 自定义格式。设置单元格数据的格式可使用以下两种方式：

```
#使用 openpyxl 内置的格式
ws.cell(). number_format=numbers.FORMAT_DATE_XLSX15
# 使用字符串
ws.cell['D2'].number_format='General'
ws.cell().number_format='d-mmm-yy'
```

3.5.2 页面设置

在 Excel 工作表的管理流程中，通常要将制作好的工作表打印出来，分发给其他用户查看或签字。

1．设置行高和列宽

如果 Excel 工作表默认的行高和列宽不符合需要，用户可以调整单元格行高与列宽。在 openpyxl 中，行高和列宽分别是行、列的专有属性，需要获取行、列对象，然后直接给属性赋值。

工作表的 row_dimensions 和 column_dimensions 可以接收像字典一样的值，row_dimensions 包含 RowDimension 对象，column_dimensions 包含 ColumnDimension 对象。在 row_dimensions 中，可以通过行的编号来访问一个对象。在 column_dimensions 中，可以通过列的字母来访问一个对象。例如：

```
from openpyxl import Workbook    # 导入 Workbook 类
wb=Workbook()    # 创建工作表
sht=wb.active    # 获取当前活动表格对象 sht
row2 = sht.row_dimensions[2]    # row2 代表当前活动表格对象 sht 中的第 2 行
colB=sht.column_dimensions['日期']    # colB 代表当前活动表格对象 sht 中的列名为"日期"的列
```

获取表格中的行、列对象后，就可以通过属性函数给行、列对象的属性赋值：

```
row2.height = 30    # 设置行高为 30
colB.width=20    # 设置列宽为 20
```

 提示

行、列的专有属性不能用在单元格上，如果对单元格设置高度，则会报错。

3.5 格式化表格

2．合并与拆分单元格

在 openpyxl 库中，使用 merge_cells 函数可以将一个矩形区域内的单元格合并为一个单元格；使用 unmerge_cells 函数则可以将指定单元格进行拆分。merge_cells 函数的使用格式如下：

```
sheet.merge_cells('a:b')
```

参数说明如下。

- a：单元格的起始行号和列号。
- b：单元格的终止行号和列号，单元格的列号从 A 开始计，行号从 1 开始计。

3．设置页面属性

在 openpyxl 库中，Excel 工作表页面设置和打印命令用于页面布局设置、打印预览、打印设置等，相关函数如表 3-17 所示。

表 3-17　　Excel 工作表页面设置和打印命令

命令名	说明
ws.page_setup.fitToWidth	设置适合宽度
ws.page_setup.fitToHeight	设置适合高度
ws.page_setup.orientation	设置适合页面布局方向，包括垂直或水平，如 ws.ORIENTATION_LANDSCAPE 等
ws.page_setup.paperSize	设置页面大小，如 ws.PAPERSIZE_TABLOID 等
ws.print_options.horizontalCentered = True	设置以水平居中方式打印
ws.print_options.verticalCentered = True	设置以垂直居中方式打印
ws.print_title_cols ws.print_title_rows	在每一页上打印标题

实例 42：格式化项目支出分析表

本实例通过自定义单元格格式，对图 3-40 所示的项目支出分析表进行美化。

图 3-40　项目支出分析表

实例 42：格式化项目支出分析表

操作步骤如下。

（1）启动 PyCharm，打开项目 ch03，在项目中新建一个名为 itemsExpenditure.py 的 Python 文件。

（2）在 itemsExpenditure.py 的命令编辑窗口中编写如下程序：

```python
# /usr/bin/env python3
# -*- coding: UTF-8 -*-
```

```python
# 导入模块
import openpyxl as op
from openpyxl.styles import Font, Border, Side, Alignment, Color
from openpyxl.styles import PatternFill
# 打开工作簿
wb = op.load_workbook('项目支出分析表.xlsx')
sht = wb.active      # 获取当前活动表格对象sht
# 定义字体样式
font0 = Font(name='楷体', size=14)
font1 = Font(name='幼圆', size=22, bold=True, color=Color(indexed=49))
# 设置对齐方式
align = Alignment(horizontal='center', vertical='center')
# 设置单元格填充样式
fill = PatternFill(fill_type='lightUp', fgColor="FF5809")
fill1 = PatternFill(fill_type='solid', fgColor="FF359A")
fill2 = PatternFill(fill_type='mediumGray', fgColor="A8FF24")
# 设置表格边框
border = Border(left=Side(border_style='double', color="0000FF"),
                right=Side(border_style='double', color="0000FF"),
                top=Side(border_style='double', color="0000FF"),
                bottom=Side(border_style='double', color="0000FF"))
# 应用自定义样式
for row in sht.rows:
    for cell in row:
        cell.font = font0
        cell.alignment = align
        cell.fill = fill
        cell.border = border

# 设置最后一列的格式
colB = sht.column_dimensions['G']
colB.width = 16            # 设置列宽为16
# 设置第1行
row2 = sht.row_dimensions[1]   # row2代表当前活动表格对象sht中的第1行
row2.height = 50     # 行高设为50
# 插入表格标题
sht.insert_rows(1)         # 在第1行上面插入空行
sht['A1'] = '下半年项目支出分析表'
sht.merge_cells('A1:G1')      # 合并单元格
sht['A1'].font = font1        # 设置标题字体
sht['A1'].alignment = align   # 标题居中显示
sht['A1'].fill = fill1
wb.save('美化项目支出分析表.xlsx')
```

运行结果如图3-41所示。

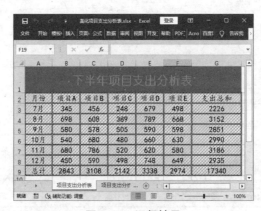

图3-41　运行结果

第 4 章 财务数据处理与可视化

所谓"数据可视化",是指以数据为视角,以可视化为手段,将相对晦涩的数据通过可视的、交互的方式进行展示,从而形象、直观地解释、表达数据蕴含的信息和规律,得到更有价值的信息。

数据可视化不仅仅是统计图表。从本质上来说,任何能够借助图形的方式展示事物原理、规律、逻辑的方法都叫数据可视化。本章简要介绍在 Python 中可视化数据的常用方法。

4.1 数据处理

数据是对事实、概念或指令的一种表达形式,数据经过解释并被赋予一定的意义之后,便成为信息。数据处理(data processing)是从大量的、可能杂乱无章的、难以理解的、缺失的数据中,抽取并推导出某些特定的有价值、有意义的数据的过程。

数据处理是系统工程和自动控制的基本环节,贯穿于社会生产和社会生活的各个领域。数据处理主要包括数据清洗、数据合并等方法。

4.1.1 数据清洗

在数据分析工作中,很多数据集存在数据缺失、数据格式错误、错误数据或重复数据的情况。数据清洗(data cleaning)是指采集数据后,对数据进行重新审查和校验的过程,目的在于检测和去除数据集中的噪声数据和无关数据,处理遗漏数据,去除空白数据,纠正存在的错误,并提供数据一致性,是数据分析前非常重要的一步,其结果直接关系到数据分析的质量和效率。

1. 数据缺失

有时 CSV 文件含有缺失值,这些缺失值会在 DataFrame 中显示为 NaN。在 pandas 中,使用 np.nan 来代替缺失值。处理缺失值常用的方法是为缺失值所在列赋值,其调用格式如下:

```
DataFrame[columns_name]=list
```

其中,columns_name 为列名称。

pandas 对象的所有描述性统计默认都不包括缺失值,使用 dropna 函数允许用户以不同的方式分析和删除有缺失值的行或列,其使用格式如下:

```
DataFrame.dropna(axis=0,
                how='any',
                thresh=None,
                subset=None,
                inplace=False)
```

参数说明如下。

- axis：确定是否删除包含缺失值的行或列，取值为整数或字符串，默认值为 0。对于整数来说，输入可以是 0 或 1；对于字符串来说，输入可以是'index'或'columns'。axis=0 或 axis='index' 表示删除含有缺失值的行；axis=1 或 axis='columns'表示删除含有缺失值的列。
- how：该参数只接收两种类型的字符串值（'any'或'all'）。其中，'any'表示只要含有缺失值，就删除该行（列）；'all'则表示在所有值均为缺失值时才删除行（列）。
- thresh：该参数定义要删除的缺失值的最小数量，取值为整数。
- subset：定义要在哪些列中查找缺失值，取值为数组。
- inplace：选择是否用排序后的数据替换现有的数据，默认值为 False，表示不替换。

如果在数据处理过程中，不希望删除缺失值，而是使用指定的方法填充缺失值，可以使用 fillna 函数，其使用格式如下：

```
DataFrame.fillna(value=None,
                 method=None,
                 axis=None,
                 inplace=False,
                 limit=None,
                 downcast=None,
```

参数说明如下。

- value：是一个用于填充缺失值的值，或者指定为每个索引（对于 Series）或列（对于 DataFrame）使用某个字典、Series、DataFrame 中的值。不在字典、Series、DataFrame 中的值不会被填充。
- method：该参数指定用于填充重新索引的 Series 中的缺失值的方法。包括 pad/ffill（用前一个非缺失值去填充该缺失值，即向后填充）、backfill/bfill（用后一个非缺失值填充该缺失值，即向前填充）、默认值 None（指定一个值去替换缺失值）。
- axis：指定要沿着其填充缺失值的轴，取值为表示行/列的整数或字符串值。
- inplace：如果为 True，它将在空白处填充值。
- limit：指定连续的缺失值的向前/向后填充的最大数量，取值为 None（默认值）或大于 0 的整数。如果连续缺失值数量超过给定的数字，将只被部分填充。如果未指定方法，则是整个轴中的最大缺失值数量，其中缺失值将被填充。
- downcast：指定一个将 Float64 转换为 int64 的内容的字典。

该函数返回一个填充了缺失值的 DataFrame 对象。

Python 的 pandas 库还提供了一个十分便利的判断缺失值的函数 isnull，该函数返回一个含有布尔值的对象，其中 True 表示是缺失值，False 表示不是缺失值。

实例 43：某地税收统计表缺失值处理

实例 43：某地税收统计表缺失值处理

本实例读取、输出图 4-1 所示的有缺失值的税收数据，然后通过直接赋值处理"企业所得税"列的数据，分别删除有缺失值的行和列，以及使用符号"-"填补缺失值。

操作步骤如下。

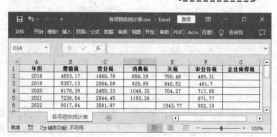

图 4-1　原始数据

（1）启动 PyCharm，新建项目 ch04，在项目中加载 pandas 模块库，然后新建一个名为 taxStatistics.py 的 Python 文件。

（2）在 taxStatistics.py 的命令编辑窗口中编写如下程序：

```python
# /usr/bin/env python3
# -*- coding: UTF-8 -*-
import pandas as pd        # 导入pandas模块
file = '各项税收统计表.csv'    # 定义文件路径
# 读取指定路径下的文件
# 将第一行用作表头，选中数据的对应列号作为索引
data = pd.read_csv(file, encoding='utf-8', skiprows=0, skipinitialspace=True)   # 读取指定名称的工作表
print('*'*25, '某地各项税收统计表', '*'*25)
# 设置数据对齐
pd.set_option('display.unicode.ambiguous_as_wide', True)
pd.set_option('display.unicode.east_asian_width', True)
print(data.to_string(index=False))    # 不输出索引
print('*'*25, '填补企业所得税数据', '*'*25)
data[data.columns[6]] = [999.63, 2630.87, 3082.79, 2919.51, 3957.33]    # 直接赋值列数据
print(data.to_string(index=False))
# 通过axis参数删除含有缺失值的全部列
print('*'*25, '删除含缺失值的列', '*'*25)
data2 = data.dropna(axis=1)
print(data2.to_string(index=False))
# 通过axis参数删除含有缺失值的全部行
print('*'*25, '删除含缺失值的行', '*'*25)
data3 = data.dropna(axis=0)
print(data3.to_string(index=False))
# 对缺失值使用"-"填充
print('*'*25, '使用符号-填充缺失值', '*'*25)
data4 = data.fillna(value='-')
print(data4.to_string(index=False))
```

运行结果如图 4-2 所示。

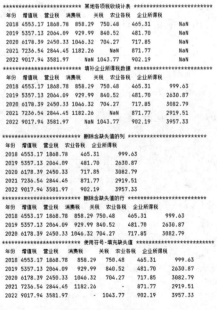

图 4-2 运行结果

在运行结果中可以看到，CSV 文件中的缺失值会在输出中显示为 NaN。

2. 重复数据

在数据处理中，有时需要去除数据序列中的重复数据。Python 提供了一个去重函数 drop_duplicates，用于删除数据中重复的行或者某几行中某几列的重复值。该函数的使用格式如下：

```
DataFrame.drop_duplicates(subset=None, keep='first', inplace=False)
```

参数说明如下。

- subset：定义要在哪些列中查找重复值，默认值为 None，表示所有列。
- keep：指定保留重复值的方式，取值有'first'、'last'、False。如果 keep='first'，表示去重时每组重复数据保留第一条数据，其余数据丢弃；keep='last'表示去重时每组重复数据保留最后一条数据，其余数据丢弃；keep=False 表示去重时每组重复数据不保留，全部丢弃。
- inplace：指定是否替换原表格数据，取值为 False、True。默认值为 False，表示去重之后不覆盖原表格数据；inplace=True 表示去重之后覆盖原表格数据。

实例 44：删除员工档案表中的重复数据

实例 44：删除员工档案表中的重复数据

某公司的员工档案表包含重复数据，如图 4-3 所示。本实例使用去重函数 drop_duplicates 对档案表中的数据进行处理，去除重复数据，然后将处理结果导出到 Excel 文件中。

操作步骤如下。

（1）启动 PyCharm，打开项目 ch04，在项目中新建一个名为 recordUnique.py 的 Python 文件。

（2）在 recordUnique.py 的命令编辑窗口中编写如下程序：

图 4-3 原始数据

```
# /usr/bin/env python3
# -*- coding: UTF-8 -*-
import pandas as pd     # 导入 pandas 模块
# 定义 XLSX 文件路径和名称
folder = 'C:\\Users\\QHTF\\PycharmProjects\\ch04\\'
filename = '员工档案.xlsx'
file = folder + filename
# 读取 XLSX 文件
data = pd.read_excel(file, header=1)     # 第 2 行为表头
print('*'*20, '原始数据', '*'*20)
# 设置数据列名与数据对齐方式
pd.set_option('display.unicode.east_asian_width', True)
# 设置列名对齐方式
pd.set_option('colheader_justify', 'left')
print(data)        # 输出原始数据
print('*'*20, '去重结果', '*'*20)
# 数据去重，保留第一次出现的重复行，不修改原 DataFrame 对象
df = data.drop_duplicates(subset=None,
                          keep='first', inplace=False)
print(df)
# 导出为 Excel 文件
df.to_excel(folder + '员工档案去重.xlsx')
```

运行结果如图 4-4 所示。

3. 数据格式化

一般录入的数据分为数值型和文本型两类。数据格式化，通俗来讲，就是将数据按照设计好的数据格式显示，比如将整数转换为浮点数、统一数据的小数点位数、添加千分符、转换为百分比数据等，以提高数据的可读性，方便后期分析处理。由于不同类型数据存储的长度不一样，格式化数据时会有误差。

在 Python 中，round 函数用于将一个 DataFrame 四舍五入到一个可变的小数位数，可以将不同的列按不同的位数取整，其使用格式如下：

图 4-4　运行结果

```
DataFrame.round (decimals,*args,**kwds)
```

参数说明如下。

- decimals：每一列四舍五入的小数位数，取值可为 int、dict、Series 类型。如果取值为 int，则每一列四舍五入到相同的位数，否则四舍五入到不同的位数。如果 decimals 是一个 dict 类（字典类），列名应该在键中；如果 decimals 是一个 Series，列名应该在索引中。任何不包括在 decimals 中的列都将保持原样。decimals 中不属于输入列的元素将被忽略。
- *args、**kwds：函数传递参数。

对 DataFrame 对象进行格式化时，会逐一对 DataFrame 进行遍历、格式化，这比较烦琐，且处理大量数据时耗时较长，返回一个将受影响的列四舍五入到指定小数位数的 DataFrame。

此外，pandas 提供了对数组批量格式化的函数 apply。apply 函数作用于 DataFrame 的每个值，但是接收的参数不是各个值本身，而是 DataFrame 中的各行（或列），返回一个新的行（列）。该函数的使用格式如下：

```
DataFrame.apply(func,
                axis=0,
                raw=False,
                reduce=None,
                args=(),
                **kwds)
```

参数说明如下。

- func：要应用于每一列或每一行的函数。
- axis：调用顺序，指定按行或列，默认值为 0，对应行索引，将函数应用于每一列；值为 1，对应列索引，将函数应用于每一行。
- raw：该参数是一个布尔值，用于确定行或列是否作为 Series 或 ndarray 对象传递。默认值为 False，表示将每一行或每一列作为一个 Series 对象传递给函数；如果取值为 True，则表示函数将接收 ndarray 对象。
- reduce：可选值有 expand、reduce、broadcast、None。默认值为 None，表示返回结果取决于函数的返回值，列表形式的结果将以 Series 形式返回，如果返回 Series，则会将 Series 扩展为列。expand 取值在 axis=1 时起作用，将类似列表的结果变成列。reduce 取值在 axis=1

时起作用，返回一个 Series，而不是扩展类似列表的结果。broadcast 取值也在 axis=1 时起作用，结果被广播（注：广播是一个非常有用的功能，它具有扩散的特点，可以操纵不同大小和形状的数组）到 DataFrame 的原始形状，原始行索引和列将会被保留。

- args、**kwds：函数传递参数。

实例 45：计算财务数据增减变动幅度

实例 45：计算财务数据增减变动幅度

本实例计算某企业 2021 年主要财务数据的增减变动幅度。增减变动幅度一般是指本报告期和上年同期相比较的增长率，计算公式如下：

增减变动幅度=(本报告期值−上年同期值)/上年同期值

通常情况下，增减变动幅度使用百分比表示。本实例将使用 apply 函数将计算结果转换为百分比形式显示。

操作步骤如下：

（1）启动 PyCharm，打开项目 ch04，在项目中新建一个名为 yearOnYear.py 的 Python 文件。

（2）在 yearOnYear.py 的命令编辑窗口中编写如下程序：

```python
# /usr/bin/env python3
# -*- coding: UTF-8 -*-
import pandas as pd    # 导入 pandas 模块
# 设置数据列名与数据对齐方式
pd.set_option('display.unicode.east_asian_width', True)
# 设置列名对齐方式
pd.set_option('colheader_justify', 'left')
# 定义字典
data = {'营业总收入': [411.02, 378.78, 0],
        '营业利润': [54.08, 71.12, 0],
        '利润总额': [67.95, 73.27, 0],
        '每股收益': [0.91, 1.28, 0]}
# 定义行标签
index = ['本报告期', '上年同期', '增减变动幅度']
frame = pd.DataFrame(data, index=index)    # 创建 DataFrame 对象
frame = frame.T             # 行、列转置
print('*'*15, '财务数据表', '*'*15)
print(frame)
# 使用列差值计算增减变动幅度
for i in range(0, 4):
    frame.iloc[i, 2] = (frame.iloc[i, 0]-frame.iloc[i, 1])/frame.iloc[i, 1]
# 整列添加百分号，保留两位小数
func = lambda x: format(x, '.2%')
print('*'*10, '增减变动幅度', '*'*10)
print(frame['增减变动幅度'].apply(func))
```

运行结果如图 4-5 所示。

图 4-5　运行结果

4．数据对齐

输出数据的列名与数据不对齐，这就需要调用 set_option 函数来设置一些指定参数的值。该函数的使用格式如下：

```
pandas.set_option(pat, value)
```

参数说明如下。
- pat：字符，可以匹配一个特定选项的正则表达式，可以设置的部分常用选项如表 4-1 所示。
- value：对象，可以为数值或者字符串等。

表 4-1　　　　　　　　　　　　可以设置的部分常用选项

设置选项	说明
compute.use_bottleneck	使用 bottleneck 模块库进行加速计算，默认值为 True
compute.use_numexpr	安装 numexpr 模块库后，使用 numexpr 进行加速计算，默认值为 True
display.chop_threshold	设置浮点型的数值阈值，DataFrame 中所有绝对值小于该阈值的数值将以 0 展示
display.colheader_justify	控制调整列名靠左对齐（'left'）或者右对齐（'right'，默认值）
display.column_space	设置列名边距，默认为 12
display.date_dayfirst	布尔值，默认值为 False，值设置为 True 表示将日期放在最前面，例如 31/12/2022
display.date_yearfirst	布尔值，默认值为 False，值设置为 True 表示将年份放在最前面，例如 2022/12/31
display.expand_frame_repr	默认值为 True，可以换行显示，反之，不允许换行
display.max_colwidth	设置列宽 width
display.large_repr	设置 Dataframe 字段过长的操作，默认为'truncate'（被截断）
display.colheader_justify	调整展示的列名靠左对齐或者右对齐, 'right'（默认）、'left'
display.unicode.[ambiguous_as_wide,east_asian_width]	是否使用 "Unicode-东亚宽度"来计算显示文本宽度，默认为 False
display.precision	显示小数点后的位数
display.width	设置显示数据的宽度
display.max_columns	设置最大显示列数
display.max_info_columns	设置每列信息最大显示长度
display.max_rows	设置最大显示行数
display.max_info_rows	设置每行信息最大显示数量
display.min_rows	设置最少显示的行数
display.max_seq_items	设置美化打印一个序列的最大数目
display.memory_usage	设置是否显示 DataFrame 的内存使用情况，默认为 True
display.multi_sparse	"稀疏"多索引显示（不要在组内的外层显示重复元素）
display.notebook_repr_html	默认值为 True，将为 Pandas 对象使用 html 表示（如果可用）
display.pprint_nest_depth	控制在美观打印时要处理的嵌套级别数量
display.show_dimensions	是否打印 DataFrame 内容结尾的尺寸，默认值为 'truncate'，表示只在表被截断时打印尺寸

第 4 章 财务数据处理与可视化

实例 46：对齐某店铺财务收支明细表中的数据

本实例使用 DataFrame 创建某店铺某月的财务收支明细表，然后使用 set_option 函数设置列名对齐方式和列名边距，对齐数据表并输出。

操作步骤如下。

（1）启动 PyCharm，打开项目 ch04，在项目中新建一个名为 dataAlign.py 的 Python 文件。

实例 46：对齐某店铺财务收支明细表中的数据

（2）在 dataAlign.py 的命令编辑窗口中编写如下程序：

```
# /usr/bin/env python3
# -*- coding: UTF-8 -*-
import pandas as pd        # 导入 pandas 模块
# 定义数组
frame = pd.DataFrame({'日期': ['1/1', '1/2', '1/3', '1/4', '1/5'],
                      '摘要': ['aaa', 'bb', 'cccc', 'ddd', 'eeee'],
                      '收/支': ['支', '收', '支', '收', '收'],
                      '所属类别': ['项目1', '项目2', '项目2', '项目3', '项目4'],
                      '收支金额': [19870, 2780, 1650, 1865, 3460]})
# 输出数据
print('*'*10, '对齐前的收支明细表', '*'*10)
print(frame.to_string(index=False))
# 设置数据列名与数据对齐方式
pd.set_option('display.unicode.east_asian_width', True)
# 设置列名对齐方式
pd.set_option('colheader_justify', 'left')
# 输出数据
print('*'*15, '对齐后的收支明细表', '*'*15)
# 设置列名边距
print(frame.to_string(index=False, col_space=8))
```

运行结果如图 4-6 所示。

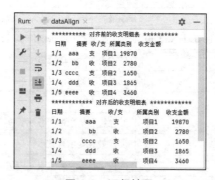

图 4-6　运行结果

4.1.2　数据合并

在数据处理的实际应用中，有时需要将多个表合并进行数据的处理和分析，pandas 提供了几种方法来实现数据合并功能。

如果两个 DataFrame 具有同名的列，可以使用 merge 函数基于这两个 DataFrame 的共同列进行合并。该函数的使用格式如下：

```
DataFrame.merge(left/right,
                how='inner',
```

```
                on=None,
                left_index=False,
                right_index=False,
                left_on=None,
                right_on=None,
                sort=False,
                suffixes=("x","y"))
```

参数说明如下。

- left/right：要合并的左/右边位置的 DataFrame 对象或者有名称的 Series。
- how：数据合并的方法。how='inner'表示内连接，基于共同列的交集进行连接；how='outer'表示外连接，基于共同列的并集进行连接；how='left'表示左连接，基于左边位置的列进行连接；how='right'表示右连接，基于右边位置的列进行连接。
- on：用来合并的列名（称为键）。left 和 right 都需要有这个列名。
- left_index、right_index：布尔值，默认值为 False。如果值为 True，则使用索引而不是普通的列名进行合并。
- left_on：左表对齐的列，可以是列名，也可以是和 DataFrame 同样长度的数组。
- right_on：右表对齐的列，可以是列名，也可以是和 DataFrame 同样长度的数组。
- sort：根据 DataFrame 合并的键按字典顺序排列。
- suffixes：设置两个元素的后缀。如果有重名列且其中没有用于合并的列，可通过该参数设置重名列的后缀，一般为元组和列表。

实例 47：合并企业基本开销数据

某企业 2020 年和 2021 年的基本开销数据分别记录在同一个 Excel 工作簿的两个工作表"2020 年"和"2021 年"中，其中，2021 年的部分数据记录在工作表"2021 年补充"中，如图 4-7 所示。本实例利用 merge 函数分别通过列名和索引对数据进行合并。

实例 47：合并企业基本开销数据

图 4-7 原始数据

操作步骤如下。

（1）启动 PyCharm，打开项目 ch04，在项目中新建一个名为 basicExpenses.py 的 Python 文件。

（2）在 basicExpenses.py 的命令编辑窗口中编写如下程序：

```
# /usr/bin/env python3
# -*- coding: UTF-8 -*-
import pandas as pd        # 导入 pandas 模块
# 解决数据输出时列名不对齐的问题
pd.set_option('display.unicode.east_asian_width', True)
# 读取 XLSX 文件
file = '企业基本开销.xlsx'
data1 = pd.read_excel(file)                             # 读取第一个表，即 2020 年的数据
data2 = pd.read_excel(file, sheet_name="2021年")         # 读取 2021 年的数据
data3 = pd.read_excel(file, sheet_name="2021年补充")      # 读取 2021 年的补充数据
```

```python
# 输出数据
print('*' * 30, '原始数据', '*' * 30)
print('++++2020 年: ', data1.to_string(index=False),
      '++++2021 年: ', data2.to_string(index=False),
      '++++2021 年补充: ', data3.to_string(index=False),
      sep='\n')
# 通过列名合并 2021 年的数据
print('*' * 25, '通过列名合并 2021 年的数据', '*' * 25)
res1 = pd.merge(data2, data3, on='季度')
print(res1.to_string(index=False))
# 通过索引合并 2020 年和 2021 年的部分数据
print('*' * 25, '通过索引合并数据', '*' * 25)
# 提取 2020 年部分列数据
subdata1 = pd.concat([data1.loc[:, '季度'],
                      data1.loc[:, '推广费'],
                      data1.loc[:, '原料费'],
                      data1.loc[:, '其他']], axis=1)
# 使用 how 参数去除重复列 "季度"
# subdata1 保留所有的行、列数据
# data3 根据 subdata1 的行、列进行补全
res2 = pd.merge(subdata1, data3,
                suffixes=("_2020", "_2021"),
                on='季度', how='left')
print(res2.to_string(index=False))
```

运行结果如下:

```
****************************** 原始数据 ******************************
++++2020 年:
 季度  员工工资  福利支出  税费  通信费  硬件升级  房租水电  推广费  原料费  其他
一季度  123300   1141  1373  1316  1027   1297  1166  1047  1151
二季度  159700   1819  1272  1452  1795   1729  1210  1811  2000
三季度  113900   1746  1287  1870  1457   1478  1189  1361  1472
四季度  127000   1218  1574  1432  1025   1340  1668  1805  1995
++++2021 年:
 季度  员工工资  福利支出  税费  通信费  硬件升级  房租水电
一季度  169300   1141  1373  1316  1027   1297
二季度  195700   1819  1272  1452  1795   1729
三季度  132900   1746  1287  1870  1457   1478
四季度  135000   1218  1574  1432  1025   1340
++++2021 年补充:
 季度  推广费  原料费  其他
一季度  1166  1047  1151
二季度  1210  1811  2000
三季度  1189  1361  1472
四季度  1668  1805  1995
************************* 通过列名合并 2021 年的数据 *************************
 季度  员工工资  福利支出  税费  通信费  硬件升级  房租水电  推广费  原料费  其他
一季度  169300   1141  1373  1316  1027   1297  1166  1047  1151
二季度  195700   1819  1272  1452  1795   1729  1210  1811  2000
三季度  132900   1746  1287  1870  1457   1478  1189  1361  1472
四季度  135000   1218  1574  1432  1025   1340  1668  1805  1995
************************* 通过索引合并数据 *************************
 季度  推广费_2020  原料费_2020  其他_2020  推广费_2021  原料费_2021  其他_2021
一季度     1166       1047       1151      1166       1047      1151
二季度     1210       1811       2000      1210       1811      2000
三季度     1189       1361       1472      1189       1361      1472
四季度     1668       1805       1995      1668       1805      1995
```

在通过索引合并 subdata1 和 data3 时，如果使用如下的语句：

```
res2 = pd.merge(subdata1, data3,
suffixes=("_2020", "_2021"),
right_index=True, left_index=True)
```

则合并结果中会存在重复列"季度"。要去除重复列，除了如本实例所示使用 how 参数，还可以使用 on 参数合并指定列，例如：

```
res2 = pd.merge(subdata1, data3,
on='季度',
suffixes=("_2020", "_2021"),
right_index=True, left_index=True)
```

4.1.3 数据提取

在数据的分析过程中，并不是所有的数据都是我们想要的，这就需要提取部分数据，从源数据中抽取部分或全部数据到目标系统，从而在目标系统中进行数据加工、利用。

pandas 提供的数据提取函数如表 4-2 所示。

表 4-2　　　　　　　　　　数据提取函数

函数	说明
loc[index,columns]	根据行索引 index 和列名 columns 定位指定的数据。默认情况下，第一行的行索引为 0。如果只定位指定的列，可以使用 loc[:, columns]。使用该函数还可以根据条件定位数据，例如 data.loc[data['列名']>3]可定位 data 中某个列值大于 3 的所有行
iloc[i,j]	根据行索引 i 和列索引 j 抽取指定的数据。行索引和列索引都从 0 开始。如果只有一个参数，默认是行索引
head(i)	返回 DataFrame 或 Series 的前 i 行，默认为 5 行。如果 i 为负值，该函数返回除最后 i 行之外的所有行
tail(i)	根据位置 i 从对象返回最后 i 行，默认为 5 行。如果 i 为负值，该函数返回除前 i 行之外的所有行
drop(index,axis=0,inplace=False)	删除索引 index 指定的行。如果 axis=1，则删除指定的列。参数 inplace 的默认值为 False，表示保持原来的数据不变；如果值为 True，则表示在原来的数据上改变

实例 48：抽取银行账户信息

某公司员工工资账户信息如图 4-8 所示。本实例利用数据提取函数，根据需要提取指定的数据用于数据分析。

实例 48：抽取银行账户信息

图 4-8　原始数据

操作步骤如下。

（1）启动 PyCharm，打开项目 ch04，在项目中新建一个名为 bankAccount.py 的 Python 文件。

第 4 章 财务数据处理与可视化

（2）在 bankAccount.py 的命令编辑窗口中编写如下程序：

```python
# /usr/bin/env python3
# -*- coding: UTF-8 -*-
import pandas as pd      # 导入 pandas 模块
# 设置数据列名与数据对齐方式
pd.set_option('display.unicode.east_asian_width', True)
# 读取 XLSX 文件
file = '银行账户记录表.xlsx'
data = pd.read_excel(file, skiprows=2)
# 根据行索引抽取第 5 行的数据
print('*'*20, '第5行的数据', '*'*20)
print(data.iloc[4, :])
# 抽取前 2 行和后 2 行的数据
print('*'*30, '前2行数据', '*'*30)
print(data.head(2))
print('*'*30, '后2行数据', '*'*30)
print(data.tail(2))
# 根据条件抽取数据
print('*'*15, '账户核算内容大于6500的数据', '*'*15)
print(data.loc[data['账户核算内容'] > 6500])
# 根据列名抽取指定列的数据
print('*'*20, '第6列数据', '*'*20)
print(data.loc[:, ['开户行']])
# 抽取多列数据，并水平串联
print('*'*20, '抽取多列水平串联', '*'*20)
newdata = pd.concat([data.loc[:, '开户名'],
                     data.loc[:, '账号'],
                     data.loc[:, '账户核算内容']], axis=1)
print(newdata.to_string(index=False))
```

运行结果如下：

```
******************** 第5行的数据 ********************
序号                                 5
姓名                              Simon
性别                                 男
职务                                主管
开户名                           Simon W
开户行                          中国建设银行
账号                6227 0080 **** **** 480
账户核算内容                         8700
备注                               NaN
Name: 4, dtype: object
****************************** 前2行数据 ******************************
   序号  姓名 性别  ...              账号  账户核算内容  备注
0   1  Jula  男  ...  6222 0312 **** **** 290    7400  NaN
1   2  Vivi  女  ...  6221 8709 **** **** 789    6100  NaN

[2 rows x 9 columns]
****************************** 后2行数据 ******************************
   序号   姓名  性别  ...              账号  账户核算内容  备注
9   10  Morn   男  ...  6222 4312 **** **** 280    7400  NaN
10  11  Summer 男  ...  6013 8209 **** **** 546    4700  NaN

[2 rows x 9 columns]
*************** 账户核算内容大于6500的数据 ***************
   序号   姓名 性别    职务   ...   开户行          账号         账户核算内容   备注
0   1  Jula  男  部门经理  ...  中国工商银行  6222 0312 **** **** 290   7400  NaN
4   5  Simon 男   主管   ...  中国建设银行  6227 0080 **** **** 480   8700  NaN
9  10  Morn  男  部门经理  ...  中国工商银行  6222 4312 **** **** 280   7400  NaN

[3 rows x 9 columns]
```

```
******************** 第 6 列数据 ********************
        开户行
0    中国工商银行
1    中国邮政储蓄银行
2    中国农业银行
3    中国农业银行
4    中国建设银行
5    中国工商银行
6        中国银行
7    中国建设银行
8    中国工商银行
9    中国工商银行
10       中国银行
******************** 抽取多列水平串联 ********************
    开户名              账号          账户核算内容
  Jula Z  6222 0312 **** **** 290       7400
  Vivi L  6221 8709 **** **** 789       6100
  Tomy C  6228 4808 **** **** 769       6500
  Lily X  6228 4819 **** **** 234       6500
 Simon W  6227 0080 **** **** 480       8700
 Linda L  6223 0812 **** **** 256       6500
 Droge D  6013 8209 **** **** 546       4700
 Susie M  6227 0067 **** **** 123       6500
 Yummy T  6222 0313 **** **** 233       6500
  Morn C  6222 4312 **** **** 280       7400
Summer Q  6013 8209 **** **** 546       4700
```

4.1.4 数据分类

数据处理的基础是数据，在数据分析处理过程中，为便于查找和统计分析，以及便于建立对事物的认知，通常需要对数据进行分类。

数据分类是将数据按照自定义的视角进行归类。数据分类通常要遵循以下 3 个基本原则。

（1）单一视角。比如，对人的分类，可以使用性别属性，也可以使用年龄属性，还可以使用学历、岗位等属性。每个属性都代表一个独立视角。

（2）全部覆盖。分类可以将数据的全集包括在内，也就是说，当前已知的和未来可能会产生的数据，应该都可以归类到这个分类体系中。

（3）不交叉。一条数据在一个分类体系中不能既属于"A"，又属于"B"。

pandas 提供 cut 函数实现数据分类。该函数的调用格式如下：

```
pandas.cut( x, bins, right=True,
       labels=None, retbins=False, precision=3,
       include_lowest=False, duplicates='raise' )
```

参数说明如下。

- x：要划分的一维数组。
- bins：指定划分的方法，取值为整数或标量序列。如果值为整数 n，则表示将 x 划分为 n 个等间距的区间。如果是标量序列，则将 x 划分在指定的序列中，序列中的数值表示用来分箱的分界值；如果 x 的分类不在该序列中，则分类结果是 NaN。
- right：布尔值，指定是否包含右端点。默认值为 True，表示包含最右侧的数值。
- labels：数组或布尔值，指定分箱的标签。如果是数组，labels 的长度要与分箱个数一致，比如 bins=[1,2,3,4]表示(1,2)、(2,3)、(3,4)共 3 个区间，则 labels 的长度也就是分箱的个数，也是 3；如果取值为 False，则仅返回分箱的整数指示符，即 x 中的数据在第几个区间中；当 bins 是间隔索引时，将忽略此参数。
- retbins：是否显示分箱的分界值，默认值为 False。当 bins 取整数时可以设置 retbins=True 以显示分界值，得到划分后的区间。
- precision：整数，存储和显示分箱标签的精度，默认为 3。
- include_lowest：是否包含左端点。默认值为 False，不包含区间左端点。
- duplicates：可选参数，其默认值为'raise'，表示如果分箱临界值不唯一，则引发 ValueError；如果参数值设为'drop'，则丢弃非唯一的分箱临界值。

如果 retbins = False，该函数返回 x 中每个值对应的区间的列表，否则返回 x 中每个值对应的区间的列表和对应的分界值。

实例 49：对员工绩效进行评级

某部门员工年度绩效考核数据如图 4-9 所示。本实例利用 cut 函数对数据进行分类，从而对员工绩效进行评级。

实例 49：对员工绩效进行评级

图 4-9 原始数据

操作步骤如下。

（1）启动 PyCharm，打开项目 ch04，在项目中新建一个名为 KPICut.py 的 Python 文件。

（2）在 KPICut.py 的命令编辑窗口中编写如下程序：

```python
# /usr/bin/env python3
# -*- coding: UTF-8 -*-
import pandas as pd      # 导入pandas模块
# 设置数据列名与数据对齐方式
pd.set_option('display.unicode.east_asian_width', True)
# 读取XLSX文件中的数据
file = '绩效考核表.xlsx'
data = pd.read_excel(file, skiprows=1)
# 输出原始数据
print('*'*25,'年度考核数据','*'*25)
print(data.to_string(index=False))
# 分成3个等级，并指定标签
datacut = pd.cut(data['总计'], bins=3, labels=['一般','良好','优秀'])
# 首尾合并，直接相连
result = pd.concat([data['姓名'], data['总计'], datacut], axis =1)
result.columns = ['姓名','总分','等级']    # 修改列名
print('*'*10,'年度考核评级','*'*10)
print(result)
```

运行结果如图 4-10 所示。

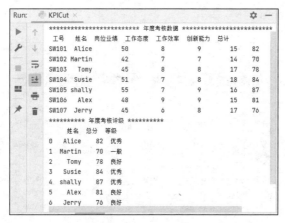

图 4-10 运行结果

4.1.5 数据排序

数据排序是按一定顺序将数据排列，以便研究者通过浏览数据发现一些明显的特征或趋势，找到解决问题的方法。除此之外，将数据进行排序还有助于对数据检查、纠错，以及为重新归类或分组等提供方便。在某些场合，排序本身也是分析的目的之一，例如对企业而言，了解其所在行业的各种排名，可以从侧面了解竞争对手的状况，从而有效制定企业的发展规划和战略目标。

pandas 提供 sort_values 函数，可以将数据集根据指定列或指定行的数据排序。该函数的调用格式如下：

```
DataFrame.sort_values(by, axis=0,
                ascending=True,
                inplace=False,
                kind='quicksort',
                na_position='last')
```

参数说明如下。

- by：指定排序依据的列名或索引。
- axis：如果 axis=0 或'index'，则按照指定列中数据大小排序；如果 axis=1 或'columns'，则按照指定索引中数据大小排序。默认 axis=0。
- ascending：是否按指定列的数据升序排列。默认值为 True，表示按升序排列，如果 by=['列名 1','列名 2']，则该参数可以是[True, False]，即第一个列按升序排列，第二个列按降序排列。
- inplace：选择是否用排序后的数据替换现有的数据，默认值为 False，即不替换。
- kind：排序方法，包括'quicksort'（快速排序）、'mergesort'（混合排序）、'heapsort'（堆叠排序），默认为'quicksort'。
- na_position：指定缺失值的显示位置，可选值为'first'（缺失值排在前面）、'last'（默认值，缺失值排在最后面）。

实例 50：成本费用表排序

实例 50：成本费用表排序

某部门按月份编制的成本费用表如图 4-11 所示。本实例利用 sort_values

函数对数据进行排序。

	A	B	C	D	E	F
1			成本费用表			
2	月份	负责人	产品名	单件费用	数量	总费用
3	1月	Susie	A	245	15	3,675.00
4	1月	Linq	B	58	20	1,160.00
5	1月	Morning	C	89	18	1,602.00
6	2月	Linq	B	310	20	6,200.00
7	2月	Susie	A	870	18	15,660.00
8	2月	Linq	B	78	60	4,680.00
9	3月	Morning	C	160	16	2,560.00
10	4月	Susie	A	80	32	2,560.00
11	4月	Morning	C	760	45	34,200.00

图 4-11 原始数据

操作步骤如下。

（1）启动 PyCharm，打开项目 ch04，新建一个名为 sortCost.py 的 Python 文件。

（2）在 sortCost.py 的命令编辑窗口中编写如下程序：

```python
# /usr/bin/env python3
# -*- coding: UTF-8 -*-
import pandas as pd      # 导入 pandas 模块
# 设置数据列名与数据对齐方式
pd.set_option('display.unicode.east_asian_width', True)
# 读取 XLSX 文件中的数据
file = '成本费用表.xlsx'
data = pd.read_excel(file, skiprows=1)
# 数据排序、输出
print('*'*15, '成本费用原始数据', '*'*15)
print(data.to_string(index=False))
print('+'*15, '按产品名升序排列', '+'*15)
print(data.sort_values(by='产品名', axis=0))
print('+'*15, '按单件费用降序排列', '+'*15)
print(data.sort_values(by='单件费用', ascending=False))
print('+'*15, '按数量升序,总费用降序排列', '+'*15)
print(data.sort_values(by=['数量', '总费用'], ascending=[True, False]))
```

运行结果如下：

```
*************** 成本费用原始数据 ***************
 月份  负责人 产品名  单件费用  数量  总费用
  1月    Susie    A      245    15    3675
  1月     Linq    B       58    20    1160
  1月  Morning    C       89    18    1602
  2月     Linq    B      310    20    6200
  2月    Susie    A      870    18   15660
  2月     Linq    B       78    60    4680
  3月  Morning    C      160    16    2560
  4月    Susie    A       80    32    2560
  4月  Morning    C      760    45   34200
+++++++++++++++ 按产品名升序排列 +++++++++++++++
    月份  负责人 产品名  单件费用  数量  总费用
0    1月    Susie    A      245    15    3675
4    2月    Susie    A      870    18   15660
7    4月    Susie    A       80    32    2560
1    1月     Linq    B       58    20    1160
3    2月     Linq    B      310    20    6200
5    2月     Linq    B       78    60    4680
2    1月  Morning    C       89    18    1602
```

```
6  3月  Morning      C        160     16     2560
8  4月  Morning      C        760     45    34200
+++++++++++++++ 按单件费用降序排列 +++++++++++++++
  月份   负责人 产品名  单件费用   数量   总费用
4  2月     Susie       A        870     18    15660
8  4月  Morning      C        760     45    34200
3  2月       Linq       B        310     20     6200
0  1月     Susie       A        245     15     3675
6  3月  Morning      C        160     16     2560
2  1月  Morning      C         89     18     1602
7  4月     Susie       A         80     32     2560
5  2月       Linq       B         78     60     4680
1  1月       Linq       B         58     20     1160
+++++++++++++++ 按数量升序，总费用降序排列 +++++++++++++++
  月份   负责人 产品名  单件费用   数量   总费用
0  1月     Susie       A        245     15     3675
6  3月  Morning      C        160     16     2560
4  2月     Susie       A        870     18    15660
2  1月  Morning      C         89     18     1602
3  2月       Linq       B        310     20     6200
1  1月       Linq       B         58     20     1160
7  4月     Susie       A         80     32     2560
8  4月  Morning      C        760     45    34200
5  2月       Linq       B         78     60     4680
```

pandas 中的其余数据排序函数如表 4-3 所示。

表 4-3　pandas 中的其余数据排序函数

函数	说明
Series.sort_index(ascending=True)	根据索引返回升序排列的新对象
Series.order(ascending=True)	根据值返回已排序的对象，任何缺失值默认都会被放到 Series 的末尾
Series.rank(method='average', ascending=True, axis=0)	为各组分配一个平均排名，排名方法 method 可选值如下。 'average'：默认值，在相等分组中，为各个值分配平均排名。 'max'或'min'：使用整个分组中的最大或最小排名。 'first'：按值在原始数据中出现的顺序排名。 'dense'：类似于'min'，但排名总是在组间增加 1（排名相同的作为一组，后续的组排名要依次加 1）

实例 51：基金公司资产回报表排序

2021 年 3 家基金公司 A、B、C 的资产和利润如图 4-12 所示。本实例利用数据排序函数对表中的数据进行排序。

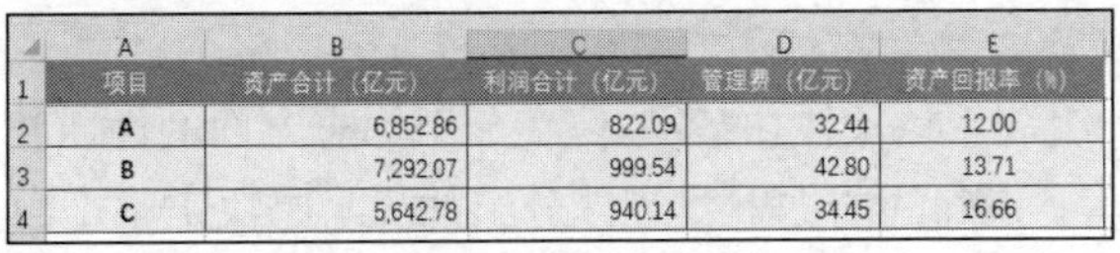

	A	B	C	D	E
1	项目	资产合计（亿元）	利润合计（亿元）	管理费（亿元）	资产回报率（%）
2	A	6,852.86	822.09	32.44	12.00
3	B	7,292.07	999.54	42.80	13.71
4	C	5,642.78	940.14	34.45	16.66

图 4-12　原始数据

实例 51：基金公司资产回报表排序

操作步骤如下。

（1）启动 PyCharm，打开项目 ch04，在项目中新建一个名为 ROASort.py 的 Python 文件。

（2）在 ROASort.py 的命令编辑窗口中编写如下程序：

```
# /usr/bin/env python3
```

```python
# -*- coding: UTF-8 -*-
import pandas as pd        # 导入pandas模块
# 设置数据列名与数据对齐方式
pd.set_option('display.unicode.east_asian_width', True)
# 读取XLSX文件
file = '资产回报表.xlsx'
data = pd.read_excel(file)
# 输出原始数据
print('*'*30, '资产回报表原始数据', '*'*30)
print(data.to_string(index=False))
# 输出按行标签降序排列结果
print('*'*30, '按行标签降序排列', '*'*30)
data1 = data.sort_index(ascending=False)
print(data1.to_string(index=False))
# 输出按列标签降序排序结果
print('*'*30, '按列标签降序排序', '*'*30)
data2 = data.sort_index(axis=1, ascending=False)
print(data2.to_string(index=False))
# 输出按最大值降序排名结果
print('*'*30, '按最大值降序排名', '*'*30)
data3 = data.rank(ascending=False, method='max')
print(data3.to_string(index=False))
```

运行结果如图 4-13 所示。

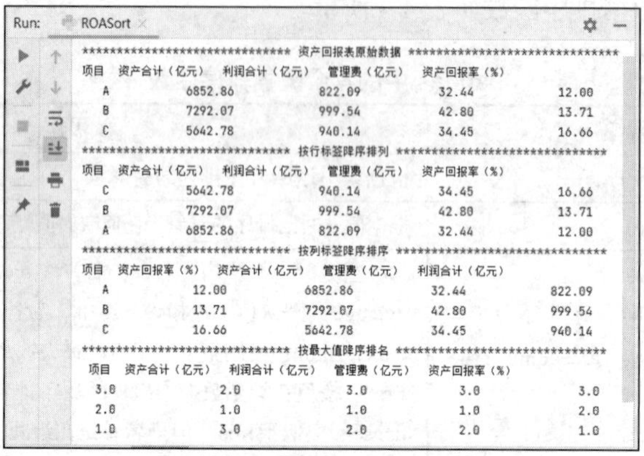

图 4-13　运行结果

4.1.6　统计分组

统计分组是指根据统计研究任务的要求和研究现象总体的内在特点，将统计总体按照一定的标志，划分为若干个性质不同但又有联系的几个组成部分的一种统计方法，是统计学的基本统计方法之一。

总体的这些组成部分，称为"组"。同一组内的各单位在分组标志方面的性质相同，不同组之间的性质相异。在统计资料完整、正确的前提下，统计分组的优劣是决定整个数据统计成败的关键，它直接关系到数据分析的质量。

1. groupby 函数

pandas 中的 groupby 函数用于对 DataFrame 对象进行分组统计。该函数的调用格式如下：

```
DataFrame.groupby(by = None,
                  axis=0,
                  level = None,
                  as_index=True,
```

```
sort=True,
group_keys=True,
squeeze=False)
```

参数说明如下。

- by：用于确定聚合的组，可接收映射、函数、字典或 Series 对象、数组、标签或标签列表。如果是一个函数，则该函数会被 DataFrame 对象索引的每个值所调用。如果是一个字典或 Series 对象，则使用该字典或 Series 对象的值来确定组。如果是数组，则按原样使用其中的值来确定组。
- axis：指定按行或列分组。默认值 axis=0 表示按行分组，axis=1 表示按列分组。
- level：表示索引层级，可接收整数、级别名称或序列，默认为 None；如果轴是一个多索引（层次化），就可以指定分组的级别。
- as_index：布尔值，默认值为 True，返回以分组键为索引的对象。如果值为 False，则返回不带索引的对象。
- sort：对组进行排序，默认为 True。
- group_keys：默认为 True，意味着在结果中包含分组键。
- squeeze：默认为 False，表示不压缩返回结果；如果设为 True，则尝试压缩返回结果。

groupby 函数返回包含有关组的信息的 groupby 对象，利用 groups 属性函数（见表 4-4）可以查看分组的信息，从返回的结果中可以看到不同分组的样本在原 DataFrame 中的索引。

表 4-4　　　　　　　　　　　　　groups 属性函数

函数	说明
get_group()	获得指定分组的数据
head() tail()	获得分组后每个组头、尾的若干元素
nth ()	获得每个分组的若干元素

实例 52：根据家具生产厂商统计进货信息

某家具销售公司 2021 年 6 月的进货记录表如图 4-14 所示。本实例使用 groupby 函数对进货记录表中的数据按生产厂商进行分组。

实例 52：根据家具生产厂商统计进货信息

图 4-14　原始数据

操作步骤如下。

（1）启动 PyCharm，打开项目 ch04，在项目中新建一个名为 modelGroup.py 的 Python 文件。

（2）在 modelGroup.py 的命令编辑窗口中编写如下程序：

```python
# /usr/bin/env python3
# -*- coding: UTF-8 -*-
import pandas as pd      # 导入 pandas 模块
# 设置数据列名与数据对齐方式
pd.set_option('display.unicode.east_asian_width', True)
# 读取 XLSX 文件
file = '进货记录表.xlsx'
data = pd.read_excel(file, skiprows=1)
print('*'*15, '某家具销售公司6月份进货记录表', '*'*15)
print(data)          # 输出原始数据
# 查看分组具体信息
for name, num in data.groupby('生产厂商'):
    print('+'*10, name, '+'*10)
    print(num)
```

运行结果如下：

```
*************** 某家具销售公司6月份进货记录表 ***************
    名称  型号    生产厂商    单价  采购数量    总价   进货日期
0   沙发  S001  天成沙发厂   1000     3  3000  2021-06-02
1   椅子  Y001  永昌椅业     230     6  1380  2021-06-04
2   沙发  S002  天成沙发厂   1200     8  9600  2021-06-06
3   茶几  C001  新时代家具城   500     9  4500  2021-06-07
4   桌子  Z001  新时代家具城   600     6  3600  2021-06-10
5   茶几  C002  新时代家具城   360    12  4320  2021-06-14
6   椅子  Y002  永昌椅业     550    15  8250  2021-06-17
7   沙发  S003  新世界沙发城  2300    11 25300  2021-06-20
8   椅子  Y003  永昌椅业     500     8  4000  2021-06-21
9   椅子  Y004  新时代家具城   550     6  3300  2021-06-24
10  沙发  S004  新世界沙发城  2900     3  8700  2021-06-26
11  茶几  C003  新时代家具城   850     8  6800  2021-06-28
12  桌子  Z002  新时代家具城   560     9  5040  2021-06-30
++++++++++ 天成沙发厂 ++++++++++
    名称  型号    生产厂商    单价  采购数量    总价   进货日期
0   沙发  S001  天成沙发厂   1000     3  3000  2021-06-02
2   沙发  S002  天成沙发厂   1200     8  9600  2021-06-06
++++++++++ 新世界沙发城 ++++++++++
    名称  型号    生产厂商    单价  采购数量    总价   进货日期
7   沙发  S003  新世界沙发城  2300    11 25300  2021-06-20
10  沙发  S004  新世界沙发城  2900     3  8700  2021-06-26
++++++++++ 新时代家具城 ++++++++++
    名称  型号    生产厂商    单价  采购数量    总价   进货日期
3   茶几  C001  新时代家具城   500     9  4500  2021-06-07
4   桌子  Z001  新时代家具城   600     6  3600  2021-06-10
5   茶几  C002  新时代家具城   360    12  4320  2021-06-14
9   椅子  Y004  新时代家具城   550     6  3300  2021-06-24
11  茶几  C003  新时代家具城   850     8  6800  2021-06-28
12  桌子  Z002  新时代家具城   560     9  5040  2021-06-30
++++++++++ 永昌椅业 ++++++++++
    名称  型号    生产厂商    单价  采购数量    总价   进货日期
1   椅子  Y001  永昌椅业     230     6  1380  2021-06-04
6   椅子  Y002  永昌椅业     550    15  8250  2021-06-17
8   椅子  Y003  永昌椅业     500     8  4000  2021-06-21
```

2. agg 函数

分组最主要的作用就是对各个组别进行分组描述。简单来说，就是将一系列复杂的数据用几个有代表性的数据进行描述，进而能够直观地解释数据的规律。聚合是对分组后的数据进行汇总统计的过程。通过聚合操作，我们可以对分组后的数据进行求和、平均、计数等计算，从而得到更有意义的结果。

Python 中 agg 函数的名称是 aggregate 的缩写，它是一个功能非常强大、灵活的聚合函数，通常用在调用 groupby 函数之后，对结果数据进行一些聚合操作，例如计算分组后每个组的最大值、最小值、和等，常用数据计算函数如表 4-5 所示。agg 函数接收的参数为字典，键为变量名，值为对应的聚合函数字符串。该函数的调用格式如下：

```
DataFrame.agg(func,
axis=0,
*args,
**kwargs)
```

参数说明如下。

- func：可接收函数、函数名称、函数列表、字典{'行名/列名','函数名'}等。
- axis：使用指定轴上的一个或多个操作进行聚合。默认在列轴上执行聚合函数。如果对某列没有指定聚合函数，则用 NaN 填充。
- *args：传递给 func 的位置参数。
- **kwargs：传递给 func 的关键字参数。

表 4-5　　　　　　　　　　　　常用数据计算函数

函数	说明
max()	计算分组后，每个组的最大值
min()	计算分组后，每个组的最小值
sum()	计算分组后，每个组的和
prod()	计算分组后，每个组的乘积

实例 53：按厂商统计进货次数和进货总额

某家具销售公司 2021 年 6 月的进货记录表如图 4-14 所示。本实例使用 groupby 函数和 agg 函数对进货记录表中的数据按生产厂商进行分组，分别统计进货次数和进货总额。

实例 53：按厂商统计进货次数和进货总额

操作步骤如下。

（1）启动 PyCharm，打开项目 ch04，在项目中新建一个名为 amountPrice.py 的 Python 文件。

（2）在 amountPrice.py 的命令编辑窗口中编写如下程序：

```python
# /usr/bin/env python3
# -*- coding: UTF-8 -*-
import pandas as pd        # 导入 pandas 模块
# 设置数据列名与数据对齐方式
pd.set_option('display.unicode.east_asian_width', True)
# 读取 XLSX 文件
file = '进货记录表.xlsx'
data = pd.read_excel(file, skiprows=1)
print('*'*15, '某家具销售公司 6 月份进货记录表', '*'*15)
# 查看分组具体信息
newdata = data.groupby('生产厂商')
for name, num in newdata:
    print('+'*10, name, '+'*10)
    print(num)
amount = newdata['采购数量'].agg('count')
print('+'*10, '按厂商统计进货次数', '+'*10)
print(amount)
sumprice = newdata['总价'].agg('sum')
```

```
print('+'*10, '按厂商统计进货总额', '+'*10)
print(sumprice)
```

运行结果如下：

```
**************** 某家具销售公司 6 月份进货记录表 ****************
++++++++++ 天成沙发厂 ++++++++++
    名称   型号    生产厂商       单价   采购数量   总价   进货日期
0   沙发   S001   天成沙发厂      1000        3    3000  2021-06-02
2   沙发   S002   天成沙发厂      1200        8    9600  2021-06-06
++++++++++ 新世界沙发城 ++++++++++
    名称   型号    生产厂商       单价   采购数量   总价   进货日期
7   沙发   S003   新世界沙发城    2300       11   25300  2021-06-20
10  沙发   S004   新世界沙发城    2900        3    8700  2021-06-26
++++++++++ 新时代家具城 ++++++++++
    名称   型号    生产厂商       单价   采购数量   总价   进货日期
3   茶几   C001   新时代家具城     500        9    4500  2021-06-07
4   桌子   Z001   新时代家具城     600        6    3600  2021-06-10
5   茶几   C002   新时代家具城     360       12    4320  2021-06-14
9   椅子   Y004   新时代家具城     550        6    3300  2021-06-24
11  茶几   C003   新时代家具城     850        8    6800  2021-06-28
12  桌子   Z002   新时代家具城     560        9    5040  2021-06-30
++++++++++ 永昌椅业 ++++++++++
    名称   型号    生产厂商       单价   采购数量   总价   进货日期
1   椅子   Y001   永昌椅业        230        6    1380  2021-06-04
6   椅子   Y002   永昌椅业        550       15    8250  2021-06-17
8   椅子   Y003   永昌椅业        500        8    4000  2021-06-21
++++++++++ 按厂商统计进货次数 ++++++++++
生产厂商
天成沙发厂          2
新世界沙发城        2
新时代家具城        6
永昌椅业            3
Name: 采购数量, dtype: int64
++++++++++ 按厂商统计进货总额 ++++++++++
生产厂商
天成沙发厂        12600
新世界沙发城      34000
新时代家具城      27560
永昌椅业         13630
Name: 总价, dtype: int64
```

4.2 图表结构

图表是表示各种情况和注明各种数字的图和表的总称，可直观展示统计信息属性，是数据可视化常用的方法。图表设计隶属于视觉传达设计范畴，通过图示、表格来表示某种事物的现象或某种思维的抽象观念。在开始学习使用图表可视化数据之前，读者有必要先对图表结构有初步的认识。图表的基本组成示例如图 4-15 所示。

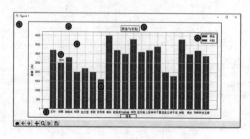

图 4-15　图表的基本组成示例

- 图表区❶：整个图表及其包含的元素。
- 绘图区❷：以坐标轴为界并包含全部数据系列的区域。
- 图表标题❸：用于概括图表内容的文字。
- 数据系列❹：在数据区域内，同一列或同一行数值数据的集合构成一组或多组的数据系列，也就是图表中相关数据点的集合。
- 坐标轴及坐标轴标签❺：坐标轴是表示数值大小及分类的一组线，上面有标定的数据值。一般情况下，水平轴（x 轴）表示数据的分类，垂直轴（y 轴）表示数据的大小。坐标轴标签用来说明坐标轴的分类及内容。
- 图例❻：指示图表中各种符号、颜色或形状定义的数据系列所代表的含义。图例通常由图例表示和图例项构成。
- 文本标签❼：用于为数据系列添加说明文字。
- 网格线❽：贯穿绘图区的水平和垂直线条，是坐标轴上刻度的延伸线，以便查看数据。主要网格线标出了坐标轴上的主要间距，根据需要还可在图表上显示次要网格线，用以标示主要间距之间的间隔。

4.2.1 图窗

Matplotlib 是一个 Python 2D 图形库，它可以在各种硬拷贝格式和跨平台交互环境中生成具有出版质量的图形。matplotlib.pyplot 模块是一个与 MATLAB 很相似的命令行式的函数集合，提供与 MATLAB 中的 API 类似的绘图 API，其中的每一个函数都可对图形进行修改，比如创建图形、在图形上创建绘图区、在绘图区绘制图形、标注图形等，方便用户快速绘制 2D 图表。

在命令提示符窗口中执行以下命令，即可安装 Matplotlib 库，如图 4-16 所示。

```
pip install matplotlib
```

图 4-16　安装 Matplotlib 库

第 4 章 财务数据处理与可视化

pyplot 库中的 figure 函数用于创建空白图窗（Figure）。该函数的调用格式如下：

```
import matplotlib.pyplot as plt
plt.figure(num=None,
           figsize=None,
           dpi=None,
           facecolor=None,
           edgecolor=None,
           frameon=True)
```

参数说明如下。
- num：指定图表编号或名称，数字为编号，字符串为名称。
- figsize：指定图窗的宽和高，单位为英寸（1 英寸≈2.5cm）。
- dpi：指定绘图对象的分辨率，即每英寸含多少个像素，默认值为 80。
- facecolor：指定图窗的背景颜色。
- edgecolor：指定图窗的边框颜色。
- frameon：指定是否显示边框。

执行 figure 函数后，并不会显示创建的图窗，需要执行 show 函数才能显示图窗。例如，在 IDLE Shell 3.11.0 中执行以下的代码会创建一个尺寸为(4,3)、背景颜色为绿色的图窗，然后显示图窗，如图 4-17 所示。

```
>>> import matplotlib.pyplot as plt
>>> plt.figure(figsize=(4,3),facecolor='green')
<Figure size 400x300 with 0 Axes>
>>> plt.show()
```

图 4-17　图窗

如果已有图窗打开，则系统会将图形绘制在最近打开的图窗中，原有图形也将随之被覆盖。

在使用图表分析数据时，有时会需要在同一个图窗中显示多个子图以进行对比，此时可以使用 subplot 函数创建带坐标系的子图。该函数的使用格式如下：

```
subplot(nrows,
        ncols,
        sharex,
        sharey,
        subplot_kw)
```

参数说明如下。
- nrows：指定将图窗分割的行数。

- ncols：指定将图窗分割的列数。
- sharex：指定所有子图使用相同的 *x* 轴刻度，此时调节 *x* 坐标轴的刻度范围将影响所有子图。
- sharey：指定所有子图使用相同的 *y* 轴刻度，此时调节 *y* 坐标轴的刻度范围将影响所有子图。
- subplot_kw：指定创建各个子图的关键字字典。

例如，在 IDLE Shell 3.11.0 中执行以下的代码会创建一个尺寸为(4,3)，背景颜色为白色的图窗，然后将图窗分割为 1 行 2 列的 2 个子图，在第 1 个子图中添加坐标系，结果如图 4-18 所示。

```
>>>import matplotlib.pyplot as plt
>>>plt.figure(figsize=(4,3),facecolor='white')
<Figure size 400x300 with 0 Axes>
>>>plt.subplot(1,2,1)
<AxesSubplot: >
>>>plt.show()
```

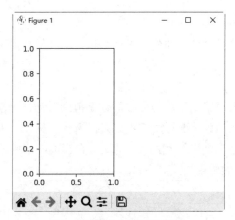

图 4-18 带坐标系的子图

使用 add_subplot 函数可以在当前图窗指定的子图中添加坐标系，使用 subplots 函数可以一次在所有子图中生成坐标系。例如，执行下面的代码，运行结果分别如图 4-19、图 4-20 所示。

```
>>>fig=plt.figure()
>>>fig.add_subplot(2,3,3)      # 分割图窗，在第 3 个子图中添加坐标系
<AxesSubplot: >
>>>fig.add_subplot(2,3,4)      #在第 4 个子图中添加坐标系
<AxesSubplot: >
>>>plt.show()                  #显示图窗，结果如图 4-19 所示
>>>plt.figure()
<Figure size 640x480 with 0 Axes>
>>>plt.subplots(2,2)    # 将图窗分割为 2 行 2 列的子图
(<Figure size 640x480 with 4 Axes>, array([[<AxesSubplot: >, <AxesSubplot: >],
       [<AxesSubplot: >, <AxesSubplot: >]], dtype=object))
>>>plt.show()           # 显示图窗，结果如图 4-20 所示
```

在 pyplot 中，使用 gcf 函数可以获取当前图窗的句柄，例如：

```
fig = plt.gcf()
```

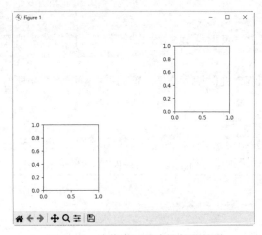
图 4-19 在指定子图中添加坐标系

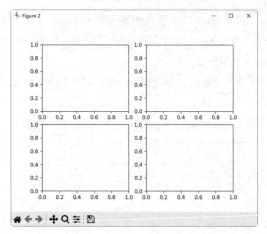
图 4-20 在所有子图中添加坐标系

4.2.2 坐标系和坐标轴

坐标系是被横纵坐标轴围起来的部分。坐标系包括中间的数据系列区、坐标轴、坐标轴刻度、坐标轴标签等部分。

1. 创建坐标系

pyplot 中的绘图函数可根据要绘制的曲线的数据范围自动选择合适的坐标系,使得曲线尽可能清晰地显示出来,所以一般情况下用户不必自己选择坐标系。但是有些图形,如果用户感觉自动选择的坐标系不合适,则可以利用 axes 函数在当前图窗中添加一个坐标系(其功能与 subplot 函数类似)。该函数的调用格式如下:

```
plt.axes(arg=None, **kwargs)
```

参数说明如下。

- arg:接收 None 或包含 4 个浮点数的元组。None 表示新的坐标轴;包含 4 个元素的元组表示新坐标轴的位置,即[左,底,宽度,高度],前两个是相对于坐标原点的位置,后两个是坐标轴的宽和高。
- **kwargs:其他多个关键字参数,常见的包括 facecolor、gid、in_layout、label、position、xlim、ylim 等。

2. 设置坐标轴

pyplot 中的 axis 函数用于控制坐标轴的显示、刻度、长度等。它有很多种使用格式,表 4-6 列出了一些常用的使用格式。

表 4-6   axis 函数常用的使用格式

调用格式	说明
xmin, xmax, ymin, ymax = axis()	返回当前坐标轴的 x 轴与 y 轴的范围
xmin, xmax, ymin, ymax = axis([xmin, xmax, ymin, ymax])	设置 x 轴与 y 轴的范围
xmin, xmax, ymin, ymax = axis(option)	根据指定的选项 option 参数(见表 4-7)设置坐标轴属性

表 4-7　　　　　　　　　　　　　　选项 option 参数

参数值	说明
'on'	显示坐标轴上的刻度、单位和网格
'off'	关闭所用坐标轴上的刻度、单位和网格
'equal'	x 轴、y 轴根据所给数据在各个方向的数据单位自动调整其纵横比，使在每个方向的轴刻度等长
'scaled'	通过更改坐标轴的尺寸设置相等的缩放
'tight'	把坐标轴的范围定为数据的范围
'auto'	自动计算当前轴的范围
'image'	效果与参数'scaled'相同，只是图形区域刚好紧紧包围图形数据
'square'	设置当前图形为正方形，并且 x 轴、y 轴范围相同，即 $y_{max} - y_{min} = x_{max} - x_{min}$

3．设置坐标轴范围

在 Python 中还可以对坐标轴范围进行设置或查询，x 轴、y 轴相应的命令为 xlim、ylim，它们的调用格式与 axes 函数相同，这里不赘述。

4．设置坐标轴属性

在 pyplot 中，使用 gca 函数可获取当前坐标轴的句柄，例如：

```
ax = plt.gca()
```

通过调用句柄可以对坐标轴进行各种设置。表 4-8 列出了一些常用的坐标轴命令。

表 4-8　　　　　　　　　　　　　　常用的坐标轴命令

调用格式	说明
ax.set_xlim()	设置 x 轴范围
ax.set_ylim()	设置 y 轴范围
ax.set_xticks()	设置 x 轴刻度
ax.set_yticks()	设置 y 轴刻度
ax.grid()	设置网格样式
ax.spines()	设置边框，共 "left"、"right"、"top"、"bottom" 4 个选项
ax.set_color()	设置颜色
ax.fill	填充图形
ax.label	设置标签
ax.xaxis.set_ticks_position()	设置 x 轴刻度或标签的位置
ax.yaxis.set_ticks_position()	设置 y 轴刻度或标签的位置

5．图形标注

Python 提供了一些常用的图形标注函数，利用这些函数可以为图形添加标题，为坐标轴添加标签，为图形添加图例，也可以把说明、注释等文本放到图形的任何位置，具体函数如表 4-9 所示。

表 4-9　　　　　　　　　　　　　　图形标注函数

调用格式	说明
plt.title()	添加标题
plt.xlabel() plt.ylabel()	标注坐标轴标签
plt.xticks() plt.yticks()	标注坐标轴刻度
plt.legend()	标注图例
plt.text() plt.annotate()	标注图形
plt.grid()	控制网格

4.3　可视化图表

可视化图表可将数据之间的复杂关系用图形表示出来，能够更加直观、形象地反映数据的趋势和对比关系，使数据易于阅读和评价。

数据可视化有众多展现方式，并非简简单单地使用一种图表把数据展示出来，而是要分析需求，不同类型的数据要选用合适的图表还原和探索数据隐藏价值，满足用户对数据的价值期望。本节简要介绍 Python 中几种常用图表（如折线图、条形图、饼图、散点图、面积图、箱形图、雷达图等）的绘制方法。

4.3.1　绘制折线图

折线图是一个由笛卡儿坐标系（直角坐标系）、一些点和线组成的统计图表，可以显示随时间（根据常用比例设置）而变化的连续数据，非常适用于表示数据在相等时间间隔或有序类别下的变化。通常情况下，类别数据或时间的推移沿水平轴均匀分布，数值数据沿垂直轴均匀分布。

Plot 函数是最基本的绘图函数之一，用来绘制折线图。该函数的调用格式如下：

```
import matplotlib.pyplot as plt
plt,plot(x,y,format_string,**kwargs)
```

参数说明如下。

- x：x 轴上的值。该参数是可选的，如果没有指定，将默认是从 0 到 y 的索引。
- y：y 轴上的值。
- format_string：指定曲线的格式字符串，包括线型、颜色、标记符号等。
- **kwargs：其他可选参数。例如 color 表示颜色，linestyle 表示线条样式，marker 表示标记样式，markerfacecolor 表示标记颜色，markersize 表示标记大小。

这里要说明的是，format_string 为单引号标记的字符串，用来设置所绘数据点的类型、大小、颜色以及数据点之间连线的类型、粗细、颜色等。实际应用中，format_string 是某些字母或符号的组合，format_string 可以省略，此时将由系统默认设置，即曲线一律采用"实线"线型，不同曲线将按表 4-11 所给出的前 7 种颜色（蓝色、绿色、红色、青色、品红、黄色、黑色）顺序着色。

format_string 的合法设置分别如表 4-10、表 4-11 和表 4-12 所示。

表 4-10 线型符号及其含义

线型符号	符号含义	线型符号	符号含义
-	实线（默认值）	:	点线
--	虚线	-.	点画线

表 4-11 颜色控制字符

字符	色彩	RGB 值
b（blue）	蓝色	001
g（green）	绿色	010
r（red）	红色	100
c（cyan）	青色	011
m（magenta）	品红	101
y（yellow）	黄色	110
K（black）	黑色	000
w（white）	白色	111

表 4-12 标记控制字符

字符	数据点	字符	数据点
+	加号	>	向右三角形
o	实心小圆圈	<	向左三角形
*	星号	s	正方形
.	圆点	h	竖六边形
x	交叉号	p	正五角星
d	菱形	v	向下三角形
^	向上三角形	,	像素标记（极小点）
1	下花三角标记	2	上花三角标记
3	左花三角标记	4	右花三角标记
H	横六边形	|	垂直线标记

● 实例 54：绘制某企业月收入对比图

某企业 2021 年和 2022 年上半年月收入如图 4-21 所示。本实例利用 pyplot 库中的 plot 函数绘制该企业这两年的月收入对比图。

操作步骤如下。

（1）启动 PyCharm，打开项目 ch04，在项目中新建一个名为 monthPlot.py 的 Python 文件。

（2）在 monthPlot.py 的命令编辑窗口中编写如下程序：

实例 54：绘制某企业月收入对比图

```
# /usr/bin/env python3
# -*- coding: UTF-8 -*-
import numpy as np       # 导入 NumPy 模块
import pandas as pd      # 导入 pandas 模块
```

```
import matplotlib.pyplot as plt    # 导入matplotlib.pyplot模块
# 读取XLSX文件
data = pd.read_excel('月收入.xlsx')
plt.rcParams['font.sans-serif'] = ['SimHei']   # 解决中文乱码问题
x = np.linspace(1, 7, 6)
xt = data['月份']
y1 = data['2021年']
y2 = data['2022年']
plt.plot(x, y1, color='red', marker='*', linestyle='-', label='2021年')
plt.plot(x, y2, color='blue', marker='o', linestyle='-', label='2022年')
# 在右下角添加图例
plt.legend(loc=4)
# 添加标题
label = '某企业上半年月收入折线图'
plt.title(label, fontsize=20, fontweight='heavy', loc='center')
# 设置坐标轴刻度
plt.xticks(x, xt, color='blue')
plt.show()
```

运行结果如图 4-22 所示。

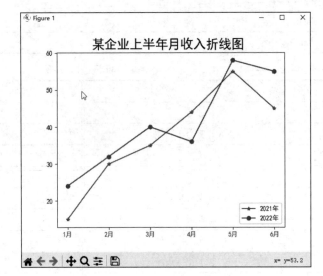

图 4-21　原始数据　　　　　　图 4-22　运行结果

4.3.2　绘制条形图

条形图利用长方形的形状和颜色编码数据的属性展示多个分类的数据变化，或者描述同类别各项数据之间的差异，它简明、醒目，是一种常用的统计图表，适用于对比分类数据。

条形图还包括堆积条形图和百分比堆积条形图。堆积条形图常用于显示各项与整体的关系，不仅可以比较同类别中各变量的大小，还可以显示不同类别变量的总和差异。百分比堆积条形图则适合展示同类别的每个变量占整体的比例。

在 pyplot 中，bar 函数用于绘制各种条形图，其使用格式如下：

```
plt.bar(x, height, width=0.8, bottom=None, align='center', **kwargs)
```

参数说明如下。

- x：条形图的 x 轴数据，数据类型为 int 或 float 类型。
- height：条形图的高度，数据类型为 int 或 float 类型。

- width：条形图的宽度，取值为 0~1，默认为 0.8。
- bottom：条形图的起始位置，也就是 y 轴的起始坐标，默认为 0。
- align：条形图与 x 坐标的对齐方式。默认值为'center'，表示以 x 坐标为中心。如果值为'edge'，表示将条形图的左边缘与 x 坐标对齐。如果要对齐条形图的右边缘，可以传递负数的宽度值且 align='edge'。
- **kwargs：其他参数，常用参数如表 4-13 所示。

表 4-13　　　　　　　　　　　常用参数及其说明

参数	说明
color	指定条形的颜色
edgecolor	指定条形边框的颜色
linewidth	指定条形边框的宽度
tick_label	指定刻度标签
error_kw	将 kwargs 改为误差棒图 errorbar
log	布尔值，是否对 y 轴使用科学记数法
orientation	条形图的形式：'vertical'（垂直，默认值）、'horizontal'（水平）

实例 55：对比各类商品销售额

某平台 2021 年下半年各品类的商品销售额数据如图 4-23 所示。本实例利用条形图对比显示各个品类 2021 年下半年各月的销售额。

图 4-23　原始数据

实例 55：对比各类商品销售额

操作步骤如下。

（1）启动 PyCharm，打开项目 ch04，在项目中新建一个名为 catogoryBar.py 的 Python 文件。
（2）在 catogoryBar.py 的命令编辑窗口中编写如下程序：

```
# /usr/bin/env python3
# -*- coding: UTF-8 -*-
import numpy as np          # 导入 NumPy 模块
import pandas as pd         # 导入 pandas 模块
import matplotlib.pyplot as plt   # 导入 matplotlib.pyplot 模块
# 读取 XLSX 文件
data = pd.read_excel('某平台2021年下半年销售额.xlsx')
plt.rcParams['font.sans-serif'] = ['SimHei']   # 解决中文乱码问题
x = np.linspace(7, 12, 6)    # x 轴刻度位置的列表
xt = data['月份']            # x 轴刻度的标签文本
# y 轴数据序列
y1 = data['食品类']
y2 = data['玩具类']
y3 = data['饰品类']
w = 0.25   # 条形图的宽度
plt.bar(x, y1, width=w)
plt.bar(x+w, y2, width=w)
```

```
plt.bar(x+w*2, y3, width=w)
# 设置数据标签居中, 大小为8, 颜色为黑色
for a, b in zip(x, y1):
    plt.text(a, b, b, ha='center', va='bottom',
             fontsize=8, color=(0, 0, 0))
for a, b in zip(x, y2):
    plt.text(a+w, b, b, ha='center', va='bottom',
             fontsize=8, color=(0, 0, 0))
for a, b in zip(x, y3):
    plt.text(a+w*2, b, b, ha='center', va='bottom',
             fontsize=8, color=(0, 0, 0))
# 在右上角添加图例
plt.legend(["食品类", "玩具类", "饰品类"], loc='upper right')
# 添加标题
label = '各类商品销售额条形图'
plt.title(label, fontsize=16, fontweight='heavy', loc='center')
# 设置坐标轴刻度
plt.xticks(x, xt, color='blue')
plt.show()
```

运行结果如图 4-24 所示。

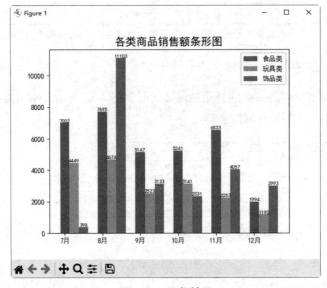

图 4-24　运行结果

4.3.3　绘制饼图

饼图也称为扇图，使用圆心角不同的扇区显示某一数据系列中每一项数值与总和的比例关系，每个扇区用一种颜色进行填充，各百分比之和是 100%。它适用于展示各个部分之间的比例差别较大且需要突出某个重要项的数据。

 提示

> 为便于查看一些小的扇区，可以在紧靠主图表的一侧生成一个较小的饼图或条形图，用来放大较小的扇区。

在 pyplot 中，可以使用 pie 函数绘制饼图，其使用格式如下：

```
plt.pie(x, explode=None, labels=None, colors=None, autopct=None,
        pctdistance=0.6, shadow=False, labeldistance=1.1, startangle=None,
        radius=None, counterclock=True, textprops=None, wedgeprops=None,
        center=(0, 0), frame=False, rotatelabels=False)
```

参数说明如下。

- x：要展示的数据，如果 sum(x) > 1，使用 sum(x)归一化。
- explode：各扇区偏移中心的距离。
- labels：各扇区外侧显示的标签文字。
- colors：各扇区的填充颜色。
- autopct：自动标记扇区的百分比，可以使用格式字符串指定格式。例如'%1.1f%%'表示百分比保留小数点后一位。
- pctdistance：指定 autopct 的位置刻度，默认值为 0.6。
- shadow：是否在饼图下方添加阴影。默认值为 False，即不添加阴影。
- labeldistance：指定标签文字的显示位置相对于半径的比例，默认值为 1.1。如果小于 1，则显示在饼图内侧。
- startangle：指定饼图的起始绘制角度，默认从 x 轴正方向逆时针起，如果设置为 90，则从 y 轴正方向开始绘制。
- radius：设置饼图半径，默认值为 1。
- counterclock：指定指针方向；默认值为 True 表示逆时针；值为 False 表示顺时针。
- textprops：字典参数，用于设置标签和比例文字的格式。
- wedgeprops：设置饼图内外边界的属性，如边界线的粗细、颜色等。
- center：设置图表中心位置，默认值为(0,0)。
- frame：是否绘制带有表的轴框架，默认值为 False。
- rotatelabels：是否旋转标签，默认值为 False。如果设置为 True，则旋转每个标签到指定的角度。

实例 56：分析某产品各项成本的比重

某产品某月的成本费用表如图 4-25 所示。本实例使用饼图分析该产品各项成本的比重。

操作步骤如下。

（1）启动 PyCharm，打开项目 ch04，在项目中新建一个名为 costPie.py 的 Python 文件。

（2）在 costPie.py 的命令编辑窗口中编写如下程序：

实例 56: 分析某产品各项成本的比重

图 4-25 某产品某月的成本费用表

```
# /usr/bin/env python3
# -*- coding: UTF-8 -*-
import matplotlib.pyplot as plt    # 导入 matplotlib.pyplot 模块
plt.rcParams['font.sans-serif'] = ['SimHei']    # 解决中文乱码问题
x = [29600, 86500, 23024]    # 定义数据
labels = ['直接材料费用', '直接人工费用', '制造费用']    # 定义标签
explode = (0.2, 0.5, 0.2)    # 扇区偏移量
```

```python
fig = plt.figure(figsize=(12, 3), facecolor='white')
# 添加标题
plt.title('某产品成本分析', fontsize=16,
          fontweight='heavy',
          loc='center')
# 图窗分割为左右两个子图
fig.add_subplot(1, 2, 1)
# 绘制饼图,添加百分比,设置标签、阴影、字号和线宽
plt.pie(x, autopct='%1.2f%%',
        labels=labels, shadow=True,
        textprops={'fontsize': 12},
        wedgeprops={'linewidth': 3})
# 绘制分离的饼图,添加百分比,设置标签、阴影、字号和线宽
fig.add_subplot(1, 2, 2)
plt.pie(x, explode, autopct='%1.2f%%',
        labels=labels, shadow=True,
        textprops={'fontsize': 12},
        wedgeprops={'linewidth': 3})
plt.show()
```

运行结果如图 4-26 所示。

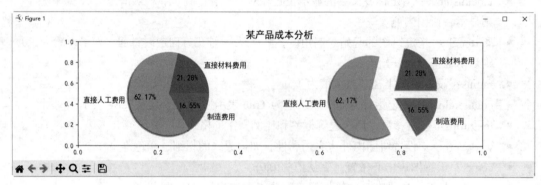

图 4-26　运行结果

4.3.4　绘制散点图

散点图顾名思义,就是由一些散乱的点组成的图表,这些点的位置由其 x 坐标和 y 坐标确定,所以也叫作 x-y 散点图。散点图利用散点的分布形态反映因变量随自变量而变化的趋势,据此可以选择合适的函数对数据点进行拟合,多用于显示和比较科学数据。

在 pyplot 中,使用 scatter 函数绘制散点图,其使用格式如下:

```
pyplot.scatter(x, y, s=20, c=None,
        marker=None, cmap=None,
        norm=None, vmin=None, vmax=None,
        alpha=None, linewidths=None,
        **kwargs)
```

参数说明如下。

- x、y:绘制散点图的数据点,并且 x、y 的维度要一致。
- s:可选参数,用于定义散点图标记的面积,默认为 20。
- c:可选参数,表示散点图的颜色或颜色序列(RGB 或 RGBA 二维数组),默认为蓝色'b'。
- marker:可选参数,散点图标记的样式,默认为'o'。

- cmap：可选参数，指定散点图的颜色图，仅当参数 c 是一个浮点数数组时才使用，取值为标量或者一个颜色图的名字，默认为 None。
- norm：指定颜色的亮度，值为 0~1，仅当参数 c 是一个浮点数数组时才使用。
- vmin、vmax：用于归一化亮度数据，值为标量，如果指定了 norm 参数则忽略。
- alpha：设置透明度，值为 0~1 的标量，默认为 None。
- linewidths：设置标记的大小，默认为 None。
- **kwargs：其他关键字列表。

实例 57：某生产原料 2022 年上半年各月产量散点图

实例57：某生产原料2022年上半年各月产量散点图

某生产原料 2022 年上半年各月的产量数据如图 4-27 所示。本实例用散点图直观地展示该生产原料 2022 年上半年各月的产量及同比增长率。

	A	B	C	D
1	日期	当月产量	当月同比增长(%)	累计增长(%)
2	2022年6月	21516.7	-5.2	8.3
3	2022年5月	20582.1	-6.5	10.4
4	2022年4月	22432.8	-2.9	14.1
5	2022年3月	24306.8	-3.2	19.2
6	2022年2月	23927.6	6.3	30.1
7	2022年1月	19702	33.1	47.3

图 4-27　原始数据

操作步骤如下。

（1）启动 PyCharm，打开项目 ch04，在项目中新建一个名为 productionScatter.py 的 Python 文件。

（2）在 productionScatter.py 的命令编辑窗口中编写如下程序：

```python
# /usr/bin/env python3
# -*- coding: UTF-8 -*-
import numpy as np         # 导入 NumPy 模块
import pandas as pd        # 导入 pandas 模块
import matplotlib.pyplot as plt  # 导入 matplotlib.pyplot 模块
# 读取 XLSX 文件
file = "某原料产量数据.csv"
data = pd.read_csv(file, encoding='utf-8')
plt.rcParams['font.sans-serif'] = ['SimHei']   # 解决中文乱码问题
plt.rcParams["axes.unicode_minus"] = False  # 负号的正常显示
x = np.linspace(6, 1, 6)
xt = data['日期']           # x 轴刻度
y = data['当月产量']
# 定义每个点大小
label = data['当月同比增长(%)']
s = np.abs(label)*10
# 绘制散点图，设置散点大小
plt.scatter(x, y, s=s)
# 散点上方添加数据标签，大小为 10，颜色为黑色
for a, b, c in zip(x, y, label):
    plt.text(a, b, c, ha='center', va='bottom',
             fontsize=10, color=(0, 0, 0))
# 添加标题
plt.title('某原料上半年产量散点图', fontsize=16,
          color='r', fontweight='heavy', loc='center')
plt.ylabel('产量')        # y 轴标签
plt.xticks(x, xt, color='blue')   # 设置 x 轴刻度
plt.show()
```

运行结果如图 4-28 所示。

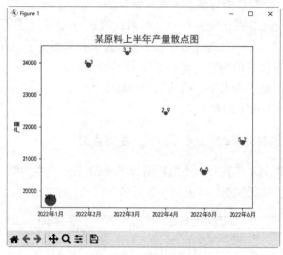

图 4-28　运行结果

4.3.5　绘制面积图

面积图又叫区域图，将折线图中折线与自变量坐标轴之间的区域使用颜色或者纹理填充，填充区域称为面积，它强调的是数量随着时间而变化的程度，颜色填充可以更好地突出总值趋势信息。因此，面积图最常用于表现趋势和关系，而不是传达特定的值。面积图还常用于直观地展现累计的数据，例如，用某企业每个月销售额绘制面积图，从整个年度上分析，其面积图所占据的范围累计就是该企业的年效益。

面积图根据强调的内容不同，可以分为以下 3 类。

（1）普通面积图：所有的数据都从相同的零点开始，显示各种数值随时间或类别变化的趋势。

（2）堆积面积图：每一个数据集的起点都基于前一个数据集，用于显示每个数值占数值总和的百分比随时间或类别变化的趋势，在表现大数据的总量分量的变化情况时格外有用。

（3）百分比堆积面积图：显示每个数值占数值总和的百分比随时间或类别变化的趋势，可强调每个系列的比例趋势。

在 pyplot 中，stackplot 函数用来绘制面积图，使用格式：

```
pyplot.stackplot (x,y,labels=(),colors=None,baseline='zero',data=None,**kwargs)
```

参数说明如下。

- x：面积图 x 轴的数据，是一个一维数组。
- y：面积图 y 轴的数据，可以是二维数组或一维数组序列。
- labels：图表中每组折线及填充区域的标签。
- colors：每组数据的填充颜色。
- baseline：计算基线的方法，取值包括'zero'、'sym'、'wiggle'和'weighted_wiggle'。其中，'zero'表示恒定 0 基线；'sym'表示关于 0 基线对称；'wiggle'表示最小化每个 x 值的斜率平方和；'weighted_wiggle'与'wiggle'类似，但指定了每层（注：一层是指在面积图中一个数据集所形成的一条折线）的权重。
- data：可选参数，如果设置该参数，其他各参数也可以是字符串。
- **kwargs：其他参数。

实例 58：绘制产品利润面积图

实例 58：绘制产品利润面积图

已知某企业生产的 A、B、C 这 3 种产品 2022 年上半年各月的利润，本实例绘制这 3 种产品的利润面积图。

操作步骤如下。

（1）启动 PyCharm，打开项目 ch04，在项目中新建一个名为 profitStackplot.py 的 Python 文件。

（2）在 profitStackplot.py 的命令编辑窗口中编写如下程序：

```python
# /usr/bin/env python3
# -*- coding: UTF-8 -*-
import matplotlib.pyplot as plt    # 导入 matplotlib.pyplot 模块
# 指定默认字体，解决中文乱码问题
plt.rcParams['font.sans-serif'] = ['SimHei']
plt.rcParams["axes.unicode_minus"] = False   # 正常显示负号
# 定义绘图数据
X = ['1月', '2月', '3月', '4月', '5月', '6月']
A = [120, 92, 106, 130, 90, 110]
B = [89, 106, 115, 97, 108, 98]
C = [91, 80, 97, 112, 100, 109]
plt.stackplot(X, A, B, C)           # 绘制面积图
# 设置坐标轴标签、标题
plt.xlabel('月份')
plt.ylabel('利润（万元）')
plt.title('产品利润面积图', fontsize=18)
plt.legend(['A商品', 'B商品', 'C商品'], fontsize=10, loc='best')   # 添加图例
plt.show()
```

运行结果如图 4-29 所示。

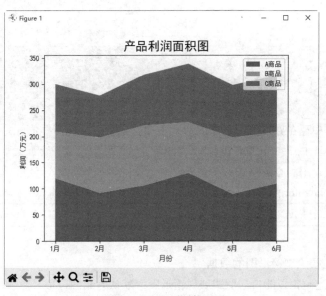

图 4-29　运行结果

> **提示**
>
> 堆积面积图按照自下而上的顺序逐个堆叠填充区域，因此先绘制的图形位于底部，后绘制的图形位于上方。

4.3.6 绘制箱形图

箱形图又称为盒须图、盒式图或箱线图，是一种用于显示一组数据分散情况的统计图。它能很方便地显示出一组数据的上限（最大值）、下限（最小值）、中位数、上四分位数、下四分位数和异常值，是一种查看数据分布特征的有效方法。箱形图最大的优点就是不受异常值的影响，能够准确、稳定地描绘出数据的离散分布情况，同时也利于数据的清洗。

箱形图的绘制方法是：先找出一组数据的上限（最大值）、下限（最小值）、中位数、上四分数、下四分位数；然后，连接两个四分位数画出箱子；再将上限（最大值）和下限（最小值）与箱子相连接，代表中位数的线绘制在箱子内部，如图 4-30 所示。

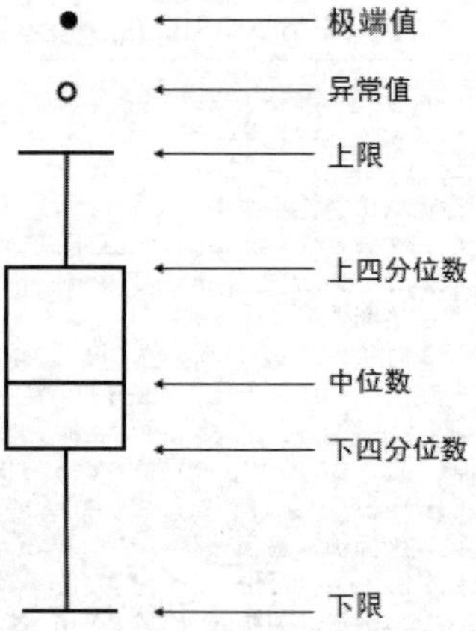

最下方的横线表示下限；最上方的横线表示上限；箱子由下四分位数、中位数以及上四分位数组成。

下四分位数，又称"第一四分位数"，等于该样本中所有数值由小到大排列后第 25% 位置处的数字。

中位数，又称"第二四分位数"，等于该样本中所有数值由小到大排列后第 50% 位置处的数字。

图 4-30 箱形图

上四分位数，又称"第三四分位数"，等于该样本中所有数值由小到大排列后第 75% 位置处的数字。

> **注意**
>
> 箱形图中的上限值（上边缘值）并非数据样本的最大值，而是该样本非异常值范围内的最大值；下限值（下边缘值）也不是数据样本的最小值，而是该样本非异常值范围内的最小值。

如果数据样本中存在异常值，以圆圈形式表示。异常值又称离群值，是超出极大和极小观测值范围的值，处于 1.5~3 倍四分位数间距的值用空心圆圈表示；处于大于 3 倍的四分位数间距的值称为极端值，用实心圆圈表示。

在 pyplot 中，boxplot 函数用来绘制箱形图，其使用格式如下：

```
pyplot.boxplot(data, notch, sym, vert, position, **kwargs):
```

参数说明如下。

- data：指定要绘制箱形图的数据。
- notch：指定是否以凹口的形式展现箱形图，默认为非凹口形式。
- sym：指定异常值的形状，默认使用+号显示。

- vert：指定是否将箱形图垂直放置，默认值为 True。
- position：指定箱形图的位置，默认为[0,1,2,...]。
- **kwargs：其他参数，包括 widths（箱形图的宽度）、patch_artist（是否填充箱子的颜色）等。

实例 59：某产品预测销量、市场成长率和市场占有率分析

某企业生产的某产品 2022 年各个季度的需求量和预测销量数据如图 4-31 所示。本实例使用箱形图分析该产品的预测销量、市场成长率和市场占有率情况。

	A	B	C	D	E	F	G
1	季度	总需求量	市场成长率（%）	市场占有率（%）	预测销量	价格定位	销售总额（元）
2	1	12000	26%	12%	9000	29	261000
3	2	32000	38%	22%	26000	29	754000
4	3	26000	55%	35%	20000	29	580000
5	4	15000	56%	46%	8900	29	258100

图 4-31 原始数据

操作步骤如下。

（1）启动 PyCharm，打开项目 ch04，在项目中新建一个名为 marketShare.py 的 Python 文件。

（2）在 marketShare.py 的命令编辑窗口中编写如下程序：

```
# /usr/bin/env python3
# -*- coding: UTF-8 -*-
import pandas as pd         # 导入pandas模块
import matplotlib.pyplot as plt    # 导入matplotlib.pyplot模块
# 读取XLSX文件
file = "预期销售表.xlsx"
data = pd.read_excel(file)
plt.rcParams['font.sans-serif'] = ['SimHei']    # 解决中文乱码问题
plt.rcParams["axes.unicode_minus"] = False   # 负号的正常显示
# 定义数据
y1 = data['总需求量']
y2 = data['市场成长率']
y3 = data['市场占有率']
y4 = data['预测销量']
# 定义箱形图标签
labels_01 = ['总需求量', '预测销量']
labels_02 = ['市场成长率', '市场占有率']
# 绘制箱形图
fig = plt.figure(figsize=(10, 3))
fig.add_subplot(1,2,1)       # 分割子图
plt.boxplot([y1, y4], patch_artist='r', labels=labels_01)
# 添加标题
plt.title('总需求量和预测销量', fontsize=16,
          color='r', fontweight='heavy', loc='center')
fig.add_subplot(1,2,2)
plt.boxplot([y2, y3],patch_artist='r', labels=labels_02)
# 添加标题
plt.title('市场成长率和市场占有率', fontsize=16,
          color='r', fontweight='heavy', loc='center')
plt.show()
```

运行结果如图 4-32 所示。

从运行结果可以看到，总需求量和预测销量的中位数都在图中偏下方的位置，说明有某个季度的总需求量和预测销量较高，拉高了平均值。市场成长率的中位数在图中偏上方的位置，表明有某个季度的市场成长率较低，拉低了平均值。市场占有率的中位数位于中间位置，表明各季度的市场占有率呈对称分布。

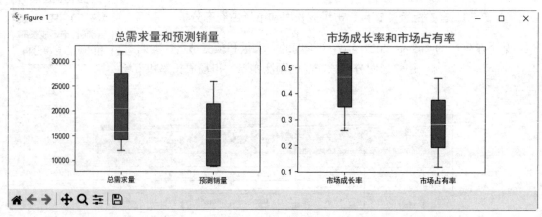

图 4-32　运行结果

4.3.7　绘制雷达图

雷达图也称为网络图、星图、蜘蛛网图、极坐标图，是一种显示多变量数据的二维图表。该图通常从同一中心点开始等角度间隔地射出 3 个或更多个轴，每个轴代表一个定量变量。雷达图中的每个分类都拥有自己的数值坐标轴，这些坐标轴的相对位置和角度通常是无信息的，由中心点向外辐射，并由折线将同一系列中的值连接起来，可以用来比较若干数据系列的总和。

雷达图简洁、方便、精确、直观，可以将多维数据投影到平面上实现可视化，主要应用于企业经营状况，例如收益性、生产性、流动性、安全性和成长性的评价，也是对客户财务状况进行分析的重要工具。

绘制雷达图之前，先要建立极坐标系。下面介绍两种创建极坐标系的方法。

在 pyplot 中，polar 函数用来创建极坐标系，其使用格式如下：

```
pyplot.polar(theta, r , **kwargs)
```

参数说明如下。

- theta：极坐标的极角，即每个标记所在射线与极径的夹角。
- r：极坐标的极径，即每个标记到原点的距离。
- **kwargs：其他关键字列表，例如标记样式 marker、线条颜色 color、线型 linestyle 等。

此外，利用 subplot 函数可以在绘图时在图窗中创建极坐标系，其使用格式如下：

```
pyplot.subplot(111, polar=True)
```

例如，在 IDLE Shell 3.11.0 中执行以下命令，即可创建一个极坐标系并显示：

```
>>> import matplotlib.pyplot as plt
>>> plt.subplot(111,polar=True)
<PolarAxesSubplot: >
>>> plt.show()
```

创建的极坐标系如图 4-33 所示。

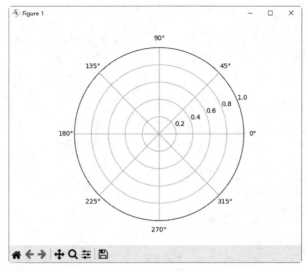

图 4-33　极坐标系

创建极坐标系后，就可以在极坐标系中绘制图表。通常情况下，使用 plot 绘制折线图，以一个不规则的闭合多边形创建雷达图。创建雷达图常用的函数如表 4-14 所示。

表 4-14　　　　　　　　　　　　创建雷达图常用的函数

函数	说明
concatenate()	沿现有的某个轴对一系列数组进行拼接，使雷达图的数据多边形封闭
set_thetagrids()	设置雷达图中每个维度的标签和显示位置
set_theta_zero_location()	设置极坐标 0°位置，可选值包括"N"、"NW"、"W"、"SW"、"S"、"SE"、"E"、"NE"等 8 个方位缩写
set_rlim()	设置雷达图的坐标轴范围
set_rlabel_position()	设置雷达图的坐标值显示角度，即相对于起始角度的偏移量

实例 60：比较各类资产年回报率

2017—2019 年各类资产的年回报率如图 4-34 所示。本实例利用雷达图比较各类资产的年回报率。

操作步骤如下。

（1）启动 PyCharm，打开项目 ch04，在项目中新建一个名为 ROA.py 的 Python 文件。

（2）在 ROA.py 的命令编辑窗口中编写如下程序：

实例 60：比较各类资产年回报率

图 4-34　原始数据

```
# /usr/bin/env python3
# -*- coding: UTF-8 -*-
import numpy as np        # 导入 NumPy 模块
```

```python
import pandas as pd          # 导入 pandas 模块
import matplotlib.pyplot as plt    # 导入 matplotlib.pyplot 模块
# 读取 XLSX 文件
file = "各类资产年回报率.xlsx"
data = pd.read_excel(file)
plt.rcParams['font.sans-serif'] = ['SimHei']    # 解决中文乱码问题
plt.rcParams["axes.unicode_minus"] = False    # 负号的正常显示
# 定义数据
y1 = data['2017年']
y2 = data['2018年']
y3 = data['2019年']
# 定义雷达图标签
label = ['债券', '房价', '沪深300', '货币基金', '黄金', '原油']
theta = np.linspace(0, 2*np.pi, 6, endpoint=True)    # 创建一维数组
# 使雷达图封闭起来
theta = np.concatenate((theta, [theta[0]]))
y1 = np.concatenate((y1, [y1[0]]))
y2 = np.concatenate((y2, [y2[0]]))
y3 = np.concatenate((y3, [y3[0]]))
labels = np.concatenate((label, [label[0]]))
# 绘制雷达图
fig = plt.figure()    # 创建图表
ax = fig.add_subplot(1,1,1, polar=True)    # 设置坐标系为极坐标系
# 绘制折线图
ax.plot(theta, y1, marker="s", mfc="b", ms=10)
# 设置颜色、线宽、标记大小、标记背景颜色、标记边框颜色等
ax.plot(theta, y2, color="r", linewidth=2,
        marker="h", mfc="r", ms=10)
ax.plot(theta, y3, color="m", linewidth=2,
        marker="*", mfc="m", ms=10)
# 添加标题
plt.title('各类资产年回报率',
          fontsize=16, color='r',
          fontweight='heavy', loc='center')
# 设置显示的角度，将弧度转为角度
ax.set_thetagrids(theta*180/np.pi, labels)
# 设置图例的位置
led = ['2017年', '2018年', '2019年']
plt.legend(led, loc='lower right', bbox_to_anchor=(1.2, 0.0))
# 设置极坐标的起点（即 0°）在正北方向
ax.set_theta_zero_location('N')
plt.show()
```

运行结果如图 4-35 所示。

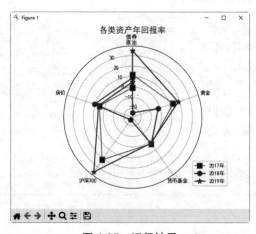

图 4-35　运行结果

第 5 章 财务报表分析

财务报表也称会计报表，是企业经营成果的"晴雨表"和"温度计"，企业经营状况的好坏、资产质量的优劣、资金管理的成果都可以在财务报表中一览无遗。财务报表分析是指对企业财务报表所提供的数据进行加工、分析、比较、评价和解释，其目的在于判断企业的财务状况、诊断企业经营管理是否健全以及业务前景是否光明，同时，通过分析找出企业经营管理的症结，提出解决问题的办法。

财务报表尽管能够全面反映企业的财务状况、经营成果和现金流量情况，但是只有将企业的财务指标与有关的数据进行比较才有意义，也就是只有进行财务报表分析才能说明企业财务状况所处的地位。通常情况下，至少要横比 3 家、纵比 3 年才能得出相对科学的结论。也就是说，财务报表各项目的具体数据只是表面，结构（各种比率或指标）才是骨架，而趋势是核心。结构比数值重要，趋势比结构重要。

5.1 财务报表概述

财务报表是以会计准则为规范编制的，向所有者、债权人、政府及其他有关各方及社会公众等反映企业或预算单位一定时期资金、利润状况的会计报表。

我国财务报表的种类、格式、编制要求，均由统一的会计制度做出规定，要求企业定期编制。目前，国营工业企业在报告期末应分别编制资金平衡表、专用基金及专用拨款表、基建借款及专项借款表等资金报表，以及利润表、产品销售利润明细表等利润报表；国营商业企业要报送资金平衡表、经营情况表及专用资金表等。

5.1.1 财务报表分类

财务报表包括资产负债表、利润表、现金流量表、所有者权益（或股东权益）变动表以及财务报表附注。财务报表是财务报告的主要部分，不包括董事报告、管理分析及财务情况说明书等列入财务报告或年度报告的资料。

财务报表可以从不同角度加以划分，为有助于对现行的财务报告体系有更加完整的认识和理解，现将会计实务当中常见的划分标准介绍如下。

（1）按照财务报表所反映的内容，财务报表可以分为静态财务报表和动态财务报表。

静态财务报表主要指反映企业某一特定日期的财务状况的报表，即资产负债表，其相关指标都是时点指标；动态财务报表主要指反映企业资金的耗费和回收情况的报表，这包括企业一定时期的经营成果或者财务状况变动（现金流量增减变动），以及所有者权益增减变动情况的报表。换言之，利润表、现金流量表和所有者权益变动表都属于动态财务报表，其相关主要指标都是时期指标。

（2）在这里要提请读者注意的是，财务报表和财务报告是两个不同的概念。

财务报表是基本会计做账表格，是各科目结余情况，把这个表的余额分别填在资产负债表和损益表上，就得出了报表。而财务报告反映的是至本月末各资产负债的金额。在各明细分类账中反应的是各明细账户至本月末的最新金额。例如，资产负债表根据总分类账各科目余额的最新数据申报。

（3）按照财务报表的编制基础，财务报表可分为个别财务报表、汇总财务报表和合并财务报表。

个别财务报表一般是指根据个别公司的账簿记录进行编制的，反映个别具体公司的财务状况、经营成果和现金流量信息的报告形式；汇总财务报表一般由企业主管部门或上级主管部门根据所属单位报送的个别财务报表，连同本单位财务报告简单汇总编制的财务报表；合并财务报表是指反映由母公司及其全部子公司形成的企业集团整体财务状况、经营成果和现金流量信息的财务报表。与个别财务报表相比，合并财务报表反映的是企业集团的整体绩效，反映的对象是由若干独立法人构成的经济主体（而非法律意义上的主体）；与汇总财务报表相比，合并财务报表需要以纳入合并范围的个别财务报表为基础，根据相关信息，抵消企业集团内部公司相互之间发生的内部交易对合并财务报表的影响进行编制。

5.1.2　财务报表的组成

一套完整的财务报表包括资产负债表、利润表、现金流量表、所有者权益变动表（或股东权益变动表）和财务报表附注。其中，资产负债表、利润表和现金流量表分别从不同角度反映企业的财务状况、经营成果和现金流量。

1）资产负债表

资产负债表是依照一定的分类标准和一定的次序，将企业在某一特定日期（如月末、季末、年末等）的全部资产、负债和所有者权益的具体项目予以适当的排列，编制而成的财务报表，根据"资产=负债+所有者权益"这一平衡公式静态体现企业的经营活动和财务状况。

2）利润表

利润表是反映企业在一定会计期间的经营成果的财务报表。当前国际上常用的利润表格式有单步式和多步式两种。

3）现金流量表

现金流量表所表达的是企业在一个固定会计期间（通常是每月或每季）内的投资活动和筹资活动对其现金和现金等价物产生增减变动的情形。

4）所有者权益变动表

所有者权益变动表是反映企业本期（年度或中期）内至截至期末所有者权益组成部分变动情况的财务报表。

5）财务报表附注

附注是财务报表不可或缺的组成部分，是财务报表制作者对在资产负债表、利润表、现金流量表和所有者权益变动表等报表中列示项目所作的文字描述或明细资料，以及对未能在这些报表中列示项目的说明等。

财务报表附注旨在帮助财务报表使用者深入了解基本财务报表的内容。一般包括如下项目：企业的基本情况、财务报表编制基础、遵循企业会计准则的声明、重要会计政策和会计估计、会计政策和会计估计变更及差错更正的说明和重要报表项目的说明等。

5.1.3 财务报表分析分类

财务报表分析可以按照不同的标准进行分类。

1）按财务报表分析的服务对象划分

按财务报表分析使用者是企业管理者还是企业外部有关方面的不同，财务报表分析可以分为服务于企业管理的财务报表分析与服务于企业外部有关方面的财务报表分析。

这种分类对于明确财务报表分析的目的、要求与依据具有一定的作用。因为财务报表分析的服务对象不同，分析的目的与要求就不同，获得财务报表之外的分析资料的渠道与难易程度也不一样。一般来说，服务于企业管理者的财务报表分析，有必要也有可能达到较深的层次。

2）按财务报表分析所涉及的报表种类划分

按财务报表分析所涉及的报表种类，财务报表分析可以分为资产负债表分析、利润表分析和综合分析。资产负债表分析只涉及资产负债表项目；利润表分析只涉及利润表项目；而综合分析则同时涉及资产负债表与利润表项目。

尽管企业的对外财务报表包括资产负债表、利润表和现金流量表，但由于现金流量表本身属于分析性财务报表，因此，企业财务报表分析的重点是资产负债表和利润表。

3）按财务报表分析所涉及的会计期间划分

按财务报表分析所涉及的会计期间，财务报表分析可以分为横向分析与纵向分析。横向分析又称趋势分析，它是根据连续几期的财务报表，比较各项目的增减方向和幅度，从而揭示企业财务状况和经营成果的变化及其趋势。纵向分析只涉及单一会计期间的财务报表，通过同一期财务报表上相关数据的比较，揭示各项目之间的相互关系，并做出解释与评价。

4）按财务报表分析所揭示的关系的性质或分析的目的划分

按财务报表分析所揭示关系的性质或分析的目的，财务报表分析可以分为偿债能力分析与盈利能力分析。偿债能力分析是要揭示企业的短期和长期偿债能力，盈利能力分析则主要是揭示企业净利润变动趋势及其原因，评价企业运用现有资源获取利润（以下简称获利）的效率。

5.1.4 财务报表分析的基本方法

财务报表是在会计核算资料的基础上，严格按照财务报表所规定的格式、内容以及方法定期编制的报表，主要是为了反映企业在一定时期内的经营成果或财务状况。在规定的时期内进行财务报表分析应以比率为中心，采取点面结合的方式对资产负债表、利润表、现金流量表这3个表进行全面的分析，然后运用财务比较的方法对企业各期的财务指标进行比较与分析。

财务报表分析的基本方法有因素分析法、趋势分析法、结构分析法、比较分析法和比率分析法5种。

1）因素分析法

因素分析法又称连环替代法，是以数值来测定影响财务指标的各项因素及其对指标的影响程度，说明本期实际与计划或基期相比较发生变动的主要原因，以及各变动因素对财务指标变动的影响程度的一种分析方法。

因素分析法一般是将其中的一个因素定为可变量，而将其他因素暂时定为不变量，将可变量进行替换，以测定每个因素对该项指标的影响程度，然后根据构成指标诸因素的依存关系，逐一测定各因素的影响程度。因素分析法的一般程序如下。

① 根据各个因素，求得指标实际执行数。
② 按照一定顺序将各因素替换，求得各因素对指标实际执行的影响程度。
③ 将各因素变动对指标实际执行数的影响数值相加，就是实际数与计划数之间的总差额。

2）趋势分析法

趋势分析法是指根据连续几期的财务报表，比较各个项目前后期的增减方向和幅度，从而揭示财务和经营上的变化，对未来可能出现的结果做出预测的一种分析方法。这种对财务报表项目进行纵向比较分析的方法，能够反映出企业的发展动态，财务报表使用者可以从中了解有关项目变动的基本趋势，判断这种趋势是否有利并对企业的未来发展做出预测。

趋势比例是以基期的数据为100%，分别将以后各期的数据换算为基期的百分比。其具体计算步骤如下。

① 选择基期（年），并给予基期财务报表中的每一个项目100%的权重。
② 将以后各期财务报表的每一个项目换算为基期相同项目的百分比。

3）结构分析法

所谓结构分析法，是指将财务报表中某一关键项目的数字作为基数（即100%），再计算该项目各个组成部分占总体的百分比，以分析总体构成的变化，从而揭示出财务报表中各项目的相对地位和总体结构关系。

结构比例或结构百分比，是指总体内每一项目的相对大小。它实际上是一种特殊形式的财务比率，排除了规模的影响，使不同比较对象建立起可比性，可以用于本企业历史比较、与其他企业比较和与预算比较。

4）比较分析法

比较分析法是将财务报表中的两个或两个以上相关指标进行对比，测算出相互间的差异，以说明和评价企业的财务状况和经营成果的一种财务报表分析方法。

本期实际执行与本期计划、预算执行进行对比，一般可按下列公式进行。

实际数较计划数增减数额=本期的实际数-本期的预算（计划）数

预算（计划）完成的百分比=本期的实际数÷本期的预算（计划）数×100%

将本期实际与历史同期进行比较，可以了解本期与过去时期的增减变化情况，研究其发展趋势，分析原因，找出改进工作的方向。

将本期实际执行与同类单位先进水平进行比较，可以发现与先进水平的差距，有利于取长补短，挖掘潜力。

5）比率分析法

比率分析法是某一项目与另一项目之间关系的简单数学表示法。比率分析法是对财务报表内两个或两个以上项目之间关系的分析，其结果使用相对数表示，反映各会计要素的相互关系和内在联系，以评价企业的财务状况和经营成果，常称为财务比率。

财务比率的比较是最重要的比较之一。在计算两个项目之间的比率指标时，必须要求两个数值之间确实具有一定的关系。它排除了规模的影响，使不同比较对象建立起可比性，从而使分析效果更为客观实际，因此广泛用于历史比较、同业比较和预算比较等。

计算财务比率时，通常将同一张财务报表中的两项财务指标进行对比，以及将不同的财务报表中不同项目的数据进行比较。根据不同的内容和不同的要求，比率分析可以分为相关比率分析和结构比率分析。

相关比率分析是对两个相关的财务指标进行比较，用以反映两个相互关联的指标之间的数量比例关系。结构比率是某项财务指标内部各构成部分的数值与总体数值之间的比率，用以说明局部和整体之间的比例关系。利用结构比率及其变化，往往可以发现某项指标的变化及结构变化之间的联系，从而确定影响该项指标的主要因素。

5.2 操作 Excel 文件

在实务中，由于很多财务数据表都是通过 Excel 文件记录的，利用 Python 的 openpyxl 库除了可以读取、写入 Excel 文件，还可以通过代码直接处理 Excel 文件，执行算术运算、创建图表等。

5.2.1 执行算术运算

下面介绍 openpyxl 中常用的算术运算函数。

- SUM(cell1:cell2)：将一系列单元格中的所有数字相加。
- PRODUCT(cell1:cell2)：将单元格范围内的所有数字相乘。
- AVERAGE(cell1:cell2)：给出给定单元格范围内所有数字的平均值（算术平均值）。
- QUOTIENT(num1,num2)：返回除法的整数部分。
- MOD(num1,num2)：返回除法的余数。
- COUNT(cell1:cell2)：计算单元格范围内包含数字的单元格数目。

> **实例 61：计算债券的总发行规模和转股平均价值**

可转债（Convertible Bond，CB，或称可转换债券）是债券持有人可按照发行时约定的价格将债券转换成公司的普通股票的债券。这就意味着，如果对应的股票涨得好，可以将债券兑换成股票赚取更多收益；如果对应的股票大跌，可以持有债券至到期，收取本金和利息。该债券利率一般低于普通公司的债券利率，企业发行可转债可以降低筹资成本。

实例 61：计算债券的总发行规模和转股平均价值

2022 年 12 月底开始申购的债券如图 5-1 所示。本实例计算这些债券的总发行规模和转股平均价值。

	A	B	C	D	E	F	G
1	债券代码	发行规模（亿元）	正股价	转股价	转股价值	债现价	转股溢价率
2	110092	25	2.97	3.17	93.69	100	6.73%
3	111012	4.29	13.79	14.02	98.36	100	1.67%
4	111011	6.02	18.44	18.11	101.82	100	-1.79%
5	127080	2.8	29.91	29.34	101.94	100	-1.91%
6	123173	2.42	14.07	13.85	101.59	100	-1.56%
7	118030	15.65	41.35	40.09	103.14	100	-3.05%

图 5-1 原始数据

操作步骤如下。

（1）启动 PyCharm，新建项目 ch05，在项目中加载模块库 openpyxl，然后新建一个名为 convertibleBond.py 的 Python 文件。

（2）在 convertibleBond.py 的命令编辑窗口中编写如下程序：

```python
# /usr/bin/env python3
# -*- coding: UTF-8 -*-
import openpyxl as op
from openpyxl.styles import Font, Color
from openpyxl.styles import PatternFill
# 定义.xlsx文件路径和名称
file = '可转债数据.xlsx'
# 加载工作簿
excelPath = file
wb = op.load_workbook(file)
# 获取表格
ws = wb.active
row = ws.max_row       # 计算最大行
column = ws.max_column  # 计算最大列
# 公式计算
ws['A{0}'.format(row+1)].value = "总计: "
ws.cell(row=row+1, column=2).value = "=SUM(B2:B7)"
ws['D{0}'.format(row+1)].value = "均值: "
ws.cell(row=row+1, column=5).value = "=AVERAGE(E2:E7)"
# 定义单元格字体样式
font_style = Font(name='宋体', size=12, bold=True, color=Color(indexed=5))
fill_style = PatternFill(fill_type='solid', fgColor="00A600")
# 应用自定义样式
for i in range(1, column+1):
    ws.cell(row=row+1, column=i).font = font_style
    ws.cell(row=row+1, column=i).fill = fill_style
# 导出为Excel文件
wb.save('债券统计数据.xlsx')
```

运行结果如图 5-2 所示。

	A	B	C	D	E	F	G
1	债券代码	发行规模（亿元）	正股价	转股价	转股价值	债现价	转股溢价率
2	110092	25	2.97	3.17	93.69	100	6.73%
3	111012	4.29	13.79	14.02	98.36	100	1.67%
4	111011	6.02	18.44	18.11	101.82	100	-1.79%
5	127080	2.8	29.91	29.34	101.94	100	-1.91%
6	123173	2.42	14.07	13.85	101.59	100	-1.56%
7	118030	15.65	41.35	40.09	103.14	100	-3.05%
8	总计:	56.18		均值:	100.09		

图 5-2 运行结果

5.2.2 创建图表

openpyxl 不仅支持操作工作表中单元格的数据，还有强大的图表处理功能，可以在 Excel 文件中创建条形图、折线图、散点图和饼图等。

在 Excel 中创建图表，操作步骤如下。

- 从一个矩形区域选择单元格，使用 Reference 函数创建一个 Reference 对象。
- 通过传入 Reference 对象，使用 Series 函数创建一个 Series 对象。
- 创建 chart 对象。
- 将 Series 对象添加到 chart 对象中。

- 设置 chart 对象的 chart.top、chart.left、chart.width 和 chart.height 等变量。
- 将 chart 对象添加到 Worksheet 对象中。

1. 创建 Reference 对象

openpyxl.chart.reference.Reference 函数用来创建 Reference 对象，它的使用格式如下：

```
openpyxl.chart.reference.Reference(
    worksheet=None,
    min_col=None,
    min_row=None,
    max_col=None,
    max_row=None,
    range_string=None)
```

参数说明如下。

- worksheet：图表数据的 Worksheet 对象，包括行、列数据，即起始行、起始列、终止行、终止列。
- min_col、min_row：两个整数的元组，代表矩形区域的左上角单元格。第一行是 1，不是 0。
- max_col、max_row：两个整数的元组，代表矩形区域的右下角单元格。
- range_string：值必须是字符串类型。

2. 创建 Series 对象

Series 函数用来创建 Series 对象，它的使用格式如下：

```
seriesobj =Series(data, title=string)
```

参数说明如下。

- data：图表数据。
- title：Series 对象名称。

创建 Series 对象后，利用 chart.append(seriesobj)函数将 Series 对象添加到图表对象 chart 中。

3. 创建图表对象 chart

add_chart 函数用来创建可以添加到工作表中的图表对象，它的使用格式如下：

```
chart = workbook.add_chart({'type': 'stacked'},
{'subtype': 'stacked'})
```

参数说明如下。

- type：定义将要创建的图表类型，如 area（面积图）、bar（条形图）、column（直方图）、doughnut（环形图）、line（折线图）、pie（饼图）、radar（雷达图）、scatter（散点图）、stock（箱形图）等。
- subtype：用于定义图表子类型。

创建图表对象 chart 后可以利用其属性设置图表。chart 常用属性如表 5-1 所示。

表 5-1　　　　　　　　　　　　chart 常用属性

属性	说明
chart.type	图表类型，包括 area、bar、column、doughnut、line、pie、radar、scatter、stock 等
chart.width chart.height	图表的宽度与高度
chart.top chart.left	图表的坐标

续表

属性	说明
chart.font	图表字体，包括字号 font.size、字体颜色 font.color
chart.style	图表样式
chart.title	图表标题
chart.legend.position	图表图例位置，图例的位置可以为右、左、上、下和右上，对应的值分别为 r、l、t、b 和 tr。默认值为 r，如 legend.position='tr'
chart.legend.font	图表图例字体

> **注意**
>
> 如果需要添加多个图表，每个图表都需要使用 add_chart 函数进行创建。

4．条形图

BarChart 函数用来创建条形图。条形图包括垂直、水平和堆积条形图。如果创建三维条形图，可以使用 BarChart3D 函数。条形图属性如表 5-2 所示。

表 5-2　　　　　　　　　　　　条形图属性

属性	说明	属性值
type	条形图类别，控制条形图是垂直的还是水平的	取值为 col、bar，如果条形图是水平的，x 和 y 坐标会对调
grouping	堆叠效果	取值为'clustered'、'percentStacked'、'standard'、'stacked'，使用堆积图形时，需要设置 overlap（注：overlap 为 Barchart 函数的一个参数，其值的类型为浮点型）为 100

实例 62：使用条形图对比产品营收与成本

某公司 12 月份的营收和成本统计数据如图 5-3 所示。本实例利用 BarChart 函数直接在 Excel 文件中创建 3 种不同的条形图，以对比显示营收与成本。

实例 62：使用条形图对比产品营收与成本

图 5-3　原始数据

操作步骤如下。

（1）启动 PyCharm，打开项目 ch05，在项目中加载模块库 deepcopy，然后新建一个名为 TRCost.py 的 Python 文件。

（2）在 TRCost.py 的命令编辑窗口中编写如下程序：

```
# /usr/bin/env python3
# -*- coding: UTF-8 -*-
# 导入 openpyxl 模块
import openpyxl as op
from openpyxl.chart import BarChart, Reference
```

```python
from openpyxl.styles import Font, Alignment
from openpyxl.styles import PatternFill
# 导入复制数据模块库 deepcopy
from copy import deepcopy
# 加载工作簿
file = r'营收与成本统计表.xlsx'
wb = op.load_workbook(file)
# 获取表格
ws = wb.active
ws['B14'] = '某公司 12 月营收与成本对比图'    # 添加标题
# 定义标题的字体和填充样式
font_style = Font(name='隶书', size=20)
fill_style = PatternFill(fill_type='solid', fgColor="42B5B8")
# 应用样式
ws['B14'].font = font_style
ws['B14'].fill = fill_style
ws['B14'].alignment = Alignment(horizontal='center')   # 标题居中
# 合并单元格
ws.merge_cells('B14:N14')
# 定义数据区域为前 6 行数据
data = Reference(ws, min_col=3, min_row=1, max_col=4, max_row=7)
# 定义 x 轴刻度
cats = Reference(ws, min_col=2, min_row=2, max_row=7)
# 创建条形图
chart1 = BarChart()
chart1.add_data(data, titles_from_data=True)
chart1.title = "垂直条形图"
# 定义图表类型和样式
chart1.type = "col"
chart1.style = 10
# 定义轴标签
chart1.x_axis.title = '商品名称'
chart1.y_axis.title = '金额（万元）'
# 添加 x 轴标签与图例
chart1.set_categories(cats)
# 保存图表
ws.add_chart(chart1, "B15")
# 绘制水平条形图
chart2 = deepcopy(chart1)
chart2.style = 11
chart2.type = "bar"     # 水平条形图
chart2.title = "水平条形图"
ws.add_chart(chart2, "H15")
# 绘制堆积条形图
chart3 = deepcopy(chart1)
chart3.type = "col"           # 指定类型
chart3.style = 12             # 指定样式
chart3.grouping = "stacked"       # 条形堆积
chart3.overlap = 100
chart3.title = '堆积条形图'
ws.add_chart(chart3, "B32")
# 保存文件
wb.save('营收与成本统计图表.xlsx')
```

运行后结果如图 5-4 所示。

5. 折线图

LineChart 用来创建折线图，它的使用格式如下：

```
LineChart (x = X,y = Y,
    mode = 'lines',
    name = 'line2',
    connectgaps = True
```

第 5 章 财务报表分析

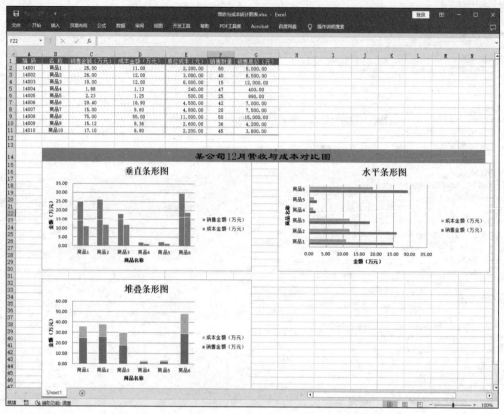

图 5-4 运行结果

参数说明如下。

- x、y：图表数据。
- mode：线条样式，包括线型、标记等，可用 "+" 相连。
- name：折线名，显示于图例。
- connectgaps：默认值为 False，当数据出现缺失时，折线会断裂；如果设为 True，则会将缺失值两端的点直接相连，使折线变得完整。

另外，ScatterChart 函数用来创建散点图，PieChart 函数用来创建饼图。

实例 63：绘制股价走势图

实例 63：绘制股价走势图

本实例根据图 5-5 所示的股票交易数据，使用 LineChart 函数绘制折线图，分析该股票一周的走势。

	A	B	C	D	E	F
1	星期	收盘价	开盘价	最高价	最低价	成交量
2	周一	5.10	4.50	7.60	2.40	35,000.00
3	周二	4.20	5.10	5.50	3.20	40,000.00
4	周三	7.50	4.20	7.80	6.70	21,500.00
5	周四	6.70	7.50	7.20	6.50	87,600.00
6	周五	5.80	6.70	7.50	5.60	10,890.00

图 5-5 原始数据

操作步骤如下。

（1）启动 PyCharm，打开项目 ch05，在项目中新建一个名为 stockLineChart.py 的 Python 文件。

（2）在 stockLineChart.py 的命令编辑窗口中编写如下程序：

```python
# /usr/bin/env python3
# -*- coding: UTF-8 -*-
# 导入openpyxl模块
import openpyxl as op
from openpyxl.chart import BarChart, Reference
from openpyxl.styles import Font, Alignment
from openpyxl.styles import PatternFill
# 加载工作簿
file = r'股价走势.xlsx'
wb = op.load_workbook(file)
# 获取表格
ws = wb.active
# 定义标题的字体和填充样式
font_style = Font(name='隶书', size=20)
fill_style = PatternFill(fill_type='solid', fgColor="42B5B8")
# 应用样式
ws['B8'].font = font_style
ws['B8'].fill = fill_style
ws['B8'].alignment = Alignment(horizontal='center')   # 标题居中显示
# 合并单元格
ws.merge_cells('B8:H8')
ws['B8'] = '某股票一周走势'     # 添加标题
# 创建折线图
chart0 = op.chart.LineChart()
# 引用工作表的绘图数据
data = Reference(ws, min_row=1, max_row=6, min_col=2, max_col=5)
# 添加被引用的数据到LineChart对象
chart0.add_data(data, titles_from_data=True)
# 添加x轴刻度
cats = Reference(ws, min_col=1, min_row=2, max_row=6)
chart0.set_categories(cats)
# 定义轴标签
chart0.x_axis.title = '星期'
chart0.y_axis.title = '价格（元）'
# 添加LineChart对象到工作表中，指定折线图的位置
ws.add_chart(chart0, "B9")
wb.save('股价走势折线图.xlsx')        # 保存文件
```

运行结果如图5-6所示。

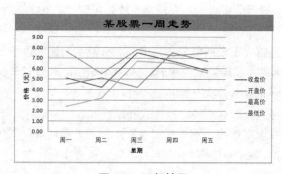

图5-6 运行结果

5.3 编制财务报表

财务报表是以会计账簿为主要依据，以货币为计量单位，全面、总括地反映会计个体在一定时期内财务状况、经营成果和理财过程的报告文件。财务报表是会计核算的最终成果，

一套完整的财务报表至少应包括资产负债表、利润表、现金流量表、所有者权益变动表以及财务报表附注。

就某一会计期间的经营过程整体而言，会计账簿所提供的会计信息不能集中地、简明扼要地反映企业经营过程的全貌。编制财务报表是指根据账簿记录，按照规定的表格形式，定期地对会计账簿进行归集、加工、汇总，为有关方面提供总括性的会计信息，是会计核算的专门方法之一，也是会计核算的最后一道环节。

企业编制财务报表的目标，是向财务报表使用者提供与企业财务状况、经营成果和现金流量等有关的会计信息，反映企业管理层受托责任的履行情况，有助于企业的所有者（即投资人）了解企业的财务状况和获利能力，以便评价企业的经营成果、做出正确的投资决策；有助于财政部门考核企业会计工作质量，以便评价企业内部财务会计制度的完善程度；有助于企业的经营管理人员总结经营管理的经验，分析企业资金利用情况、成本升降原因，发现经营过程中存在的问题，以便提出改进措施。因此，编制财务报表，对于企业的投资人、债权人、政府经济管理部门、企业上级主管部门和企业的经营管理人员，都具有十分重要的意义。

5.3.1 资产负债表

资产负债表也称财务状况表，是反映企业在某一时点（通常为各会计期末）的财务状况（即资产、负债和所有者权益的状况）的静态报表，是所有独立核算的企业、单位都必须对外报送的财务报表。其基本关系式为：

资产=负债+所有者权益

它利用会计平衡原则，将合乎会计原则的资产、负债、所有者权益交易科目分为"资产"和"负债及所有者权益"两大区块，在经过分录、转账、分类账、试算、调整等会计程序后，以特定日期的静态企业情况为基准，浓缩成一张报表。其报表功用除了企业内部除错、指示经营方向、防止弊端外，也可让所有阅读者在最短时间内了解企业经营状况。

就程序而言，资产负债表为簿记记账程序的末端，集合分录、过账及试算调整后的最后结果与报表。就性质而言，资产负债表则是表现企业或公司资产、负债与所有者权益的对比关系，确切反映企业或公司经营状况。

资产负债表一般有表首、正表两部分。其中，表首概括地说明报表名称、编制单位、编制日期、报表编号、货币名称（在未特别说明时，默认为人民币）、计量单位等；正表是资产负债表的主体，列示用以说明企业财务状况的各个项目。

资产负债表正表的格式一般有两种：报告式和账户式。

报告式资产负债表是上下结构，上半部列示资产，下半部列示负债和所有者权益。具体排列形式又有两种，一是按"资产=负债+所有者权益"的原理排列；二是按"资产−负债=所有者权益"的原理排列。

账户式资产负债表是左右结构，左边列示资产，右边列示负债和所有者权益。

不管采取什么格式，资产各项目的合计等于负债和所有者权益各项目的合计这一等式不变。账户式资产负债表如图5-7所示。

A	B	C	D	E	F	G	H
资 产 负 债 表							
							会01表
编制单位：				日期：			单位：元
资　　产	行次	年初数	期末数	负债和所有者权益	行次	年初数	期末数
流动资产：				流动负债：			
货币资金	1	1,301,000.00	1,366,700.00	短期借款	34		
短期投资	2			应付票据	35		
应收票据	3			应付账款	36	1,335,683.00	1,335,683.00
应收股利	4			预收账款	37		
应收利息	5			应付工资	38		
应收账款	6	25,000.00	25,000.00	应付福利费	39		
其他应收款	7	9,683.00	-20,317.00	应付股利	40		
预付账款	8			应交税金	41		8,500.00
应收补贴款	9			其他应交款	42		
存货	10			其他应付款	43		-450.00
待摊费用	11			预提费用	44		
一年内到期的长期债权投资	12			预计负债	45		
其他流动资产	13		29,550.00	一年内到期的长期负债	46		
流动资产合计	14	1,335,683.00	1,400,933.00	其他流动负债	47		
长期投资：				流动负债合计	48	1,335,683.00	1,343,733.00
长期股权投资	15			长期负债：			
长期债权投资	16			长期借款	49		
长期投资合计	17			应付债券	50		
其中：合并价差	18			长期应付款	51		
固定资产：				专项应付款	52		
固定资产原价	19		15,000.00	其他长期负债	53		
减：累计折旧	20			长期负债合计	54		
固定资产净值	21			递延税项：			
减：固定资产减值准备	22			递延税款贷项	55		
固定资产净额	23		15,000.00	负债合计	56	1,335,683.00	1,343,733.00
工程物资	24						
在建工程	25			少数股东权益	57		
固定资产清理	26			所有者权益：			
固定资产合计	27		15,000.00	实收资本	58		
无形资产及其他资产：				减：已归还投资			
无形资产	28			资本公积	59		
长期待摊费用	29			盈余公积	60		
其他长期资产	30			其中：法定公益金	61		
无形资产及其他资产合计	31			未确认的投资损失	62		
递延税项：				未分配利润	63		72,200.00
递延税款借项	32			外币报表折算差额	64		
				所有者权益合计	65	-	72,200.00
资产总计		1,335,683.00	1,415,933.00	负债和所有者权益总计	66	1,335,683.00	1,415,933.00
制表：			复核：		会计主管：		

图 5-7　账户式资产负债表示例

5.3.2 利润表

利润表也称为损益表或收益表，是反映企业在一定会计期间的经营成果及其分配情况的财务报表，是一段时间内企业经营成果的财务记录，反映了这段时间的销售收入、销售成本、经营费用及税收状况，报表结果为企业实现的利润或形成的亏损。

利润表是一种动态报表，根据"收入-费用=利润"的基本关系编制，可以为报表使用者提供做出合理的经济决策所需要的有关资料。当前国际上常用的利润表格式有单步式和多步式两种。单步式利润表是将当期所有收入列在一起、所有的费用列在一起，然后两者相减，一次计算出当期净损益的方式，其特点是所提供的信息都是原始数据，便于理解。多步式利润表是将当期的收入、费用、支出项目按性质加以归类，按利润形成的主要环节列示一些中间性利润指标，如营业利润、利润总额、净利润等，分步计算当期净损益，便于使用人对企业经营情况和盈利能力进行比较和分析。

我国企业会计制度规定，企业的利润表采用多步式利润表，如图 5-8 所示。多步式利润表主要按以下 4 步计算企业的利润（或亏损）。

（1）以主营业务收入为基础，减去主营业务成本和主营业务税金及附加，计算主营业务利润。

（2）以主营业务利润为基础，加上其他业务利润，减去销售费用、管理费用、财务费用等，计算出营业利润。

（3）以营业利润为基础，加上投资净现金流量（净收益）、补贴收入、营业外收入，减去营业外支出，计算出利润总额。

（4）以利润总额为基础，减去所得税，计算净利润（或净亏损）。

图 5-8　多步式利润表示例

5.3.3　现金流量表

现金流量是衡量企业经营状况是否良好、是否有足够的现金偿还债务、资产的变现能力等非常重要的指标。现金流量表也叫账务状况变动表，所表达的是企业在一个固定期间（通常是每月或每季）内，现金（包含现金等价物）流入和流出情况，可以对企业整体财务状况做出客观评价，对企业的支付能力以及企业对外部资金的需求情况做出较为可靠的判断，可以反映企业当前的财务状况，预测企业未来的发展情况。对于评价企业的实现利润、财务状况及财务管理，现金流量表比传统的利润表能提供更好的参考。

企业产生的现金流量分为以下 3 类。

1）经营活动产生的现金流量

经营活动是指企业投资活动和筹资活动以外的所有交易和事项。经营活动产生的现金流量主要包括销售商品、提供劳务、购买商品、接受劳务、支付工资和缴纳税款等流入和流出的现金和现金等价物。

2）投资活动产生的现金流量

投资活动是指企业长期资产的购建和不包括在现金等价物范围内的投资及其处置活动。投资活动产生的现金流量主要包括购建固定资产、处置子公司及其他营业单位等流入和流出的现金和现金等价物。

3）筹资活动产生的现金流量

筹资活动是指导致企业资本及债务规模和构成发生变化的活动。筹资活动产生的现金流量主要包括吸收投资、发行股票、分配利润、发行债券、偿还债务等流入和流出的现金和现金等价物。

> 🔍 **注意**
>
> 偿付应付账款、应付票据等商业应付款等属于经营活动，不属于筹资活动。

对于有国际业务的企业来说，现金流量还应包括汇率变动对现金的影响。如果要考核企业的经营实效，也就是说反映资产负债表和利润表反映不出来的现金流量，则应包括现金及现金等价物净增加额，即在现金流量表的三大部分（经营活动、投资活动、筹资活动）中的广义现金的增加额。

5.3 编制财务报表

> 🔍 **提示**
>
> 企业日常经营业务是影响现金流量的重要因素,但并不是所有的交易或事项都影响现金流量。以下两项因素不影响现金流量。
> (1)现金各项目之间的增减变动,例如从银行提取现金、用现金购买2个月到期的债券等。
> (2)非现金各项目之间的增减变动也不会影响现金流量净额的变动,例如用固定资产偿还债务、用材料对外投资等。

现金流量表主要是要反映出资产负债表中各个项目对现金流量的影响,并根据其用途划分为经营、投资及筹资这3个活动分类。其组成内容与资产负债表和利润表一致。现金流量表分为主表和附表(即补充资料)两大部分,如图5-9所示。

	A	B	C	D
1	现金流量表			
2	年度			会企03表
3	编制单位			单位:元
4	项目	行次	本年金额	上年金额
5	一、经营活动产生的现金流量:			
6	销售商品、提供劳务收到的现金	2	—	
7	收到的税费返还	3	—	
8	收到其他与经营活动有关的现金	4	—	
9	**经营活动现金流入小计**	5	—	
10	购买商品、接受劳务支付的现金	6		
11	支付给职工以及为职工支付的现金	7		
12	支付的各项税费	8		
13	支付其他与经营活动有关的现金	9		
14	**经营活动现金流出小计**	10	—	
15	经营活动产生的现金流量净额	11		
16	二、投资活动产生的现金流量:	12		
17	收回投资收到的现金	13		
18	取得投资收益收到的现金	14		
19	处置固定资产、无形资产和其他长期资产收回的现金净额	15		
20	处置子公司及其他营业单位收到的现金净额	16		
21	收到其他与投资活动有关的现金	17		
22	**投资活动现金流入小计**	18		
23	购建固定资产、无形资产和其他长期资产支付的现金	19		
24	投资支付的现金	20		
25	取得子公司及其他营业单位支付的现金净额	21		
26	支付其他与投资活动有关的现金	22		
27	**投资活动现金流出小计**	23		
28	投资活动产生的现金流量净额	24		
29	三、筹资活动产生的现金流量:	25		
30	吸收投资收到的现金	26		
31	取得借款收到的现金	27		
32	收到其他与筹资活动有关的现金	28		
33	**筹资活动现金流入小计**	29		
34	偿还债务支付的现金	30		
35	分配股利、利润或偿付利息支付的现金	31		
36	支付其他与筹资活动有关的现金	32		
37	**筹资活动现金流出小计**	33		
38	筹资活动产生的现金流量净额	34		
39	四、汇率变动对现金的影响	35		
40	五、现金及现金等价物净增加额	36		
41	补充资料	行次	本年金额	上年金额
42	1、现金及现金等价物净增加情况:	37		
43	期初现金及现金等价物余额	38		
44	期末现金及现金等价物余额	39		
45	现金及现金等价物净增加额	40		

图5-9 现金流量表示例

主表的各项目金额实际上就是每笔现金流入、流出的归属,而附表的各项目金额则是相应会计账户的当期发生额或期末与期初余额的差额。附表是现金流量表中不可或缺的一部分。一般情况下,附表项目可以直接取相应会计账户的发生额或余额。例如,现金流量表附表的"期初现金及现金等价物余额"=资产负债表的"货币资金"的"年初数";现金流量表附表的"期末现金及现金等价物余额"=资产负债表的"货币资金"的"期末数"。

5.4 财务比率分析

财务比率是为反映在同一张财务报表的不同项目之间、不同类别之间,或在两张不同财务报表的有关项目之间的相互关系所采用的比率。财务比率分析可以消除规模的影响,用来比较不同企业的收益与风险,从而帮助投资者和债权人做出决策。

在进行财务比率分析时,通常从偿债能力、营运能力和盈利能力这 3 个方面来衡量风险和收益的关系。

5.4.1 偿债能力

偿债能力反映企业偿还到期债务的能力,分为短期偿债能力和长期偿债能力。

1. 短期偿债能力

短期偿债能力是指企业偿还短期债务的能力。短期偿债能力不足,不仅会影响企业的资信,增加今后筹集资金的成本与难度,还可能使企业陷入财务危机,甚至破产。一般来说,企业应该以流动资产偿还流动负债,而不应变卖长期资产,所以用流动资产与流动负债的数量关系来衡量短期偿债能力。

短期偿债能力的评价指标有如下几个。

1)营运资金

营运资金是计算企业短期偿债能力的绝对指标,是企业在经营中可供运用、周转的流动资金净额。营运资金的计算公式为企业流动资产减流动负债后的净额,即:

$$营运资金 = 流动资产 - 流动负债$$

如果一项资产能迅速地转化为现金,那么它是流动资产;如果一项债务必须在近期偿还,那么它是流动负债。流动资产既可以用于偿还流动负债,也可以用于支付日常经营所需要的资金。

营运资金越多,说明不能偿还的风险越小。因此,营运资金的多少可以反映偿还短期债务的能力。但是,营运资金是流动资产与流动负债之差,是绝对数,营运资金应保持多少才算合理没有固定的标准,不同的行业,企业规模有很大的差别。如果企业之间规模相差很大,使用绝对数相比的意义就很有限。

在评价短期偿债能力时,如果营运资金>0,则与此相对应的流动资产是以长期负债和投资人权益的一定份额为资金来源的;如果营运资金=0,则占用在流动资产上的资金都是流动负债融资;如果营运资金<0,则流动负债融资由流动资产和固定资产等长期资产共同占用,偿债能力差。

2)流动比率

资产流动性也是测定公司偿债能力的一个因素。流动比率是流动资产与流动负债的比率,是衡量企业短期偿债能力的核心比率。其计算公式如下:

$$流动比率 = 流动资产 / 流动负债$$

流动比率是流动资产和流动负债的比率,是相对数,排除了企业规模不同的影响,更适合企业之间以及同一企业不同历史时期的比较。流动比率究竟为多少才算合适没有定律。流动比率高一般表明企业短期偿债能力较强,但如果过高,则会影响企业资金的使用效率和获利能力。一般认为合理的流动比率为2,企业偿还短期债务的能力较强;如果流动比率小于1,则是一个警告信号,企业有可能无法及时偿还即将到期的债务。

从一个短期债权人的角度来看,高流动比率是一个积极的标志,表明企业短期偿债能力较强。但对一个企业的股东或经营者来说,高流动比率则是一个消极的标志,表示企业的资产运用策略过于保守。为此,可以用速动比率和现金比率进行辅助分析。

3)速动比率

速动比率是速动资产与流动负债的比率,是一个更为保守的流动性衡量尺度,能衡量企业流动资产中可以立即变现用于偿还流动负债的能力。所谓速动资产,是企业的流动资产减去存货和待摊费用后的余额,它主要包括现金、短期投资、应收票据、应收账款及其他应收账款,可以在较短时间内变现。而流动资产中的存货及1年内到期的非流动资产不应计入。

由此可以看出,与流动比率不同的是,速动比率在流动资产中扣除了存货和待摊费用,这是因为存货在流动资产中变现速度较慢,有些存货可能滞销,无法变现;待摊费用根本不具有变现能力。当陷入困境时,企业及其债权人很难通过出售存货或减少待摊费用获取现金。因此,速动比率的计算公式如下:

$$速动比率=(流动资产-存货-待摊费用)/流动负债$$

一般认为合理的速动比率为1,表明企业有良好的债务偿还能力,其含义是每1元流动负债就有1元易于变现的流动资产来抵偿,短期偿债能力有可靠的保证。如果速动比率过低,企业的短期偿债风险较大;如果速动比率过高,企业在速动资产上占用资金过多,会增加企业投资的机会成本。这种评价标准并不绝对,在实际工作中,还应考虑到企业的行业性质。例如,商品零售行业,由于采用大量现金销售,几乎没有应收账款,速动比率通常远低于1,这也是合理的。而有些企业虽然速动比率大于1,但如果速动资产中大部分是应收账款,则不能说明企业的偿债能力强。所以,在评价速动比率时,还应分析应收账款的质量。

传统经验认为,衡量企业偿还短期债务能力的强弱,应该将流动比率和速动比率结合起来看,一般来说,流动比率<1且速动比率<0.5,表明资产流动性差;1.5<流动比率<2且0.75<速动比率<1,表明资金流动性一般;流动比率>2且速动比率>1,表明资产流动性好。

4)现金比率

现金比率是在企业因大量赊销而形成大量的应收账款时,考查企业的变现能力所运用的指标。现金比率是指企业现金类资产(包括随时可用于支付的货币资金和有价证券,不包括存货与应收款项)与流动负债的比率,其计算公式如下:

$$现金比率 = (货币资金+有价证券)/流动负债\times 100\%$$

现金比率只量度所有资产中相对于当前负债最具流动性的项目,是3个流动性比率中最保守的一个,反映企业在不依靠存货销售及应收账款的情况下,支付当前债务的能力。

现金比率越高,说明变现能力越强,企业即刻的偿债能力越强,因此也称为变现比率。一般认为现金比率维持在20%左右就可以保持对流动负债的支付能力。

现金比率将流动资产与货币资金和有价证券的市值联系起来,市值基于投资者对未来现金流的预期,可以真实地反映生产经营中债权人和股东的利害关系。但该比率忽视了展期的风险,有价证券的价值反复无常,如果债权人要求债务必须用现金偿还,而不是用未来现金流做承诺,用该比率制定融资政策或监控债务水平毫无意义。

2. 长期偿债能力

长期偿债能力是指企业偿还长期利息与本金的能力。一般来说,企业借长期负债主要是用于长期投资,因而最好是用投资产生的收益偿还利息与本金。分析企业的长期偿债能力的主要指标有资产负债率(负债比率)、已获利息倍数(利息保障倍数)、产权比率(负债权益比率)。

1)资产负债率

资产负债率是指负债总额与资产总额的百分比,反映在资产总额中有多大比例是通过借债筹资的,用以衡量企业利用债权人提供资金进行经营活动的能力,同时也反映债权人发放贷款的安全程度,又称财务杠杆。其计算公式如下:

$$资产负债率 = (负债总额 \div 资产总额) \times 100\%$$

在企业管理中,企业的资产负债率应在不发生偿债危机的情况下尽可能择高,但评价标准随分析角度和经济大环境的不同而不同。例如,从债权人的角度看,资产负债率越低越好,但资产负债率过低说明企业没有很好地利用其资金;对投资人或股东来说,资产负债率较高可能带来一定的好处。对企业来说,一般认为资产负债率的适宜水平是 55%~65%,但不同行业有差异。如果高于 70%则提示风险预警。如果资产负债率达到 100%或超过 100%,说明企业已经没有净资产或资不抵债,对于债权人来说风险非常大。

在利用资产负债率进行借入资本决策时,应充分估计预期利润和增加的风险,在二者之间权衡利弊得失。

2)已获利息倍数

已获利息倍数也称利息保障倍数,是指企业息税前利润总额与利息费用的比率。它用于考查企业的营业利润是否足以支付当年的利息费用,它从企业经营活动的获利能力方面分析其长期偿债能力。其计算公式如下:

$$已获利息倍数 = 息税前利润总额 / 利息费用$$

由于息税前利润总额为企业的净利润、企业支付的所得税和企业支付的利息费用之和,因此计算公式也可以为如下形式:

$$已获利息倍数 = (净利润 + 所得税 + 利息费用) / 利息费用$$

 注意

公式分子中的利息费用只包括财务费用中的利息支出,而分母中的利息费用则包括财务费用中的利息支出和资本化利息。

一般来说,这个比率越大,表明长期偿债能力越强。公认已获利息倍数为 3~4 比较安全,如果该比率小于 1,则表明企业无力赚取大于资金成本的利润,将面临亏损,企业财务风险较大。如果为负值则没有任何意义。

在利用这个比率时应该注意到,会计上采用权责发生制来核算收入和费用,本期的利息费用未必就是本期的实际利息支出,本期的实际利息支出也未必是本期的利息费用。同时,本期的息税前利润总额与本期经营活动所获得的现金也未必相等。因此在使用该比率时,应与企业的经营活动现金流量结合起来,最好比较本企业连续几年的该比率,并选择最低比率所在年度的数据作为标准。

3）产权比率

产权比率是在股份制企业中，负债总额与所有者权益总额的百分比，主要反映所有者权益对偿债风险的承受能力，是评估资金结构合理性的一种指标。其计算公式如下：

$$产权比率 = (负债总额 \div 所有者权益总额) \times 100\%$$

产权比率与资产负债率没有根本区别，只是表达方式不同。一般来说，产权比率越低，表明企业自有资本占总资产的比重越大，长期偿债能力越强，债权人承担的风险越小。产权比率高，是高风险、高报酬的财务结构；产权比率低，是低风险、低报酬的财务结构。

实例 64：某公司季频偿债能力分析

某公司近五年的资产负债表三季报如图 5-10 所示。本实例通过计算财务指标，对该公司 2022 年的偿债能力进行分析。

	A	B	C	D	E	F
1		2022/9/30	2021/9/30	2020/9/30	2019/9/30	2018/9/30
2	资产类科目	-	-	-	-	-
3	货币资金	30500.87	14976.72	13074.92	14456.87	40461.44
4	流动资产	53701.46	54419.14	54604.55	70163.61	105343.01
5	非流动资产	296342.34	246573.17	233840.1	188042.45	152338.34
6	总资产	350043.8	300992.3	288444.65	258206.05	257681.35
7	负债类科目	-	-	-	-	-
8	流动负债	57533.17	47091.59	47307.83	62439.73	75552.85
9	长期借款	108884.63	90666.98	86332.18	48229.61	32468.54
10	非流动负债	119059.71	92976.48	88497.02	50331.38	35629.74
11	总负债	176592.89	140068.07	135804.85	112771.11	111182.59
12	股东权益类科目	-	-	-	-	-
13	实收资本（或股本）	50000	50000	50000	50000	50000
14	未分配利润	44996.29	35089.77	28259.74	21054.89	22317.24
15	所有者权益	173450.91	160924.23	152639.79	145434.95	146498.77

图 5-10　某公司近五年的资产负债表三季报

操作步骤如下。

（1）启动 PyCharm，打开项目 ch05，在项目中加载 baostock 库和 pandas 库，然后新建一个名为 debtPayingAbility.py 的 Python 文件。

其中，baostock 库用于从证券宝平台获取证券数据信息。

（2）在 debtPayingAbility.py 的命令编辑窗口中编写如下程序：

```
# /usr/bin/env python3
# -*- coding: UTF-8 -*-
import openpyxl as op
from openpyxl.styles import Font, Color
from openpyxl.styles import PatternFill
import baostock as bs          # 导入baostock库
import pandas as pd
# 定义.xlsx文件路径和名称
file = '某公司近五年三季报.xlsx'
# 加载工作簿
excelPath = file
wb = op.load_workbook(file)
# 获取表格
```

```python
ws = wb.active
row = ws.max_row    # 计算最大行
column = ws.max_column    # 计算最大列
# 公式计算
ws['H{0}'.format(2)].value = "营运资金："
ws.cell(row=2, column=9).value = "=B4-B8"
ws['H{0}'.format(3)].value = "流动比率："
ws.cell(row=3, column=9).value = "=B4/B8"
ws['H{0}'.format(4)].value = "产权比率："
ws.cell(row=4, column=9).value = "=B11/B15"
ws['H{0}'.format(5)].value = "总负债同比增长率："
ws.cell(row=5, column=9).value = "=(B11-C11)/abs(C11)"
ws['H{0}'.format(6)].value = "资产负债率："
ws.cell(row=6, column=9).value = "=B11/B6"
ws['H{0}'.format(7)].value = "权益乘数："
ws.cell(row=7, column=9).value = "=1/(1-I6)"
# 定义单元格字体样式
font_style = Font(name='宋体', size=12, bold=True, color=Color(indexed=5))
fill_style = PatternFill(fill_type='solid',
fgColor="42B5B8")
# 应用自定义样式
for i in range(2, 8):
    ws.cell(row=i, column=8).font = font_style
    ws.cell(row=i, column=8).fill = fill_style
# 导出为 Excel 文件
wb.save('偿债能力比率.xlsx')

# 爬取该公司财务报表，验证计算结果
# 登录系统
lg = bs.login(user_id="anonymous", password="123456")
# 返回登录信息
print('login respond error_code:'+lg.error_code)
print('login respond  error_msg:'+lg.error_msg)
# 初始化获取的数据对象
balance_list = []
# 获取季频偿债能力信息
# 参数 code 为股票代码，即 sh（上海）或 sz（深圳）.+6 位数字代码
# 或者指数代码，不可为空
# year 为统计年份，为空时默认为当前年
# quarter 为要统计的季度，取值为 1、2、3、4，为空时默认当前季度
# 返回 pandas 的 DataFrame 对象
rs_balance = bs.query_balance_data(code="sh.603105",
year=2022, quarter=3)
# 将获取的数据写入列表
while (rs_balance.error_code == '0') & rs_balance.next():
    balance_list.append(rs_balance.get_row_data())
# 使用列表创建 DataFrame 对象
result_balance = pd.DataFrame(balance_list,
columns=rs_balance.fields)
# 转换行列，输出
print(result_balance.T)
# 结果集输出到 CSV 文件
result_balance.to_excel("验证偿债能力比率.xlsx")
# 退出系统
bs.logout()
```

证券宝是一个免费、开源的证券数据平台，提供大量准确、完整的证券历史行情数据、上市公司财务数据等。用户无须注册，就可通过 Python API 获取证券数据信息。

函数 bs.query_balance_data 通过 baostock 库的 API 获取季频偿债能力信息。返回的结果中，参数说明如表 5-3 所示。

表 5-3　　返回参数说明

参数	说明	参数	说明
code	证券代码	pubDate	财务报表发布日期
statDate	财务报表统计季度的最后一天	currentRatio	流动比率
quickRatio	速动比率	cashRatio	现金比率
YOYLiability	总负债同比增长率	liabilityToAsset	资产负债率
assetToEquity	权益乘数，资产总额/股东权益总额=1/(1-资产负债率)		

（3）运行程序，运行结果如图 5-11 所示。

（4）打开导出的结果文件"偿债能力比率.xlsx"，可以看到计算结果如图 5-12 所示。

图 5-11　运行结果

图 5-12　计算结果

从计算结果可以看到，营运资金为负值（-3831.71），表明该公司经营用的流动资产全部由流动负债来提供，部分非流动资产也由流动负债提供，资金策略相对来说较为激进，风险较大，偿债能力差。此外，流动比率小于 1，也是一个警告信号，企业有可能无法及时偿还即将到期的债务。

5.4.2　营运能力

营运能力以企业各项资产的周转速度来衡量企业资产利用的效率，也就是指企业的经营运行能力，或企业运用各项资产赚取利润的能力。周转速度越快，表明企业的各项资产进入生产、销售等环节的速度越快，那么其形成收入和利润的周期就越短，经营效率自然就越高。

短期营运能力的评价指标主要有存货周转率、应收账款周转率和营业周期。

1）存货周转率

存货周转率也称存货周转次数，是企业一定时期内的主营业务成本与存货平均余额的比率。它反映企业存货转化为销售成本的速度，是衡量企业生产经营中存货营运效率的一项综合性指标。相关计算公式如下：

存货周转率（次）=主营业务成本÷存货平均余额

存货平均余额=（存货年初数+存货年末数）÷2

存货周转天数=360÷存货周转率

存货周转速度快慢，不仅反映出企业采购、生产、销售等各环节管理工作状况的好坏，而且对企业的偿债能力及获利能力产生决定性的影响。一般来说，存货周转率越高越好，在存货占用水平一定的条件下，存货周转率越高，表明存货变现的速度越快、周转额越大、资金占用水平越低。

存货周转率还可以衡量存货的储存是否适当。存货占用水平低，存货积压的风险就越小，企业的变现能力越好、资金使用效率越高。但是在存货周转率分析中，应注意剔除存货计价方法不同所产生的影响。

2）应收账款周转率

应收账款周转率也称应收账款周转次数，是一定时期内商品或产品主营业务收入净额与平均应收账款余额的比率，是反映应收账款周转速度的一项指标。应收账款周转率有两种表示方式，一种是应收账款在一定时期（通常为一年）内的周转次数，另一种是应收账款的周转天数，其计算公式如下：

应收账款周转率（次）=主营业务收入净额÷平均应收账款余额

主营业务收入净额=主营业务收入-销售折让与折扣

平均应收账款余额=（应收账款年初数+应收账款年末数）÷2

应收账款周转天数=360÷应收账款周转率

应收账款包括"应收账款净额"和"应收票据"等全部赊销账款。应收账款净额是指扣除坏账准备后的余额，应收票据如果已向银行办理了贴现手续，则不应包括在应收账款内。

应收账款周转率的高低反映了企业应收账款变现速度的快慢及管理效率的高低，分析应收账款周转率应结合企业的经营策略、信用策略、账龄、坏账损失的估计比例。应收账款周转率越高，表明收账迅速，账龄较短；资产流动性强，短期偿债能力强；可以减少收账费用和坏账损失，从而相对增加企业流动资产的投资收益。此外，在评价一个企业应收账款周转率是否合理时，应与同行业的平均水平相比较而定。

3）营业周期

营业周期是指取得的存货变现需要的天数。其计算公式如下：

营业周期=存货周转天数+应收账款周转天数

营业周期是决定企业流动资产需要量的重要因素。营业周期短，说明存货周转天数和应收账款周转天数比较少，相对应的存货周转率和应收账款周转率就比较高，资金周转速度快。

评价长期营运能力的指标主要有流动资产周转率、固定资产周转率和总资产周转率。

1）流动资产周转率

流动资产周转率指企业一定时期内主营业务收入净额与平均流动资产总额的比率，是从流动资产角度对企业资产利用效率进行分析的一个重要指标。流动资产周转率有两种表示方式，一种是一定时期内流动资产的周转次数，另一种是流动资产周转一次所需要的天数，其计算公式如下：

流动资产周转率（次）=主营业务收入净额 /平均流动资产总额

流动资产周转天数 = 平均流动资产总额×计算期天数 /主营业务收入净额

在一定时期内，流动资产周转次数越多，表明以相同的流动资产完成的周转额越多，流动资产利用的效果越好。流动资产周转率用周转天数表示时，周转一次所需要的天数越少，表明流动资产在经历生产和销售各阶段占用的时间越短、周转越快。按天数表示的流动资产周转率能更直接地反映生产经营状况的改善，便于比较不同时期的流动资产周转率，应用较为普遍。

2）固定资产周转率

固定资产周转率也称为固定资产利用率，是企业销售收入净额与固定资产平均净值的比率，表示在一个会计年度内，固定资产周转的次数，或表示每1元固定资产支持的销售收入。

固定资产周转率有以下3种常用的表示方式，其计算公式如下：

固定资产周转率= 销售收入净额 / 固定资产平均净值

固定资产周转天数 = 360÷固定资产周转率

固定资产与收入比 = 固定资产平均净值/销售收入净额

其中，固定资产平均净值=(期初净值+期末净值)/2。固定资产周转率高，周转天数少，说明固定资产投资得当、结构合理、利用率高。

在这里要提请读者注意的是，运用固定资产周转率时，由于这一指标的分母采用了固定资产平均净值，因此分析该指标时要考虑固定资产净值因计提折旧而逐年减少、因更新重置而突然增加的影响。在不同企业间进行分析比较时，还要考虑采用不同折旧方法对固定资产净值的影响。如果固定资产净值过低，或针对劳动密集型企业，这一指标可能意义不大。

3）总资产周转率

总资产周转率是企业一定时期的营业收入净额与总资产平均值的比率。这一指标可用来分析企业全部资产的使用效率。这一比率有以下两种表示方式，其计算公式如下：

总资产周转率（次）= 营业收入净额 / 总资产平均值

总资产周转天数 =360 / 总资产周转率

使用这一指标分析、评价资产使用效率时，还要结合销售利润一起分析。如果总资产周转率较高，说明企业利用全部资产进行经营的效率较高，资产投资的效益较好。

上述的这些周转率指标的分子、分母分别来自资产负债表和利润表，而资产负债表数据是某一时点的静态数据，利润表数据则是整个报告期的动态数据，所以为了使分子、分母在时间上具有一致性，就必须将取自资产负债表上的数据折算成整个报告期的平均值。

实例 65：计算某公司季频营运能力指标

某公司的利润表和资产负债表分别如图 5-13、图 5-14 所示（相关数据保存在"利润表三季报.xlsx"文件中）。本实例通过计算财务指标，对该公司 2022 年前三个季度的营运能力进行分析。

实例 65：计算某公司季频营运能力指标

	A	B	C	D	E	F	G	H	I	J
1				营业总收入		营业总支出			营业利润	利润总额(万元)
2	报告期	扣非归母净利润(万元)	营业总收入(万元)	营业支出(万元)	销售费用(万元)	管理费用(万元)	财务费用(万元)	营业总支出(万元)	营业总利润(万元)	
3										
4	2022/9/30	16081.36	51851.38	21500	89.85	3943	5641	32850.59	16309.13	18179.72
5	2022/6/30	8025.46	29426.08	13100	31.59	2283	3811	19773.05	8969.92	6925
6	2022/3/31	1073.94	11569.28	6601	20.84	1105	1969	10136.75	1249.16	1247.46
7	2021/12/31	11001.13	44513.1	20100	59.6	5631	7336	34428.03	12571.04	12792.61

图 5-13 利润表

	A	B	C	D	E	F	G	H	I	J	K
1	报告期	总资产(万元)	固定资产(万元)	货币资金(万元)	应收账款(万元)	存货(万元)	总负债(万元)	应付账款(万元)	预收账款(万元)	股东权益合计(万元)	资产负债率
2											
3	2022/9/30	350043.8	262500	30500.87	13000	3440	176592.89	6763	4.92	173450.91	50.45
4	2022/6/30	340861.37	252500	30143.1	11400	3360	175466.35	7521	1.95	165395.01	51.48
5	2022/3/31	344191.89	244400	30777.08	8466	9472	182248.4	4914	6.46	161943.49	52.95
6	2021/12/31	313966.18	241400	11318.28	6120	3547	153096.63	5632	15.87	160889.55	48.76

图 5-14 资产负债表

操作步骤如下。

（1）启动 PyCharm，打开项目 ch05，在项目中新建一个名为 operatingCapacity.py 的 Python 文件。

（2）在 operatingCapacity.py 的命令编辑窗口中编写如下程序：

```
# /usr/bin/env python3
# -*- coding: UTF-8 -*-
import openpyxl as op
from openpyxl.styles import Font, Color
from openpyxl.styles import PatternFill
```

```python
import baostock as bs          # 导入baostock库
import pandas as pd
# 定义.xlsx文件路径和名称
file = '利润表三季报.xlsx'
# 加载工作簿
excelPath = file
wb = op.load_workbook(file)
# 根据表名获取表格
ws1 = wb["利润表"]
ws2 = wb["资产负债表"]
row = ws1.max_row      # 计算最大行
column = ws1.max_column    # 计算最大列
# 公式计算存货周转率和周转天数
ws1['A{0}'.format(row+2)].value = "存货周转率(次):"
chje = (ws2['F3'].value + ws2['F6'].value)/2        # 存货
chzzl = ws1['D5'].value/chje          # 存货周转率
ws1.cell(row=row+2, column=2).value = chzzl
ws1['A{0}'.format(row+3)].value = "存货周转天数(天):"
ws1.cell(row=row+3, column=2).value = 270/chzzl
# 公式计算应收账款周转率和周转天数
ws1['A{0}'.format(row+4)].value = "应收账款周转率(次):"
yszk = (ws2['E3'].value + ws2['E6'].value)/2        # 应收账款
yszkzzl = ws1['C5'].value/yszk    # 应收账款周转率
ws1.cell(row=row+4, column=2).value = yszkzzl
ws1['A{0}'.format(row+5)].value = "应收账款周转天数(天):"
ws1.cell(row=row+5, column=2).value = 270/yszkzzl
# 公式计算总资产周转率
ws1['A{0}'.format(row+6)].value = "总资产周转率:"
zcze = (ws2['B3'].value + ws2['B6'].value)/2        # 总资产
ws1.cell(row=row+6, column=2).value = ws1['C5'].value/zcze
# 定义单元格字体样式
font_style = Font(name='宋体', size=12, bold=True, color=Color(indexed=5))
fill_style = PatternFill(fill_type='solid', fgColor="42B5B8")
# 应用自定义样式
for i in range(2, 7):
    ws1.cell(row=row+i, column=1).font = font_style
    ws1.cell(row=row+i, column=1).fill = fill_style
# 导出为Excel文件
wb.save('营运能力比率.xlsx')

# 爬取该公司财务报表验证计算结果
# 登录系统
lg = bs.login(user_id="anonymous", password="123456")
# 返回登录信息
print('login respond error_code:'+lg.error_code)
print('login respond  error_msg:'+lg.error_msg)
# 初始化获取的数据对象
operation_list = []
# 获取季频营运能力信息
# 参数code为股票代码,取值为sh(上海)或sz(深圳).+6位数字代码
# 或者指数代码,不可为空
# year为统计年份,为空时默认为当前年
# quarter为要统计的季度,取值为1、2、3、4,为空时默认为当前季度
# 返回pandas的DataFrame对象
rs_operation = bs.query_operation_data(code="sh.603105",
                                       year=2022, quarter=3)
# 将获取的数据写入列表
while (rs_operation.error_code == '0') & rs_operation.next():
    operation_list.append(rs_operation.get_row_data())
# 使用列表创建DataFrame对象
result = pd.DataFrame(operation_list, columns=rs_operation.fields)
# 转换行、列,输出
print(result.T)
# 结果集输出到CSV文件
```

```
result.to_excel("验证营运能力比率.xlsx")
# 退出系统
bs.logout()
```

函数 bs.query_operation_data 用于获取季频营运能力信息，返回的结果中，参数说明如表 5-4 所示。

表 5-4　　　　　　　　　　返回参数说明

参数	说明	参数	说明
code	证券代码	pubDate	财务报表发布日期
statDate	财务报表统计季度的最后一天	NRTurnRatio	应收账款周转率（次）
NRTurnDays	应收账款周转天数（天）	INVTurnRatio	存货周转率（次）
INVTurnDays	存货周转天数（天）	CATurnRatio	流动资产周转率（次）
AssetTurnRatio	总资产周转率		

（3）运行程序，在控制台中可以看到图 5-15 所示的运行结果。

（4）打开保存的文件"营运能力比率.xlsx"，可以看到计算结果如图 5-16 所示。

图 5-15　运行结果

图 5-16　计算结果

 说明

由于本例利润表中的营业支出，资产负债表中的存货、应收账款在对该公司原始财务报表进行处理时，将单位由"元"转换为"万元"时进行了舍入，因此，计算得出的存货周转率（次）、存货周转天数（天）、应收账款周转率（次）以及应收账款周转天数（天）与图 5-15 中的实际结果略有出入。

5.4.3　盈利能力

盈利能力反映企业获利的能力。通过对盈利能力的分析，可以对利润率进行深层次分析，发现经营管理环节中的问题。

对企业盈利能力的分析主要指对利润率的分析。实务中，与投资有关的盈利能力分析主要是对总资产报酬率、净资产收益率指标进行分析与评价。与销售有关的盈利能力分析包括收入利润率分析和成本利润率分析。上市公司盈利能力分析即对每股收益、普通股权益报酬率、股利发放率以及价格与收益比率等指标进行分析。企业盈利能力分析的数据来源主要是定期编制的利润表及相关资料。

下面简要介绍一下分析盈利能力的几个基本指标及其计算公式。

1）营业利润率

营业利润是指销售毛利润与营业费用之间的差额。营业利润率是指经营所得的营业利润占销售收入的百分比，或占投入资本额的百分比。这种百分比能综合反映一个企业或一个行业的营业效率。其计算公式如下：

营业利润率 =营业利润 ÷销售收入×100%=(净利润+所得税+利息费用)÷销售收入×100%

营业利润率在各个行业以及同一行业的各个企业之间差异很大，并且不是所有的企业每年都能得到利润。

2）销售毛利率

销售毛利率是销售毛利（销售收入与营业成本的差额）占销售收入的百分比。销售毛利率指标反映了产品或商品销售的初始获利能力，该指标越高，表示取得同样销售收入的销售成本越低，从而销售利润越高。销售毛利率的计算公式如下：

销售毛利率=[（销售收入−营业成本）÷销售收入]×100%

3）销售净利率

销售净利率是企业的净利润占销售收入的百分比。销售净利率指标反映了每一元销售收入给企业带来的利润。该指标越大，说明企业经营活动的盈利水平越高。销售净利率计算公式如下：

销售净利率=（净利润÷销售收入）×100%

4）总资产报酬率

总资产报酬率又称总资产收益率，是企业从投资规模角度分析盈利水平的一类财务指标。它常见的表达方式有：一是企业息税前利润占总资产平均余额的百分比；二是净利润占总资产平均余额的百分比，它们均反映企业资产的综合利用效果。总资产报酬率越高，表明企业资产利用的效率越高、盈利能力越强。其计算公式如下：

总资产报酬率=（净利润÷总资产平均余额）×100%

5）每股收益

每股收益又称每股税后利润、每股盈余，指税后利润与股本总数的比率，用于衡量企业每股投资所产生的净利润，是评价企业经营成果的常用指标，可用于不同规模企业的相互比较。每股收益指标计算公式如下：

每股收益=税后利润/股本总数

平常所说的每股收益不包括优先股的收益，指的是基本每股的收益。其中，税后利润=企业的净利润−优先股股利，这里的税后利润不包括属于优先股股东的利润分红，只包括普通股股东的利润分红。而股本总数是指加权平均值，属于普通股东股本数量的加权平均值。

6）净资产收益率

净资产收益率，亦称所有者权益收益率或股东权益收益率，它是净利润占净资产平均余额的百分比。净资产收益率是从企业所有者角度分析企业盈利水平一类指标，该指标越高，说明企业所有者投资带来的收益越高，该指标是上市公司必须公开披露的重要信息之一，也是企业综合分析的起点。净资产收益率的计算公式如下：

净资产收益率=（净利润÷净资产平均余额）×100%

- 有形净值债务率

有形净值债务率是企业负债总额与有形净值的百分比，有形净值是所有者权益总额减去无形资产总额后的净值，即所有者具有所有权的有形资产的净值。有形净值债务率的计算公式如下：

有形净值债务率=负债总额/（所有者权益总额−无形资产总额）

- 权益报酬率

权益报酬率，也称净资产收益率或所有者权益报酬率，是企业在一定时期的净利润与所有者权益平均总额（即权益平均值）的比率。其计算公式如下：

$$权益报酬率=净利润/权益平均值$$

上述指标中，营业利润率、销售毛利率和销售净利率分别说明企业生产（或销售）过程、经营活动和企业整体的盈利能力，其越高则获利能力越强；总资产报酬率反映股东和债权人共同投入资金的盈利能力；权益报酬率则反映股东投入资金的盈利状况；净资产收益率反映股东权益的收益水平。衡量上述指标是高还是低，一般要通过与同行业其他企业的水平相比较才能得出结论。

偿债能力、营运能力和盈利能力这3个方面是相互关联的。例如，盈利能力会影响短期和长期的效益，而营运能力的水平又会影响盈利能力。因此，财务比率分析需要综合应用上述比率。

在使用财务比率分析财务业绩时，应结合一个企业的管理制度及经济环境进行分析，并且与某种标准进行比较，从而获得对企业经营状况及财务状况的深刻认识。如果期望单纯地使用一个或多个比率分析来洞察一个复杂的现代化企业的财务状况是不明智的。此外，读者需要注意的是，一个比率没有唯一正确的值。一个特定比率的值偏高、偏低或者正好，完全取决于对企业的深刻分析及选用的竞争战略是否对企业最优。

实例66：计算某公司季频盈利能力指标

某公司的利润表和资产负债表如图5-13、图5-14所示（相关数据保存在"利润表三季报.xlsx"文件中）。本实例通过计算财务指标，对该公司2022年前三个季度的盈利能力进行分析。

操作步骤如下。

（1）启动PyCharm，打开项目ch05，在项目中新建一个名为profitAbility.py的Python文件。

（2）在profitAbility.py的命令编辑窗口中编写如下程序：

```python
# /usr/bin/env python3
# -*- coding: UTF-8 -*-
import baostock as bs
import pandas as pd
import openpyxl as op
from openpyxl.styles import Font, Color
from openpyxl.styles import PatternFill
# 定义.xlsx文件路径和名称
file = '利润表三季报.xlsx'
# 加载工作簿
excelPath = file
wb = op.load_workbook(file)
# 根据表名获取表格
ws1 = wb["利润表"]
ws2 = wb["资产负债表"]
row = ws1.max_row    # 计算最大行
# 公式计算净资产收益率
ws1['A{0}'.format(row+2)].value = "净资产收益率："
gdqy = (ws2['J3'].value + ws2['J6'].value)/2        # 归属母公司股东的权益
jzc = ws1['B5'].value/gdqy           # 净资产收益率
ws1.cell(row=row+2, column=2).value = jzc
# 公式计算销售净利率
ws1['A{0}'.format(row+3)].value = "销售净利率："
ws1.cell(row=row+3, column=2).value = "=B5/C5"
# 公式计算销售毛利率
ws1['A{0}'.format(row+4)].value = "销售毛利率："
ws1.cell(row=row+4, column=2).value = "=(C5-D5)/C5"
# 获取净利润
ws1['A{0}'.format(row+5)].value = "净利润（万元）："
```

第5章 财务报表分析

```python
ws1.cell(row=row+5, column=2).value = "=B5"
# 定义单元格字体样式
font_style = Font(name='宋体', size=12, bold=True, color=Color(indexed=5))
fill_style = PatternFill(fill_type='solid', fgColor="42B5B8")
# 应用自定义样式
for i in range(2, 6):
    ws1.cell(row=row+i, column=1).font = font_style
    ws1.cell(row=row+i, column=1).fill = fill_style
# 导出为 Excel 文件
wb.save('盈利能力比率.xlsx')
# 登录系统
lg = bs.login()
# 显示登录返回信息
print('login respond error_code:'+lg.error_code)
print('login respond  error_msg:'+lg.error_msg)

# 查询季频盈利能力指标
profit_list = []
rs_profit = bs.query_profit_data(code="sh.603105",
                                 year=2022, quarter=3)
while (rs_profit.error_code == '0') & rs_profit.next():
    profit_list.append(rs_profit.get_row_data())
result_profit = pd.DataFrame(profit_list, columns=rs_profit.fields)
# 输出
print(result_profit.T)
# 结果集输出到 CSV 文件
result_profit.to_csv("盈利指标.csv", encoding="gbk", index=False)
# 退出系统
bs.logout()
```

函数 bs.query_profit_data 用于获取季频盈利能力信息，返回的结果中，参数说明如表5-5所示。

表5-5　　　　　　　　　　返回参数说明

参数	说明	参数	说明
code	证券代码	pubDate	财务报表发布日期
statDate	财务报表统计季度的最后一天	roeAvg	净资产收益率（%）
npMargin	销售净利率（%）	gpMargin	销售毛利率（%）
netProfit	净利润（元）	epsTTM	每股收益
MBRevenue	主营业务收入（元）	totalShare	股本总数
liqaShare	流通股本		

（3）运行程序，在控制台中可以看到图5-17所示的运行结果。

（4）打开保存的文件"盈利能力比率.xlsx"，可以看到计算结果如图5-18所示。

图5-17　运行结果　　　　　　　　　　图5-18　计算结果

> **说明**
>
> 由于本例利润表中的营业支出在对该公司原始财务报表进行处理时，将单位由"元"转换为"万元"时进行了舍入，因此，图 5-18 中计算得出的结果与图 5-17 中的实际结果略有出入。图 5-17 中 netProfit 为 160813580.560000（其单位为元），与图 5-18 中净利润（万元）为 16081.36 相一致。图 5-17 中 MBRevenue 参数返回为空，这是因为主营业务收入一般在三季度末不公布，如在上述程序将 bs.query_profit_data() 函数的参数 quarter 设为 4（即统计季度为四季度），即可返回 MBRevenue 参数的具体数值，读者可以自行尝试。

5.5 根据财务报表计算财务比率

5.5 根据财务报表计算财务比率

进行财务分析时，计算财务指标的数据来源主要有以下几个方面：从资产负债表中，如现金比率；从利润表中计算得到，如营业利润率；同时来源于资产负债表和利润表，如应收账款周转率；部分来源于企业的账簿记录，如利息支付能力。

本节根据图 5-19 所示的资产负债表和图 5-20 所示的利润表编制财务比率表，计算财务比率并分析。

图 5-19 资产负债表

图 5-20 利润表

5.5.1 读取财务报表

（1）启动 PyCharm，打开项目 ch05，在项目中新建一个名为 financialRatio.py 的 Python 文件。

（2）在 financialRatio.py 的命令编辑窗口中编写如下程序，读取资产负债表数据和利润表数据。

```
# /usr/bin/env python3
# -*- coding: UTF-8 -*-
import openpyxl as op
from openpyxl.styles import Font, Border
from openpyxl.styles import Alignment, Side
```

```python
# 定义.xlsx文件路径和名称
file = '财务报表.xlsx'
# 加载工作簿
excelPath = file
wb = op.load_workbook(file)
# 根据表名获取表格
ws1 = wb["资产负债表"]
ws2 = wb["利润表"]
# 另存为Excel文件
wb.save('财务比率表.xlsx')
```

5.5.2 编制财务比率表

（1）在"财务比率表.xlsx"文件中新建工作表，命名为"财务比率"。然后定义表格数据，程序如下所示。

```python
# 新建一个工作表
sheet03 = wb.create_sheet("财务比率")
# 定义数据
data = ['编制单位：', '分析项目', '变现能力比率：', '流动比率',
        '速动比率', '资产管理比率：', '营业周期', '存货周转率',
        '存货周转天数', '应收账款周转率', '应收账款周转天数',
        '流动资产周转率', '总资产周转率', '负债比率：', '资产负债率',
        '产权比率', '有形净值债务率', '已获利息倍数', '盈利能力比率：',
        '销售净利率', '销售毛利率', '总资产报酬率', '权益报酬率']
# 设置数据左对齐
alig = Alignment(indent=1, horizontal='left')
# 单元格赋值
for i in range(1, len(data)+1):
    sheet03.cell(row=i, column=2).value = data[i - 1]
    sheet03.cell(row=i, column=2).alignment = alig
sheet03.cell(2, 3, '2021年')
# 插入表格标题
sheet03.insert_rows(1)   # 在第一行上方插入空行
sheet03['B1'] = '财务比率分析'
```

（2）设置表格和单元格文本样式，程序如下所示。

```python
# 设置列宽
sheet03.column_dimensions['A'].width = 2
sheet03.column_dimensions['B'].width = 30
sheet03.column_dimensions['C'].width = 30
# 设置第一行文本格式
font = Font(name='幼圆', size=20, bold=True)
sheet03['B1'].font = font    # 设置标题字体
sheet03['B1'].alignment = Alignment(horizontal='center')   # 标题居中
# 合并单元格
sheet03.merge_cells('B1:C1')
# 设置文本字号
rows = sheet03.max_row   # 计算最大行
font2 = Font(name='宋体', size=10)
for i in range(2, rows + 1):
    for j in [2, 3]:
        row = sheet03.cell(i, j)
        row.font = font2
# 设置对齐格式
sheet03['C3'].alignment = Alignment(horizontal='right')   # 日期右对齐
# 设置单元格缩进
for i in [2, 3, 4, 7, 15, 20]:
    row = sheet03.cell(i, 2)
    row.font = Font(size=10, bold=True)
    row.alignment = Alignment(indent=0, horizontal='left')
```

```
# 设置表格边框
border1 = Border(left=Side(border_style='double', color="4BAAEB"))
border2 = Border(right=Side(border_style='double', color="4BAAEB"))
border3 = Border(top=Side(border_style='double', color="4BAAEB"))
border4 = Border(bottom=Side(border_style='double', color="4BAAEB"))
# 设置左侧边框
for i in range(1, rows + 1):
    col = sheet03.cell(row=i, column=2)
    col.border = border1
# 设置右侧边框
for i in range(1, rows + 1):
    col = sheet03.cell(row=i, column=3)
    col.border = border2
# 设置上方边框
columns = sheet03.max_column        # 计算最大列
for i in range(2, columns + 1):
    row = sheet03.cell(row=1, column=i)
    row.border = border4
# 设置下方边框
for i in range(2, columns + 1):
    row = sheet03.cell(row=25, column=i)
    row.border = border3
wb.save('财务比率表.xlsx')
```

运行程序后，打开保存的"财务比率表.xlsx"，可以看到读取的资产负债表、利润表的数据，以及新建的财务比率表，如图 5-21 所示。

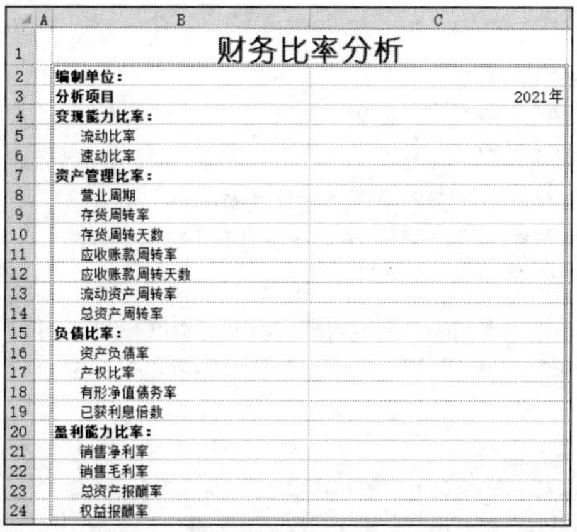

	A	B	C
1		财务比率分析	
2		编制单位：	
3		分析项目	2021年
4		变现能力比率：	
5		流动比率	
6		速动比率	
7		资产管理比率：	
8		营业周期	
9		存货周转率	
10		存货周转天数	
11		应收账款周转率	
12		应收账款周转天数	
13		流动资产周转率	
14		总资产周转率	
15		负债比率：	
16		资产负债率	
17		产权比率	
18		有形净值债务率	
19		已获利息倍数	
20		盈利能力比率：	
21		销售净利率	
22		销售毛利率	
23		总资产报酬率	
24		权益报酬率	

图 5-21 财务比率表

5.5.3 计算财务比率

（1）编写如下程序，计算各项财务比率。

```
# 加载工作簿
wb = op.load_workbook('财务比率表.xlsx')
# 根据表名获取表格
ws3 = wb["财务比率"]
# 计算流动比率
# 流动比率 = 流动资产 / 流动负债
currentRatio = ws1["E10"].value/ws1["I9"].value
ws3["C5"].value = round(currentRatio, 2)          # 保留两位小数
# 计算速动比率
# 速动比率=(流动资产-存货-待摊费用)/ 流动负债
quickRatio = (ws1["E10"].value-ws1["E9"].value)/ws1["I10"].value
ws3["C6"].value = round(quickRatio, 2)
```

```python
# 计算营业周期
# 营业周期=存货周转天数+应收账款周转天数
ws3["C8"].value = "=C10+C12"
# 计算存货周转率
# 存货周转率 = 主营业务成本 / 存货平均余额
ITRatio = ws2["E5"].value*2/(ws1["D9"].value+ws1["E9"].value)
ws3["C9"].value = round(ITRatio, 2)
# 计算存货周转天数
# 存货周转天数 = 360 / 存货周转率
ws3["C10"].value = math.ceil(360/ITRatio)    # 向上取整
# 计算应收账款周转率
# 应收账款周转率 = 主营业务收入净额 / 平均应收账款余额
RTRatio = ws2["E4"].value*2/(ws1["D6"].value+ws1["E6"].value)
ws3["C11"].value = round(RTRatio, 2)
# 计算应收账款周转天数
# 应收账款周转天数 = 360 / 应收账款周转率
ws3["C12"].value = math.ceil(360/RTRatio)
# 计算流动资产周转率
# 流动资产周转率 = 主营业务收入净额 /平均流动资产总额
CATRatio = ws2["E4"].value*2/(ws1["D10"].value+ws1["E10"].value)
ws3["C13"].value = round(CATRatio, 2)
# 计算总资产周转率
# 总资产周转率 = 营业收入净额 /总资产平均值
TATRatio = ws2["E4"].value*2/(ws1["D19"].value+ws1["E19"].value)
ws3["C14"].value = round(TATRatio, 2)
# 计算资产负债率
# 资产负债率=(负载总额÷资产总额)×100%
ALRatio = ws1["I10"].value/ws1["E19"].value
ws3["C16"].value = format(ALRatio, '.2%')
# 计算产权比率
# 产权比率=(负债总额/所有者权益总额)×100%
ERatio = ws1["I10"].value/ws1["I16"].value
ws3["C17"].value = format(ERatio, '.2%')
# 计算有形净值债务率
# 有形净值债务率=负债总额 / (所有者权益总额 – 无形资产总额)
DTARatio = ws1["I10"].value/(ws1["I16"].value-ws1["E17"].value)
ws3["C18"].value = format(DTARatio, '.2%')
# 计算已获利息倍数
# 已获利息倍数 = 息税前利润总额/利息费用=(净利润+所得税+利息费用)/利息费用
DTARatio = (ws2["E11"].value+ws2["E9"].value)/ws2["E9"].value
ws3["C19"].value = round(DTARatio, 2)
# 计算销售净利率
# 销售净利率 = (净利润 / 销售收入)×100%
NPMargin = ws2["E13"].value/ws2["E4"].value
ws3["C21"].value = format(NPMargin, '.2%')
# 计算销售毛利率
# 销售毛利率 = [(销售收入 – 营业成本)/ 销售收入]×100%
GPM = (ws2["E4"].value-ws2["E5"].value)/ws2["E4"].value
ws3["C22"].value = format(GPM, '.2%')
# 计算总资产报酬率
# 总资产报酬率 = (净利润 / 总资产平均值)×100%
RTARatio = ws2["E13"].value*2/(ws1["D19"].value+ws1["E19"].value)
ws3["C23"].value = format(RTARatio, '.2%')
# 计算权益报酬率
# 权益报酬率 = (净利润 /权益平均值)×100%
ROE = ws2["E13"].value*2/(ws1["H16"].value+ws1["I16"].value)
ws3["C24"].value = format(ROE, '.2%')
```

(2)设置数据列的对齐方式和颜色,并保存文件,具体程序如下。

```python
# 设置第3列数据对齐方式和颜色
rows = ws3.max_row    # 计算最大行
font3 = Font(name='宋体', size=10, color="0808F2")
for i in range(3, rows + 1):
```

```
cells = ws3.cell(i, 3)
cells.font = font3
cells.alignment = Alignment(horizontal='right')
wb.save('财务比率表.xlsx')    # 保存文件
```

（3）运行程序，打开保存的文件"财务比率表.xlsx"，可以看到计算结果如图 5-22 所示。

图 5-22　计算结果

5.6　使用数据透视表分析数据

当需要对明细数据进行全面分析时，数据透视表是最佳的工具。数据透视表是一种交互式的数据统计表，使用 Excel 分析过数据的读者对它应该不会感到陌生。它结合了分类汇总和合并计算的优点，可以方便地调整分类汇总的依据，灵活地以多种不同的方式展示数据的特征。

5.6.1　数据透视表的组成

在创建数据透视表之前，读者有必要先了解数据透视表中常用的术语和组成部分，这对后续的学习不无裨益。

数据透视表由字段（行字段、列字段、页字段、数据字段）、项和数据区域组成。

1．字段

字段是从源列表或数据库中的字段衍生的数据的分类。例如"科目名称"字段可能来自源列表中标记为"科目名称"且包含各种科目名称（管理费用、银行存款）的列。源列表的该字段下包含金额。如图 5-23 所示，"科目编码""求和项:金额""内容"和"管理费用"都是字段。

图 5-23　字段示例

1）行字段和列字段

行字段是在数据透视表中指定为行方向的源数据清单中的字段，如图 5-23 中的"内容"。包含多个行字段的数据透视表具有一个内部行字段（如图 5-23 中的"中行""建行"）。任何其他行字段都是外部行字段（如图 5-23 中的"科目编码"）。外部行字段中的项仅显示一次，其他行字段中的项按需重复显示。

列字段是在数据透视表中指定为列方向的源数据清单中的字段，如图 5-23 中的"管理费用"。

2）页字段和数据字段

页字段是数据透视表中指定为页方向的字段，用于对整个数据透视表进行筛选，以显示单个项或所有项的数据，如图 5-23 中的“科目编码”。

数据字段是指含有数据的源数据清单中的字段，提供要汇总的数据值，例如图 5-23 中的“求和项:金额”。通常，数据字段包含数字，可用求和函数 sum 汇总这些数据。数据字段也可包含文本，此时可使用 count 函数进行汇总。

2. 项

项是数据透视表中字段的子分类或成员，表示源数据中字段的唯一条目。如图 5-23 中的“中行”“建行”“张三”和“(全部)”都是项。

3. 数据区域

数据区域是指包含行和列汇总数据的数据透视表部分。例如，图 5-24 中 B5:F18 为数据区域。

	A	B	C	D	E	F
1	科目编码	(全部)				
2						
3	求和项:金额	科目名称				
4	内容	管理费用	银行存款	应收账款	预收账款	总计
5	中行		400			400
6	建行		400			400
7	张三	100				100
8	李四	100		100	100	300
9	王五			100	100	200
10	三部				100	100
11	四部				100	100
12	首都机场	100		100		200
13	岭上家园	100		100	100	300
14	果岭假日				100	100
15	安全部	200		100		300
16	采购部	200				200
17	财务部	100		100		200
18	总计	900	800	600	600	2900

图 5-24　数据区域

5.6.2　创建数据透视表

数据透视表是交互式报表，可以快速合并和比较大量数据，同时可以通过选择其中的页、行和列中的不同数据元素，快速查看源数据的不同统计结果，并能随意显示感兴趣区域的明细数据，它提供了一种以不同角度查看数据的简便方法。

数据透视表实质上是一种动态查询数据的表格，可以多角度分析数值数据。pandas 作为编程领域最强大的数据分析工具之一，提供 pivot_table 函数实现数据透视表的功能，可以对大量数据快速分类、汇总。其使用格式如下：

```
pandas.pivot_table(data,
                   * values=None*,
                   * index=None*,
                   * columns=None*,
                   * aggfunc=' mean'*,
                   *fill_value=None*,
                   *margins=False*,
                   dropna=True,
                   margins_name='All',
                   observed=False)
```

参数说明如下。

- data：DataFrame 格式数据。
- values：需要汇总计算的列，类似 Excel 的“值”。
- index：行分组键，指定放在行索引的行，类似 Excel 数据透视表的“行”。
- columns：列分组键，指定放在列索引的列，类似 Excel 数据透视表的“列”。
- aggfunc：聚合函数或函数列表，指定要对 values 进行的运算，默认为计算平均值。
- fill_value：指定缺失值的替换值。
- margins：指定是否添加行、列的总计。
- dropna：默认为 True，剔除透视后全是 NaN 的列。如果值为 False，则保留全是 NaN 值的列。

- margins_name：汇总行、列的名称，默认为 All。
- observed：是否显示观测值。

实例 67：使用数据透视表分析财务记账凭证

某公司账务记账凭证辅助核算业务表如图 5-25 所示。本实例使用 pandas.pivot_table 函数对表中的数据分别按"科目名称"和"辅助核算"进行分类汇总。

操作步骤如下。

（1）启动 PyCharm，打开项目 ch05，在项目中新建一个名为 auxiliaryAccounting.py 的 Python 文件。

图 5-25 辅助核算业务表

（2）在 auxiliaryAccounting.py 的命令编辑窗口中编写如下程序：

```
# /usr/bin/env python3
# -*- coding: UTF-8 -*-
import pandas as pd    # 导入 pandas 模块
import openpyxl as op
from openpyxl import load_workbook
# 设置数据列名与数据对齐方式
pd.set_option('display.unicode.ambiguous_as_wide', True)
pd.set_option('display.unicode.east_asian_width', True)
file = '辅助核算业务.xlsx'    # 定义 Excel 文件路径
# 读取指定路径下的文件
excel_data = pd.read_excel(file, sheet_name=0, skiprows=1)    # 读取表格数据
print('*'*15, '财务记账凭证辅助核算业务', '*'*15)
print(excel_data)
# 使用数据透视表做分析
# 查看每个科目的总金额和平均金额
print('*'*5, '每个科目的总金额和平均金额', '*'*5)
result1 = pd.pivot_table(excel_data, index='科目名称',
                         values=['金额'], aggfunc=['sum', 'mean'])
print(result1)    # 显示透视数据
# 辅助核算业务计数
print('*'*5, '辅助核算业务计数', '*'*5)
result2 = pd.pivot_table(excel_data, index=['辅助核算'],
                         aggfunc=['count'], values=['内容'])
print(result2)

# 将透视数据保存到表格中
# 加载文件，新建工作表
wb = load_workbook(file)
wb.create_sheet('透视表')
# 建立写入对象
writer = pd.ExcelWriter(r'辅助核算业务.xlsx', engine='openpyxl')
writer.book = wb
# 写入表头
header1 = pd.DataFrame(['按科目核算'])
header2 = pd.DataFrame(['辅助核算业务计数'])
header1.to_excel(writer, sheet_name='透视表',
                 header=False, index=False)
header2.to_excel(writer, sheet_name='透视表',
                 header=False, index=False, startcol=4)
# 写入数据
result1.to_excel(writer, sheet_name='透视表', startrow=1)
result2.to_excel(writer, sheet_name='透视表',
```

```
             startrow=1, startcol=4)
writer.save()
writer.close()
```

（3）运行程序，结果如下所示。

```
*************** 财务记账凭证辅助核算业务 ***************
    科目编码    科目名称  辅助核算    内容      金额
0   100101    银行存款    账户      建行      400
1   100102    银行存款    账户      中行      400
2   100201    应收账款    项目      岭上家园   100
3   100203    应收账款    项目      首都机场   100
4   100206    应收账款    个人      李四      100
5   100207    应收账款    个人      王五      100
6   100209    应收账款    部门      财务部    100
7   100211    应收账款    部门      安全部    100
8   100301    预收账款    项目      岭上家园   100
9   100302    预收账款    项目      果岭假日   100
10  100306    预收账款    个人      李四      100
11  100307    预收账款    个人      王五      100
12  100315    预收账款    往来      三部      100
13  100316    预收账款    往来      四部      100
14  100401    管理费用    项目      岭上家园   100
15  100402    管理费用    项目      首都机场   100
16  100402    管理费用    个人      张三      100
17  100402    管理费用    个人      李四      100
18  100402    管理费用    部门      财务部    100
19  100402    管理费用    部门      安全部    100
20  100402    管理费用    部门      采购部    100
21  100402    管理费用    往来      采购部    100
22  100402    管理费用    往来      安全部    100
***** 每个科目的总金额和平均金额 *****
          sum   mean
          金额   金额
科目名称
应收账款    600   100
管理费用    900   100
银行存款    800   400
预收账款    600   100
***** 辅助核算业务计数 *****
          count
          内容
辅助核算
个人       6
往来       4
账户       2
部门       5
项目       6
```

（4）打开操作的文件"辅助核算业务.xlsx"，可以看到新建的工作表，以及在该工作表中写入的透视结果，如图 5-26 所示。

图 5-26　透视结果

第二篇

案例实战篇

本篇以某公司财务管理的各个方面为核心，展开讲述 Python 财务应用的操作步骤、方法和技巧等，包括企业利润管理、企业成本管理、企业流动资产管理、企业固定资产管理、企业筹资决策分析和企业投资决策分析等的知识。

本篇内容通过实例加深读者对 Python 功能的理解，并帮助读者掌握其在各种财务应用领域的具体操作方法。

第6章 企业利润管理

利润是企业生存发展的核心指标,是企业在一定期间内全部收入抵减全部支出后的余额,它是生产经营活动的最终成果。根据我国企业会计准则的规定,企业利润一般包括营业利润、利润总额和净利润三部分。

利润管理包括确定目标利润、测算目标利润、组织目标利润的实现、加强目标利润考核分析,是企业目标管理的重要组成部分,在财务管理中具有重要的意义,主要体现在以下几个方面。

(1)利润管理有利于更好地反映企业的经济效益。

(2)利润管理可为政策法规的制定提供参考。

(3)利润管理可作为向外界传递有用信息的工具。

(4)利润管理有利于不断促进企业改变目标战略。

利润预测是指在销售预测的基础上,根据企业未来发展目标和其他相关资料,对企业未来应当达到和可望实现的利润水平及其变化趋势做出的预计和测算。本章将利用量本利分析法分析影响利润的一个或几个因素,以及当这些影响因素同时发生变动时,如何运用敏感系数进行利润预测。

6.1 销售预测

销售计划的中心任务之一就是销售预测,无论企业的规模大小、销售人员的多少,销售预测都会影响到包括计划、预算和销售额确定在内的销售管理的各方面工作。

销售预测是在对市场进行充分调查的基础上,通过对有关因素的分析研究,预计和测算特定产品在未来一定时期内的市场销售水平及其变化趋势,进而预测该产品在计划期间的销售量或销售额的过程。通过销售预测,企业可以以销定产,避免产品积压;可以调动销售人员的积极性,促使产品尽早实现销售,以完成使用价值向价值的转变。

销售预测主要以过去的销售实绩为核心,但随着时代的变迁,必然有所变化。因此,在进行销售预测之前,必须考虑到内外环境各种因素,如需求的动向、经济的变动、同业竞争的动向、政府和消费者团体的动向、企业的营销策略和销售策略、销售人员的业务能力以及企业的生产状况等。

目前常用的销售预测的方法主要有以下几种。

1)推测法。

① 根据经营负责人意见推测。

② 根据推销员意见推测。

③ 根据顾客与客户意见推测。

2）根据过去实绩测算。
① 时间序列分析法。
② 相关分析法。

时间序列分析法是指利用变量与时间存在的相关关系，通过对以前数据的分析来预测将来的数据。时间序列分析法现已成为销售预测中具有代表性的方法。本节将介绍时间序列分析法中常用的两种预测方法——移动平均法和指数平滑法。

6.1.1 移动平均法预测销售量

移动平均法是技术分析中一种分析时间序列数据的方法，它将简单平均改为分段平均，并且按照时间序列数据的顺序，逐个推移。移动平均法可抚平短期波动，反映长期趋势或周期，常用于分析股价、回报或交易量。数学上，移动平均可视为一种卷积。

移动平均法的基本原理是通过移动平均消除时间序列中的不规则变动和其他变动，从而揭示出时间序列的长期趋势。其数学模型如下：

$$F_{t+1} = \frac{D_t + D_{t-1} + \cdots + D_{t-n+1}}{n} \quad (t \geq n)$$

其中，F_{t+1} 表示下一期的预测值；n 表示移动平均的时期个数；D_t 表示最新的观测值；D_{t-1}、D_{t-2} 和 D_{t-n+1} 分别表示前一期、前两期直至前 $n-1$ 期的观测值。

移动平均可分为简单移动平均和加权移动平均。简单移动平均各元素的权重相等，还可分为一次移动平均和二次移动平均（在一次移动平均的基础上，再进行一次移动平均）。加权移动平均是指先根据过去若干期的销售量或销售额，按其距离预测期的远近分别进行加权，远期的变量值权重较小，近期的变量值权重较大，然后计算其加权平均值，并以此作为计划期的销售预测值。一般情况下，预测值受近期实际销售的影响较大，因此越接近预测期的实际销售情况所加权重应越大。本节如果不做特别说明，所述的移动平均指一次移动平均。

从移动平均法数学模型可以看出，每一个新预测值是对前一个移动平均预测值的修正，n 越大，平滑效果愈好。当数据的随机因素较大时，宜选用较大的 n，这样有利于较大限度地平滑因随机性所带来的严重偏差；反之，当数据的随机因素较小时，宜选用较小的 n，这有利于跟踪数据的变化，并且预测值滞后的期数也少。

注意

> 在移动平均值的计算中涉及的过去观测值的实际个数，必须一开始就明确规定。每出现一个新观察值，就要从移动平均中减去一个最早的观察值，再加上一个最新观察值计算移动平均值，这一新的移动平均值就作为下一期的预测值。

在 Python 中，可以使用 pandas 的 DataFrame.rolling 函数计算简单移动平均值。该函数在数据上提供滚动窗口，在这些窗口上使用平均函数计算移动平均值。滚动窗口计算的概念主要用于信号处理和时间序列数据。该函数的使用格式如下：

```
DataFrame.rolling(window,
            min_periods=None,
            center=False,
            win_type=None,
            on=None,
            axis=0)
```

参数说明如下。

- window：滚动窗口的大小，即每个窗口的计算采取多少个连续观测值。每个窗口的大小都是固定的。如果取值为偏移量，则表示每个窗口的时间段，每个窗口的大小将根据时间段中包含的观察结果而变化，仅对类似日期、时间的索引有效。
- min_periods：一个窗口中最少包括的观测值数量（如果结果为 NaN，表示缺失或无效）。对于由偏移量指定的窗口，默认为 1。
- center：布尔值，是否在窗口中心设置标签，默认值为 False。
- win_type：设置窗口类型，取值为字符串（boxcar、triang、blackman、hamming、bartlett、parzen、bohman、blackmanharris、nuttall、barthann、kaiser、gaussian、general_gaussian、slepian、exponential）或 None。如果为 None，则所有的值都均匀加权。
- on：要计算移动平均值的数据框架的日期列。对于 DataFrame，是类似于 datetime（注：datetime 专门用于处理日期日期）的列或用于计算滚动窗口的多索引级别，而不是 DataFrame 的索引。由于不使用整数索引计算滚动窗口，提供的整数列将被忽略并从结果中排除。
- axis：整数或字符串，默认为 0，表示按行进行计算。

实例 68：移动平均法预测某产品的销售量

某企业生产的某种产品 2021 年 1 月—12 月的实际销售量如图 6-1 所示。本实例分别采用 3 个月移动平均法和 4 个月移动平均法预测该产品的销售量。

操作步骤如下。

（1）启动 PyCharm，新建项目 ch06，在项目中加载 pandas 模块库，然后新建一个名为 movingAverage.py 的 Python 文件。

图 6-1 2021 年实际销售量

（2）在 movingAverage.py 的命令编辑窗口中编写如下程序：

```
# /usr/bin/env python3
# -*- coding: UTF-8 -*-
import pandas as pd
# 设置数据列名与数据对齐方式
pd.set_option('display.unicode.ambiguous_as_wide', True)
pd.set_option('display.unicode.east_asian_width', True)
# 定义.xlsx 文件路径和名称
file = '产品销量.xlsx'
# 读取指定路径下的文件
excel_data = pd.read_excel(file, sheet_name=0, skiprows=1)    # 读取表格数据
print('*'*15, '某产品 2021 年销量', '*'*15)
print(excel_data.to_string(index=False))
# 3 个月移动平均法
print('*'*15, '3 个月移动平均法', '*'*15)
result1 = excel_data["实际销量（件）"].rolling(3).mean()
print(round(result1, 2))            # 保留两位小数
# 4 个月移动平均法
print('*'*15, '4 个月移动平均法', '*'*15)
result2 = excel_data["实际销量（件）"].rolling(4).mean()
print(round(result2, 2))
```

（3）运行结果如下：

```
*************** 某产品 2021 年销量 ***************
月  份    实际销量（件）
    1         180
    2         120
    3         260
    4         240
    5         280
    6         270
    7         270
    8         240
    9         250
   10         280
   11         320
   12         340
*************** 3 个月移动平均法 ***************
0      NaN
1      NaN
2      186.67
3      206.67
4      260.00
5      263.33
6      273.33
7      260.00
8      253.33
9      256.67
10     283.33
11     313.33
Name: 实际销量（件）, dtype: float64
*************** 4 个月移动平均法 ***************
0      NaN
1      NaN
2      NaN
3      200.0
4      225.0
5      262.5
6      265.0
7      265.0
8      257.5
9      260.0
10     272.5
11     297.5
Name: 实际销量（件）, dtype: float64
```

至此，预测值计算完成。接下来将所求的移动平均值在图表上表现出来并连接各个平均值，绘制折线图（表示倾向线）。为便于对照比较并观察趋势，还需绘制出实绩线（即实际销量线）。

（4）在 movingAverage.py 的命令编辑窗口中添加如下程序：

```python
import matplotlib.pyplot as plt
import numpy as np
# 创建折线图
plt.rcParams['font.sans-serif'] = ['SimHei']   # 解决中文乱码问题
x = np.linspace(1, 13, 12)    # x轴刻度
xt = excel_data['月 份']       # x轴刻度标签
# 定义数据
y0 = excel_data['实际销量（件）']
y1 = result1
y2 = result2
# 绘制折线图
plt.plot(x, y0, color='black', marker='p',
         linestyle='-', label='实际销量')
plt.plot(x, y1, color='red', marker='*',
```

```
                linestyle='--', label='3 个月移动平均法')
plt.plot(x, y2, color='blue', marker='h',
                linestyle='-.', label='4 个月移动平均法')
plt.legend(loc=4)     # 在右下角添加图例
# 添加标题
label = '移动平均法预测销量'
plt.title(label, fontsize=20, fontweight='heavy', loc='center')
plt.xticks(x, xt, color='blue')     # 设置坐标轴刻度
plt.show()            # 显示图形
```

（5）运行程序，即可显示图 6-2 所示的折线图。

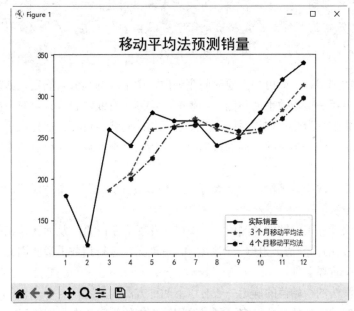

图 6-2 运行结果

从图 6-2 可以看出，连接各移动平均值形成的趋势线的变化幅度均比实绩线平缓，但依然便于我们了解销售倾向。4 个月移动平均法较 3 个月的移动平均法平滑效果更好，但会使预测值对数据实际变动更不敏感。此外，移动平均值由于是平均值，预测值总是停留在过去的水平上而无法预计可能存在的更高或更低的波动，因此，并不能总是很好地反映趋势。

6.1.2　指数平滑法预测销售额

在 6.1.1 节中可以看到，移动平均法需要存储一组历史数据，且不考虑较远期的数据，在加权移动平均法中会给予近期数据更大的权重。指数平滑法则兼容了全期平均和移动平均所长，不舍弃过去的数据，遵循"重近轻远"的原则，对全部历史数据采用逐步衰减的不等加权进行数据处理。

指数平滑法是利用事先确定的平滑系数 $α$ 和 $1-α$ 为权重，通过对历史时间序列进行平滑计算，从而消除随机因素的影响，预测未来销售量或销售额的一种特殊的加权平均法，是同类预测法中最精确的，常用于中短期经济发展趋势预测。只要知道上期的预测销售量和上期的实际销售量，就可以预测本期的销售量。测算的预测值是前一期预测值加上前期预测值中产生的误差的修正值。其计算公式如下：

$$F_{t+1} = \alpha D_t + (1-\alpha)F_t \quad (0 \leqslant \alpha \leqslant 1),\ 即$$

计划期销售预测值 = 平滑系数 × 上期实际销售量 + (1−平滑系数) × 上期预测销售量

从公式可以看出，平滑系数取值越大，则近期实际销售量对预测结果的影响也越大；反之，则越小。由此，当时间序列相对平稳时，可取较大的 α；当时间序列波动较大时，应取较小的 α，以不忽略远期实际销售量的影响。

> **注意**
>
> 根据平滑次数不同，指数平滑法分为一次指数平滑法、二次指数平滑法和三次指数平滑法等，它们的基本思想都是：预测值是以前观测值的加权和，且对不同的数据给予不同的权重，新数据给较大的权重，旧数据给较小的权重。

指数平滑法的选用，一般可根据原时间序列散点图呈现的趋势来确定。如果时间序列无明显的趋势变化，可用一次指数平滑预测；如果时间序列具有线性趋势，可对一次指数平滑再进行平滑，即二次指数平滑法；如果时间序列呈现抛物线趋势，可在二次指数平滑的基础上再平滑，即三次指数平滑法。当时间序列的数据经二次指数平滑处理后，仍有曲率时，应用三次指数平滑法。

本节主要介绍一次指数平滑法的计算方法，如不做特别说明，本章所述的"指数平滑法"均指一次指数平滑法。

依据上述公式计算第一期的预测值时，用户会发现不存在 D_0，从而无法根据指数平滑公式求出 F_1（即第一期的预测值，也称为初始值），进而无法进行指数平滑。因此，初始值的确定是指数平滑的一个重要条件。

一次指数平滑法的初始值的确定一般有以下两种方法：

（1）如果原时间序列的项数较多，可以选用第一期的观察值作为初始值，即 $F_1=D_0$；

（2）如果原时间序列的项数较少，可以选取最初几期（一般前 3 期）的平均值作为初始值，即 $F_1=(D_0+D_1+D_2)/3$。

在 Python 中，使用指数加权函数 ewm 可以计算指数平滑值。该函数的使用格式如下：

```
DataFrame.ewm(com=None, span=None, halflife=None, alpha=None, min_periods=0, adjust=True, ignore_na=False, axis=0)
```

参数说明如下。

- com：可选参数，表示根据质心（com）指定衰减，取值类型为 float，$\alpha=1/(1+com)$, com $\geqslant 0$。
- span：可选参数，表示根据范围指定衰减，取值类型为 float，$\alpha=2/(span+1)$, for span $\geqslant 1$。
- halflife：可选参数，表示根据半衰期指定衰减，取值类型为 float，$\alpha=1-\exp[\log(0.5)/halflife]$。
- alpha：可选参数，取值类型为 float，表示直接指定平滑系数 α，$0<\alpha\leqslant 1$。如果 com=1，span=3，halflife=1，alpha=0.5，对应的权重（$1-\alpha$）是 0.5。
- min_periods：取值类型为 int，默认为 0。设置窗口中最少包含的观测值数量。
- adjust：取值为布尔值。该参数用于除以初期的衰减调整因子，以解决相对权重不平衡的问题。

- ignore_na：指定计算权重时是否忽略缺失值。取值为布尔值，默认为 False。
- axis：指定要使用的轴，取值为{0 或'index', 1 或'columns'}，值 0 标识行，值 1 标识列。默认值为 0。

在使用该函数时，必须提供 com、span、halflife 和 alpha 之一。

实例 69：指数平滑法预测某产品的销售额

某企业生产的某种产品 2022 年 1 月～11 月的历史销售额如图 6-3 所示。本实例利用 ewm 函数测算该产品 12 月份的销售额，通过该实例介绍确定指数平滑法初始值以及预测销售额的方法。

操作步骤如下。

实例 69：指数平滑法预测某产品的销售额

图 6-3 销售额数据

（1）启动 PyCharm，打开项目 ch06，在项目中新建一个名为 EMADemo.py 的 Python 文件。

（2）在 EMADemo.py 的命令编辑窗口中编写如下程序：

```python
# /usr/bin/env python3
# -*- coding: UTF-8 -*-
import pandas as pd
import matplotlib.pyplot as plt
import numpy as np
# 设置数据列名与数据对齐方式
pd.set_option('display.unicode.ambiguous_as_wide', True)
pd.set_option('display.unicode.east_asian_width', True)
# 定义.xlsx 文件路径和名称
file = '产品销售额.xlsx'
# 读取指定路径下的文件
excel_data = pd.read_excel(file, sheet_name=0, skiprows=1)   # 读取表格数据
print('*'*15, '1 月—11 月销售额', '*'*15)
print(excel_data.to_string(index=False))
# 使用指数平滑法预测
# 根据质心指定衰减，平滑系数为 0.2
print('*'*15, '根据质心指定衰减', '*'*15)
result1 = excel_data["销售额(万元)"].ewm(com=4).mean()
print(round(result1, 2))          # 保留两位小数
# 根据范围指定权重衰减，平滑系数为 0.5，递归计算加权平均值
print('*'*15, '根据范围指定衰减', '*'*15)
result2 = excel_data["销售额(万元)"].\
    ewm(span=3, adjust=False).mean()
print(round(result2, 2))
# 平滑系数为 0.5，计算权重时不忽略缺失值
print('*'*15, '直接指定平滑系数', '*'*15)
result3 = excel_data["销售额(万元)"].ewm(alpha=0.5).mean()
print(round(result3, 2))
# 计算权重时忽略缺失值
print('*'*15, '计算权重时忽略缺失值', '*'*15)
result4 = excel_data["销售额(万元)"].\
    ewm(halflife=1, ignore_na=True).mean()
print(round(result4, 2))

# 创建折线图
fig = plt.figure(figsize=[8, 6])
plt.rcParams['font.sans-serif'] = ['SimHei']   # 解决中文乱码问题
x = np.linspace(1, 14, 13)    # x 轴刻度
xt = excel_data['月 份']       # x 轴刻度标签
```

第6章 企业利润管理

```
# 定义数据
y0 = excel_data['销售额(万元)']
# 绘制折线图
plt.plot(x, y0, color='black', marker='p',
        linestyle='-', label='实际销售额')
plt.plot(x, result1, color='red', marker='*',
        linestyle='--', label='com=4')
plt.plot(x, result2, color='blue', marker='h',
        linestyle='-.', label='span=3,adjust=False')
plt.plot(x, result3, color='green', marker='s',
        linestyle='-', label='alpha=0.5')
plt.plot(x, result4, color='m', marker='+',
        linestyle=':', label='halflife=1,ignore_na=True')
plt.legend(loc=4)   # 在右下角添加图例
# 设置数据标签居中,大小为10,颜色分别为红色和蓝色
plt.text(x[12], result1[12], round(result1[12], 2),
         ha='center', va='bottom',fontsize=10, color='red')
plt.text(x[12], result2[12], round(result2[12], 2),
         ha='center', va='bottom',fontsize=10, color='blue')
# 添加标题
label = '指数平滑法预测销售额'
plt.title(label, fontsize=20, fontweight='heavy', loc='center')
plt.xticks(x, xt, color='blue')   # 设置坐标轴刻度
plt.show()   # 显示图形
```

（3）运行结果如下：

```
*************** 1月—11月销售额 ***************
 月  份   销售额(万元)
   NaN         NaN
   1.0        30.0
   2.0        34.0
   3.0        35.0
   4.0        38.0
   5.0        40.0
   6.0        40.0
   7.0        33.0
   8.0        36.0
   9.0        42.0
  10.0        44.0
  11.0        46.0
  12.0         NaN
*************** 根据质心指定衰减 ***************
0      NaN
1     30.00
2     32.22
3     33.36
4     34.93
5     36.44
6     37.40
7     36.29
8     36.22
9     37.56
10    39.00
11    40.53
12    40.53
Name: 销售额(万元), dtype: float64
*************** 根据范围指定衰减 ***************
0      NaN
1     30.00
2     32.00
3     33.50
4     35.75
5     37.88
```

```
6     38.94
7     35.97
8     35.98
9     38.99
10    41.50
11    43.75
12    43.75
Name: 销售额(万元), dtype: float64
*************** 直接指定平滑系数 ***************
0      NaN
1     30.00
2     32.67
3     34.00
4     36.13
5     38.13
6     39.08
7     36.02
8     36.01
9     39.01
10    41.51
11    43.75
12    43.75
Name: 销售额(万元), dtype: float64
*************** 计算权重时忽略缺失值 ***************
0      NaN
1     30.00
2     32.67
3     34.00
4     36.13
5     38.13
6     39.08
7     36.02
8     36.01
9     39.01
10    41.51
11    43.75
12    43.75
Name: 销售额(万元), dtype: float64
```

绘制的折线图如图 6-4 所示。

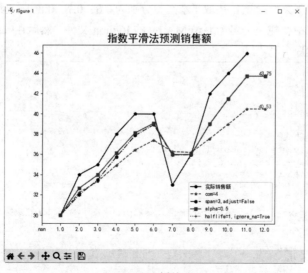

图 6-4　折线图

从计算结果中可以看到,如果 com=4,也就是 alpha=0.2,12 月份的销售额预测值为 40.35 万元。如果 span=3,alpha=0.5,12 月份的销售额预测值为 43.75 万元。在 alpha=0.5 与 halflife=1 等价的情况下,由于没有缺失值,因此得到的预测值相同,均为 43.75 万元,绘制的曲线重合。

在折线图中可以看到,预测趋势线对原始时间序列进行了平滑,但这种预测模型灵敏度有多高?预测精度如何?这就取决于平滑系数的取值了。

平滑系数决定了平滑水平以及对预测值与实际结果之间差异的响应速度。平滑系数越接近于 1,远期实际值对本期平滑值影响程度的下降越迅速;平滑系数越接近于 0,远期实际值对本期平滑值影响程度的下降越缓慢。由此,当时间序列相对平稳时,可取较小的平滑系数,以不忽略远期实际值的影响;当时间序列波动较大时,应取较大的平滑系数,以增加近期数据对预测结果的影响。生产预测中,平滑系数的确定一般有以下方法可供选择:

1)经验判断法

经验判断法主要根据时间序列的发展趋势和预测者的经验做出判断。

① 如果时间序列呈现较稳定的水平趋势,应选较小的平滑系数,一般可在 0.05~0.20 取值。

② 如果时间序列有波动,但长期趋势变化幅度不大时,可选稍大的平滑系数,常在 0.1~0.4 取值。

③ 如果时间序列波动很大,长期趋势变化幅度较大,呈现明显且迅速的上升或下降趋势时,宜选择较大的平滑系数,如可在 0.6~0.8 取值,以使预测模型灵敏度高一些,能迅速跟上数据的变化。

④ 如果时间序列呈现上升(或下降)的发展趋势,平滑系数应取较大的值,在 0.6~1 取值。

2)试算法

根据具体时间序列情况,参照经验判断法来大致确定平滑系数的取值范围,然后取几个平滑系数进行试算,比较不同平滑系数下的预测标准误差,选取预测标准误差最小的平滑系数。

在实际应用中,预测者应结合对预测对象的变化规律做出定性判断且计算预测标准误差,并要考虑到预测灵敏度和预测精度是相互矛盾的,必须给予二者一定的考虑,采用折中的平滑系数。

从本实例的折线图中,可以看到该产品上一年销售额时间序列有波动,且长期趋势变化幅度较大,呈现明显的上升趋势,因此宜选择稍大的平滑系数,可在 0.6~0.8 取值,以使预测模型灵敏度高一些。接下来结合试算法取平滑系数分别为 0.6、0.7、0.8 进行测试。

① 在项目 ch06 中新建一个名为 testEMA.py 的 Python 文件。然后在 test EMA.py 的命令编辑窗口中编写如下程序:

```python
# /usr/bin/env python3
# -*- coding: UTF-8 -*-
import pandas as pd
import matplotlib.pyplot as plt
import numpy as np
# 设置数据列名与数据对齐方式
pd.set_option('display.unicode.ambiguous_as_wide', True)
pd.set_option('display.unicode.east_asian_width', True)
# 定义.xlsx 文件路径和名称
file = '产品销售额.xlsx'
# 读取指定路径下的文件
excel_data = pd.read_excel(file, sheet_name=0, skiprows=1)   # 读取表格数据
# 使用指数平滑法预测
# 平滑系数为 0.6
result1 = excel_data["销售额(万元)"].ewm(alpha=0.6).mean()
# 平滑系数为 0.7
result2 = excel_data["销售额(万元)"].ewm(alpha=0.7).mean()
```

```
# 平滑系数为0.8
result3 = excel_data["销售额(万元)"].ewm(alpha=0.8).mean()

# 创建折线图
fig = plt.figure(figsize=[8, 6])
plt.rcParams['font.sans-serif'] = ['SimHei']    # 解决中文乱码问题
x = np.linspace(1, 14, 13)      # x轴刻度
xt = excel_data['月 份']         # x轴刻度标签
# 定义数据
y0 = excel_data['销售额(万元)']
# 绘制折线图
plt.plot(x, y0, color='black', marker='p',
         linestyle='-', label='实际销售额')
plt.plot(x, result1, color='red', marker='*',
         linestyle='--', label='alpha=0.6')
plt.plot(x, result2, color='blue', marker='h',
         linestyle='-.', label='alpha=0.7')
plt.plot(x, result3, color='green', marker='s',
         linestyle='-', label='alpha=0.8')
plt.legend(loc=4)     # 在右下角添加图例
# 设置数据标签居中,大小为10,颜色分别为红色、蓝色和绿色
plt.text(x[12], result1[12], round(result1[12], 2),
         ha='center', va='bottom', fontsize=10, color='red')
plt.text(x[12], result2[12], round(result2[12], 2),
         ha='center', va='bottom', fontsize=10, color='blue')
plt.text(x[12], result3[12], round(result3[12], 2),
         ha='center', va='bottom', fontsize=10, color='green')
# 添加标题
label = '指数平滑法预测销售额'
plt.title(label, fontsize=20, fontweight='heavy', loc='center')
plt.xticks(x, xt, color='blue')    # 设置坐标轴刻度
plt.show()    # 显示图形
```

运行结果如图 6-5 所示。

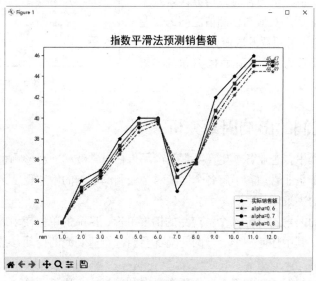

图 6-5　运行结果

在图 6-5 中可以看到，3 条预测趋势线均不同程度地对原始数据序列进行了平滑。但哪条预测趋势线的精度高呢？接下来将计算不同的平滑系数对应的均方误差（Mean Square Error，MSE），以确定平滑系数的取值，进而预测 12 月份的销售额。

均方误差是衡量平均误差的一种较方便的方法，可以评价数据的变化程度。在数理统计中，均方误差是指参数估计值与参数真值之差平方的期望值。均方误差的值越小，说明预测模型描述实验数据具有更好的精度。

用户可以使用公式(平滑值−实际值)^2 单独测算各期的均方误差，然后计算各期均方误差的和除以总期数。在 Python 中，可以直接调用 mean_squared_error 函数计算均方误差，该函数封装在 sklearn 包中。

② 选择 PyCharm 菜单栏中的"File"→"Settings"命令，打开"Settings"对话框。在左侧的列表框中展开"Project:ch06"→"Python Interpreter"节点，然后在右侧的列表框顶部单击"Install"按钮，弹出"Avaliable Packages"对话框。

③ 在搜索框中输入 sklearn 库的完整名称 scikit-learn，然后单击"Install Package"按钮，即可安装该模块。安装完成后，关闭对话框。

④ 在程序中添加如下代码：

```
from sklearn.metrics import mean_squared_error
# 计算均方误差
print('*'*15, '均方误差', '*'*15)
mse01 = mean_squared_error(y0[1:12], result1[1:12])
print('平滑系数 0.6: ', round(mse01, 2), sep='\t')
mse02 = mean_squared_error(y0[1:12], result2[1:12])
print('平滑系数 0.7: ', round(mse02, 2), sep='\t')
mse03 = mean_squared_error(y0[1:12], result3[1:12])
print('平滑系数 0.8: ', round(mse03, 2), sep='\t')
```

⑤ 运行程序，首先弹出折线图。关闭折线图后，在控制台可以看到均方误差的计算结果，如图 6-6 所示。

当预测值与真实值完全吻合时，均方误差等于 0。均方误差越小，表明真实值与预测值之间的误差越小，由此可以确定平滑系数的取值标准。经比较，本实例应选择平滑系数为 0.8 来预测 12 月份的销售额，其值为 45.47 万元。

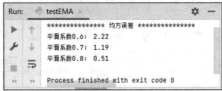

图 6-6　计算结果

6.2　某企业利润的影响因素分析

在市场竞争过程中，企业各项生产要素及产品价格时常波动。对影响企业利润的有关因素进行具体分析，便于企业管理者了解各个因素对企业利润影响的敏感程度，从而有助于企业管理者及时做出正确的决策。

影响企业利润的因素主要有 4 个：产品的销售单价、产品的单位变动成本、产品的销售量和产品的固定成本。其中任何一个因素的变动都会引起企业利润的变动，甚至会使一个企业由盈变亏或扭亏为盈。

企业常用的利润规划方法有很多，主要有量本利分析法、比例预算法、利润增长率法和加成法等。本节将通过一个实例介绍使用量本利分析法分析上述 4 个因素对企业利润的影响。

假设某企业生产销售 A、B、C、D、E、F、G 这 7 种产品，本节根据该企业上年同期产品销售情况和本年产品销售情况，使用量本利分析法分析影响该企业利润的因素。

6.2.1 量本利分析法

量本利分析法是业务量、成本、利润分析法的简称。在企业应用中,"量"可以表示产品销售量或产品销售收入;"本"可以表示产品销售成本;"利"可以表示产品销售利润。因此,量本利分析法就是利用产品销售额与固定成本、变动成本之间的变动规律,测算某项业务盈亏平衡点,对企业利润做出预测和决策的方法。

量本利图是在平面直角坐标系上反映企业不同业务量水平条件下的盈亏状况的图形,也称为盈亏平衡图。量本利图可以清晰地显示企业的盈亏平衡点,反映了固定成本、变动成本、销售量、销售收入、利润、亏损区和盈利区等,不仅形象、直观,而且有关因素的相互关系一目了然,如图6-7所示。

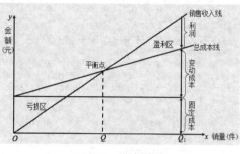

图 6-7　量本利图

 提示

变动成本是指可变投入要素的支出,它随产量的变化而变化。固定成本是指固定投入要素的支出,它不受产量变化的影响。

从图 6-7 可以得到如下一些公式:

销售收入 = 变动成本+固定成本+利润

可进一步扩展为:

销售单价×销售量=单位变动成本×销售量+固定成本+利润

从而可以得到:

利润 = 销售收入-(固定成本+变动成本)
= 销售单价 × 销售量-单位变动成本 × 销售量-固定成本
= (销售单价-单位变动成本) × 销售量-固定成本

该公式是分析各种因素对利润影响的主要依据。

6.2.2 创建利润影响因素分析模型

销售数据统计表是进行利润分析的基础。本节读取图 6-8 所示的销售数据统计表中的数据作为分析数据,计算上年和本年的销售利润及利润变化。

	A	B	C	D	E	F	G	H	I	J	K
1		上年同期产品销售统计表					本年产品销售统计表				
2	产品名称	销售单价	单位变动成本	销售数量	固定成本	销售利润	销售单价	单位变动成本	销售数量	固定成本	销售利润
3	A	560.00	25.00	287	¥100,000.00		600.00	35.00	290	¥110,000.00	
4	B	480.00	16.00	420	¥85,000.00		450.00	18.00	450	¥82,000.00	
5	C	720.00	60.00	380	¥120,000.00		750.00	70.00	350	¥135,000.00	
6	D	640.00	45.00	490	¥90,000.00		620.00	40.00	460	¥88,000.00	
7	E	490.00	20.00	550	¥65,000.00		500.00	22.00	540	¥70,000.00	
8	F	650.00	50.00	320	¥105,000.00		640.00	45.00	360	¥100,000.00	
9	G	720.00	55.00	280	¥108,000.00		725.00	54.00	290	¥109,000.00	
10	合计										
11	利润变化										

图 6-8　原始数据

操作步骤如下。

（1）启动 PyCharm，打开项目 ch06，在项目中加载 openpyxl 和 Matplotlib 模块库，然后新建一个名为 QCP.py 的 Python 文件。

（2）在 QCP.py 的命令编辑窗口中编写如下程序，计算上年和本年各种产品的销售利润。

```
# /usr/bin/env python3
# -*- coding: UTF-8 -*-
import pandas as pd
from matplotlib import pyplot as plt
import openpyxl as op

plt.rcParams['font.family']='SimHei'     # 设置中文字体
plt.rcParams['axes.unicode_minus']=False  # 中文字体状态下负号（-）正常显示
pd.options.display.float_format='{:,.2f}'.format  # DataFrame 显示为两位小数
# 定义.xlsx 文件路径和名称
file = '销售数据统计表.xlsx'
# 加载工作簿
wb = op.load_workbook(file)
# 根据表名获取表格
ws = wb["销售数据统计表"]
row = ws.max_row   # 计算最大行

# 计算销售利润
# 利润=(销售单价-单位变动成本)×销售数量-固定成本
for i in range(3, row-1):
    # 计算上年销售利润
    data = (ws.cell(row=i, column=2).value
            -ws.cell(row=i, column=3).value)\
            *ws.cell(row=i, column=4).value\
            -ws.cell(row=i, column=5).value
    # 计算本年销售利润
    data2 = (ws.cell(row=i, column=7).value
             -ws.cell(row=i, column=8).value)\
             *ws.cell(row=i, column=9).value\
             -ws.cell(row=i, column=10).value
    ws.cell(i, column=6).value = data
    ws.cell(i, column=11).value = data2
# 另存文件
wb.save('量本利分析法.xlsx')
```

（3）运行程序，打开保存的文件"量本利分析法.xlsx"，可看到计算结果如图 6-9 所示。

图 6-9　计算上年和本年各种产品的销售利润

（4）添加如下程序合计销售利润。

```
# 合计销售利润
ws.cell(row=row-1, column=6).value = "=sum(F3:F9)"
ws.cell(row=row-1, column=11).value = "=sum(K3:K9)"
```

运行程序，打开文件"量本利分析法.xlsx"，可看到计算结果如图 6-10 所示。

	A	B	C	D	E	F	G	H	I	J	K
1		上年同期产品销售统计表					本年产品销售统计表				
2	产品名称	销售单价	单位变动成本	销售数量	固定成本	销售利润	销售单价	单位变动成本	销售数量	固定成本	销售利润
3	A	560.00	25.00	287	¥100,000.00	¥53,545.00	600.00	35.00	290	¥110,000.00	¥53,850.00
4	B	480.00	16.00	420	¥85,000.00	¥109,880.00	450.00	18.00	450	¥82,000.00	¥112,400.00
5	C	720.00	60.00	380	¥120,000.00	¥130,800.00	750.00	70.00	350	¥135,000.00	¥103,000.00
6	D	640.00	45.00	490	¥90,000.00	¥201,550.00	620.00	40.00	460	¥88,000.00	¥178,800.00
7	E	490.00	20.00	550	¥65,000.00	¥193,500.00	500.00	22.00	540	¥70,000.00	¥188,120.00
8	F	650.00	50.00	320	¥105,000.00	¥87,000.00	640.00	45.00	360	¥100,000.00	¥114,200.00
9	G	720.00	55.00	280	¥108,000.00	¥78,200.00	725.00	54.00	290	¥109,000.00	¥85,590.00
10	合计					¥854,475.00					¥835,960.00
11	利润变化										

图 6-10　合计销售利润

（5）添加如下程序计算利润变化。利润变化=本年实际总利润–上年同期总利润。

```
# 计算利润变化
ws.cell(row=row, column=2).value = "=K10-F10"
```

运行程序，打开文件"量本利分析法.xlsx"，可看到计算结果如图 6-11 所示。

	A	B	C	D	E	F	G	H	I	J	K
1		上年同期产品销售统计表					本年产品销售统计表				
2	产品名称	销售单价	单位变动成本	销售数量	固定成本	销售利润	销售单价	单位变动成本	销售数量	固定成本	销售利润
3	A	560.00	25.00	287	¥100,000.00	¥53,545.00	600.00	35.00	290	¥110,000.00	¥53,850.00
4	B	480.00	16.00	420	¥85,000.00	¥109,880.00	450.00	18.00	450	¥82,000.00	¥112,400.00
5	C	720.00	60.00	380	¥120,000.00	¥130,800.00	750.00	70.00	350	¥135,000.00	¥103,000.00
6	D	640.00	45.00	490	¥90,000.00	¥201,550.00	620.00	40.00	460	¥88,000.00	¥178,800.00
7	E	490.00	20.00	550	¥65,000.00	¥193,500.00	500.00	22.00	540	¥70,000.00	¥188,120.00
8	F	650.00	50.00	320	¥105,000.00	¥87,000.00	640.00	45.00	360	¥100,000.00	¥114,200.00
9	G	720.00	55.00	280	¥108,000.00	¥78,200.00	725.00	54.00	290	¥109,000.00	¥85,590.00
10	合计					¥854,475.00					¥835,960.00
11	利润变化	¥-18,515.00									

图 6-11　计算利润变化

从图 6-11 中可以看出，相比上年同期，本年的销售利润减少了。

（6）在工作簿"销售数据统计表.xlsx"中新建一个名为"影响因素变化分析表"的工作表，并格式化，如图 6-12 所示。

	A	B	C	D	E
1		利润影响因素变化分析			
2	产品名称	销售单价	单位变动成本	销售数量	固定成本
3	A				
4	B				
5	C				
6	D				
7	E				
8	F				
9	G				
10	合计				
11	利润变化				

图 6-12　影响因素变化分析表

6.2.3　对利润影响因素进行测算

创建利润影响因素分析模型之后，就可以基于销售数据统计表分别计算 4 个因素对利润的影响，操作步骤如下。

（1）首先以销售单价为分析对象，分析产品的销售单价变化对利润的影响。如果其他因素保持不变，根据公式"利润变化＝本年实际总利润－上年同期总利润"和"利润＝(销售单价－单位变动成本)×销售量－固定成本"可得：

销售单价影响＝(本年实际销售单价－上年同期销售单价)×本年实际销量

在 QCP.py 中添加如下程序，计算产品的销售单价变化对利润的影响。

```python
# 获取表格
ws2 = wb["影响因素变化分析表"]
row2 = ws2.max_row  # 计算最大行
# 计算产品的销售单价变化对利润的影响
for m in range(3, row2-1):
    unit_prices = (ws.cell(row=m, column=7).value
                   - ws.cell(row=m, column=2).value)\
                   * ws.cell(row=m, column=9).value
    ws2.cell(m, column=2).value = unit_prices
```

运行程序，打开文件"量本利分析法.xlsx"，可看到计算结果如图 6-13 所示。

（2）添加如下程序，累计销售单价变化对利润的影响。计算结果如图 6-14 所示。

```python
# 累计销售单价变化对利润的影响
ws2.cell(row=row2-1, column=2).value = "=sum(B3:B9)"
```

图 6-13　计算销售单价变化对利润的影响

图 6-14　累计销售单价变化对利润的影响

从图 6-14 中可以看出，当销售单价变化时，与上年同期相比，利润增长了 2650 元。

（3）以单位变动成本为分析对象，计算单位变动成本变化对利润的影响。如果其他因素保持不变，根据公式"利润变化＝本年实际总利润－上年同期总利润"和"利润＝(单价－单位变动成本)×销售量－固定成本"可得：

单位变动成本影响＝（上年同期单位变动成本－本年单位变动成本）×本年实际销量

在 QCP.py 中添加如下程序，计算单位变动成本变化对利润的影响。结果如图 6-15 所示。

```python
# 计算单位变动成本变化对利润的影响
for m in range(3, row2-1):
    unit_variable_costs = (ws.cell(row=m, column=3).value
                           - ws.cell(row=m, column=8).value)\
                           * ws.cell(row=m, column=9).value
    ws2.cell(m, column=3).value = unit_variable_costs
```

（4）添加如下程序，累计单位变动成本变化对利润的影响。结果如图 6-16 所示。

```python
# 累计单位变动成本变化对利润的影响
ws2.cell(row=row2-1, column=3).value = "=sum(C3:C9)"
```

6.2 某企业利润的影响因素分析

图 6-15 计算单位变动成本变化对利润的影响 图 6-16 累计单位变动成本变化对利润的影响

从图 6-16 可以看出,当各种产品的单位变动成本变化时,与上年同期相比,利润下降了 3990 元。

(5)以销售数量为分析对象,计算销售数量对利润的影响。如果其他因素保持不变,根据公式"利润变化=本年实际总利润−上年同期总利润"和"利润=(单价−单位变动成本)×销售量−固定成本"可得:

销售数量影响=(本年实际销量−上年同期销量)×(上年同期销售单价−上年同期单位变动成本)

在 QCP.py 中添加如下程序,计算销售数量变化对利润的影响。结果如图 6-17 所示。

```
# 计算销售数量变化对利润的影响
for m in range(3, row2-1):
    volumns = (ws.cell(row=m, column=9).value
              - ws.cell(row=m, column=4).value)\
              * (ws.cell(row=m, column=2).value
              - ws.cell(row=m, column=3).value)
    ws2.cell(m, column=4).value = volumns
```

(6)添加如下程序,累计变化对利润的影响。结果如图 6-18 所示。

```
# 累计销售数量变化对利润的影响
ws2.cell(row=row2-1, column=4).value = "=sum(D3:D9)"
```

图 6-17 计算销售数量变化对利润的影响 图 6-18 累计销售数量对利润的影响

从图 6-18 可以看出,当产品的销售数量变化时,与上年同期相比,利润增长了 3825 元。

(7)以固定成本为分析对象,计算固定成本对利润的影响。如果其他因素保持不变,根据公式"利润变化=本年实际总利润−上年同期总利润"和"利润=(单价−单位变动成本)×销售量−固定成本"可得:

固定成本影响=上年同期固定成本−本年实际固定成本

第 6 章 企业利润管理

在 QCP.py 中添加如下程序，计算固定成本变化对利润的影响。结果如图 6-19 所示。

```
# 计算固定成本变化对利润的影响
for m in range(3, row2-1):
    fixed_costs = (ws.cell(row=m, column=5).value
                   - ws.cell(row=m, column=10).value)
    ws2.cell(m, column=5).value = fixed_costs
```

（8）添加如下程序，累计固定成本变化对利润的影响。结果如图 6-20 所示。

```
# 累计固定成本变化对利润的影响
ws2.cell(row=row2-1, column=5).value = "=sum(E3:E9)"
```

图 6-19　计算固定成本变化对利润的影响　　　图 6-20　累计固定成本变化对利润的影响

从图 6-20 可以看出，当产品的固定成本变化时，与上年同期相比，利润下降了 21000 元。

（9）添加如下程序，累计利润变化。结果如图 6-21 所示。

```
# 累计利润变化
ws2.cell(row=row2, column=2).value = "=sum(B10:E10)"
```

从图 6-21 中可以看到，企业总的销售利润比上年同期下降了 18515 元，与工作表"销售数据统计表"中的利润变化相同。也就是说，利润变化是销售单价、单位变动成本、销售数量和固定成本共同作用的结果。从图 6-21 中还可以看出，单位变动成本和固定成本的增加是利润下降的主要原因。

图 6-21　累计利润变化

6.2.4　使用图表展示分析结果

本节将使用图表更直观地展示各种因素对利润的影响。

（1）在 QCP.py 中添加如下程序，绘制条形图，展示各种影响因素对利润的影响。

6.2.4　使用图表显示分析结果

```
# 绘制条形图
ws2['G1'] = '利润影响因素分析'    # 添加标题
# 定义标题的字体和填充样式
font_style = Font(name='隶书', size=20)
fill_style = PatternFill(fill_type='solid', fgColor="42B5B8")
# 应用样式
ws2['G1'].font = font_style
ws2['G1'].fill = fill_style
```

```
ws2['G1'].alignment = Alignment(horizontal='center')   # 标题居中
# 合并单元格
ws2.merge_cells('G1:L1')
# 定义数据区域
for i in range(2, 6):
    tempdata01 = ws2.cell(row=2, column=i).value
    tempdata02 = ws2.cell(row=10, column=i).value
    ws2.cell(row=row2+2, column=i).value = tempdata01   # 写入第一行
    ws2.cell(row=row2+3, column=i).value = tempdata02   # 写入第二行
chart_data = Reference(ws2, min_row=row2+2,
                       max_row=row2+3, min_col=2, max_col=5)
# 创建条形图
chart1 = BarChart()
chart1.add_data(chart_data, titles_from_data=True)
# 定义图表类型和样式
chart1.type = "col"
chart1.style = 10
# 定义轴标签
chart1.x_axis.title = '影响因素'
chart1.y_axis.title = '金额(万元)'
# 隐藏 x 轴刻度
cats = Reference(ws2, min_col=2, min_row=1)   # 引用一个空单元格以隐藏 x 轴刻度
chart1.set_categories(labels=cats)   # 设置 x 轴刻度
# 保存图表
ws2.add_chart(chart1, "G2")
# 另存文件
wb.save('量本利分析法.xlsx')
```

（2）运行程序，打开文件"量本利分析法.xlsx"，可看到绘制的图表如图6-22所示。

图 6-22　绘制的图表

（3）在 Excel 中将提取的数据格式修改为"货币"，可以看到 Excel 表格中的负数显示为红色（参见本书配套资源中的彩图）右侧图表中表示负数的数也随之变换为红色，如图6-23所示。

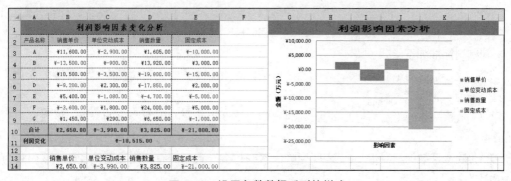

图 6-23　设置负数数据系列的样式

在图 6-23 中可以看出，单位变动成本和固定成本导致利润下降，其中固定成本是影响利润下降的主要原因。

6.3 某产品利润敏感性分析

影响利润的因素有很多，如销售单价、单位变动成本、销售数量、固定成本等。在现实经济环境中，这些因素是经常发生变动的，并且总是带有一些不确定性。有些因素增长会导致利润增长（如销售单价），而另一些因素增长会导致利润降低（如固定成本）。如何知道影响企业利润的关键因素？企业决策者如何在激烈变动的外部环境下做出正确决策？

对一个企业的管理者来说，不仅需要了解哪些因素对利润有影响，还需要了解影响利润的若干因素中，哪些因素影响大，哪些因素影响小。借助敏感性分析，企业管理者可以对此类问题有明确的认识。

本节将通过一个实例，介绍敏感性分析的方法，对某产品进行利润敏感性分析，测算目标利润是否可行。

假设某企业只生产经营一种产品，该产品的销售量为 5500 件，销售单价为 48 元，单位变动成本为 30 元，固定成本为 9000 元。该产品销售市场前景较好，通过改造，企业计划期准备按行业先进的销售利润率 30%进行目标利润规划。为保证目标利润的实现，该企业拟采取以下措施。

（1）销量扩大 20%。

（2）适当提高产品质量和包装，因而销售单价提升 10%，同时单位变动成本上升 15%。

（3）为提高销量，需增加 1000 元广告营销费用。

计算各影响因素的敏感系数，并通过测算确定该目标利润是否可行。

6.3.1 利润敏感性分析

利润敏感性分析是从众多不确定因素中找出制约利润的敏感性因素，并分析、测算其对项目经济效益评价指标（如利润、投资收益率、投资回收期等）的影响程度和敏感程度，进而判断项目承受风险能力的一种不确定性分析方法。其实质是通过逐一改变不确定因素（如销售量、销售单价、成本等）来解释项目经济效益评价指标受这些因素变动影响大小的规律。有些因素略有变化就会使利润发生很大的变化，称之为敏感因素；有些因素虽然变化幅度较大，却只对利润产生微小的影响，称为非敏感因素。

为衡量各因素对利润的影响程度，使用敏感系数指标反映敏感程度。敏感系数计算公式如下：

敏感系数=利润变动百分比/因素变动百分比

其判别标准如下：

（1）敏感系数的绝对值>1，表明当某影响因素发生变化时，利润发生更大程度的变化，该影响因素为敏感因素；

（2）敏感系数的绝对值<1，表明利润变化的幅度小于影响因素变化的幅度，该因素为非敏感因素；

（3）敏感系数的绝对值=1，表明影响因素变化会导致利润有相同程度的变化，该因素为非敏感因素。

6.3 某产品利润敏感性分析

> **注意**
> 某一因素的敏感系数为负数,表明该因素的变动与利润的变动为反向关系;反之亦然。

在掌握了各有关因素对利润的敏感程度之后,下面将讲解如何利用敏感性分析帮助企业管理者做出决策,以实现企业的既定目标。

> **注意**
> 利润敏感性分析尽管可以预测和规划项目经济效益,但没有考虑影响因素发生变化的概率,在分析计算中有相当大的主观随意性,因而要事先做好调查研究工作,充分注意各种因素之间存在的依赖关系。

6.3.2 建立利润敏感性分析模型

在实际运用中,为事先了解各因素的变化对利润的影响情况,便于利润预测和管理,各因素的敏感系数必须根据基期的有关数据直接测算。

6.3.2 建立利润敏感性分析模型

(1)在进行利润敏感性分析之前,在 Excel 工作簿"销售数据统计表.xlsx"中新建一个名为"利润敏感性分析"的工作表,设计利润敏感性分析模型,并录入基期数据及其变动幅度,如图 6-24 所示。

	A	B	C	D	E	F
1	利润敏感性分析模型					
2	已知条件		因素变化情况			
3	因素	初始值	变化后数值	变动幅度	变化幅度选择控件	
4	销售单价(元)	48		10.0%		
5	单位变动成本(元/件)	30		15.00%		
6	销售数量(件)	5500		20.00%		
7	固定成本(元)	¥9,000.00		11.11%		
8	目标利润(元)					

图 6-24 建立利润敏感性分析模型表样

(2)启动 PyCharm,打开项目 ch06,在项目中新建一个名为 profitSensitivity.py 的 Python 文件。

(3)在命令编辑窗口中编写如下程序,计算目标利润。

```python
# /usr/bin/env python3
# -*- coding: UTF-8 -*-
import pandas as pd
from matplotlib import pyplot as plt
import openpyxl as op

plt.rcParams['font.family'] = 'SimHei'           # 设置中文字体
plt.rcParams['axes.unicode_minus'] = False       # 中文字体状态下负号(-)正常显示
pd.options.display.float_format = '{:,.2f}'.format    # 显示两位小数
# 定义.xlsx 文件路径和名称
file = '销售数据统计表.xlsx'
# 加载工作簿
wb = op.load_workbook(file)
# 根据表名获取表格
```

```python
ws = wb["利润敏感性分析"]
# 计算目标利润
# 利润=(销售单价-单位变动成本)×销售数量-固定成本
ws['B8'].value = "=(B4-B5)*B6-B7"
# 另存文件
wb.save('量本利分析法.xlsx')
```

运行程序，打开文件"量本利分析法.xlsx"，在工作表"利润敏感性分析"的B8单元格中可以看到基础方案的目标利润计算结果，如图6-25所示。

图 6-25 计算基础方案的目标利润

（4）在profitSensitivity.py中添加如下程序，计算各因素变化后的数值。

```python
# 计算各因素变化后的数值
for i in range(4, 8):
    temp = ws['B%d' % i].value * (1 + ws['D%d' % i].value)
    ws.cell(row=i, column=3).value = temp
```

运行程序，打开文件"量本利分析法.xlsx"，在工作表"利润敏感性分析"的C4:C7单元格区域中可以看到各影响因素变化后的数值，如图6-26所示。

图 6-26 计算各因素变化后的数值

至此，基础数据录入完毕，接下来可以基于该表分别查看单因素变动和多因素变动对利润的影响。

6.3.3 查看单因素变动对利润的影响

一定时期内，企业可实现的利润是由产品的销售数量、销售单价、单位变动成本及固定成本等因素决定的。这些因素中的任何一个发生变化，都会对利润产生不同程度的影响。因此，常规条件下的敏感系数就是计算上述某一因素单独发生变化时对利润影响程度的指标。

测算单因素变动对利润的影响的操作步骤如下。

（1）在工作表"利润敏感性分析"中创建单因素变动对利润的影响测算表，并设置单元格使用数字格式，格式化表样，如图 6-27 所示。

	A	B	C	D	E	F
1	利润敏感性分析模型					
2	已知条件		因素变化情况			
3	因素	初始值	变化后数值	变动幅度	变化幅度选择控件	
4	销售单价（元）	48	52.80	10.0%		
5	单位变动成本（元/件）	30	34.50	15.00%		
6	销售数量（件）	5500	6600.00	20.00%		
7	固定成本（元）	¥9,000.00	10000.00	11.11%		
8	目标利润（元）	¥90,000.00				
9	单因素变动对利润的影响					
10	影响因素	因素变动幅度	变动后的利润	利润变动额	利润变动幅度	敏感系数
11	销售单价（元）					
12	单位变动成本（元/件）					
13	销售数量（件）					
14	固定成本（元）					

图 6-27　创建单因素变动对利润的影响测算表

（2）在命令编辑窗口中编写如下程序，录入因素变动幅度。

```
# 录入因素变动幅度
for i in range(11, 15):
    ws['B%d' % i].value = ws['D%d' % (i-7)].value
```

运行程序，打开文件"量本利分析法.xlsx"，在工作表"利润敏感性分析"的 B11:B14 单元格区域中可以看到各影响因素的变动幅度，如图 6-28 所示。

	A	B	C	D	E	F
1	利润敏感性分析模型					
2	已知条件		因素变化情况			
3	因素	初始值	变化后数值	变动幅度	变化幅度选择控件	
4	销售单价（元）	48	52.80	10.0%		
5	单位变动成本（元/件）	30	34.50	15.00%		
6	销售数量（件）	5500	6600.00	20.00%		
7	固定成本（元）	¥9,000.00	10000.00	11.11%		
8	目标利润（元）	¥90,000.00				
9	单因素变动对利润的影响					
10	影响因素	因素变动幅度	变动后的利润	利润变动额	利润变动幅度	敏感系数
11	销售单价（元）	10.00%				
12	单位变动成本（元/件）	15.00%				
13	销售数量（件）	20.00%				
14	固定成本（元）	11.11%				

图 6-28　录入因素变动幅度

（3）添加如下程序，计算各影响因素单独变动后的利润。

```
# 计算销售单价变动后的利润
ws['C11'].value = "=(C4-B5)*B6-B7"
# 计算单位变动成本变动后的利润
ws['C12'].value = "=(B4-C5)*B6-B7"
# 计算销售数量变动后的利润
ws['C13'].value = "=(B4-B5)*C6-B7"
# 计算固定成本变动后的利润
ws['C14'].value = "=(B4-B5)*B6-C7"
```

运行程序，打开文件"量本利分析法.xlsx"，在工作表"利润敏感性分析"的 C11:C14 单元格区域中可以看到各影响因素单独变动后的利润，如图 6-29 所示。

第6章 企业利润管理

	A	B	C	D	E	F
1	利润敏感性分析模型					
2	已知条件		因素变化情况			
3	因素	初始值	变化后数值	变动幅度	变化幅度选择控件	
4	销售单价（元）	48	52.80	10.0%		
5	单位变动成本（元/件）	30	34.50	15.00%		
6	销售数量（件）	5500	6600.00	20.00%		
7	固定成本（元）	¥9,000.00	10000.00	11.11%		
8	目标利润（元）	¥90,000.00				
9	单因素变动对利润的影响					
10	影响因素	因素变动幅度	变动后的利润	利润变动额	利润变动幅度	敏感系数
11	销售单价（元）	10.00%	¥116,400.00			
12	单位变动成本（元/件）	15.00%	¥65,250.00			
13	销售数量（件）	20.00%	¥109,800.00			
14	固定成本（元）	11.11%	¥89,000.00			

图 6-29　计算各影响因素单独变动后的利润

（4）添加如下程序，计算各影响因素单独变动后的利润变动额。结果如图 6-30 所示。

```
# 计算利润变动额
# 利润变动额=变动后的利润-目标利润
ws['D11'].value = "=C11-B8"    # 销售单价变动
ws['D12'].value = "=C12-B8"    # 单位变动成本变动
ws['D13'].value = "=C13-B8"    # 销售数量变动
ws['D14'].value = "=C14-B8"    # 固定成本变动
```

	A	B	C	D	E	F
1	利润敏感性分析模型					
2	已知条件		因素变化情况			
3	因素	初始值	变化后数值	变动幅度	变化幅度选择控件	
4	销售单价（元）	48	52.80	10.0%		
5	单位变动成本（元/件）	30	34.50	15.00%		
6	销售数量（件）	5500	6600.00	20.00%		
7	固定成本（元）	¥9,000.00	10000.00	11.11%		
8	目标利润（元）	¥90,000.00				
9	单因素变动对利润的影响					
10	影响因素	因素变动幅度	变动后的利润	利润变动额	利润变动幅度	敏感系数
11	销售单价（元）	10.00%	¥116,400.00	¥26,400.00		
12	单位变动成本（元/件）	15.00%	¥65,250.00	¥-24,750.00		
13	销售数量（件）	20.00%	¥109,800.00	¥19,800.00		
14	固定成本（元）	11.11%	¥89,000.00	¥-1,000.00		

图 6-30　计算利润变动额

（5）添加如下程序，计算利润变动幅度。结果如图 6-31 所示。

```
# 计算利润变动幅度
# 利润变动幅度=利润变动额/目标利润
ws['E11'].value = "=D11/B8"    # 销售单价变动
ws['E12'].value = "=D12/B8"    # 单位变动成本变动
ws['E13'].value = "=D13/B8"    # 销售数量变动
ws['E14'].value = "=D14/B8"    # 固定成本变动
```

（6）添加如下程序，在 F11:F14 单元格区域中分别计算销售单价、单位变动成本、销售数量和固定成本的敏感系数。结果如图 6-32 所示。

```
# 计算各影响因素的敏感系数
# 影响因素的敏感系数=利润变动幅度/影响因素变动幅度
ws['F11'].value = "=E11/B11"    # 销售单价
ws['F12'].value = "=E12/B12"    # 单位变动成本
```

```
ws['F13'].value = "=E13/B13"    # 销售量
ws['F14'].value = "=E14/B14"    # 固定成本
```

	A	B	C	D	E	F
1	利润敏感性分析模型					
2	已知条件		因素变化情况			
3	因素	初始值	变化后数值	变动幅度	变化幅度选择控件	
4	销售单价(元)	48	52.80	10.0%		
5	单位变动成本(元/件)	30	34.50	15.00%		
6	销售数量(件)	5500	6600.00	20.00%		
7	固定成本(元)	¥9,000.00	10000.00	11.11%		
8	目标利润(元)	¥90,000.00				
9	单因素变动对利润的影响					
10	影响因素	因素变动幅度	变动后的利润	利润变动额	利润变动幅度	敏感系数
11	销售单价(元)	10.00%	¥116,400.00	¥26,400.00	29.33%	
12	单位变动成本(元/件)	15.00%	¥65,250.00	¥-24,750.00	-27.50%	
13	销售数量(件)	20.00%	¥109,800.00	¥19,800.00	22.00%	
14	固定成本(元)	11.11%	¥89,000.00	¥-1,000.00	-1.11%	

图 6-31 计算利润变动幅度

	A	B	C	D	E	F
1	利润敏感性分析模型					
2	已知条件		因素变化情况			
3	因素	初始值	变化后数值	变动幅度	变化幅度选择控件	
4	销售单价(元)	48	52.80	10.0%		
5	单位变动成本(元/件)	30	34.50	15.00%		
6	销售数量(件)	5500	6600.00	20.00%		
7	固定成本(元)	¥9,000.00	10000.00	11.11%		
8	目标利润(元)	¥90,000.00				
9	单因素变动对利润的影响					
10	影响因素	因素变动幅度	变动后的利润	利润变动额	利润变动幅度	敏感系数
11	销售单价(元)	10.00%	¥116,400.00	¥26,400.00	29.33%	2.93
12	单位变动成本(元/件)	15.00%	¥65,250.00	¥-24,750.00	-27.50%	-1.83
13	销售数量(件)	20.00%	¥109,800.00	¥19,800.00	22.00%	1.10
14	固定成本(元)	11.11%	¥89,000.00	¥-1,000.00	-1.11%	-0.10

图 6-32 计算各影响因素的敏感系数

从图 6-32 可以看出,销售单价的敏感系数最大,其次是销售数量。

一般而言,在对利润产生影响的各因素中,敏感系数的排列有如下的规律:

① 销售单价的敏感系数一般应该是最大的;

② 在不亏损状态下,敏感系数最小的因素,不是单位变动成本就是固定成本,不可能是销售数量;

③ 销售单价的敏感系数与单位变动成本的敏感系数绝对值之差等于销售数量的敏感系数;

④ 销售数量的敏感系数与固定成本的敏感系数绝对值之差等于1。

6.3.4 查看多因素变动对利润的影响

在 6.3.3 节的分析中,总是假定只有一个不确定因素发生变化,其他因素不变,这属于单因素敏感性分析。现实经济生活中,计划期与基期相比,更常出现的是几个因素同时发生变化的情况,即多因素变动共同对利润产生影响。

6.3.4 查看多因素变动对利润的影响

本节将介绍多因素变动对利润的影响，操作步骤如下。

（1）设计表样，并设置单元格使用数字格式，效果如图 6-33 所示。

	A	B	C	D	E	F
1			利润敏感性分析模型			
2	已知条件		因素变化情况			
3	因素	初始值	变化后数值	变动幅度	变化幅度选择控件	
4	销售单价（元）	48	52.80	10.0%		
5	单位变动成本（元/件）	30	34.50	15.00%		
6	销售数量（件）	5500	6600.00	20.00%		
7	固定成本（元）	¥9,000.00	10000.00	11.11%		
8	目标利润（元）	¥90,000.00				
9			单因素变动对利润的影响			
10	影响因素	因素变动幅度	变动后的利润	利润变动额	利润变动幅度	敏感系数
11	销售单价（元）	10.00%	¥116,400.00	¥26,400.00	29.33%	2.93
12	单位变动成本（元/件）	15.00%	¥65,250.00	¥-24,750.00	-27.50%	-1.83
13	销售数量（件）	20.00%	¥109,800.00	¥19,800.00	22.00%	1.10
14	固定成本（元）	11.11%	¥89,000.00	¥-1,000.00	-1.11%	-0.10
15			多因素变动对利润的影响			
16	基础方案的利润	变动后的利润	利润变动额	利润变动幅度		
17						

图 6-33　设计多因素敏感性分析表样

（2）在命令编辑窗口中编写如下程序，在 A17:D17 单元格区域计算基础方案的利润、变动后的利润、利润变动额以及利润变动幅度。结果如图 6-34 所示。

```
# 多因素敏感性分析
ws['A17'].value = ws['B8'].value         # 计算基础方案的利润
ws['B17'].value = "=(C4-C5)*C6-C7"       # 计算变动后的利润
ws['C17'].value = "=B17-A17"             # 计算利润变动额
ws['D17'].value = "=C17/A17"             # 计算利润变动幅度
```

	A	B	C	D	E	F
1			利润敏感性分析模型			
2	已知条件		因素变化情况			
3	因素	初始值	变化后数值	变动幅度	变化幅度选择控件	
4	销售单价（元）	48	52.80	10.0%		
5	单位变动成本（元/件）	30	34.50	15.00%		
6	销售数量（件）	5500	6600.00	20.00%		
7	固定成本（元）	¥9,000.00	10000.00	11.11%		
8	目标利润（元）	¥90,000.00				
9			单因素变动对利润的影响			
10	影响因素	因素变动幅度	变动后的利润	利润变动额	利润变动幅度	敏感系数
11	销售单价（元）	10.00%	¥116,400.00	¥26,400.00	29.33%	2.93
12	单位变动成本（元/件）	15.00%	¥65,250.00	¥-24,750.00	-27.50%	-1.83
13	销售数量（件）	20.00%	¥109,800.00	¥19,800.00	22.00%	1.10
14	固定成本（元）	11.11%	¥89,000.00	¥-1,000.00	-1.11%	-0.10
15			多因素变动对利润的影响			
16	基础方案的利润	变动后的利润	利润变动额	利润变动幅度		
17	¥90,000.00	¥110,780.00	¥20,780.00	23.09%		

图 6-34　计算多因素变动对利润的影响

至此，多因素变动对利润的影响测算完毕。从图 6-34 可以看出，如果企业销售单价提升 10%，单位变动成本提升 15%，销量数量提高 20%，固定成本增加 1000 元，得到的目标利润为 110780 元（即 B17 单元格中的数据）。

接下来比较预定的目标利润与测算出的目标利润，确定能否达到预期目标利润。

（3）添加如下程序，计算预期目标利润。

```
# 计算预期目标利润
ws['E16'].value = "=B8*(1+30%)"
```

然后打开运行后的文件，合并单元格区域 E10:F16，格式化单元格并设置数字格式为"货币"后的效果如图 6-35 所示。

	A	B	C	D	E	F
4	销售单价（元）	48	52.80	10.0%		
5	单位变动成本（元/件）	30	34.50	15.00%		
6	销售数量（件）	5500	6600.00	20.00%		
7	固定成本（元）	¥9,000.00	10000.00	11.11%		
8	目标利润（元）	¥90,000.00				
9	单因素变动对利润的影响					
10	影响因素	因素变动幅度	变动后的利润	利润变动额	利润变动幅度	敏感系数
11	销售单价（元）	10.00%	¥116,400.00	¥26,400.00	29.33%	2.93
12	单位变动成本（元/件）	15.00%	¥65,250.00	¥-24,750.00	-27.50%	-1.83
13	销售数量（件）	20.00%	¥109,800.00	¥19,800.00	22.00%	1.10
14	固定成本（元）	11.11%	¥89,000.00	¥-1,000.00	-1.11%	-0.10
15	多因素变动对利润的影响					
16	基础方案的利润	变动后的利润	利润变动额	利润变动幅度	¥117,000.00	
17	¥90,000.00	¥110,780.00	¥20,780.00	23.09%		

图 6-35 测算预期目标利润

（4）添加如下程序，通过比较预期目标利润和多因素变动后的利润，判断该企业的销售计划能否达到预期目标利润。

```
# 判断销售计划能否达到预期目标利润
if ws['B17'].value >= ws['E16'].value:
    print("销售计划能达到预期目标利润！")
else:
    print("销售计划不能达到预期目标利润！")
```

运行程序，在控制台中可以看到运行结果如图 6-36 所示。

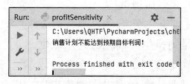

图 6-36 运行结果

通过比较 E16 单元格和 B17 单元格中的数据，或从运行结果可以看到，按照该企业的销售计划，并不能达到预期目标利润。

第7章 企业成本管理

成本是商品经济的价值范畴,是指企业为进行生产经营活动或达到一定的目的而必须耗费的资源的货币表现,是反映企业生产经营管理水平高低的一项重要指标。随着生产日益社会化和现代化,企业规模不断扩大,工艺过程愈加复杂,生产过程中某一环节或者某一短暂时期内的生产成本一旦失去控制,就有可能给企业造成不可挽回的经济损失。因此,为了防止成本管理的失控现象的出现,必须科学地预见生产成本的趋势,以便在此基础上采取有效措施,进行成本管理。

成本管理就是在企业预算的基础上,根据企业的经营目标,在成本预测、成本决策、测定目标成本的基础上,进行目标成本的分解、控制分析、考核、评价的一系列成本管理工作,是企业管理的一个重要组成部分。企业的经营管理离不开两件事:提升营业额和降低成本。良好的成本管理可以降低产品成本,提高企业生产能力和资源利用率,提高企业的市场竞争力,有利于企业的持续发展和改进,从而提高企业的盈利能力。

本章将通过实例着重介绍企业生产成本预测和分析的常用方法。

7.1 生产成本预测

生产成本是指企业在生产过程中为生产一定种类、一定数量的产品,或提供劳务而产生的各项成本,是生产过程中各种资源利用情况的货币表示。企业原材料消耗水平、设备利用好坏、劳动生产率的高低、产品技术水平是否先进等,都会通过生产成本反映出来。

在市场经济下,生产成本是衡量生产消耗的补偿尺度,企业必须以产品销售收入抵补产品生产过程中的各项支出,才能确定盈利。因此,在企业成本管理中,生产成本的控制是一项极其重要的工作,其首要任务就是要认真开展成本预测工作,规划一定时期的成本水平和成本目标,对比分析实现成本目标的各项方案,进行最有效的成本决策。

所谓成本预测,就是在科学的理论指导下,根据成本特性和大量的经济信息资料,分析影响成本的各种因素及其影响程度,掌握成本的变化趋势与规律,选择恰当的预测方法,对成本的未来发展趋势或状况进行估计,为企业的决策、计划服务,以提高生产经营综合经济效益的一种会计预测。

成本预测的步骤如图 7-1 所示。

在这里要提请读者注意的是,图 7-1 中所示的成本预测的步骤表示的只是单个成本预测过程,要达到最终确定的正式成本目标,必须经过多次的预测、比较以及对初步成本目标的不断修改、完善。

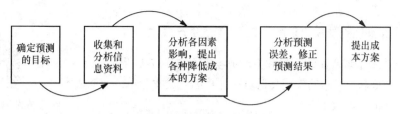

图 7-1　成本预测的步骤

目前，世界各国普遍采用的一种成本计算方法是生产成本法，即只将生产经营过程中发生的直接材料费用、直接人工费用和制造费用计入产品成本，而管理费用、财务费用和销售费用不计入产品成本，而是作为当期费用直接计入当期损益。

> **说明**
>
> 直接材料费用是指在生产过程中的劳动对象的相关费用，直接材料通过加工可成为半成品或成品，包括原材料、辅助材料、备品备件、燃料及动力等。
>
> 直接人工费用是指企业在生产产品和提供劳务过程中，直接从事产品生产和劳务提供的工人的工资、津贴、补贴和福利及社保等。
>
> 制造费用是指生产过程中使用的厂房、机器、车间及设备等设施及机物料和辅料等相关费用，包括车间管理员工资、设备折旧费、维修费及其他制造费用，如办公费、差旅费、劳保费等。

常见的生产成本预测方法有历史成本分析法、因素分析法、利润推算法以及比例分析法。本节将简要介绍历史成本分析法、因素分析法和利润推算法的原理，以及预测成本的一般步骤。

7.1.1　历史成本分析法预测成本

历史成本分析法是指根据一系列已经发生的历史成本的有关资料来预计和推测未来一定期间的固定成本和单位变动成本的方法。使用历史成本分析法预测成本，一般假定产品成本在一定的生产规模范围内与产品产量之间呈线性关系。

确定固定成本与单位变动成本的方法主要有高低点法和回归直线法两种。

1. 高低点法

高低点法指在若干连续时期中，利用代数式 $y=a+bx$，选用历史成本数据中的最高业务量与最低业务量所在的两个时点的总成本（或总费用）之差 $\triangle y$，与这两个时点的业务量之差 $\triangle x$ 进行对比，求得单位变动成本 b 和固定成本 a 的一种分解半变动成本的方法。

其中，y 表示一定期间某项半变动成本总额，x 表示业务量，a 表示半变动成本中的固定成本，b 表示半变动成本中依一定比率随业务量变动的部分（或单位变动成本）。从代数式可以得出：$b=\triangle y/\triangle x$，即

单位变动成本（b）=（最高业务量成本−最低业务量成本）/（最高业务量−最低业务量）
　　　　　　　　　=高低点成本之差/高低点业务量之差

从而可以求解固定成本 a，即

固定成本（a）=最高产量成本−单位变动成本（b）×最高产量

或者：固定成本（a）=最低产量成本−单位变动成本（b）×最低产量

第 7 章 企业成本管理

实例 70：高低点法预测某产品 2023 年的生产成本

某企业 2022 年某产品的产量和生产成本资料如图 7-2 所示，2023 年预计产量为 6000 台。本实例使用高低点法计算固定成本和单位变动成本，并预测 2023 年的生产成本。

操作步骤如下。

（1）启动 PyCharm，新建一个名为 ch07 的 Python 项目，在项目中加载模块库 pandas、NumPy 和 Matplotlib。然后在该项目中新建一个名为 highLowMethod.py 的 Python 文件。

（2）打开 Excel，依据历史资料数据创建工作表，如图 7-3 所示。然后将工作簿保存在 Python 项目 ch07 文件夹下，命名为"某产品产量和成本数据.xlsx"。

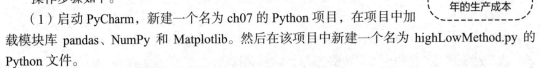

图 7-2 某企业 2022 年某产品产量和生产成本资料　　　图 7-3 创建工作表

（3）在命令编辑窗口中编写如下程序，计算最高业务量（即图 7-3 中的"最低产量"）和最高业务量成本（即图 7-3 中的"最低成本"）。

```python
# /usr/bin/env python3
# -*- coding: UTF-8 -*-
import pandas as pd
import numpy as np
from matplotlib import pyplot as plt
import openpyxl as op

plt.rcParams['font.family'] = 'SimHei'  # 设置中文字体
plt.rcParams['axes.unicode_minus'] = False  # 中文字体状态下负号（-）正常显示
# DataFrame 显示为两位小数
pd.options.display.float_format = '{:,.2f}'.format

# 定义.xlsx 文件路径和名称
file = '某产品产量和成本数据.xlsx'
# 加载工作簿
wb = op.load_workbook(file, data_only=True)
# 根据表名获取表格
ws = wb["历史成本分析法预测成本"]
row = ws.max_row  # 计算最大行
# 读取 Excel 文件，第二行为表头
data = pd.read_excel(file, skiprows=1)


def get_rows(data: pd.DataFrame, col: str, target: str):
    """
    根据要查找的目标，返回其在 Excel 文件中的位置
```

```
data: Excel 数据
col: 列名
target: 要查找的目标
return: 返回在 Excel 文件中的行号
"""
    data_list = np.array(data[col]).tolist()
    for i in range(len(data_list)):
        if data_list[i] == target:
            return i+3
    return []

# 获取最高业务量对应的行号
colname = "产量（台）"
target = max(data[colname])
rownum = get_rows(data, colname, target)

# 计算最高业务量
high_volume = ws['B%d' % rownum].value
ws['F2'].value = high_volume

# 计算最高业务量成本
high_cost = ws['C%d' % rownum].value
ws['F3'].value = high_cost

# 另存文件
newfile = '预测生产成本.xlsx'
wb.save(newfile)
```

运行程序，打开保存的文件"预测生产成本.xlsx"，即可看到计算结果，如图 7-4 所示。

	A	B	C		E	F
1		2022年某产品产量和成本			高低点法预测成本	
2	月份	产量（台）	生产成本（元）		最高产量（台）	510
3	1	360	6100		最高成本（元）	7600
4	2	420	6700		最低产量（台）	
5	3	380	6300		最低成本（元）	
6	4	435	6850		单位变动成本（元/台）	
7	5	485	7350		固定成本（元）	
8	6	490	7400		2023年预计产量（台）	
9	7	395	6450		2023年预测成本（元）	
10	8	460	7100			
11	9	440	6900			
12	10	490	7400			
13	11	510	7600			
14	12	470	7200			

图 7-4 计算最高产量和最高成本

在计算最高产量和最高成本之前，先定义了一个函数 get_rows，用于查找指定值在表格中的行号。然后使用 max 函数返回最高产量，作为参数 target 代入 get_rows 函数，返回最高产量在表格中的行号。最高产量所在行对应的生产成本，即为高低点法中最高业务量对应的成本。

（4）在命令编辑窗口中添加如下程序，计算最低业务量（即图 7-4 中的"最低产量"）和最低业务量成本（即图 7-4 中的"最低成本"）。

```
# 获取最低业务量对应的行号
target_min = min(data[colname])
row_min = get_rows(data, colname, target_min)

# 计算最低业务量
low_volume = ws['B%d' % row_min].value
ws['F4'].value = low_volume
```

```
# 计算最低业务量成本
low_cost = ws['C%d' % row_min].value
ws['F5'].value = low_cost
```

运行结果如图 7-5 所示。

	A	B	C	D	E	F
1		2022年某产品产量和成本			高低点法预测成本	
2	月份	产量（台）	生产成本（元）		最高产量（台）	510
3	1	360	6100		最高成本（元）	7600
4	2	420	6700		最低产量（台）	360
5	3	380	6300		最低成本（元）	6100
6	4	435	6850		单位变动成本（元/台）	
7	5	485	7350		固定成本（元）	
8	6	490	7400		2023年预计产量（台）	
9	7	395	6450		2023年预测成本（元）	
10	8	460	7100			
11	9	440	6900			
12	10	490	7400			
13	11	510	7600			
14	12	470	7200			

图 7-5　计算最低产量和最低成本

（5）在命令编辑窗口中添加如下程序，计算单位变动成本、固定成本和预测成本。

```
# 单位变动成本＝高低点成本之差/高低点业务量之差
ws['F6'].value = "=(F3-F5)/(F2-F4)"
# 固定成本＝最高产量成本－单位变动成本×最高产量
ws['F7'].value = "=F3-F6*F2"
# 录入预计产量
ws['F8'].value = 6000
# 预测成本
ws['F9'].value = "=F7+F6*F8"
```

运行结果如图 7-6 所示。

	A	B	C	D	E	F
1		2022年某产品产量和成本			高低点法预测成本	
2	月份	产量（台）	生产成本（元）		最高产量（台）	510
3	1	360	6100		最高成本（元）	7600
4	2	420	6700		最低产量（台）	360
5	3	380	6300		最低成本（元）	6100
6	4	435	6850		单位变动成本（元/台）	10
7	5	485	7350		固定成本（元）	2500
8	6	490	7400		2023年预计产量（台）	6000
9	7	395	6450		2023年预测成本（元）	62500
10	8	460	7100			
11	9	440	6900			
12	10	490	7400			
13	11	510	7600			
14	12	470	7200			

图 7-6　高低点法预测生产成本

用高低点法分解半变动成本简便、易算，只要有两个不同时期的业务量和成本，就可求解，使用较为广泛。但这种方法只依据最高、最低业务量所在的两个时点的资料，而不考虑两点之间业务量和成本的变化，计算结果往往不够精确。

2．回归直线法

回归直线法又称一元直线回归法，是根据两个变量之间的因果关系，从已知的自变量数值预测一个因变量数值的一种经济分析方法。回归直线法预测成本是指根据若干期业务量和资金占用的历史成本资料，运用"回归直线的误差平方和最小"原理计算能代表平均成本水平的直线截距和斜率，分别作为固定成本和单位变动成本。

例如，以业务量 x 为自变量，成本 y 为因变量，它们之间的线性关系可用下式表示：

$$y=a+bx$$

其中，a 为固定成本，b 为单位变动成本。

利用成本与业务量的关系表达式，可以掌握成本在一定条件下的增减变动趋势，公式如下：

$$\sum y = na + b\sum x$$
$$\sum xy = a\sum x + b\sum x^2$$

由此得到 a 和 b 的公式如下：

$$b = \frac{n\sum xy - \sum x \sum y}{n\sum x^2 - (\sum x)^2}$$

$$a = \frac{\sum x^2 \sum y - \sum x \sum xy}{n\sum x^2 - (\sum x)^2}$$

从上面的公式可以看到，回归直线法分解半变动成本在理论上比较科学、健全，计算结果也很精确，但是，计算过程比较烦琐，计算工作量较大。在 Python 中，可以使用 stats.linregress 函数便捷地计算固定成本和单位变动成本。

stats.linregress 函数是 scikit-learn 的统计模块中的一个高度专门化的线性回归函数，只对计算两组测量值的最小二乘回归进行优化，进行简单的线性回归分析。在机器学习中，scikit-learn 是一个十分流行的 Python 库，常用于调用线性模型来拟合数据。

stats.linregress 函数的使用方法如下：

```
stats.linregress(x, y=None, alternative='two-sided')
```

除了返回已拟合的系数（斜率）和截距，该函数还会返回基本的统计学值，如 R 系数与标准差。参数说明如下。

- x、y：类数组（array_like），即两组测量数据。两个数组应该具有相同的长度。如果只给定 x，则 x 必须是一个二维数组，其中一维的长度为 2。然后通过沿长度为 2 的维度拆分数组来找到两组测量值。在这种情况下，y=None，x 是一个 2×2 数组，linregress(x) 相当于 linregress(x[0], x[1])。
- alternative：替代假设，可选参数，取值为'two-sided'、'less'、'greater'，默认为'two-sided'。'two-sided'指定回归线的斜率非 0；'less'指定回归线的斜率小于 0；'greater'指定回归线的斜率大于 0。

返回值是一个 LinregressResult 实例，具有以下属性。

- slope：回归线的斜率，浮点数。
- intercept：回归线的截距，浮点数。
- rvalue：皮尔逊相关系数，浮点数。该值的平方等于决定系数。
- pvalue：p 值，浮点数，用于假设检验，其原假设是斜率为 0，使用具有检验统计量的 t 分布的沃尔德检验。
- stderr：在残差正态性假设下，估计斜率（梯度）的标准误差，浮点数。本质上，该值就是用户数据的梯度拟合度,数值越高表示精度越低,并非传统统计中的标准差。
- intercept_stderr:在残差正态性假设下,估计截距的标准误差,浮点数。

实例 71:回归直线法预测生产成本

实例 71:回归直线法预测生产成本

本实例继续使用上一个实例的数据,使用回归直线法预测生产成本。为便于读者查阅代码,将新建一个 Python 文件编写程序。

操作步骤如下。

(1)在工作表"历史成本分析法预测成本"中创建回归直线法预测表格,如图 7-7 所示。

图 7-7 预测表格

(2)启动 PyCharm,在项目 ch07 中新建一个名为 lineRegression.py 的 Python 文件。

(3)在 PyCharm 的菜单栏中选择"File→Settings"菜单项,打开"Settings"对话框。在左侧的列表框中展开"Project:ch07"→"Python Interpreter"节点,在打开的搜索框中输入 scikit-learn,左侧的列表中自动选择需要安装的模块,单击"Install Package"按钮,安装 scikit-learn 模块。安装完成后,关闭对话框。

(4)在命令编辑窗口中编写以下程序,使用回归直线法预测成本。

```
# /usr/bin/env python3
# -*- coding: UTF-8 -*-
import pandas as pd
from matplotlib import pyplot as plt
import openpyxl as op
from scipy import stats

plt.rcParams['font.family'] = 'SimHei'    # 设置中文字体
plt.rcParams['axes.unicode_minus'] = False    # 中文字体状态下负号(-)正常显示
# DataFrame 显示为两位小数
pd.options.display.float_format = '{:,.2f}'.format

# 定义.xlsx 文件路径和名称
file = '某产品产量和成本数据.xlsx'
# 加载工作簿
wb = op.load_workbook(file, data_only=True)
# 根据表名获取表格
ws = wb["历史成本分析法预测成本"]
row = ws.max_row    # 计算最大行
# 读取 Excel 文件,第二行为表头
data = pd.read_excel(file, skiprows=1)
# 创建数组
```

```
x = data["产量（台）"]
y = data["生产成本（元）"]
# 返回线性回归的一些重要属性（只能输出前 5 个参数，不能直接输出 intercept_stderr）
slope, intercept, rvalue, pvalue, stderr = stats.linregress(x, y)
# 计算单位变动成本，即线性回归方程的斜率 slope
ws['F12'].value = slope
# 计算固定成本，即线性回归方程的截距 intercept
ws['F13'].value = intercept
# 录入预计产量
ws['F8'].value = 6000
# 预测成本
ws['F14'].value = "=F12*F8+F13"
# 另存文件
newfile = '预测生产成本.xlsx'
wb.save(newfile)
```

返回的 slope 是直线上任意两点的垂直距离与水平距离的比率，即线性回归方程的斜率，也就是单位变动成本。返回的 intercept 是一元线性回归方程的截距，即固定成本。然后将斜率和截距代入计算回归方程，即可得到预测成本。

（5）运行程序，打开保存的文件“预测生产成本.xlsx”，在单元格区域 F12:F14 中可看到计算结果，如图 7-8 所示。

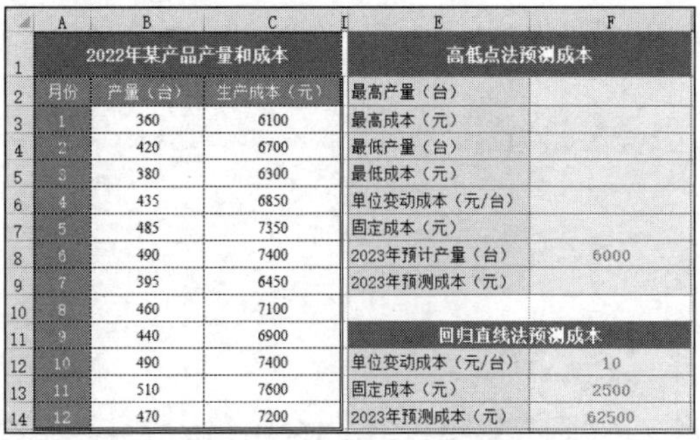

	A	B	C	E	F
1	2022年某产品产量和成本			高低点法预测成本	
2	月份	产量（台）	生产成本（元）	最高产量（台）	
3	1	360	6100	最高成本（元）	
4	2	420	6700	最低产量（台）	
5	3	380	6300	最低成本（元）	
6	4	435	6850	单位变动成本（元/台）	
7	5	485	7350	固定成本（元）	
8	6	490	7400	2023年预计产量（台）	6000
9	7	395	6450	2023年预测成本（元）	
10	8	460	7100		
11	9	440	6900	回归直线法预测成本	
12	10	490	7400	单位变动成本（元/台）	10
13	11	510	7600	固定成本（元）	2500
14	12	470	7200	2023年预测成本（元）	62500

图 7-8　回归直线法预测成本

7.1.2　因素分析法预测成本

因素分析法是将某一综合性指标分解为各个相互关联的因素，测定这些因素对综合性指标差额的影响程度的一种统计分析方法。因素分析法的最大功用，就是运用数学方法对可观测的事物在其发展中所表现出的外部特征和可观测事物之间的联系进行由表及里、由此及彼、去粗取精、去伪存真的处理，从而得出客观事物普遍本质的概括。使用因素分析法可以使复杂的研究课题大为简化，并保持其基本的信息量。

因素分析法包括连环替代法、差额分析法、指标分解法、定基替代法等。运用因素分析法的一般流程如下。

（1）确定需要分析的指标。

（2）确定影响该指标的各因素及其与该指标的关系。

在分解财务指标时，应注意财务指标的组成因素应能够反映形成该指标差异的内在构成原因，否则，计算的结果就不准确。例如，材料费用指标可分解为产品产量、单位消耗量（简称单耗）与单价的乘积，但不能分解为生产该产品的天数、每天用料量与产品产量的乘积。因为这种分解方式不能全面反映产品材料费用的构成情况。

（3）计算确定各个因素影响的程度数值。

计算财务指标的实际数与基期数，这两个指标的差额就是要分析的对象。将各因素变动对财务指标影响程度的数值相加，应与该财务指标实际数与基期数的差额（即分析对象）相等。

简而言之，因素分析法是确定影响因素，测量其影响程度，查明指标变动原因的一种分析方法。下面简要介绍连环替代法和差额分析法。

1. 连环替代法

连环替代法是将分析指标分解为各个可以计量的因素，并根据各个因素之间的依存关系，顺次用各因素的实际数（通常为实际值）替代基期数（通常为标准值或计划值），据此测定各因素对分析指标的影响。

假设某一分析指标 M 由相互联系的 A、B、C 这 3 个因素相乘得到，实际指标和计划指标分别如下。

实际指标为：$M_1=A_1 \times B_1 \times C_1$。

计划指标为：$M_0=A_0 \times B_0 \times C_0$。

在测定各因素变动对指标 M 的影响程度时可按顺序进行。

计划指标为：$M_0=A_0 \times B_0 \times C_0 \times$（1）。

第一次替代后为：$A_1 \times B_0 \times C_0 \times$（2）。

第二次替代后为：$A_1 \times B_1 \times C_0 \times$（3）。

第三次替代后为：$A_1 \times B_1 \times C_1 \times$（4）。

分析如下。

A 变动对 M 的影响为：（2）-（1）。

B 变动对 M 的影响为：（3）-（2）。

C 变动对 M 的影响为：（4）-（3）。

把各因素变动综合起来，得到总影响为：$\triangle M=M_1-M_0=$（4）-（3）+（3）-（2）+（2）-（1）=（4）-（1）。

实例 72：连环替代法分析材料费用的影响因素

某产品的材料成本分析表如图 7-9 所示。假设材料费用由相互联系的产量、材料单耗和材料单价 3 个因素相乘得到。本实例运用连环替代法分析各因素变动对材料费用的影响。

操作步骤如下。

（1）确定分析指标并将其分解。在 Excel 中创建工作表"因素分析法"，如图 7-10 所示，依据题意，可指定材料费用为分析指标，并分解为产量、材料单耗和材料单价 3 个因素。

	A	B	C
1	某产品材料成本		
2		计划值	实际值
3	产量（件）	320	360
4	材料单耗（千克）	6	4
5	材料单价（元）	5	6
6	材料费用（元）	9600	8640

图 7-9　原始数据

	A	B	C	D	E	F	G	H
1	某产品材料成本			连 环 替 代 法				
2		计划值	实际值				影响程度	
3	产量（件）	320	360	产量替代			产量	
4	材料单耗（千克）	6	4	材料单耗替代			材料单耗	
5	材料单价（元）	5	6	材料单价替代			材料单价	
6	材料费用（元）	9600	8640	实际费用（元）				
7				总影响				

图 7-10　创建工作表

（2）启动 PyCharm，在项目 ch07 中新建一个名为 factorAnalysis.py 的 Python 文件。然后在命令编辑窗口中编写如下程序，计算各因素变动对材料费用的总影响。

```python
# /usr/bin/env python3
# -*- coding: UTF-8 -*-
import pandas as pd
from matplotlib import pyplot as plt
import openpyxl as op

plt.rcParams['font.family'] = 'SimHei'    # 设置中文字体
plt.rcParams['axes.unicode_minus'] = False    # 中文字体状态下负号（-）正常显示
# DataFrame 显示为两位小数
pd.options.display.float_format = '{:,.2f}'.format

# 定义.xlsx 文件路径和名称
file = '某产品产量和成本数据.xlsx'
# 加载工作簿
wb = op.load_workbook(file, data_only=True)
# 根据表名获取表格
ws = wb["因素分析法"]
row = ws.max_row    # 计算最大行

# 计算计划期的材料费用
ws['F2'].value = "=B3*B4*B5"
# 计算实际期的材料费用
ws['F6'].value = "=C3*C4*C5"
# 计算各因素变动对材料费用的总影响
ws['F7'].value = "=F6-F2"
# 另存文件
newfile = '预测生产成本.xlsx'
wb.save(newfile)
```

运行程序，打开保存的文件"预测生产成本.xlsx"，可看到计算结果如图 7-11 所示。

（3）在命令编辑窗口中添加如下程序，按顺序测定各因素变动对材料费用的影响程度。

```python
# 计算替代后的材料费用
ws['F3'].value = "=C3*B4*B5"    # 第一次替代
ws['F4'].value = "=C3*C4*B5"    # 第二次替代
ws['F5'].value = "=C3*C4*C5"    # 第三次替代
```

运行结果如图 7-12 所示。

图 7-11 计算材料费用和总影响

图 7-12 替代后的材料费用

在确定财务指标的组成因素时，其先后顺序就是分析时的替代顺序。替代的顺序一般是先替代数量指标，后替代质量指标；先替代实物量指标，后替代货币量指标；先替代主要指标，后替代次要指标。

 注意

在替代时要注意替代顺序，应采取连环的方式，不能间断，即计算每一个因素变动时，都是在前一次计算的基础上进行，并采用连环比较的方法确定因素变动影响结果；否则，计算出来的各因素的影响程度之和，就不能与财务指标实际数与基期数的差额相等。

（4）在命令编辑窗口中添加如下程序，计算各因素变动对财务指标的影响程度。

```
# 计算各因素变动对财务指标的影响程度
ws['H3'].value = "=F3-F2"    # 产量变动
ws['H4'].value = "=F4-F3"    # 材料单耗变动
ws['H5'].value = "=F5-F4"    # 材料单价变动
```

将每次替代所得到的结果与这一因素替代之前的结果进行比较，其差额就是这一因素变动对财务指标的影响程度。

运行程序，结果如图 7-13 所示。

	A	B	C		E	F	G	H
1	某产品材料成本				连环替代法			
2		计划值	实际值		计划费用（元）	9600	影响程度	
3	产量（件）	320	360		产量替代	10800	产 量	1200
4	材料单耗（千克）	6	4		材料单耗替代	7200	材料单耗	-3600
5	材料单价（元）	5	6		材料单价替代	8640	材料单价	1440
6	材料费用（元）	9600	8640		实际费用（元）	8640		
7					总影响			-960

图 7-13　连环替代法分析结果

在本实例中，使用连环替代法计算时，将各因素变动对材料费用影响程度的数额相加（即 H3+H4+H5），应与材料费用实际数（实际值）与基期数（计划值）的差额（即分析对象 F7）相等。

> **注意**
>
> 连环替代法计算的结果是在某种假定前提下的结果，具有假定性，即连环替代法计算的各因素变动的影响程度，会因替代计算的顺序不同而有差别。因此，财务分析人员在具体运用此方法时，应注意力求使这种假定合乎逻辑，具有实际经济意义，这样，计算结果的假定性，就不会妨碍分析的有效性。

2．差额分析法

差额分析法是连环替代法的一种简化形式，它利用各个因素的实际值与计划值之间的差额，计算各因素对分析指标的影响。

假设某一个财务指标及其与有关因素的关系由如下式子构成。

实际指标为：$P_o = A_o \times B_o \times C_o$。

标准指标为：$P_s = A_s \times B_s \times C_s$。

实际值与计划的总差额为 $P_o - P_s$，这一差额同时受到 A、B、C 这 3 个因素的影响，它们各自的影响程度可分别由以下式子计算求得。

A 因素变动的影响程度为：$(A_o - A_s) \times B_s \times C_s$。

B 因素变动的影响程度为：$A_o \times (B_o - B_s) \times C_s$。

C 因素变动的影响程度为：$A_o \times B_o \times (C_o - C_s)$。

最后，可以将以上 3 个因素各自的影响程度相加，就应该等于总差额 $P_o - P_s$。

实例 73：差额分析法分析各因素变动对材料费用的影响

本实例继续使用上个实例的数据，根据图 7-9 所示的材料成本分析表，采用差额分析法分析各因素变动对材料费用的影响。

操作步骤如下。

（1）在 Excel 中创建图 7-14 所示的工作表。

（2）在 PyCharm 中打开 factorAnalysis.py，然后在命令编辑窗口中添加如下程序：

```
# 计算计划期和实际期的材料费用，以及各因素变动对材料费用的总影响
ws['B10'].value = "=B3*B4*B5"      # 计划期的材料费用
ws['B14'].value = "=C3*C4*C5"      # 实际期的材料费用
ws['B15'].value = "=B14-B10"       # 各因素变动对材料费用的总影响
# 差额分析法分析各因素变动对材料费用的影响
ws['B11'].value = "=(C3-B3)*B4*B5"   # 产量变动的影响
ws['B12'].value = "=C3*(C4-B4)*B5"   # 材料单耗变动的影响
ws['B13'].value = "=C3*C4*(C5-B5)"   # 材料单价变动的影响
ws['C11'].value = "=sum(B11:B13)"    # 各因素变动影响合计
```

（3）运行程序，结果如图 7-15 所示。

图 7-14　创建工作表

图 7-15　差额分析法分析结果

在成本分析中采用因素分析法，就是在上年成本的基础上，将构成成本的各种因素进行分解，测定各个因素变动对成本计划完成情况的影响程度，并据此对企业的成本计划执行情况进行评价。其中成本项目主要包括直接材料费用、直接人工费用和制造费用，是因素分析法中主要的影响成本的因素。

实例 74：因素分析法预测成本

实例 74：因素分析法预测成本

某企业 2022 年生产成本资料与 2023 年生产预测资料如图 7-16 所示。本实例使用因素分析法预测 2023 年的总成本。

操作步骤如下。

（1）在工作簿"某产品产量和成本数据.xlsx"中创建图 7-17 所示的测算表，将其所在工作表命名为"因素分析法预测成本"。设置 G3:G6 单元格区域的数字格式为"百分比"；I2:I6 单元格区域的数字格式为"货币"。

图 7-16　生产资料

第7章 企业成本管理

	A	B	C	D	E	F	G	H	I
1	2022年生产成本资料		2023年生产预测资料			因素分析法预测成本			
2	单位成本（元/台）	1500	产量（台）	4500		成本项目	降低率	按上年单位成本计算的总成本（元）	
3	直接材料费用比重	35%	产量增长率	20%		直接材料费用			
4	直接人工费用比重	45%	劳动生产率提高率	20%		直接人工费用		总成本降低额（元）	
5	制造费用比重	20%	工人平均工资增长率	10%		制造费用			
6			原材料消耗额降低率	6%		总成本		预测总成本（元）	
7			原材料价格上涨率	4%					
8			制造费用增加率	9%					

图 7-17　创建测算表

（2）启动 PyCharm，在项目 ch07 中新建一个名为 factorPredict.py 的 Python 文件。然后在命令编辑窗口中编写如下程序，计算直接材料费用、直接人工费用和制造费用这 3 个成本项目的降低率：

```python
# /usr/bin/env python3
# -*- coding: UTF-8 -*-
import pandas as pd
from matplotlib import pyplot as plt
import openpyxl as op

plt.rcParams['font.family'] = 'SimHei'     # 设置中文字体
plt.rcParams['axes.unicode_minus'] = False # 中文字体状态下负号（-）正常显示
# DataFrame 显示为两位小数
pd.options.display.float_format = '{:,.2f}'.format

# 定义.xlsx 文件路径和名称
file = '某产品产量和成本数据.xlsx'
# 加载工作簿
wb = op.load_workbook(file, data_only=True)
# 根据表名获取表格
ws = wb["因素分析法预测成本"]
row = ws.max_row   # 计算最大行

# 计算直接材料费用的降低率
ws['G3'].value = "=(1-(1-D6)*(1+D7))*B3"
# 计算直接人工费用的降低率
ws['G4'].value = "=(1-(1+D5)/(1+D4))*B4"
# 计算制造费用的降低率
ws['G5'].value = "=(1-(1+D8)/(1+D3))*B5"

# 另存文件
newfile = '预测生产成本.xlsx'
wb.save(newfile)
```

直接材料是指直接构成产品实体的各种材料，其费用是由原材料的消耗定额和材料单价所决定的。其费用降低率计算公式如下：

直接材料费用降低率＝［1－（1－原材料消耗定额降低率）×（1－原材料价格降低率）］×直接材料费用占产品成本的百分比

直接人工成本降低率主要受生产工人平均工资增长率和劳动生产率提高的百分比的影响，其费用降低率计算公式如下：

直接人工费用降低率＝$\left(1-\dfrac{1+工人平均工资增长率}{1+劳动生产率提高率}\right)$×直接人工费用占产品成本的百分比

制造费用是指企业中各个生产部门为组织生产和管理生产而发生的各项间接费用。其费用降低率计算公式如下：

制造费用费用降低率=$\left(1-\dfrac{1+\text{制造费用增长率}}{1+\text{产量增长率}}\right)\times$制造费用占产品成本的百分比

运行程序,可看到运行结果如图 7-18 所示。

图 7-18 计算成本项目的降低率

(3) 在命令编辑窗口中添加如下程序,计算总成本的降低率和降低额,以及预测总成本。

```
# 计算总成本的降低率
ws['G6'].value = "=SUM(G3:G5)"
# 按上年的单位成本和预计产量计算总成本
ws['I2'].value = "=B2*D2"
# 计算总成本降低额
ws['I4'].value = "=I2*G6"
# 计算预测总成本
ws['I6'].value = "=I2*(1-G6)"
```

直接材料费用、直接人工费用和制造费用这 3 个成本项目的降低率之和,即总成本的降低率。而总成本为上年的单位成本和预计产量的乘积,由此得到总成本降低额和预测总成本,即:

$$\text{总成本降低额}=\text{上年单位成本}\times\text{预计产量}\times\text{总成本降低率}$$

$$\text{预测总成本}=\text{上年单位成本}\times\text{预计产量}\times(1-\text{总成本降低率})$$

(4) 运行程序,在保存的文件中可看到计算结果如图 7-19 所示。

图 7-19 因素分析法预测成本

7.1.3 利润推算法预测成本

利润推算法是指在成品销售数量和价格一定的条件下,根据企业确定的目标利润推算出控制成本的一种方法,其计算公式如下:

$$\text{总成本}=\text{单价}\times\text{销量}\times(1-\text{平均税率})-\text{目标利润}$$

$$\text{单位成本}=\text{单价}\times(1-\text{平均税率})-\dfrac{\text{目标利润}}{\text{预测销量}}$$

第 7 章 企业成本管理

实例 75：利润推算法预测总成本和单位成本

某企业 2022 年某产品的销量为 6500 件，单价为 500 元，单位成本为 240 元/件。2023 年预测销量为 8000 件，因材料价格上涨，单价调整为 520 元，适用的企业平均税率为 25%。假设要实现 110 万元的净利润，本实例采用利润推算法，预测 2023 年的总成本及单位成本。

实例 75：利润推算法预测总成本和单位成本

操作步骤如下。

（1）在 Excel 中依据历史数据和预测数据创建测算表，如图 7-20 所示。

（2）启动 PyCharm，在项目 ch07 中新建一个名为 ProfitCalculate.py 的 Python 文件。然后在命令编辑窗口中编写如下程序，预测总成本和单位成本。

```python
# /usr/bin/env python3
# -*- coding: UTF-8 -*-
import pandas as pd
from matplotlib import pyplot as plt
import openpyxl as op

plt.rcParams['font.family'] = 'SimHei'    # 设置中文字体
plt.rcParams['axes.unicode_minus'] = False    # 中文字体状态下负号（-）正常显示
# DataFrame 显示为两位小数
pd.options.display.float_format = '{:,.2f}'.format

# 定义.xlsx 文件路径和名称
file = '某产品产量和成本数据.xlsx'
# 加载工作簿
wb = op.load_workbook(file, data_only=True)
# 根据表名获取表格
ws = wb["利润推算法预测成本"]
row = ws.max_row    # 计算最大行

# 预测总成本
ws['B10'].value = "=C3*C4*(1-C6)-C7"
# 预测单位成本
ws['C10'].value = "=C4*(1-C6)-C7/C3"

# 另存文件
newfile = '预测生产成本.xlsx'
wb.save(newfile)
```

（3）运行程序，打开保存的文件"预测生产成本.xlsx"，即可看到计算结果如图 7-21 所示。

	A	B	C
1	某产品资料		
2		2022年产品资料	2023年预测数据
3	销量（件）	6500	8000
4	单价（元）	500	520
5	单位成本（元/件）	240	
6	平均税率		25%
7	目标利润（元）		¥1,100,000.00
8			
9	利润推算法	总成本（元）	单位成本（元/件）
10			

图 7-20 创建测算表

	A	B	C
1	某产品资料		
2		2022年产品资料	2023年预测数据
3	销量（件）	6500	8000
4	单价（元）	500	520
5	单位成本（元/件）	240	
6	平均税率		25%
7	目标利润（元）		¥1,100,000.00
8			
9	利润推算法	总成本（元）	单位成本（元/件）
10		¥2,020,000.00	¥252.50

图 7-21 预测总成本和单位成本

7.2 某企业生产成本汇总分析

成本分析是成本管理的重要组成部分，是依据成本的有关历史资料，按照一定的原则，利用成本计划、成本核算及有关资料，分析成本水平与构成的变动情况，研究影响成本升降的各种因素及其变动原因，寻找降低成本的途径，以达到用最少消耗获取最大经济效益的分析方法。对于以生产和销售为主的企业，成本分析能够帮助企业决策者适当地调整经营策略，做出相应的经营决策。

对生产成本进行汇总分析，是对产品成本整体水平进行分析，考核企业各项生产费用发生的升降情况，以及企业全部产品、各种主要产品成本计划的执行情况。

在进行成本分析时，可供选择的分析方法很多，企业应根据分析的目的、分析对象的特点、掌握的资料等情况确定应采用哪种方法进行成本分析。在实际工作中，比较分析法、因素分析法等财务报表分析的常用方法都可以加以使用。

假设某企业生产 6 种产品：DH-001、DH-002、DH-003、DH-004、DH-005、DH-006。本节编制各产品成本分析表、总生产成本分析表和生产成本汇总表，并根据上年的生产成本和本年的生产情况对本年的生产成本进行汇总分析。

7.2.1 编制各产品成本分析表

7.2.1 编制各产品成本分析表

产品成本分析表可以反映指定产品在一定生产期间的成本项目及其明细，提供的数据是进行成本分析的基本资料。本节将分别编制某企业生产的 6 种产品的成本分析表，并汇总成本分析表，作为后续成本分析的依据。

操作步骤如下。

（1）打开工作簿“生产成本数据.xlsx”，新建一个工作表，重命名为“DH-001 产品成本分析表”，设计产品成本分析表，并录入本年 DH-001 产品的生产资料，如图 7-22 所示。

	A	B	C	D	E	F	G	H	I	J	K	L	M	N	O
1	被审计单位名称：				查验人员：			日期：						索引号：	
2	所属时期或截至时间：				复核人员：			日期：						金额单位：元	
3	产品名称	项目	1月份	2月份	3月份	4月份	5月份	6月份	7月份	8月份	9月份	10月份	11月份	12月份	合计
4	DH-001	期初数	80.00												
5		直接材料费用	6980.00	5860.00	6430.00	6720.00	6985.00	7025.00	7152.00	8956.00	8998.00	8523.00	8965.00	8854.00	
6		直接人工费用	3980.00	4530.00	4120.00	4350.00	4520.00	4200.00	4350.00	4840.00	4980.00	4908.00	4900.00	4658.00	
7		制造费用	960.00	890.00	920.00	925.00	956.00	958.00	960.00	975.00	9988.00	986.00	995.00	875.00	
8		合计													
9		本期转出	945.00	470.00	600.00	687.00	732.00	750.00	768.00	986.00	995.00	856.00	932.00	877.00	
10		转出数量	75.00	68.00	78.00	82.00	85.00	88.00	92.00	95.00	98.00	85.00	91.00	82.00	
11		单位成本													
12		期末数													
13		直接材料比重													
14		直接人工比重													
15		制造费用比重													
16		合计													

图 7-22 本年 DH-001 产品的生产资料

产品成本分析表包含的项目有期初数、直接材料费用、直接人工费用、制造费用、本期转出、转出数量、单位成本和期末数，需要分别计算成本项目中的直接材料费用、直接人工费用和制造费用占总成本的比重。

本期转出是指本期完工产品所对应的成本，即需要转入库存商品的成品金额、从生产成本中转出的成本金额。

转出数量是指本期完工产品数量，即需要转入库存商品的成品数量。

（2）启动 PyCharm，在项目 ch07 中新建一个名为 productionCost.py 的 Python 文件。然后在命令编辑窗口中编写如下程序，计算各月的生产成本。

```
# /usr/bin/env python3
# -*- coding: UTF-8 -*-
import pandas as pd
from matplotlib import pyplot as plt
import openpyxl as op
from openpyxl.utils import get_column_letter

plt.rcParams['font.family'] = 'SimHei'  # 设置中文字体
plt.rcParams['axes.unicode_minus'] = False   # 中文字体状态下负号（-）正常显示
# DataFrame 显示为两位小数
pd.options.display.float_format = '{:,.2f}'.format

# 定义.xlsx 文件路径和名称
file = '生产成本数据.xlsx'
# 加载工作簿
wb = op.load_workbook(file, data_only=True)
# 根据表名获取表格
ws = wb["DH-001 产品成本分析表"]

# 获取要计算的列的字母
col_ind = range(3, 15)
idx = []
for i in col_ind:
    idx.append(get_column_letter(i))
for c in idx:
# 计算各月的生产成本
# 生产成本=直接材料费用+直接人工费用+制造费用
    material = ws['%s5' % c].value     # 直接材料费用
    labor = ws['%s6' % c].value        # 直接人工费用
    burden = ws['%s6' % c].value      # 制造费用
    ws['%s8' % c].value = material + labor + burden    # 生产成本

# 另存文件
newfile = '生产成本分析.xlsx'
wb.save(newfile)
```

（3）运行程序，打开保存的文件，可以看到计算结果，如图 7-23 所示。

	A	B	C	D	E	F	G	H	I	J	K	L	M	N	O
1	被审计单位名称：				查验人员：			日期：						索引号：	
2	所属时期或截至时间：				复核人员：			日期：						金额单位：元	
3	产品名称	项目	1月份	2月份	3月份	4月份	5月份	6月份	7月份	8月份	9月份	10月份	11月份	12月份	合计
4		期初数	80.00												
5		直接材料费用	6980.00	5860.00	6430.00	6720.00	6985.00	7025.00	7152.00	8956.00	8998.00	8523.00	8965.00	8854.00	
6		直接人工费用	3980.00	4530.00	4120.00	4350.00	4520.00	4200.00	4350.00	4840.00	4980.00	4908.00	4900.00	4658.00	
7		制造费用	960.00	890.00	920.00	925.00	956.00	958.00	960.00	975.00	9988.00	986.00	995.00	875.00	
8		合计	11920.00	11280.00	11470.00	11995.00	12461.00	12183.00	12462.00	14771.00	23966.00	14417.00	14860.00	14387.00	
9		本期转出	945.00	470.00	600.00	687.00	732.00	750.00	768.00	986.00	995.00	856.00	932.00	877.00	
10	DH-001	转出数量	75.00	68.00	78.00	82.00	85.00	88.00	92.00	95.00	98.00	85.00	91.00	82.00	
11		单位成本													
12		期末数													
13		直接材料比重													
14		直接人工比重													
15		制造费用比重													
16		合计													

图 7-23　计算各月的生产成本

（4）在命令编辑窗口中的 for 循环中添加如下语句，计算各个月份的单位成本。

```
    # 计算单位成本
    # 单位成本=本期转出/转出数量
    out_quantity = ws['%s10' % c].value
    if out_quantity == 0:
```

```
        ws['%s11' % c].value = 0
    else:
        ws['%s11' % c].value = ws['%s9' % c].value / ws['%s10' % c].value
```

在计算单位成本时，首先要判断当月是否有完工产品转出，如果没有，则指定单元格留空，否则使用公式计算单位成本。

运行结果如图 7-24 所示。

	A	B	C	D	E	F	G	H	I	J	K	L	M	N	O
1	被审计单位名称：				查验人员：			日期：						索引号：	
2	所属时期或截至时间：				复核人员：			日期：						金额单位：元	
3	产品名称	项目	1月份	2月份	3月份	4月份	5月份	6月份	7月份	8月份	9月份	10月份	11月份	12月份	合计
4		期初数	80.00												
5		直接材料费用	6980.00	5860.00	6430.00	6720.00	6985.00	7025.00	7152.00	8956.00	8998.00	8523.00	8965.00	8854.00	
6		直接人工费用	3980.00	4530.00	4120.00	4350.00	4520.00	4200.00	4350.00	4840.00	4980.00	4908.00	4900.00	4658.00	
7		制造费用	960.00	890.00	920.00	925.00	956.00	958.00	960.00	975.00	9988.00	986.00	995.00	875.00	
8		合计	11920.00	11280.00	11470.00	11995.00	12461.00	12183.00	12462.00	14771.00	23966.00	14417.00	14860.00	14387.00	
9		本期转出	945.00	470.00	600.00	687.00	732.00	750.00	768.00	986.00	995.00	856.00	932.00	877.00	
10	DB-001	转出数量	75.00	68.00	78.00	82.00	85.00	88.00	92.00	95.00	98.00	85.00	91.00	82.00	
11		单位成本	12.60	6.91	7.69	8.38	8.61	8.52	8.35	10.38	10.15	10.07	10.24	10.70	
12		期末数													
13		直接材料比重													
14		直接人工比重													
15		制造费用比重													
16		合计													

图 7-24　计算各个月份的单位成本

（5）在命令编辑窗口中的 for 循环中添加如下语句，计算各个月份各项成本的比重。

```
# 计算各个月份各项成本的比重
cost = ws['%s8' % c].value      # 生产成本
for r in [13, 14, 15]:
    if cost == 0:
        ws['%s%r' % (r, c)].value = 0
    else:
        ws['%s13' % c].value = material / cost     # 直接材料费用比重
        ws['%s14' % c].value = labor / cost  # 直接人工费用比重
        ws['%s15' % c].value = burden / cost  # 制造费用比重
```

某项成本的比重 = 某项成本/生产成本。运行结果如图 7-25 所示。

	A	B	C	D	E	F	G	H	I	J	K	L	M	N	O
1	被审计单位名称：				查验人员：			日期：						索引号：	
2	所属时期或截至时间：				复核人员：			日期：						金额单位：元	
3	产品名称	项目	1月份	2月份	3月份	4月份	5月份	6月份	7月份	8月份	9月份	10月份	11月份	12月份	合计
4		期初数	80.00												
5		直接材料费用	6980.00	5860.00	6430.00	6720.00	6985.00	7025.00	7152.00	8956.00	8998.00	8523.00	8965.00	8854.00	
6		直接人工费用	3980.00	4530.00	4120.00	4350.00	4520.00	4200.00	4350.00	4840.00	4980.00	4908.00	4900.00	4658.00	
7		制造费用	960.00	890.00	920.00	925.00	956.00	958.00	960.00	975.00	9988.00	986.00	995.00	875.00	
8		合计	11920.00	11280.00	11470.00	11995.00	12461.00	12183.00	12462.00	14771.00	23966.00	14417.00	14860.00	14387.00	
9		本期转出	945.00	470.00	600.00	687.00	732.00	750.00	768.00	986.00	995.00	856.00	932.00	877.00	
10	DH-001	转出数量	75.00	68.00	78.00	82.00	85.00	88.00	92.00	95.00	98.00	85.00	91.00	82.00	
11		单位成本	12.60	6.91	7.69	8.38	8.61	8.52	8.35	10.38	10.15	10.07	10.24	10.70	
12		期末数													
13		直接材料比重	58.6%	52.0%	56.1%	56.0%	56.1%	57.7%	57.4%	60.6%	37.5%	59.1%	60.3%	61.5%	
14		直接人工比重	33.4%	40.2%	35.9%	36.3%	36.3%	34.5%	34.9%	32.8%	20.8%	34.0%	33.0%	32.4%	
15		制造费用比重	8.1%	7.9%	8.0%	7.7%	7.7%	7.9%	7.7%	6.6%	41.7%	6.8%	6.7%	6.1%	
16		合计													

图 7-25　计算各个月份各项成本的比重

（6）在命令编辑窗口中的 for 循环中添加如下语句，计算各个月份的期初数和期末数。

```
# 计算 1 月份的期末数
# 期末数=期初数+生产成本-本期转出
out = ws['%s9' % c].value  # 本期转出
if c == 'C':
    term_begin = ws['C4'].value     # 1 月的期初数
    ws['C12'].value = term_begin + cost - out
```

```
    else:
        # 获取前一列的字母
        ind_pre = column_index_from_string(c)-1
        c2 = get_column_letter(ind_pre)
        # 其他月份的期初数和期末数
        term_begin = ws['%s12' % c2].value      # 期初数
        ws['%s4' % c].value = term_begin      # 填入各月期初数
        ws['%s12' % c].value = term_begin + cost - out     # 计算各月期末数
```

在计算期末数时要用到期初数，1 月份的期初数已知，2 月份及以后的月份的当月期初数=上月期末数。

运行结果如图 7-26 所示。

	A	B	C	D	E	F	G	H	I	J	K	L	M	N	O
1	被审计单位名称：				查验人员：			日期：						索引号：	
2	所属时期或截至时间：				复核人员：			日期：						金额单位：元	
3	产品名称	项目	1月份	2月份	3月份	4月份	5月份	6月份	7月份	8月份	9月份	10月份	11月份	12月份	合计
4		期初数	80.00	11055.00	21865.00	32735.00	44043.00	55772.00	67205.00	78899.00	92684.00	115655.00	129216.00	143144.00	
5		直接材料费用	6980.00	5860.00	6430.00	6720.00	6985.00	7025.00	7152.00	8956.00	8998.00	8523.00	8965.00	8854.00	
6		直接人工费用	3980.00	4530.00	4120.00	4350.00	4520.00	4200.00	4350.00	4840.00	4980.00	4908.00	4900.00	4658.00	
7		制造费用	960.00	890.00	920.00	925.00	956.00	958.00	960.00	975.00	9988.00	986.00	995.00	875.00	
8		合计	11920.00	11280.00	11470.00	11995.00	12461.00	12183.00	12462.00	14771.00	23966.00	14417.00	14860.00	14387.00	
9		本期转出	945.00	470.00	600.00	687.00	732.00	750.00	768.00	986.00	995.00	856.00	932.00	877.00	
10	DH-001	转出数量	75.00	68.00	78.00	82.00	85.00	88.00	92.00	95.00	98.00	85.00	91.00	82.00	
11		单位成本	12.60	6.91	7.69	8.38	8.61	8.52	8.35	10.38	10.15	10.07	10.24	10.70	
12		期末数	11055.00	21865.00	32735.00	44043.00	55772.00	67205.00	78899.00	92684.00	115655.00	129216.00	143144.00	156654.00	
13		直接材料比重	58.6%	52.0%	56.1%	56.0%	56.1%	57.7%	57.4%	60.6%	37.5%	59.1%	60.3%	61.5%	
14		直接人工比重	33.4%	40.2%	35.9%	36.3%	36.3%	34.5%	34.9%	32.8%	20.8%	34.0%	33.0%	32.4%	
15		制造费用比重	8.1%	7.9%	8.0%	7.7%	7.7%	7.9%	7.7%	6.6%	41.7%	6.8%	6.7%	6.1%	
16		合计													

图 7-26　计算各个月份的期初数和期末数

（7）在命令编辑窗口中的 for 循环中添加如下语句，合计各个月份的生产成本比重。

```
# 合计各个月份的生产成本比重
proportion = 0
for i in [13, 14, 15]:
    proportion = proportion + ws['%s%d' % (c, i)].value
    ws['%s16' % c].value = proportion
```

运行结果如图 7-27 所示。

	A	B	C	D	E	F	G	H	I	J	K	L	M	N	O
1	被审计单位名称：				查验人员：			日期：						索引号：	
2	所属时期或截至时间：				复核人员：			日期：						金额单位：元	
3	产品名称	项目	1月份	2月份	3月份	4月份	5月份	6月份	7月份	8月份	9月份	10月份	11月份	12月份	合计
4		期初数	80.00	11055.00	21865.00	32735.00	44043.00	55772.00	67205.00	78899.00	92684.00	115655.00	129216.00	143144.00	
5		直接材料费用	6980.00	5860.00	6430.00	6720.00	6985.00	7025.00	7152.00	8956.00	8998.00	8523.00	8965.00	8854.00	
6		直接人工费用	3980.00	4530.00	4120.00	4350.00	4520.00	4200.00	4350.00	4840.00	4980.00	4908.00	4900.00	4658.00	
7		制造费用	960.00	890.00	920.00	925.00	956.00	958.00	960.00	975.00	9988.00	986.00	995.00	875.00	
8		合计	11920.00	11280.00	11470.00	11995.00	12461.00	12183.00	12462.00	14771.00	23966.00	14417.00	14860.00	14387.00	
9		本期转出	945.00	470.00	600.00	687.00	732.00	750.00	768.00	986.00	995.00	856.00	932.00	877.00	
10	DH-001	转出数量	75.00	68.00	78.00	82.00	85.00	88.00	92.00	95.00	98.00	85.00	91.00	82.00	
11		单位成本	12.60	6.91	7.69	8.38	8.61	8.52	8.35	10.38	10.15	10.07	10.24	10.70	
12		期末数	11055.00	21865.00	32735.00	44043.00	55772.00	67205.00	78899.00	92684.00	115655.00	129216.00	143144.00	156654.00	
13		直接材料比重	58.6%	52.0%	56.1%	56.0%	56.1%	57.7%	57.4%	60.6%	37.5%	59.1%	60.3%	61.5%	
14		直接人工比重	33.4%	40.2%	35.9%	36.3%	36.3%	34.5%	34.9%	32.8%	20.8%	34.0%	33.0%	32.4%	
15		制造费用比重	8.1%	7.9%	8.0%	7.7%	7.7%	7.9%	7.7%	6.6%	41.7%	6.8%	6.7%	6.1%	
16		合计	100.0%	100.0%	100.0%	100.0%	100.0%	100.0%	100.0%	100.0%	100.0%	100.0%	100.0%	100.0%	

图 7-27　合计各个月份的生产成本比重

（8）在命令编辑窗口中添加如下语句，合计全年的期初数、直接材料费用、直接人工费用、制造费用、生产成本、转出额（即各个月的本期转出之和）和转出数量。

```
# 合计全年各项成本的总额
    for i in range(4, 11):
        # 计算总额
```

```
    amount = 0
    if i == 4:
        # 全年的期初数
        amount = ws['C4'].value
        ws['O4'].value = amount
    else:
        for j in idx:
            amount = amount + ws['%s%d' % (j, i)].value
            ws['O%d' % i].value = amount  # 填入数据
```

注意

不能使用公式“=SUM(C4:N4)”计算全年的期初数。

运行结果如图 7-28 所示。

	A	B	C	D	E	F	G	H	I	J	K	L	M	N	O
1	被审计单位名称：				查验人员：			日期：						索引号：	
2	所属时期或截至时间：				复核人员：			日期：						金额单位：元	
3	产品名称	项目	1月份	2月份	3月份	4月份	5月份	6月份	7月份	8月份	9月份	10月份	11月份	12月份	合计
4	DH-001	期初数	80.00	11055.00	21865.00	32735.00	44043.00	55772.00	67205.00	78899.00	92684.00	115655.00	129216.00	143144.00	80.00
5		直接材料费用	6980.00	5860.00	6430.00	6720.00	6985.00	7025.00	7152.00	8956.00	8998.00	8523.00	8965.00	8854.00	91448.00
6		直接人工费用	3980.00	4530.00	4120.00	4350.00	4520.00	4200.00	4350.00	4840.00	4980.00	4908.00	4900.00	4658.00	54336.00
7		制造费用	960.00	890.00	920.00	925.00	956.00	958.00	960.00	975.00	9988.00	986.00	995.00	875.00	20388.00
8		合计	11920.00	11280.00	11470.00	11995.00	12461.00	12103.00	12462.00	14771.00	23966.00	14417.00	14860.00	14387.00	166172.00
9		本期转出	945.00	470.00	600.00	687.00	732.00	750.00	768.00	986.00	995.00	856.00	932.00	877.00	9598.00
10		转出数量	75.00	68.00	78.00	82.00	85.00	88.00	92.00	95.00	98.00	85.00	91.00	82.00	1019.00
11		单位成本	12.60	6.91	7.69	8.38	8.61	8.52	8.35	10.38	10.15	10.07	10.24	10.70	
12		期末数	11055.00	21865.00	32735.00	44043.00	55772.00	67205.00	78899.00	92684.00	115655.00	129216.00	143144.00	156654.00	
13		直接材料比重	58.6%	52.0%	56.1%	56.0%	56.1%	57.7%	57.4%	60.6%	37.5%	59.1%	60.3%	61.5%	
14		直接人工比重	33.4%	40.2%	35.9%	36.3%	36.3%	34.5%	34.9%	32.8%	20.8%	34.0%	33.0%	32.4%	
15		制造费用比重	8.1%	7.9%	8.0%	7.7%	7.7%	7.9%	7.7%	6.6%	41.7%	6.8%	6.7%	6.1%	
16		合计	100.0%	100.0%	100.0%	100.0%	100.0%	100.0%	100.0%	100.0%	100.0%	100.0%	100.0%	100.0%	

图 7-28　合计全年各项成本的总额

（9）在命令编辑窗口中修改上一步中 for 循环的结束值，并添加语句，合计全年的单位成本和期末数。

```
# 合计全年各项成本的总额
for i in range(4, 13):
    # 计算总额
    amount = 0
    for j in idx:
        if i == 4:
            # 全年的期初数
            amount = ws['C4'].value
            ws['O4'].value = amount
        else:
            amount = amount + ws['%s%d' % (j, i)].value
            ws['O%d' % i].value = amount  # 填入数据
    # 全年单位成本
    if i == 11:
        if ws['O10'].value == 0:
            unit_cost_sum = 0
        else:
            unit_cost_sum = ws['O9'].value / ws['O10'].value
        ws['O11'].value = unit_cost_sum
    # 全年期末数
    # 期末数 = 期初数 + 生产成本 - 本期转出
    if i == 12:
        term_begin_sum = ws['O4'].value   # 全年期初数
        cost_sum = ws['O8'].value   # 全年生产成本
        out_sum = ws['O9'].value  # 全年转出额
        ws['O12'].value = term_begin_sum + cost_sum - out_sum
```

这里要提请读者注意的是，在计算全年的期末数时，除了可以使用上面程序中的公式，还可以直接填入最后一个月的期末数来得到全年的期末数，但不能通过求 C12:N12 单元格区域的和来计算全年的期末数，因为每期的期末数都会转入下一期的期初数，进一步计算下一期的期末数。

运行结果如图 7-29 所示。

	A	B	C	D	E	F	G	H	I	J	K	L	M	N	O
1	被审计单位名称：				查验人员：			日期：						索引号：	
2	所属时期或截至时间：				复核人员：			日期：						金额单位：元	
3	产品名称	项目	1月份	2月份	3月份	4月份	5月份	6月份	7月份	8月份	9月份	10月份	11月份	12月份	合计
4		期初数	80.00	11055.00	21865.00	32735.00	44043.00	55772.00	67205.00	78899.00	92684.00	115655.00	129216.00	143144.00	80.00
5		直接材料费用	6980.00	5860.00	6430.00	6720.00	6985.00	7025.00	7152.00	8956.00	8998.00	8523.00	8965.00	8854.00	91448.00
6		直接人工费用	3980.00	4530.00	4120.00	4350.00	4520.00	4200.00	4350.00	4840.00	4980.00	4908.00	4900.00	4658.00	54336.00
7		制造费用	960.00	890.00	920.00	925.00	956.00	958.00	960.00	975.00	9988.00	986.00	995.00	875.00	20388.00
8		合计	11920.00	11280.00	11470.00	11995.00	12461.00	12183.00	12462.00	14771.00	23966.00	14417.00	14860.00	14387.00	166172.00
9		本期转出	945.00	470.00	600.00	687.00	732.00	750.00	768.00	986.00	995.00	856.00	932.00	877.00	9598.00
10	DH-001	转出数量	75.00	68.00	78.00	82.00	85.00	88.00	92.00	95.00	98.00	85.00	91.00	82.00	1019.00
11		单位成本	12.60	6.91	7.69	8.38	8.61	8.52	8.35	10.38	10.15	10.07	10.24	10.70	9.42
12		期末数	11055.00	21865.00	32735.00	44043.00	55772.00	67205.00	78899.00	92684.00	115655.00	129216.00	143144.00	156654.00	156654.00
13		直接材料比重	58.6%	52.0%	56.1%	56.0%	56.1%	57.7%	57.4%	60.6%	37.5%	59.1%	60.3%	61.5%	
14		直接人工比重	33.4%	40.2%	35.9%	36.3%	36.3%	34.5%	34.9%	32.8%	20.8%	34.0%	33.0%	32.4%	
15		制造费用比重	8.1%	7.9%	8.0%	7.7%	7.7%	7.9%	7.7%	6.6%	41.7%	6.8%	6.7%	6.1%	
16		合计	100.0%	100.0%	100.0%	100.0%	100.0%	100.0%	100.0%	100.0%	100.0%	100.0%	100.0%	100.0%	

图 7-29　合计全年的单位成本和期末数

（10）在命令编辑窗口中添加如下语句，计算各项成本全年的比重。

```
# 计算各项成本全年的比重
cost_sum = ws['O8'].value      # 全年生产成本
for r1, r2 in zip(range(13, 17), range(5, 9)):
    data = ws['O%d' % r2].value
    if cost_sum == 0:
        ws['O%d' % r1].value = 0
    else:
        ws['O%d' % r1].value = data / cost_sum
```

运行结果如图 7-30 所示。

	A	B	C	D	E	F	G	H	I	J	K	L	M	N	O
1	被审计单位名称：				查验人员：			日期：						索引号：	
2	所属时期或截至时间：				复核人员：			日期：						金额单位：元	
3	产品名称	项目	1月份	2月份	3月份	4月份	5月份	6月份	7月份	8月份	9月份	10月份	11月份	12月份	合计
4		期初数	80.00	11055.00	21865.00	32735.00	44043.00	55772.00	67205.00	78899.00	92684.00	115655.00	129216.00	143144.00	80.00
5		直接材料费用	6980.00	5860.00	6430.00	6720.00	6985.00	7025.00	7152.00	8956.00	8998.00	8523.00	8965.00	8854.00	91448.00
6		直接人工费用	3980.00	4530.00	4120.00	4350.00	4520.00	4200.00	4350.00	4840.00	4980.00	4908.00	4900.00	4658.00	54336.00
7		制造费用	960.00	890.00	920.00	925.00	956.00	958.00	960.00	975.00	9988.00	986.00	995.00	875.00	20388.00
8		合计	11920.00	11280.00	11470.00	11995.00	12461.00	12183.00	12462.00	14771.00	23966.00	14417.00	14860.00	14387.00	166172.00
9		本期转出	945.00	470.00	600.00	687.00	732.00	750.00	768.00	986.00	995.00	856.00	932.00	877.00	9598.00
10	DH-001	转出数量	75.00	68.00	78.00	82.00	85.00	88.00	92.00	95.00	98.00	85.00	91.00	82.00	1019.00
11		单位成本	12.60	6.91	7.69	8.38	8.61	8.52	8.35	10.38	10.15	10.07	10.24	10.70	9.42
12		期末数	11055.00	21865.00	32735.00	44043.00	55772.00	67205.00	78899.00	92684.00	115655.00	129216.00	143144.00	156654.00	156654.00
13		直接材料比重	58.6%	52.0%	56.1%	56.0%	56.1%	57.7%	57.4%	60.6%	37.5%	59.1%	60.3%	61.5%	55.0%
14		直接人工比重	33.4%	40.2%	35.9%	36.3%	36.3%	34.5%	34.9%	32.8%	20.8%	34.0%	33.0%	32.4%	32.7%
15		制造费用比重	8.1%	7.9%	8.0%	7.7%	7.7%	7.9%	7.7%	6.6%	41.7%	6.8%	6.7%	6.1%	12.3%
16		合计	100.0%	100.0%	100.0%	100.0%	100.0%	100.0%	100.0%	100.0%	100.0%	100.0%	100.0%	100.0%	100.0%

图 7-30　计算各项成本全年的比重

至此，产品 DH-001 的产品成本分析表编制完成。用户可以按照同样的方法编制其他产品的产品成本分析表。由于各种产品的产品成本分析表结构是一样的，因此比较简便的方法是将所有产品成本分析表的表名存储在一个列表中，然后利用 for 循环根据表名获取表格来执行运算。

（11）在命令编辑窗口中修改代码，根据表名获取表格。

```
# 定义.xlsx 文件路径和名称
file = '生产成本数据.xlsx'
# 加载工作簿
wb = op.load_workbook(file, data_only=True)
# 存储表名
```

```
sheetnames = ["DH-001 产品成本分析表", "DH-002 产品成本分析表",
              "DH-003 产品成本分析表", "DH-004 产品成本分析表",
              "DH-005 产品成本分析表", "DH-006 产品成本分析表"]
# 获取要计算的列的字母
col_ind = range(3, 15)
for i in col_ind:
    idx.append(get_column_letter(i))
# 根据表名获取表格
size = len(sheetnames)
for n in range(0, size):
    ws = wb[sheetnames[n]]
```

然后将之前的代码（除 import 语句外）向右缩进，放在 for 循环体中。

运行程序，打开保存的文件，即可看到所有产品的产品成本分析表已编制完成。例如，编制完成的"DH-002 产品成本分析表"如图 7-31 所示。

图 7-31　DH-002 产品成本分析表

7.2.2　编制总生产成本分析表

采集了全部产品的产品成本分析表之后，就可以编制总生产成本分析表，将采集到的产品成本数据进行汇总，以便分析全年的生产成本。本节编制总生产成本分析表。

操作步骤如下。

7.2.2　编制总生产成本分析表

（1）在工作簿"生产成本数据.xlsx"中新建一个工作表，重命名为"总生产成本分析表"，然后参照图 7-32 所示的表框架创建数据表，并格式化表格。

图 7-32　总生产成本分析表框架

该表与产品成本分析表类似，先按月份将各项成本和费用进行汇总，然后进行全年汇总。"结构"和"排序"列用于后述的成本结构分析，方便企业管理者或成本会计查看应重点关注的成本项目。

（2）打开 Python 文件 productionCost.py，在命令编辑窗口中添加如下程序，汇总所有产品 1 月份的期初数和各项成本。

```
wsh = wb["总生产成本分析表"]
for rows in range(4, 8):
    # 汇总所有产品 1 月份的期初数和各项成本
    totals =0
    for m in range(0, size):
        sheet = wb[sheetnames[m]]  # 获取表格
        totals = totals + sheet['C%d' % rows].value
    wsh['B%d' % rows].value = totals
```

运行结果如图 7-33 所示。

	A	B	C	D	E	F	G	H	I	J	K	L	M	N	O	P
1	被审计单位名称：			查验人员：			日期：						索引号：			
2	所属时期或截至时间：			复核人员：			日期：						金额单位：元			
3	项目	1月份	2月份	3月份	4月份	5月份	6月份	7月份	8月份	9月份	10月份	11月份	12月份	合计	结构	排序
4	期初数	555.00														
5	直接材料费用	30009.32														
6	直接人工费用	17690.87														
7	制造费用	2436.03														
8	合计															
9	本期转出															
10	期末数															
11	直接材料比重															
12	直接人工比重															
13	制造费用比重															
14	合计															

图 7-33　汇总所有产品 1 月份的期初数和各项成本

（3）由于各个月的计算方法相同，因此修改上一步的代码，计算所有产品各个月份的期初数和各项成本。

```
wsh = wb["总生产成本分析表"]


def sums(row: int, col: str, size: int):
    """
    返回多个表中同一个单元格的数值之和
    row: 行号
    col: 列号
    size: 表的个数
    return: 单元格的数值之和
    """
    totals =0
    for m in range(0, size):
        sheet = wb[sheetnames[m]]  # 获取表格
        totals = totals + sheet['%s%d' % (col, row)].value
    return totals


# 获取要计算的列的字母
col_inds = range(2, 14)
idxs = []
for i in col_inds:
    idxs.append(get_column_letter(i))
for cols in idxs:
    # 引用的表格中的单元格所在列的字母
    cc = column_index_from_string(cols) + 1
    ccx = get_column_letter(cc)
    # 汇总各个月份的期初数和各项成本
    for r in range(4, 8):
```

```
    wsh['%s%d' % (cols, r)].value = sums(r, ccx, size)
```

运行结果如图 7-34 所示。

	A	B	C	D	E	F	G	H	I	J	K	L	M	N	O	P
1	被审计单位名称:			查验人员:			日期:						索引号:			
2	所属时期或截至时间:			复核人员:			日期:						金额单位：元			
3	项目	1月份	2月份	3月份	4月份	5月份	6月份	7月份	8月份	9月份	10月份	11月份	12月份	合计	结构	排序
4	期初数	555.00	46208.49	91519.73	135305.32	183273.98	252770.67	305493.15	360546.87	417873.12	465574.95	510001.76	554117.47			
5	直接材料费用	30009.32	24408.40	28568.44	29376.44	43955.27	38616.29	38423.08	32156.37	24968.69	29406.49	26078.18	39695.56			
6	直接人工费用	17690.87	19311.62	14771.27	17648.09	24326.92	13042.67	16086.89	23780.54	13570.84	13229.61	17013.02	19313.44			
7	制造费用	2436.03	3581.92	4166.65	3468.85	3823.36	4559.81	4036.49	4220.14	12006.33	3828.19	3739.46	3385.84			
8	合计															
9	本期转出															
10	期末数															
11	直接材料比重															
12	直接人工比重															
13	制造费用比重															
14	合计															

图 7-34　各个月份的期初数和各项成本

（4）在命令编辑窗口中添加如下程序，计算各个月份的本期转出和期末数。

```
wsh['%s9' % cols].value = sums(9, ccx, size)  # 本期转出
wsh['%s10' % cols].value = sums(12, ccx, size)  # 期末数
```

运行结果如图 7-35 所示。

	A	B	C	D	E	F	G	H	I	J	K	L	M	N	O	P
1	被审计单位名称:			查验人员:			日期:						索引号:			
2	所属时期或截至时间:			复核人员:			日期:						金额单位：元			
3	项目	1月份	2月份	3月份	4月份	5月份	6月份	7月份	8月份	9月份	10月份	11月份	12月份	合计	结构	排序
4	期初数	555.00	46208.49	91519.73	135305.32	183273.98	252770.67	305493.15	360546.87	417873.12	465574.95	510001.76	554117.47			
5	直接材料费用	30009.32	24408.40	28568.44	29376.44	43955.27	38616.29	38423.08	32156.37	24968.69	29406.49	26078.18	39695.56			
6	直接人工费用	17690.87	19311.62	14771.27	17648.09	24326.92	13042.67	16086.89	23780.54	13570.84	13229.61	17013.02	19313.44			
7	制造费用	2436.03	3581.92	4166.65	3468.85	3823.36	4559.81	4036.49	4220.14	12006.33	3828.19	3739.46	3385.84			
8	合计															
9	本期转出	4482.73	1990.70	3720.77	2524.72	2608.86	3496.29	3492.74	2830.80	2844.03	2037.48	2714.95	3120.05			
10	期末数	46208.49	91519.73	135305.32	183273.98	252770.67	305493.15	360546.87	417873.12	465574.95	510001.76	554117.47	613392.26			
11	直接材料比重															
12	直接人工比重															
13	制造费用比重															
14	合计															

图 7-35　计算各个月份的本期转出和期末数

（5）在命令编辑窗口中添加如下程序，合计各月的生产成本并计算各项成本的比重。

```
# 合计各月的生产成本
materials = wsh['%s5' % cols].value  # 直接材料费用
labors = wsh['%s6' % cols].value  # 直接人工费用
burdens = wsh['%s7' % cols].value  # 制造费用
wsh['%s8' % cols].value = materials + labors + burdens  # 生产成本
# 计算各项成本的比重
costs = wsh['%s8' % cols].value  # 生产成本
for rs in [11, 12, 13]:
    if costs == 0:
        wsh['%s%d' % (rs, cols)].value = 0
    else:
        wsh['%s11' % cols].value = materials / costs  # 直接材料费用比重
        wsh['%s12' % cols].value = labors / costs  # 直接人工费用比重
        wsh['%s13' % cols].value = burdens / costs  # 制造费用比重
    wsh['%s14' % cols].value = "=sum({:s}11:{:s}13)"\
        .format(cols, cols)            # 合计各项成本的比重
```

运行结果如图 7-36 所示。

	A	B	C	D	E	F	G	H	I	J	K	L	M	N	O	P
1	被审计单位名称:			查验人员:			日期:						索引号:			
2	所属时期或截至时间:			复核人员:			日期:						金额单位：元			
3	项目	1月份	2月份	3月份	4月份	5月份	6月份	7月份	8月份	9月份	10月份	11月份	12月份	合计	结构	排序
4	期初数	555.00	46208.49	91519.73	135305.32	183273.98	252770.67	305493.15	360546.87	417873.12	465574.95	510001.76	554117.47			
5	直接材料费用	30009.32	24408.40	28568.44	29376.44	43955.27	38616.29	38423.08	32156.37	24968.69	29406.49	26078.18	39695.56			
6	直接人工费用	17690.87	19311.62	14771.27	17648.09	24326.92	13042.67	16086.89	23780.54	13570.84	13229.61	17013.02	19313.44			
7	制造费用	2436.03	3581.92	4166.65	3468.85	3823.36	4559.81	4036.49	4220.14	12006.33	3828.19	3739.46	3385.84			
8	合计	50136.22	47301.94	47506.36	50493.38	72105.55	56218.77	58546.46	60157.05	50545.86	46464.29	46830.66	62394.84			
9	本期转出	4482.73	1990.70	3720.77	2524.72	2608.86	3496.29	3492.74	2830.80	2844.03	2037.48	2714.95	3120.05			
10	期末数	46208.49	91519.73	135305.32	183273.98	252770.67	305493.15	360546.87	417873.12	465574.95	510001.76	554117.47	613392.26			
11	直接材料比重	59.9%	51.6%	60.1%	58.2%	61.0%	68.7%	65.6%	53.5%	49.4%	63.3%	55.7%	63.6%			
12	直接人工比重	35.3%	40.8%	31.1%	35.0%	33.7%	23.2%	27.5%	39.5%	26.8%	28.5%	36.3%	31.0%			
13	制造费用比重	4.9%	7.6%	8.8%	6.9%	5.3%	8.1%	6.9%	7.0%	23.8%	8.2%	8.0%	5.4%			
14	合计	100.0%	100.0%	100.0%	100.0%	100.0%	100.0%	100.0%	100.0%	100.0%	100.0%	100.0%	100.0%			

图 7-36　合计各月的生产成本并计算各项成本的比重

（6）在命令编辑窗口中添加如下程序，合计全年的各项成本，计算各项成本全年的比重。

```
# 合计全年各项成本
for i in range(4, 11):
    # 计算总额
    amount = 0
    if i == 4:
        # 全年的期初数
        amount = wsh['B4'].value
        wsh['N4'].value = amount
    else:
        for j in idxs:
            amount = amount + wsh['%s%d' % (j, i)].value
        wsh['N%d' % i].value = amount  # 填入数据
    if i == 10:
        # 全年期末数
        term_begin_sum = wsh['N4'].value  # 全年期初数
        cost_sum = wsh['N8'].value  # 全年生产成本
        out_sum = wsh['N9'].value  # 全年转出额
        wsh['N10'].value = term_begin_sum + cost_sum - out_sum
# 计算各项成本全年的比重
cost_sums = wsh['N8'].value  # 全年生产成本
for r1, r2 in zip(range(11, 15), range(5, 9)):
    data = wsh['N%d' % r2].value
    if cost_sums == 0:
        wsh['N%d' % r1].value = 0
    else:
        wsh['N%d' % r1].value = data / cost_sums
```

运行结果如图 7-37 所示。

	A	B	C	D	E	F	G	H	I	J	K	L	M	N	O	P
1	被审计单位名称:			查验人员:			日期:						索引号:			
2	所属时期或截至时间:			复核人员:			日期:						金额单位：元			
3	项目	1月份	2月份	3月份	4月份	5月份	6月份	7月份	8月份	9月份	10月份	11月份	12月份	合计	结构	排序
4	期初数	555.00	46208.49	91519.73	135305.32	183273.98	252770.67	305493.15	360546.87	417873.12	465574.95	510001.76	554117.47	555.00		
5	直接材料费用	30009.32	24408.40	28568.44	29376.44	43955.27	38616.29	38423.08	32156.37	24968.69	29406.49	26078.18	39695.56	385662.53		
6	直接人工费用	17690.87	19311.62	14771.27	17648.09	24326.92	13042.67	16086.89	23780.54	13570.84	13229.61	17013.02	19313.44	209785.78		
7	制造费用	2436.03	3581.92	4166.65	3468.85	3823.36	4559.81	4036.49	4220.14	12006.33	3828.19	3739.46	3385.84	53253.07		
8	合计	50136.22	47301.94	47506.36	50493.38	72105.55	56218.77	58546.46	60157.05	50545.86	46464.29	46830.66	62394.84	648701.38		
9	本期转出	4482.73	1990.70	3720.77	2524.72	2608.86	3496.29	3492.74	2830.80	2844.03	2037.48	2714.95	3120.05	35864.12		
10	期末数	46208.49	91519.73	135305.32	183273.98	252770.67	305493.15	360546.87	417873.12	465574.95	510001.76	554117.47	613392.26	613392.26		
11	直接材料比重	59.9%	51.6%	60.1%	58.2%	61.0%	68.7%	65.6%	53.5%	49.4%	63.3%	55.7%	63.6%	59.5%		
12	直接人工比重	35.3%	40.8%	31.1%	35.0%	33.7%	23.2%	27.5%	39.5%	26.8%	28.5%	36.3%	31.0%	32.3%		
13	制造费用比重	4.9%	7.6%	8.8%	6.9%	5.3%	8.1%	6.9%	7.0%	23.8%	8.2%	8.0%	5.4%	8.2%		
14	合计	100.0%	100.0%	100.0%	100.0%	100.0%	100.0%	100.0%	100.0%	100.0%	100.0%	100.0%	100.0%	100.0%		

图 7-37　总生产成本分析表

（7）在命令编辑窗口中添加如下程序，计算各项成本占全年生产成本的比重（即成本结构），并对其进行排序。

```
# 计算成本结构并排序
for r in range(5, 8):
    # 成本结构
    if wsh['N8'].value == 0:
```

```
            wsh['O%d' % r].value = 0
        else:
            wsh['O%d' % r].value = wsh['N%d' % r].value / wsh['N8'].value
        # 成本结构排序
        if wsh['O5'].value == 0:
            wsh['P%d' % r].value = 0
        else:
            wsh['P%d' % r].value = "=RANK(O{:d},O5:O7)".format(r)
```

运行结果如图 7-38 所示。

图 7-38 计算成本结构并排序

至此，总生产成本分析表编制完成。在该表中，用户可以按成本项目查看各个月份的各项成本，以及各项成本全年的汇总。

7.2.3 编制生产成本汇总表

生产成本汇总表可以集中反映一定时期内所有生产产品的成本信息，便于企业管理者查看全年的成本结构、费用比重、品种构成，比较不同年度和不同产品的成本。

7.2.3 编制生产成本汇总表

操作步骤如下。

（1）在工作簿"生产成本数据.xlsx"中新建一个工作表，重命名为"生产成本汇总表"。按照图 7-39 所示的表框架创建数据表，并格式化表格。

图 7-39 生产成本汇总表框架

（2）打开 Python 文件 productionCost.py，在命令编辑窗口中添加如下程序，获取各种产品的期初数、直接材料费用、直接人工费用和制造费用。

```
# 填写生产成本汇总表
whsz = wb["生产成本汇总表"]      # 获取表格
for i, j in zip(range(4, 10), range(0, size)):
    production = wb[sheetnames[j]]    # 获取产品成本分析表
    whsz['B%d' % i].value = production['C4'].value       # 期初数
    whsz['C%d' % i].value = production['O5'].value       # 直接材料费用
    whsz['D%d' % i].value = production['O6'].value       # 直接人工费用
    whsz['E%d' % i].value = production['O7'].value       # 制造费用
```

运行结果如图 7-40 所示。

	A	B	C	D	E	F	G	H	I	J	K	L	M	N	O	P	Q
1	被审计单位名称:				查验人员:			日期:				索引号:					
2	所属时期或截至时间				复核人员:			日期:				金额单位:元					
3	产品名称	期初数	直接材料费用	直接人工费用	制造费用	本年合计	本期转出	转出数量	单位成本	期末数	直接材料比重	直接人工比重	制造费用比重	本年结构	排序	上年发生额	上年结构
4	DH-001	80.00	91448.00	54336.00	20388.00												
5	DH-002	110.00	46588.07	39000.08	6797.79												
6	DH-003	120.00	72521.42	29104.12	5778.12												
7	DH-004	90.00	35577.03	25269.06	7067.78												
8	DH-005	70.00	74096.05	30566.68	6695.04												
9	DH-006	85.00	65431.96	31509.84	6526.34												
10	合计																

图 7-40 获取期初数和各项成本

（3）在命令编辑窗口中添加如下程序，合计各种产品全年的生产成本。

```
# 生产成本合计
cs = ['C', 'D', 'E']          # 计算列
cost_ini = 0
for csn in cs:
    cost_ini = cost_ini + whsz['%s%d' % (csn, i)].value
whsz['F%d' % i].value = cost_ini    # 填入生产成本
```

运行结果如图 7-41 所示。

	A	B	C	D	E	F	G	H	I	J	K	L	M	N	O	P	Q
1	被审计单位名称:				查验人员:			日期:				索引号:					
2	所属时期或截至时间				复核人员:			日期:				金额单位:元					
3	产品名称	期初数	直接材料费用	直接人工费用	制造费用	本年合计	本期转出	转出数量	单位成本	期末数	直接材料比重	直接人工比重	制造费用比重	本年结构	排序	上年发生额	上年结构
4	DH-001	80.00	91448.00	54336.00	20388.00	166172.00											
5	DH-002	110.00	46588.07	39000.08	6797.79	92385.94											
6	DH-003	120.00	72521.42	29104.12	5778.12	107403.66											
7	DH-004	90.00	35577.03	25269.06	7067.78	67913.87											
8	DH-005	70.00	74096.05	30566.68	6695.04	111357.77											
9	DH-006	85.00	65431.96	31509.84	6526.34	103468.14											
10	合计																

图 7-41 合计各种产品全年的生产成本

（4）在命令编辑窗口中添加如下程序，填入各种产品的本期转出、转出数量、单位成本和期末数。

```
whsz['G%d' % i].value = production['O9'].value      # 本期转出
whsz['H%d' % i].value = production['O10'].value     # 转出数量
# 单位成本
if whsz['H%d' % i].value == 0:
    whsz['I%d' % i].value = 0
else:
    whsz['I%d' % i].value = whsz['G%d' % i].value\
                            / whsz['H%d' % i].value
# 期末数
whsz['J%d' % i].value = whsz['B%d' % i].value\
                        + whsz['F%d' % i].value\
                        - whsz['G%d' % i].value
```

运行结果如图 7-42 所示。

	A	B	C	D	E	F	G	H	I	J	K	L	M	N	O	P	Q
1	被审计单位名称:				查验人员:			日期:				索引号:					
2	所属时期或截至时间				复核人员:			日期:				金额单位:元					
3	产品名称	期初数	直接材料费用	直接人工费用	制造费用	本年合计	本期转出	转出数量	单位成本	期末数	直接材料比重	直接人工比重	制造费用比重	本年结构	排序	上年发生额	上年结构
4	DH-001	80.00	91448.00	54336.00	20388.00	166172.00	9598.00	1019.00	9.42	156654.00							
5	DH-002	110.00	46588.07	39000.08	6797.79	92385.94	4123.52	816.00	5.05	88372.42							
6	DH-003	120.00	72521.42	29104.12	5778.12	107403.66	5756.70	724.73	7.94	101766.96							
7	DH-004	90.00	35577.03	25269.06	7067.78	67913.87	5784.73	880.62	6.57	62219.14							
8	DH-005	70.00	74096.05	30566.68	6695.04	111357.77	5478.55	877.47	6.24	105949.22							
9	DH-006	85.00	65431.96	31509.84	6526.34	103468.14	5122.62	1124.47	4.56	98430.52							
10	合计																

图 7-42 运行结果

7.2 某企业生产成本汇总分析

（5）在命令编辑窗口中添加如下程序，计算各种产品各项成本的比重。

```
# 各项成本的比重
if whsz['F%d' % i].value == 0:
    whsz['K%d' % i].value = 0
else:
    whsz['K%d' % i].value = whsz['C%d' % i].value\
                            / whsz['F%d' % i].value    # 直接材料费用比重
    whsz['L%d' % i].value = whsz['D%d' % i].value \
                            / whsz['F%d' % i].value    # 直接人工费用比重
    whsz['M%d' % i].value = whsz['E%d' % i].value \
                            / whsz['F%d' % i].value    # 制造费用比重
```

运行结果如图 7-43 所示。

图 7-43 计算各种产品各项成本的比重

（6）在命令编辑窗口中添加如下程序，录入各种产品上年发生额。

```
# 各种产品上年发生额
ws_pre = wb["上年生产成本汇总表"]
whsz['P%d' % i].value = ws_pre['F%d' % i].value
```

运行结果如图 7-44 所示。

图 7-44 录入各种产品上年发生额

（7）在命令编辑窗口中添加如下程序，合计部分项的总额。

```
# 计算部分项的总额
ccs = ['B', 'C', 'D', 'E', 'F', 'G', 'H', 'J', 'P']    # 计算列
for c in ccs:
    values = 0    # 初始值
    for r in range(4, 10):
        values = values + whsz['%s%d' % (c, r)].value
    whsz['%s10' % c].value = values    # 填入计算结果
```

计算结果如图 7-45 所示。

图 7-45 合计部分项的总额

> **提示**
>
> 使用公式"=SUM(J4:J9)"也可以得到本年的期末数。

（8）打开 Python 文件 productionCost.py，在计算生产成本汇总表的合计项的程序下方添加如下程序，计算本年结构并排序。

```
for i in range(4, 10):
    # 计算本年结构
    if whsz['F10'].value == 0:
        whsz['N%d' % i].value = 0
    else:
        whsz['N%d' % i].value = whsz['F%d' % i].value / whsz['F10'].value
    # 本年结构排序
    if whsz['N%d' % i].value == 0:
        whsz['O%d' % i].value = 0
    else:
        whsz['O%d' % i].value = "=RANK(N{:d},N4:N9)".format(i)
```

运行如图 7-46 所示。

图 7-46 计算本年结构并排序

（9）在上一步的 for 循环中添加如下语句，计算上年结构。

```
# 计算上年结构
if whsz['P10'].value == 0:
    whsz['Q%d' % i].value = 0
else:
    whsz['Q%d' % i].value = whsz['P%d' % i].value / whsz['P10'].value
```

运行结果如图 7-47 所示。

图 7-47 计算上年结构

至此，生产成本汇总表基本编制完成。

7.2.4 全年生产成本统计分析

在 7.2.1～7.2.3 节编制了各产品成本分析表、总生产成本分析表和生产成本

7.2.4 全年生产成本统计分析

汇总表，本节将以生产成本汇总表为基础，对全年的生产成本进行统计分析。借助图表，比较上年和本年的生产成本，分析全年各项成本费用的比重，并对本期发生额和结转数进行对比，以反映全年的生产状况。

1．生产成本对比

打开 Python 文件 productionCost.py，在命令编辑窗口中的程序末尾添加如下程序，绘制本年与上年生产成本对比图。

```
# 读取 XLSX 文件，第 3 行为表头
data = pd.read_excel(newfile, sheet_name="生产成本汇总表", skiprows=2)
# 绘制本年与上年生产成本对比图
x = np.linspace(1, 6, 6)        # x 轴刻度位置的列表
xt = data['产品名称'][:-1]       # x 轴刻度的标签文本
# y 轴数据序列
y1 = data['本年合计'][:-1]
y2 = data['上年发生额'][:-1]
w = 0.25   # 条形图的宽度
plt.bar(x, y1, width = w)
plt.bar(x+w, y2, width = w)
# 设置数据标签居中，大小为 8，颜色为黑色
for a, b in zip(x, y1):
    plt.text(a, b, round(b, 2), ha='center', va='bottom',
             fontsize=8, color=(0, 0, 0))
for a, b in zip(x, y2):
    plt.text(a+w, b, round(b, 2), ha='center', va='bottom',
             fontsize=8, color=(0, 0, 0))
# 在右上角添加图例
plt.legend(["本年合计", "上年发生额"], loc='upper right')
# 添加标题
label = '本年与上年生产成本对比图'
plt.title(label, fontsize=16, fontweight='heavy', loc='center')
# 设置坐标轴刻度
plt.xticks(x, xt, color='blue')
plt.show()
```

运行结果如图 7-48 所示。

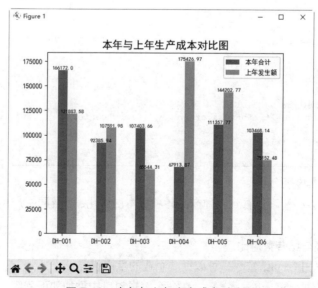

图 7-48　本年与上年生产成本对比图

在图 7-48 中，可以查看各种产品本年和上年的生产成本差异，以及不同产品之间的生产成本差异。

2．成本费用比重

查看产品成本中各项费用所占的比例或各项成本占总成本的比重是一项很重要的管理工作。从各个费用所占比例可以看出产品的生产特点，有的大量耗费材料；有的大量耗用人工；有的大量占用设备，引起折旧费用上升等。

堆积条形图可以很直观地比较整体的各个构成部分，对比较同一产品的不同成本项目而言，是一种很不错的表现形式。

打开 Python 文件 productionCost.py，在命令编辑窗口中添加如下程序，绘制各种产品本年的生产成本费用比重。

```python
# 成本费用比重堆积条形图
# 绘图数据
data_metirals = data['直接材料费用比重'][:-1]
data_labors = data['直接人工费用比重'][:-1]
data_burdens = data['制造费用比重'][:-1]
# 绘制堆积条形图
plt.bar(x, data_metirals, alpha=0.7, width=0.3, color="green")    # 直接材料费用比重
plt.bar(x, data_labors, alpha=0.7, width=0.3,
        color="orange", bottom=data_metirals)       # 直接人工费用比重
plt.bar(x, data_burdens, alpha=0.7, width=0.3,
        color="blue", bottom=data_metirals+data_labors)
# 设置数据标签居中，大小为 8
for a, b in zip(x, data_metirals):
    y_metiral = b / 2
    plt.text(a, y_metiral, "%.2f%%" % (b * 100), ha='center', va='bottom',
             fontsize=8, color=(0, 0, 0))
for a, b, c in zip(x, data_metirals, data_labors):
    y_labor = b + c / 2
    plt.text(a, y_labor, "%.2f%%" % (c * 100),
             ha='center', va='bottom',
             fontsize=8, color=(0, 0, 0))
for a, b, c, d in zip(x, data_metirals, data_labors, data_burdens):
    y_burden = b + c + d / 2
    plt.text(a, y_burden, "%.2f%%" % (d * 100),
             ha='center', va='bottom',
             fontsize=8, color=(0, 0, 0))
# 添加图例
labels = ['直接材料费用', '直接人工费用', '制造费用']
plt.legend(labels, loc='best')
# 添加标题
label = '成本费用比重对比图'
plt.title(label, fontsize=16, fontweight='heavy', loc='center')
# 设置坐标轴刻度
plt.xticks(x, xt, color='blue')
plt.show()
```

运行结果如图 7-49 所示。

从图 7-49 中可以很清晰地看到各种产品各项成本的对比，以及同一产品不同成本项目所占的比重。

3．本期发生额与结转数对比

通过比较本期发生额和结转数，可以反映企业的生产状况。

打开 Python 文件 productionCost.py，在命令编辑窗口中添加如下程序，绘制各种产品本期发生额与结转数对比图。

7.2 某企业生产成本汇总分析

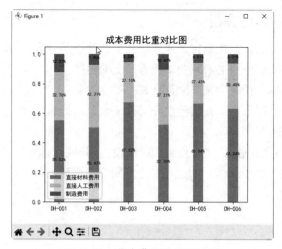

图 7-49　成本费用比重对比图

```
# 本期发生额与结转数对比图
y3 = data['本期转出'][:-1]
w = 0.25    # 条形图的宽度
plt.bar(x, y1, width=w)
plt.bar(x+w, y3, width=w)
# 设置数据标签居中，大小为8，颜色为黑色
for a, b in zip(x, y1):
    plt.text(a, b, round(b, 2), ha='center', va='bottom',
             fontsize=8, color=(0, 0, 0))
for a, b in zip(x, y3):
    plt.text(a+w, b, round(b, 2), ha='center', va='bottom',
             fontsize=8, color=(0, 0, 0))
# 在右上角添加图例
plt.legend(["本年合计", "本期转出"], loc='upper right')
# 添加标题
label = '本期发生额与结转数对比图'
plt.title(label, fontsize=16, fontweight='heavy', loc='center')
# 设置坐标轴刻度
plt.xticks(x, xt, color='blue')
plt.show()
```

运行结果如图 7-50 所示。

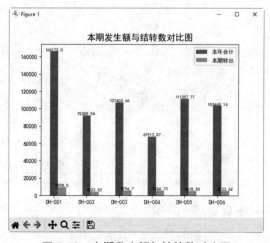

图 7-50　本期发生额与结转数对比图

7.2.5 全年生产成本趋势分析

对生产成本进行趋势分析是指根据企业连续几个会计期间的成本资料，采用列表或绘图形式反映企业成本增减变动趋势及变动程度。

本节将以总生产成本分析表为基础，借助图表和趋势线工具，对全年各月的生产成本、生产成本明细、每月结转数和每月结余数进行趋势分析。

1. 生产成本趋势分析

使用带数据标记的折线图可以很方便地按时间或类别显示趋势。

打开 Python 文件 productionCost.py，在命令编辑窗口中添加如下程序，绘制全年各月的生产成本折线图。

```
# 读取 XLSX 文件，第 3 行为表头
data_total = pd.read_excel(newfile, sheet_name="总生产成本分析表",
                           skiprows=2)
# 生产成本趋势分析
# 绘图数据
datas = data_total.iloc[0:5, 1:13]
cost_datas = data_total.iloc[4, 1:13]
# x 轴刻度标签
titles = []
for i in range(0, len(datas.columns)):
    titles.append(datas.columns[i])
localtions = np.linspace(1, 12,12)    # 标签位置
# 绘制折线图
plt.plot(localtions, cost_datas, color='blue', marker='h',
         markersize=15, markerfacecolor='red', linestyle='-')
plt.title("生产成本折线图", fontsize=20, fontweight='heavy', loc='center')
# 设置坐标轴刻度
plt.xticks(localtions, titles, color='blue')
plt.show()
```

运行结果如图 7-51 所示。

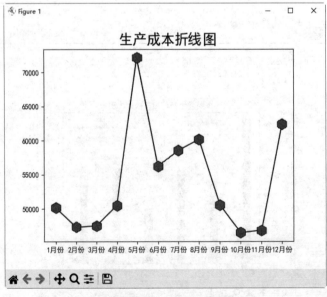

图 7-51　生产成本折线图

接下来添加趋势线。趋势线以图形的方式表示数据系列的趋势，能够非常直观地对数据的变化趋势进行展现。通常适合使用趋势线的图表数据有两类，一是成对的数字数据，即典型的散点图中使用的数据；二是基于时间的数据，比如折线图、散点图、面积图等使用的数据。

在 Python 中，使用 NumPy 库中的拟合函数 polyfit 可以实现为图表添加趋势线。该函数的语法格式如下：

```
numpy.ployfit(x, y, n)
```

参数说明如下。
- x 和 y：要输入的数据。
- n：要拟合的多项式的最高次数，n=1 表示线性拟合。

该函数的返回值是多项式拟合的系数，对于线性拟合就是斜率和截距。

得到拟合系数后，接下来要调用 poly1d 函数拟合出多项式，该函数的参数是 polyfit 函数的返回值。

修改上面的程序，在图表中添加一条线性拟合的趋势线和一条多项式拟合的趋势线。

```python
# 读取 XLSX 文件，第 3 行为表头
data_total = pd.read_excel(newfile, sheet_name="总生产成本分析表",
                           skiprows=2)
# 生产成本趋势分析
# 绘图数据
datas = data_total.iloc[0:5, 1:13]
cost_datas = data_total.iloc[4, 1:13]
# x 轴刻度标签
titles = []
for i in range(0, len(datas.columns)):
    titles.append(datas.columns[i])
localtions = np.linspace(1, 12,12)    # 标签位置
# 拟合系数
factor1 = np.polyfit(localtions, cost_datas.tolist(), 1)  # 线性拟合
factor2 = np.polyfit(localtions, cost_datas.tolist(), 3)  # 多项式拟合
# 拟合多项式
p1 = np.poly1d(factor1)
p2 = np.poly1d(factor2)
# 绘制折线图
plt.plot(localtions, cost_datas, color='blue', marker='h',
         markersize=15, markerfacecolor='red',
         linestyle='-', label='本年数据')
# 绘制趋势线
plt.plot(localtions, p1(localtions), color='green', marker='s',
         markersize=10, markerfacecolor='green',
         linestyle='--', label='线性拟合')
plt.plot(localtions, p2(localtions), color='black', marker='s',
         markersize=10, markerfacecolor='orange',
         linestyle=':', label='多项式拟合')
plt.title("生产成本趋势图", fontsize=20,
          fontweight='heavy', loc='center')
plt.legend(loc=1)    # 在右上角添加图例
# 设置坐标轴刻度
plt.xticks(localtions, titles, color='blue')
plt.show()
```

运行结果如图 7-52 所示。

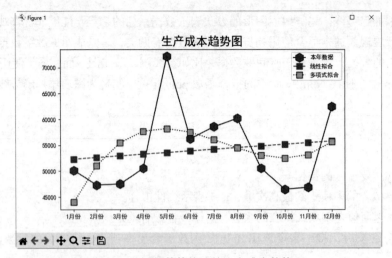

图 7-52　添加趋势线后的生产成本趋势图

2. 生产成本明细趋势分析

在命令编辑窗口中添加如下程序，绘制本年各月份生产成本明细趋势图。

```
# 生产成本明细趋势分析
# 绘图数据
graphdatas_01 = data_total.iloc[1, 1:13]
graphdatas_02 = data_total.iloc[2, 1:13]
graphdatas_03 = data_total.iloc[3, 1:13]
# 二次多项式拟合系数
f1 = np.polyfit(localtions, graphdatas_01.tolist(), 2)
f2 = np.polyfit(localtions, graphdatas_02.tolist(), 2)
f3 = np.polyfit(localtions, graphdatas_03.tolist(), 2)
# 拟合多项式
p1 = np.poly1d(f1)
p2 = np.poly1d(f2)
p3 = np.poly1d(f3)
# 绘制生产成本明细趋势图
plt.plot(localtions, p1(localtions), color='blue',
         marker='h', label='直接材料费用')
plt.plot(localtions, p2(localtions), color='green',
         marker='*', label='直接人工费用')
plt.plot(localtions, p3(localtions), color='red',
         marker='P', label='制造费用')
plt.title("生产成本明细趋势图", fontsize=20,
          fontweight='heavy', loc='center')
plt.legend(loc=1)      # 右上角添加图例
# 设置坐标轴刻度
plt.xticks(localtions, titles, color='blue')
plt.show()
```

运行结果如图 7-53 所示。

从图 7-53 中可以清晰地查看各月份各项生产成本随时间变化的趋势。

3. 每月结转数趋势分析

在命令编辑窗口中添加如下程序，绘制每月结转数趋势图。

```
# 每月结转数趋势分析
# 绘图数据
data_01 = data_total.iloc[5, 1:13]
# 二次多项式拟合系数
cof = np.polyfit(localtions, data_01.tolist(), 2)
```

```
# 拟合多项式
p1 = np.poly1d(cof)
# 绘制每月结转数趋势图
plt.plot(localtions, data_01, marker='o', label='本期转出')
plt.plot(localtions, p1(localtions), label='结转数趋势')
plt.title("生产成本明细趋势图", fontsize=20,
          fontweight='heavy', loc='center')
plt.legend(loc=1)      # 右上角添加图例
# 设置坐标轴刻度
plt.xticks(localtions, titles, color='blue')
plt.show()
```

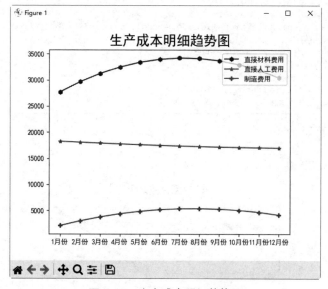

图 7-53　生产成本明细趋势图

运行结果如图 7-54 所示。

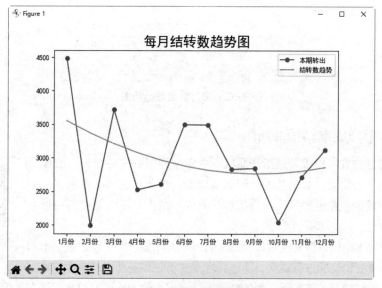

图 7-54　每月结转数趋势图

4. 每月结余数趋势分析

在命令编辑窗口中添加如下程序，绘制每月结余数趋势图。

```
# 每月结余数趋势分析
data_all = data_total.iloc[4, 1:13]
data_end = data_total.iloc[6, 1:13]
# 线性拟合系数
cof_end = np.polyfit(localtions, data_end.tolist(), 1)
# 进行线性拟合
p_end = np.poly1d(cof_end)
# 绘制每月结余数趋势图
plt.plot(localtions, data_all, marker='o', label='本期合计')
plt.plot(localtions, data_end, marker='*', label='期末数')
plt.plot(localtions, p_end(localtions), color='red', label='结余数趋势')
plt.title("每月结余数趋势图", fontsize=20,
          fontweight='heavy', loc='center')
plt.legend(loc=2)     # 左上角添加图例
# 设置坐标轴刻度
plt.xticks(localtions, titles, color='blue')
plt.show()
```

进行结果如图 7-55 所示。

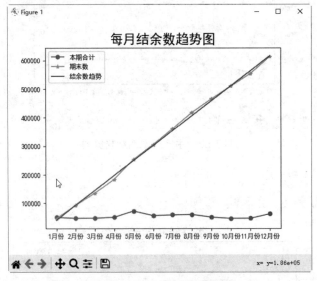

图 7-55　每月结余数趋势图

7.2.6　全年生产成本结构分析

成本结构也称成本构成，是指产品成本中各项费用所占的比重，或各项成本占总成本的比重。如果某种生产因素成本占企业总成本比重较高，该生产因素便成为企业主要风险。分析产品的成本结构，可以寻找进一步降低成本的途径。

7.2.6　全年生产成本结构分析

研究生产成本结构，首先应对各项成本的上年实际数、本年计划数、本年实际数的增减变动情况进行观察，了解其增减变动额和变动率；其次应将本期实际成本的结构与上年实际成本的结构、计划成本的结构进行对比，结合各项成本的增减情况，了解成本结构的变动情况；最后结合其他有关资料（如产品种类、工艺技术、消耗定额、劳动生产率、设备利用率等）的变化情况，进一步分析各项成本发生增减及成本结构发生变化的原因。

本节首先基于"生产成本汇总表"分别分析本年和上年的成本结构，并比较连续两年的成本构成，然后基于"总生产成本分析表"分析本年生产成本结构，以及生产成本明细结构。

1. 绘制生产成本结构饼图

打开 Python 文件 productionCost.py，在命令编辑窗口中添加如下程序，在同一图窗中绘制本年和上年生产成本结构饼图。

```
# 本年和上年生产成本结构饼图
# 创建图窗
fig = plt.figure(figsize=(10, 3), facecolor='white')
# 绘图数据
pie_data_cur = data['本年结构'][:-1]
pie_data_pre = data['上年结构'][:-1]
pie_labels = data['产品名称'][:-1]       # 定义扇区标签
# 绘制本年生产成本结构饼图，添加文本标签，设置阴影、字号与线宽
fig.add_subplot(1, 2, 1)
plt.pie(pie_data_cur, autopct='%1.2f%%',
        labels=pie_labels, shadow=True,
        textprops={'fontsize': 12},
        wedgeprops={'linewidth': 3})
title_cur = '本年生产成本结构'
plt.title(title_cur, fontsize=16, fontweight='heavy', loc='center')
# 绘制上年生产成本结构饼图
fig.add_subplot(1, 2, 2)
plt.pie(pie_data_pre, autopct='%1.2f%%',
        labels=pie_labels, shadow=True,
        textprops={'fontsize': 12},
        wedgeprops={'linewidth': 3})
title_pre = '上年生产成本结构'
plt.title(title_pre, fontsize=16, fontweight='heavy', loc='center')
plt.show()
```

运行结果如图 7-56 所示。

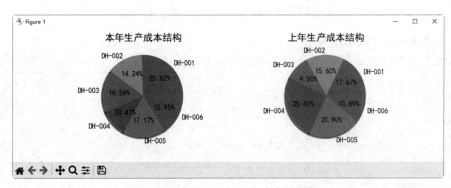

图 7-56　本年和上年生产成本结构饼图

2. 绘制产品生产成本结构图

在命令编辑窗口中添加如下程序，在同一图窗中绘制本年与上年产品生产成本结构图。

```
# 产品生产成本结构对比
plt.bar(x, pie_data_cur, width=w)
plt.bar(x+w, pie_data_pre, width=w)
# 设置数据标签居中，大小为8，颜色为黑色
for a, b in zip(x, pie_data_cur):
```

```
        plt.text(a, b, "%.2f%%" % (b * 100), ha='center', va='bottom',
                 fontsize=8, color=(0, 0, 0))
for a, b in zip(x, pie_data_pre):
        plt.text(a+w, b, "%.2f%%" % (b * 100), ha='center', va='bottom',
                 fontsize=8, color=(0, 0, 0))
# 在右上角添加图例
plt.legend(["本年占比", "上年占比"], loc='upper right')
# 添加标题
label = '本年与上年产品生产成本结构'
plt.title(label, fontsize=16, fontweight='heavy', loc='center')
# 设置坐标轴刻度
plt.xticks(x, xt, color='blue')
plt.show()
```

运行结果如图 7-57 所示。

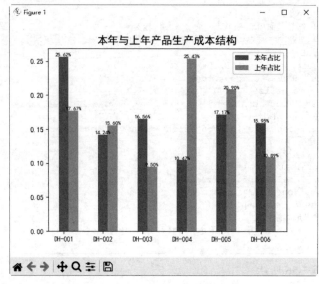

图 7-57　本年与上年产品生产成本结构图

3. 绘制本年生产成本结构图

在命令编辑窗口中添加如下程序，依据总生产成本分析表中的数据，绘制本年生产成本结构图。

```
# 读取 XLSX 文件，第 3 行为表头
data_total = pd.read_excel(newfile, sheet_name="总生产成本分析表",
                           skiprows=2)
# 绘图数据
pie_data = data_total['结构'].iloc[1:4]
total_labels = ['直接材料费用', '直接人工费用', '制造费用']    # 定义扇区标签
plt.pie(pie_data, autopct='%.2f%%',
        labels=total_labels, shadow=True,
        textprops={'fontsize': 12},
        wedgeprops={'linewidth': 3})
plt.title('本年生产成本结构图', fontsize=16, fontweight='heavy', loc='center')
plt.show()
```

运行结果如图 7-58 所示。

4. 绘制生产成本明细结构图

在命令编辑窗口中添加如下程序，依据总生产成本分析表中的数据，绘制生产成本明细结构图。

7.2 某企业生产成本汇总分析

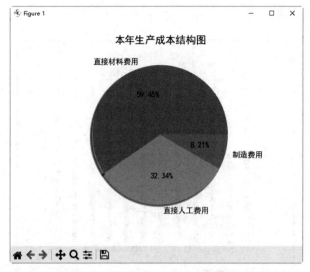

图 7-58 本年生产成本结构图

```
# 生产成本明细结构
# 绘图数据
datas = data_total.iloc[7:10, 1:13]
materials_data = data_total.iloc[7, 1:13]    # 直接材料费用
labors_data = data_total.iloc[8, 1:13]    # 直接人工费用
burdens_data = data_total.iloc[9, 1:13]    # 制造费用
# x轴刻度标签
titles = []
for i in range(0, len(datas.columns)):
    titles.append(datas.columns[i])
localtions = np.linspace(1, 12,12)    # 标签位置
# 绘制堆积条形图
plt.bar(localtions, materials_data, width=0.3, color="blue", alpha=0.7)    # 直接材料费用比重
plt.bar(localtions, labors_data, width=0.3, alpha=0.7,
        color="orange", bottom=materials_data)    # 直接人工费用比重
plt.bar(localtions, burdens_data, width=0.3, alpha=0.7,
        color="red", bottom=materials_data+labors_data)    # 制造费用比重
# 设置数据标签居中, 大小为9
for a, b in zip(localtions, materials_data):
    y_metiral = b / 2
    plt.text(a, y_metiral, "%.2f%%" % (b * 100), ha='center', va='bottom',
             fontsize=9, color=(0, 0, 0))
for a, b, c in zip(localtions, materials_data, labors_data):
    y_labor = b + c / 2
    plt.text(a, y_labor, "%.2f%%" % (c * 100),
             ha='center', va='bottom',
             fontsize=9, color=(0, 0, 0))
for a, b, c, d in zip(localtions, materials_data, labors_data, burdens_data):
    y_burden = b + c + d / 2
    plt.text(a, y_burden, "%.2f%%" % (d * 100),
             ha='center', va='bottom', fontsize=9, color=(0, 0, 0))
# 添加图例
labels = ['直接材料费用', '直接人工费用', '制造费用']
plt.legend(labels, loc='best')
# 添加标题
title_graph = '生产成本明细结构图'
plt.title(title_graph, fontsize=16, fontweight='heavy', loc='center')
# 设置坐标轴刻度
plt.xticks(localtions, titles, color='blue')
plt.show()
```

运行结果如图 7-59 所示。

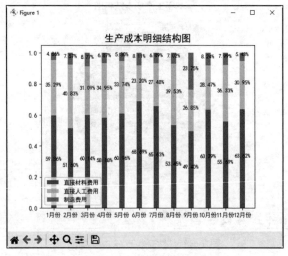

图 7-59　生产成本明细结构图

7.2.7　总生产成本年度比较

本节首先基于本年和上年的生产成本汇总表编制总生产成本年度比较表，然后以此为依据，借助图表对上年与本年的生产成本、生产成本结构和生产成本结构变动进行分析。

7.2.7　总生产成本年度比较

1．编制总生产成本年度比较表

（1）在工作簿"生产成本数据.xlsx"中新建一个名为"总生产成本年度比较"的工作表，设计图 7-60 所示的总生产成本年度比较表框架，并格式化表格。

	A	B	C	D	E	F	G	H	I	J	K
1	被审计单位名称：			查验人员：			日期：		索引号：		
2	所属时期或截至时间：			复核人员：			日期：		金额单位：元		
3	项目	上年发生额	本年发生额	增减金额	金额排序	增减比率	比率排序	上年结构	本年结构	结构变动	变动率排序
4	直接材料费用										
5	直接人工费用										
6	制造费用										
7	合计										

图 7-60　总生产成本年度比较表框架

（2）打开 Python 文件 productionCost.py，在命令编辑窗口中添加如下程序，编制总生产成本年度比较表。

```
# 获取表格
wz = wb["总生产成本年度比较"]
ws_pre = wb["上年生产成本汇总表"]
for i, j in zip([4, 5, 6, 7], ['C', 'D', 'E', 'F']):
    wz['B%d' % i].value = ws_pre['%s10' % j].value   # 上年发生额
    wz['C%d' % i].value = whsz['%s10' % j].value     # 本年发生额
# 增减金额
    wz['D%d' % i].value = wz['C%d' % i].value - wz['B%d' % i].value
    # 增减比率
wz['F%d' % i].value = wz['D%d' % i].value / wz['B%d' % i].value
for m in range(4, 7):
    # 上年结构
```

```
        if wz['B7'].value == 0:
            wz['H%d' % m].value = 0
        else:
            wz['H%d' % m].value = wz['B%d' % m].value / wz['B7'].value
        # 本年结构
        if wz['C7'].value == 0:
            wz['I%d' % m].value = 0
        else:
            wz['I%d' % m].value = wz['C%d' % m].value / wz['C7'].value
        # 结构变动
        wz['J%d' % m].value = wz['I%d' % m].value - wz['H%d' % m].value
# 另存文件
newfile = '生产成本分析.xlsx'
wb.save(newfile)
```

各项成本的增减金额=本年发生额-上年发生额。增减比率=增减金额/上年发生额。

运行结果如图 7-61 所示。

图 7-61 总生产成本年度比较

计算出各项成本的增减金额后，就可以基于该结果对各项成本的变动情况进行排序。由于增减金额和增减比率中可能会存在负数，即本年发生额可能小于上年发生额，因此，可以在 M:O 单元格区域设置辅助计算区域，用于放置各项成本增减金额、增减比率和结构变动的绝对值。

（3）在命令编辑窗口中添加如下程序，计算各项成本的增减金额、增减比率和结构变动的绝对值，并将计算结果放入辅助计算区域 M:O 单元格区域。

```
# 计算各项成本的增减金额、增减比率和结构变动的绝对值
c1 = ['E', 'G', 'K']         # 结果列
c2 = ['M', 'N', 'O']         # 辅助列
for i in range(4, 7):
    for n, nn in zip(c1, c2):
        # 获取计算列的字母
        n1 = column_index_from_string(n)-1
        n2 = get_column_letter(n1)
        tempdata = abs(wz['%s%d' % (n2, i)].value)    # 计算列绝对值
        wz['%s%d' % (nn, i)].value = tempdata
```

运行结果如图 7-62 所示。

图 7-62 计算各项成本的增减金额、增减比率和结构变动的绝对值

（4）在命令编辑窗口中添加如下程序，对各项成本的增减金额、增减比率和结构变动进行排序。

```
# 各项成本增减金额、增减比率和结构变动排序
for i in range(4, 7):
    for n, nn in zip(c1, c2):
```

```
            wz['%s%d' % (n, i)].value = "=rank({:s}{:d},{:s}4:{:s}6)"\
                .format(nn, i, nn, nn)
# 保存文件
wb.save(newfile)
```

运行结果如图 7-63 所示。

	A	B	C	D	E	F	G	H	I	J	K
1	被审计单位名称：			查验人员：			日期：		索引号：		
2	所属时期或截至时间：			复核人员：			日期：		金额单位：元		
3	项目	上年发生额	本年发生额	增减金额	金额排序	增减比率	比率排序	上年结构	本年结构	结构变动	变动率排序
4	直接材料费用	336945.16	385662.53	48717.37	2	14.46%	3	48.85%	59.45%	10.60%	2
5	直接人工费用	323521.67	209785.78	-113735.89	1	-35.16%	2	46.90%	32.34%	-14.56%	1
6	制造费用	29335.26	53253.07	23917.81	3	81.53%	1	4.25%	8.21%	3.96%	3
7	合计	689802.09	648701.38	-41100.71		-5.96%					

图 7-63 各项成本的增减金额、增减比率和结构变动排序

至此，总生产成本年度比较表编制完成。接下来基于该表对上年和本年的生产成本、生产成本结构，以及生产成本结构变动进行分析。

2．生产成本分析

在命令编辑窗口中添加如下程序，绘制上年与本年生产成本对比图。

```
# 读取 XLSX 文件，第 3 行为表头
data_cost = pd.read_excel(newfile, sheet_name="总生产成本年度比较",
                          skiprows=2)
# 上年与本年生产成本对比图
x = np.linspace(1, 3, 3)    # x 轴刻度位置的列表
cost_pre = data_cost['上年发生额'][:-1]
cost_cur = data_cost['本年发生额'][:-1]
w = 0.25    # 条形图的宽度
plt.bar(x, cost_pre, width=w)
plt.bar(x+w, cost_cur, width=w)
# 设置数据标签居中，大小为 8，颜色为黑色
for a, b in zip(x, cost_pre):
    plt.text(a, b, round(b, 2), ha='center', va='bottom',
             fontsize=8, color=(0, 0, 0))
for a, b in zip(x, cost_cur):
    plt.text(a+w, b, round(b, 2), ha='center', va='bottom',
             fontsize=8, color=(0, 0, 0))
# 在右上角添加图例
plt.legend(["上年发生额", "本年发生额"], loc='upper right')
# 添加标题
label = '上年与本年生产成本对比图'
plt.title(label, fontsize=16, fontweight='heavy', loc='center')
# 设置坐标轴标签和刻度
xlabels = data_cost['项目'][:-1]
plt.xticks(x, xlabels, color='blue')
plt.show()
```

运行结果如图 7-64 所示。

3．生产成本结构分析

在命令编辑窗口中添加如下程序，绘制上年与本年生产成本结构对比图。

```
# 上年与本年生产成本结构对比图
struct_pre = data_cost['上年结构'][:-1]
struct_cur = data_cost['本年结构'][:-1]
plt.bar(x, struct_pre, width=w)
plt.bar(x+w, struct_cur, width=w)
# 设置数据标签居中，大小为 8，颜色为黑色
for a, b in zip(x, struct_pre):
```

7.2 某企业生产成本汇总分析

```
        plt.text(a, b, "%.2f%%" % (b * 100), ha='center', va='bottom',
                 fontsize=8, color=(0, 0, 0))
    for a, b in zip(x, struct_cur):
        plt.text(a+w, b, "%.2f%%" % (b * 100), ha='center', va='bottom',
                 fontsize=8, color=(0, 0, 0))
# 在右上角添加图例
plt.legend(["上年结构", "本年结构"], loc='upper right')
# 添加标题
label = '上年与本年生产成本结构对比图'
plt.title(label, fontsize=16, fontweight='heavy', loc='center')
# 设置坐标轴标签和刻度
xlabels = data_cost['项目'][:-1]
plt.xticks(x, xlabels, color='blue')
plt.show()
```

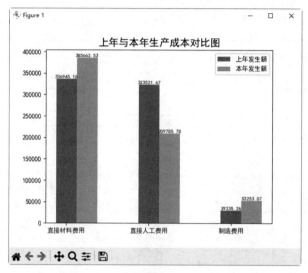

图 7-64　上年与本年生产成本对比图

运行结果如图 7-65 所示。

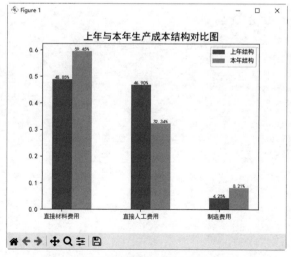

图 7-65　上年与本年生产成本结构对比图

4. 生产成本结构变动分析

在命令编辑窗口中添加如下程序，绘制上年与本年生产成本结构变动图。

```
# 生产成本结构变动分析
struct_change = data_cost['结构变动'][:-1]
plt.bar(x, struct_change, width=w, color='cyan')
# 设置数据标签，大小为10，颜色为黑色
for a, b in zip(x, struct_change):
    plt.text(a, b, "%.2f%%" % (b * 100), ha='center', va='bottom',
             fontsize=10, color=(0, 0, 0))
# 添加标题
label = '生产成本结构变动图'
plt.title(label, fontsize=16, fontweight='heavy', loc='center')
# 设置坐标轴标签和刻度
xlabels = data_cost['项目'][:-1]
plt.xticks(x, xlabels, color='blue')
plt.show()
```

运行结果如图7-66所示。

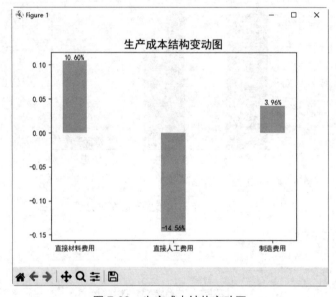

图7-66　生产成本结构变动图

第8章 企业流动资产管理

流动资产是指预计在一个正常营业周期内变现、出售、耗用、交换其他资产或清偿负债的能力不受限制的现金或现金等价物等资产，主要包括现金、短期投资、应收票据、应收账款及预付账款、存货等。它具有周转快、变现能力强、投资风险较小等特点，属于生产经营过程中短期置存的资产，是企业资产的重要组成部分。

流动资产管理是指对可以在一年或超过一年的一个营业周期内变现的流动资产进行计划、组织、协调和监控，以保证企业生产的顺利进行、加速资金周转、充分挖掘现有物质资源潜力、促进整个企业管理水平的提高。其主要包括现金管理、应收账款管理和存货管理。本章将着重介绍计算最佳现金持有量的方法、应收账款的账龄分析，以及存货经济批量决策方法等内容。

8.1 现金管理

现金是指在生产过程中暂时停留在货币形态的资金，包括库存现金、银行存款以及银行本票和银行汇票等非货币资金。作为交换媒介，现金是变现能力最强的资产，有助于降低企业的风险，增强企业资产的流动性和债务的可清偿性。

企业持有现金主要是为了满足交易性、预防性和投机性需要。企业可能会面临现金不足和现金过量两方面的问题。现金持有量不足，不能应付日常业务开支，可能会使企业付出无法估量的潜在成本或机会成本；现金持有量过多，将影响企业基于投资收益的要求，而使企业蒙受另一种损失。因此，企业能否保持足够的现金余额，对于提高投资收益、降低或避免经营风险与财务风险具有重要意义。

现金管理的根本目标是在现金的流动性与收益性之间进行权衡、选择，合理确定现金持有量，在保持企业正常经营活动所需现金的同时，尽量减少企业闲置的现金，从而获得最大的收益，提高资金的使用效率。

8.1.1 计算最佳现金持有量

最佳现金持有量又称为最佳现金余额，是指现金满足生产经营的需要，且现金使用的效率和效益最高时的现金最低持有量，即能够使现金管理的机会成本与转换成本（或短缺成本）之和保持最低的现金持有量。

计算最佳现金持有量的模式主要有成本分析模式、存货模式、现金周转模式及随机模式。下面分别进行简要介绍。

1．成本分析模式

企业持有现金的成本主要包括机会成本（资本成本）、管理成本和短缺成本。成本分析模式是指根据现金有关成本，将持有现金而产生的机会成本与短缺成本之和最低时的现金持有量作为最佳现金持有量，如图8-1所示。

在这里要提请读者注意的是，运用成本分析模式计算最佳现金持有量时，总成本只考虑因持有一定量的现金而产生的机会成本和短缺成本，不考虑管理成本和转换成本。

运用成本分析模式计算最佳现金持有量的步骤如下。

（1）根据不同现金持有量测算并确定有关成本数值。

图8-1 成本分析模式

（2）按照不同现金持有量及其有关成本资料编制最佳现金持有量测算表。

（3）在测算表中找出总成本最低时的现金持有量，即最佳现金持有量。

实例76：运用成本分析模式计算最佳现金持有量

某企业有4种现金持有量备选方案，其相应的成本资料如图8-2所示。本实例运用成本分析模式计算最佳现金持有量。

图8-2 现金持有量备选方案

操作步骤如下。

（1）启动 PyCharm，新建一个名为 ch08 的 Python 项目，在该项目中加载模块库 pandas 和 openpyxl。然后新建一个名为 cashHolding.py 的 python 文件。

（2）在 Excel 中创建测算表，如图8-3所示，将其所在工作表命名为"成本分析模式"。然后将工作簿保存在 Python 项目 ch08 文件夹下，命名为"流动资产.xlsx"。

图8-3 创建测算表

（3）在命令编辑窗口中编写如下程序，根据不同现金持有量计算机会成本、短缺成本和相关总成本。

```
# /usr/bin/env python3
# -*- coding: UTF-8 -*-
import pandas as pd
import openpyxl as op

# DataFrame 显示为两位小数
pd.options.display.float_format = '{:,.2f}'.format

# 定义.xlsx 文件路径和名称
file = '流动资产.xlsx'
# 加载工作簿
wb = op.load_workbook(file, data_only=True)
# 根据表名获取表格
ws = wb["成本分析模式"]
row = ws.max_row  # 计算最大行
col = ws.max_column  # 计算最大列

# 计算机会成本
j = 2
for i in range(9, row+1):
    ws.cell(i, 2).value = ws.cell(3, j).value * ws.cell(4, j).value
    j = j + 1
# 计算短缺成本和相关总成本
i = 9
for j in range(2, col + 1):
    ws.cell(i, 3).value = ws.cell(5, j).value
    ws.cell(i, 4).value = ws.cell(i, 2).value + ws.cell(i, 3).value
    i = i + 1

# 另存文件
newfile = '现金管理.xlsx'
wb.save(newfile)
```

运行程序，打开保存的文件“现金管理.xlsx”，即可看到计算结果，如图 8-4 所示。

	A	B	C	D	E
1	现金持有量备选方案表				单位：元
2	项目	A	B	C	D
3	现金持有量	¥10,000.00	¥20,000.00	¥30,000.00	¥40,000.00
4	机会成本率	12%	12%	12%	12%
5	短缺成本	¥5,600.00	¥2,500.00	¥1,000.00	¥0.00
6					
7	最佳现金持有量测算表			单位：元	
8	方案及现金持有量	机会成本	短缺成本	相关总成本	
9	A (10000)	¥1,200.00	¥5,600.00	¥6,800.00	
10	B (20000)	¥2,400.00	¥2,500.00	¥4,900.00	
11	C (30000)	¥3,600.00	¥1,000.00	¥4,600.00	
12	D (40000)	¥4,800.00	¥0.00	¥4,800.00	

图 8-4　计算机会成本、短缺成本和相关总成本

通过分析、比较图 8-4 中各方案的相关总成本可知，C 方案的相关总成本最低，即企业持有 30000 元现金时最佳。接下来编写程序，输出最佳现金持有量的相关总成本及其对应的方案。

（4）在命令编辑窗口中添加如下程序，输出最佳现金持有量及其对应的方案。

```
# 读取最佳现金持有量测算表
data = pd.read_excel(newfile, skiprows=7)
# 输出最佳现金持有量
best = min(data["相关总成本"])
print("最佳现金持有量的相关总成本为：", best)
```

```
# 确定最佳现金持有量方案所在行
idx = data["相关总成本"].argmin()
# 确定最佳现金持有量方案
print('*'*15, "对应的方案为: ", '*'*15)
print(data.loc[[idx], :].to_string(index=False))
```

运行程序，在控制台中可以看到运行结果如图 8-5 所示。

2. 存货模式

如果企业平时只持有较少的现金，在需要现金时，通过出售有价证券换回现金，或从银行借入现金，既能避免短缺成本的产生，又能减少机会成本。因此，适当的现金与有价证券之间的转换是企业提高资金使用效率的有效途径。但是，如果每次任意

图 8-5　运行结果

量地进行有价证券与现金的转换，则可能增加企业的成本。使用最佳现金持有量的存货模式，可以解决现金的最佳持有量与一定时期内有价证券的最佳变现次数问题。

存货模式是指将现金持有成本与有价证券买卖的交易成本进行权衡，其最佳现金持有量的着眼点也是现金相关成本之和最小。读者要注意的是，存货模式不考虑管理成本和短缺成本，现金管理总成本为现金持有成本与现金转换成本之和。

现金持有成本是指企业因保留一定的现金余额而增加的管理成本以及丧失的再投资收益。前者是由于对该项现金余额进行管理而增加的费用支出；后者是由于企业不能同时用该项现金余额进行有价证券投资所产生的机会成本。

现金转换成本是指企业用现金购入有价证券或转让有价证券换取现金而付出的交易费用。如委托买卖佣金、委托手续费、证券过户费、实物交割手续费等。

存货模式下最佳现金持有量的计算公式如下：

$$\sqrt{\frac{2 \times 计划年度现金总需求量 \times 有价证券每次转换费用}{有价证券利息率}}$$

从上面的公式可以看出，运用存货模式计算最佳现金持有量时，以下列假设为前提：

（1）企业所需要的现金可通过有价证券变现取得，且有价证券变现的不确定性很小；

（2）企业预算期内现金总需求量可以预测；

（3）现金的支出过程比较稳定、波动较小，而且每当现金余额降至 0 时，均通过部分有价证券变现得以补足；

（4）有价证券的利息率以及每次转换费用可以获悉。

实例 77：运用存货模式计算最佳现金持有量

某公司预计全年现金需要量是 100 万元，其收支状况比较稳定，现金与有价证券的每次转换成本为 360 元，有价证券的利息率为 20%。本实例运用存货模式计算最佳现金持有量。

实例 77：运用存货模式计算最佳现金持有量

操作步骤如下。

（1）启动 PyCharm，在项目 ch08 中新建一个名为 inventoryModel.py 的 Python 文件。

（2）在 Excel 工作簿"流动资产.xlsx"中创建图 8-6 所示的测算表，将其所在工作表命名为"存货模式现金持有量"，然后保存工作簿。

（3）在命令编辑窗口中编写如下程序，计算存货模式下的最佳现金持有量。

```python
# /usr/bin/env python3
# -*- coding: UTF-8 -*-
import pandas as pd
import openpyxl as op

# DataFrame 显示为两位小数
pd.options.display.float_format = '{:,.2f}'.format

# 定义.xlsx 文件路径和名称
file = '流动资产.xlsx'
# 加载工作簿
wb = op.load_workbook(file, data_only=True)
# 根据表名获取表格
ws = wb["存货模式现金持有量"]
row = ws.max_row   # 计算最大行

# 计算最佳现金持有量
ws['B5'].value = "=SQRT(PRODUCT(B2,B3,2)/B4)"

# 另存文件
newfile = '现金管理.xlsx'
wb.save(newfile)
```

（4）运行程序，打开保存的文件，即可在单元格 B5 中看到计算结果，如图 8-7 所示。

图 8-6　测算表　　　　　图 8-7　计算最佳现金持有量

3. 现金周转模式

现金周转模式是根据现金周转期来计算最佳现金持有量的一种方法。现金周转期是指现金从投入生产经营开始，到最终转化为现金的过程。影响现金周转模式的因素主要有存货周转期、应收账款周转期和应付账款周转期。

使用现金周转模式计算最佳现金持有量的步骤如下。

（1）计算现金周转期。

现金周转期=存货周转期+应收账款周转期−应付账款周转期

其中，存货周转期即存货周转天数，应收账款周转期即应收账款周转天数，应付账款周转期即应付账款周转天数。

（2）计算现金周转率。

现金周转率=360/现金周转期

（3）计算最佳现金持有量。

最佳现金持有量=年现金总需求量/现金周转率

现金周转模式操作比较简单，但该模式要求有以下前提条件。

（1）企业的年现金总需求量不存在不确定因素。

（2）现金收入每隔一定时间发生。

（3）现金支付发生在应付账款支付的时候。

如果未来年度的周转效率与历史年度相比较发生了变化，但变化是可以预计的，该模式仍然可以采用。

实例 78：运用现金周转模式计算最佳现金持有量

某企业预计全年需要现金 1800 万元，存货周转期为 50 天，应收账款周转期为 30 天，应付账款周转期为 20 天。本实例运用现金周转模式计算该企业的最佳现金持有量。

操作步骤如下。

（1）启动 PyCharm，在项目 ch08 中新建一个名为 cashFlowModel.py 的 Python 文件。

（2）在 Excel 工作簿"流动资产.xlsx"中创建图 8-8 所示的测算表，将其所在工作表命名为"现金周转模式"，然后保存工作簿。

（3）在命令编辑窗口中编写如下程序，计算现金周转模式下的最佳现金持有量。

```python
# /usr/bin/env python3
# -*- coding: UTF-8 -*-
import pandas as pd
import openpyxl as op

# DataFrame 显示为两位小数
pd.options.display.float_format = '{:,.2f}'.format

# 定义.xlsx 文件路径和名称
file = '流动资产.xlsx'
# 加载工作簿
wb = op.load_workbook(file, data_only=True)
# 根据表名获取表格
ws = wb["现金周转模式"]
row = ws.max_row   # 计算最大行

# 计算最佳现金持有量
ws['B6'].value = "=B2*(B3+B4-B5)/360"

# 另存文件
newfile = '现金管理.xlsx'
wb.save(newfile)
```

在计算最佳现金持有量时，也可以直接使用 Excel 中的公式"=PRODUCT(B2,B3+B4-B5)/360"。

（4）运行程序，打开保存的文件，即可在单元格 B6 中看到计算结果，如图 8-9 所示。

图 8-8　测算表

图 8-9　计算最佳现金持有量

4．随机模式

随机模式是在企业未来现金流呈不规则波动、难以预知的情况下计算最佳现金持有量的方法。

随机模式的原理是：根据历史经验和现实需求，测算出一个现金持有量的范围，制定出现金持有量的上限和下限，当现金余额达到上限时将现金换为有价证券，当现金余额降至下限时将有价证券换成现金，从而将企业现金持有量控制在这个范围之内。

8.1.2 现金日记账管理

现金日记账是用来逐日反映库存现金的收入、支出以及结余情况的特种日记账。现金日记账通常是根据审核后的现金收款、付款凭证逐日逐笔按照经济业务发生的顺序进行登记的。登记现金日记账时，除了应遵循一般账簿登记的基本要求之外，还应注意以下一系列的填写方法。

（1）日期列：登记现金日记账时所依据的会计凭证上的日期。
（2）凭证编号列：登记现金日记账时所依据的会计凭证的类型及编号。
（3）摘要列：简要说明经济业务的实际内容。
（4）项目名称列：每笔会计分录中"库存现金"科目所对应的项目名称。
（5）借贷列：每笔会计分录中"库存现金"科目的借贷方向。
（6）金额列：每笔会计分录中"库存现金"科目的金额。
（7）余额列：登记每笔现金收支后，库存现金的即时余额。

给常用项目定义名称可以方便工作表的编制。由于项目名称、日常摘要经常会用到，所以建立"项目名称"和"日常摘要"两表；企业支出现金时要明确填写现金支出的用途，因此建立"现金用途"表；出纳员登记好出纳日记账后，对已登记入账的凭证，需用已记账标记标识，因此可建立"记账标志"表。

> **实例79：编制现金日记账**

实例79：编制现金日记账

某企业2022年1月现金日记账如图8-10所示，已按照日常业务录入期初基础数据，包括填好日期列，"摘要"列，"性质分类"列，借方、贷方金额，并根据企业实际发生的业务，按照会计人员制作的凭证，在现金日记账中录入了项目名称。

图8-10 现金日记账原始数据

本实例根据给定的项目计算每日借方、贷方金额的合计，编制现金日记账。
操作步骤如下。

（1）启动 PyCharm，在项目 ch08 中加载模块库 NumPy，然后新建一个名为 cashJournal.py 的 Python 文件。

（2）在 Excel 工作簿"流动资产.xlsx"中创建图 8-10 所示的工作表，命名为"现金日记账"，然后保存工作簿。

（3）在命令编辑窗口中编写如下程序，计算每日借方、贷方的"本日合计"。

```python
# /usr/bin/env python3
# -*- coding: UTF-8 -*-
import numpy as np
import pandas as pd
import openpyxl as op

# DataFrame 显示为两位小数
pd.options.display.float_format = '{:,.2f}'.format

# 定义.xlsx 文件路径和名称
file = '流动资产.xlsx'
# 加载工作簿
wb = op.load_workbook(file, data_only=True)
# 根据表名获取表格
ws = wb["现金日记账"]
row = ws.max_row    # 计算最大行

# 读取指定工作表，第 2 行为表头
data = pd.read_excel(file, sheet_name="现金日记账", skiprows=1)


def get_rows(data: pd.DataFrame):
    """
    获取"本日合计"所在行
    data: Excel 数据
    return: 返回数据在 Excel 中的行号
    """
    data_list = np.array(data["摘要"]).tolist()
    row_list = [4]    # 第一天的开始行
    for i in range(len(data_list)):
        if data_list[i] == "本日合计":
            row_list.append(i+3)
    return row_list


def get_sum(start: int, end: int, col: str):
    """
    计算一列单元格中多个连续单元格之和
    start: 起始行号
    end: 结束行号
    col: 列号
    return: 返回每日借方、贷方金额的合计
    """
    amount = "=sum({:s}{:d}:{:s}{:d})".format(col, start, col, end)
    return amount


# 获取"本日合计"所在行
rownum = get_rows(data)
# 列号赋值
col01 = 'H'
col02 = 'I'
# 初始化每日借方、贷方金额的合计所涉及区域的起止行号
startrow = []
endrow = []
# 计算每日借方、贷方金额的合计所涉及区域的起止行号
for i in range(0, len(rownum)-1):
    startrow.append(rownum[i]+1)
    endrow.append(rownum[i+1]-1)
```

```
# 计算每日借方、贷方金额的合计
n = 0
for m in rownum[1: len(rownum)]:
    ws['H%d' % m].value = get_sum(startrow[n], endrow[n], col01)
    ws['I%d' % m].value = get_sum(startrow[n], endrow[n], col02)
    n = n + 1

# 另存文件
newfile = '现金管理.xlsx'
wb.save(newfile)
```

（4）运行程序，打开保存的文件，可以看到"本日合计"中所有的借方、贷方金额的计算结果，如图8-11所示。

（5）在命令编辑窗口中添加如下程序，计算余额。

```
# 计算余额
for i in range(5, row+1):
    if (ws['H%d' % i].value is None) & (ws['I%d' % i].value is None):
        ws['J%d' % i].value = 0
    elif ws['G%d' % i].value == "本日合计":
        ws['J%d' % i].value = ws['J%d' % (i-1)].value
    else:
        ws['J%d' % i].value = "=J{:d}+H{:d}-I{:d}".format(i-1, i, i)
```

在计算余额时，如果借方、贷方金额都无数值，则余额为0；如果本行"摘要"列有"本日合计"（实务中还可能有"本月累计""本年累计"等中的一项或多项），则返回上一行的"余额"；否则用期初（第一天）或上日余额+本笔借方金额-本笔贷方金额。

（6）运行程序，打开保存的文件，可以看到"余额"列的计算结果如图8-12所示。

至此，现金日记账编制完毕。

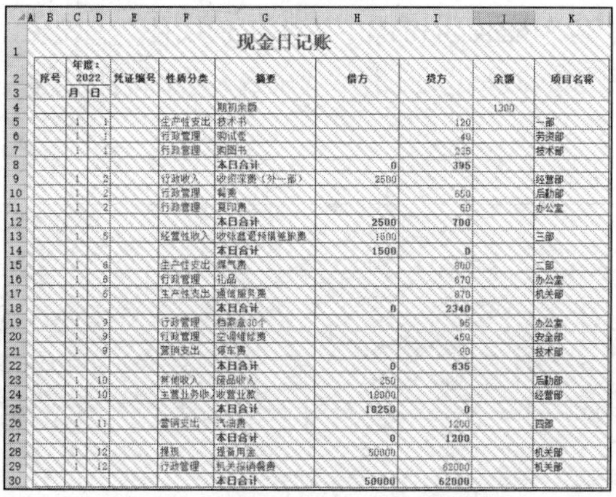

图 8-11 计算借贷双方的"本日合计" 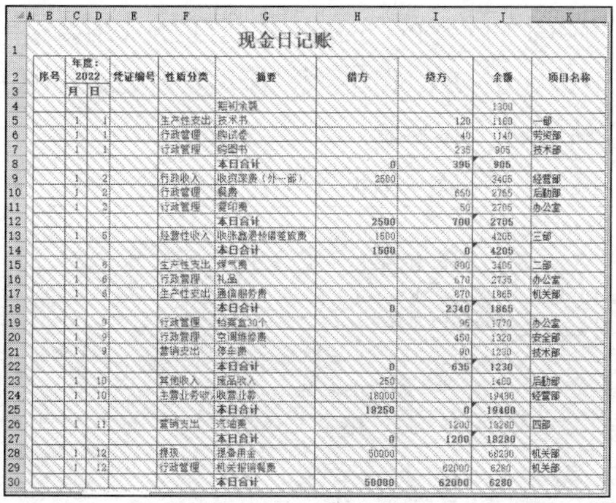   图 8-12 计算余额

8.1.3 银行日记账管理

银行日记账是一种专门用来逐笔记录银行存款收支业务的特种日记账。银行日记账是根据审核后的银行收款、付款凭证逐日逐笔按照经济业务发生的顺序进行登记的。登记银行日记账时，除了遵循一般账簿登记的基本要求外，一系列的填写方法与现金日记账基本相同。

由于会计上一笔业务的发生原始凭证的收回有滞后性，会存在先付款、后发货，先发货、后付款等情况，而且，存在支票已经开出，但是原始的发票还未收回的情况。这时候，出纳员要增设"是否记账"列。如果票据已经齐全,在对应的"是否记账"列中选择"√",否则为空。对于标记了"√"的业务,直接移交给记账人员录入财务软件。

实例80:编制银行日记账

某企业2022年1月的银行日记账如图8-13所示,已根据企业实际发生的业务,按照会计人员制作的凭证,在银行日记账中录入各项信息。如果"是否记账"列中有"√",表示对应的这笔业务的票据已经收齐,并移交给记账人员录入财务软件。

实例80:编制银行日记账

图 8-13 银行日记账原始数据

本实例根据给定的项目计算每笔业务的余额和当日余额,编制银行日记账。

操作步骤如下。

(1)启动PyCharm,在项目ch08中新建一个名为bankJournal.py的Python文件。

(2)在Excel工作簿"流动资产.xlsx"中创建图8-13所示的工作表,命名为"银行日记账",然后保存工作簿。

(3)在命令编辑窗口中编写如下程序,计算余额。

```python
# /usr/bin/env python3
# -*- coding: UTF-8 -*-
import pandas as pd
import openpyxl as op

# DataFrame 显示为两位小数
pd.options.display.float_format = '{:,.2f}'.format

# 定义.xlsx文件路径和名称
file = '流动资产.xlsx'
# 加载工作簿
wb = op.load_workbook(file, data_only=True)
# 根据表名获取表格
ws = wb["银行日记账"]
row = ws.max_row  # 计算最大行

# 计算余额
for i in range(5, row+1):
    if not (ws['E%d' % i].value is None):
        ws['O%d' % i].value = "=O{:d}+G{:d}-I{:d}-J{:d}-M{:d}"\
            .format(i-1, i, i, i, i)
    else:
        ws['O%d' % i].value = "=O{:d}".format(i-1)
```

```
# 另存文件
newfile = '现金管理.xlsx'
wb.save(newfile)
```

为了防止出现已经没有业务增加但还计算余额的情况，本实例在计算余额时，先判断“摘要”列对应的内容是否为空，如果不为空，则余额=上日余额+收入−转账支出−现金支出−支票类支出。如果“摘要”列的内容为空，则返回上一行的“余额”。

（4）运行程序，打开保存的文件，可以看到“余额”列的计算结果，如图 8-14 所示。

银行日记账

序号	2022年 月	日	摘要	收入 Dr 编码	收入	收款部门	支出 Cr 转账	现金	用途	支票号	金额	支票领用单位	Net 余额	当日余额	是否记账
1			期初余额										20,000,000.00		√
2	1	1月1日	收工程款	9500	100,000	一部							20,100,000.00		√
3	1	1月1日	购买办公用品							1001	1,500.00	办公室	20,098,500.00		√
4	1	1月2日	机关水电费							1002	4,000.00	机关部	20,094,500.00		
5	1	1月2日	培训费							1003	800.00	技术部	20,093,700.00		√
6	1	1月2日	收工程款	4500	2,000,000	三部							22,093,700.00		√
7	1	1月3日	电汇	2300	18,000	三部							22,111,700.00		√
8	1	1月3日	手续费	1200			25						22,111,675.00		√
9	1	1月3日	网通电话费	1300			475						22,111,200.00		
10	1	1月6日	投标保证金							1004	700,000.00	经营部	21,411,200.00		√
11	1	1月8日	提现	4768				100000	工资				21,311,200.00		√
12	1	1月8日	购材料							1005	2,700.00	一部	21,308,500.00		√
13	1	1月8日	收工程款	2001	1,500,000	二部							22,808,500.00		√
14	1	1月12日	购材料							1006	5,800.00	一部	22,802,700.00		√
15	1	1月13日	购材料							1007	-	作废	22,802,700.00		
16	1	1月13日	发放工资							1008	487,650.00	机关部	22,315,050.00		√
17	1	1月13日	报销							1009	4,000.00	安全部	22,311,050.00		√
18	1	1月14日	购材料							1010	250,000.00	三部	22,061,050.00		√
19	1	1月14日	购材料							1011	450,000.00	三部	21,611,050.00		√
20	1	1月20日	提现	4769				50000	备用金				21,561,050.00		√
21	1	1月27日	收工程款	2589	4,000,000	四部							25,561,050.00		√
22	1	1月27日	收工程款	2588	250,000	一部							25,811,050.00		√
23	1	1月27日	交保险							1012	180,360.00	机关部	25,630,690.00		√
24	1	1月31日	购办公用品							1013	5,600.00	办公室	25,625,090.00		√
25	1	1月31日	交住房公积金							1014	90,140.00	机关部	25,534,950.00		

图 8-14　计算余额

（5）在命令编辑窗口中修改计算余额的程序，计算当日余额。

```
# 计算余额
for i in range(5, row+1):
    if not (ws['E%d' % i].value is None):
        ws['O%d' % i].value = "=O{:d}+G{:d}-I{:d}-J{:d}-M{:d}".format(i-1, i, i, i, i)
    else:
        ws['O%d' % i].value = "=O{:d}".format(i-1)
# 计算当日余额
    if ws['D%d' % (i+1)].value == ws['D%d' % i].value:
        ws['P%d' % i].value = None
    else:
        ws['P%d' % i].value = "=O{:d}".format(i)
```

（6）运行程序，打开保存的文件，可以看到“当日余额”列的计算结果，如图 8-15 所示。

银行日记账

序号	2022年 月	日	摘要	收入 Dr 编码	收入	收款部门	支出 Cr 转账	现金	用途	支票号	金额	支票领用单位	Net 余额	当日余额	是否记账
1			期初余额										20,000,000.00		√
2	1	1月1日	收工程款	9500	100,000	一部							20,100,000.00		√
3	1	1月1日	购买办公用品							1001	1,500.00	办公室	20,098,500.00	20,098,500.00	√
4	1	1月2日	机关水电费							1002	4,000.00	机关部	20,094,500.00		
5	1	1月2日	培训费							1003	800.00	技术部	20,093,700.00		√
6	1	1月2日	收工程款	4500	2,000,000	三部							22,093,700.00	22,093,700.00	√
7	1	1月3日	电汇	2300	18,000	三部							22,111,700.00		√
8	1	1月3日	手续费	1200			25						22,111,675.00		√
9	1	1月3日	网通电话费	1300			475						22,111,200.00	22,111,200.00	
10	1	1月6日	投标保证金							1004	700,000.00	经营部	21,411,200.00	21,411,200.00	√
11	1	1月8日	提现	4768				100000	工资				21,311,200.00		√
12	1	1月8日	购材料							1005	2,700.00	一部	21,308,500.00		√
13	1	1月8日	收工程款	2001	1,500,000	二部							22,808,500.00	22,808,500.00	√
14	1	1月12日	购材料							1006	5,800.00	一部	22,802,700.00	22,802,700.00	√
15	1	1月13日	购材料							1007	-	作废	22,802,700.00		
16	1	1月13日	发放工资							1008	487,650.00	机关部	22,315,050.00		√
17	1	1月13日	报销							1009	4,000.00	安全部	22,311,050.00	22,311,050.00	√
18	1	1月14日	购材料							1010	250,000.00	三部	22,061,050.00		√
19	1	1月14日	购材料							1011	450,000.00	三部	21,611,050.00	21,611,050.00	√
20	1	1月20日	提现	4769				50000	备用金				21,561,050.00	21,561,050.00	√
21	1	1月27日	收工程款	2589	4,000,000	四部							25,561,050.00		√
22	1	1月27日	收工程款	2588	250,000	一部							25,811,050.00		√
23	1	1月27日	交保险							1012	180,360.00	机关部	25,630,690.00	25,630,690.00	√
24	1	1月31日	购办公用品							1013	5,600.00	办公室	25,625,090.00		√
25	1	1月31日	交住房公积金							1014	90,140.00	机关部	25,534,950.00	25,534,950.00	

图 8-15　计算当日余额

第8章 企业流动资产管理

在本实例中，由于设置了P列数据格式，不显示缺失值（或0），因此，只在每天最后一笔业务的"当日余额"中显示计算结果。

至此，银行日记账编制完毕。

8.2 应收账款管理与分析

应收账款是指企业在生产经营过程中，因赊销商品或提供劳务而应向购货单位或接受劳务单位收取的款项。在资产负债表上，应收账款列表示流动资产，其范围是指那些预计在一年或超过一年的一个营业周期内收回的应收账款。

应收账款是由于企业赊销而形成的。赊销虽然能扩大销售量，给企业带来更多的利润，但同时也存在一部分货款不能收回的风险。如果应收账款过多或客户拖欠货款，则会增加应收账款管理的成本，甚至收不回账款，形成大量的呆账、死账。如果对应收账款管得太紧，甚至紧缩供货，则会影响企业的销售业绩，导致客户流失。因此，应收账款管理是企业管理的重中之重。

应收账款管理的基本目标是：在发挥应收账款强化竞争、扩大销售功能效应的同时，尽可能降低应收账款投资的机会成本，减少坏账损失与管理成本，加速企业资金的良性循环，提升资金周转效率，最大限度地提高应收账款投资的收益率。

应收账款日常管理的内容包括应收账款追踪分析、应收账款账龄分析、应收账款收现率分析和应收账款坏账准备制度。本节将着重介绍应收账款追踪分析、往来单位应收账款明细表的编制，以及应收账款的账龄分析。

8.2.1 建立应收账款统计表

（1）在 Excel 工作簿"流动资产.xlsx"中建立名为"应收账款统计表"的工作表，并依据企业实际发生的业务录入基本信息，如图8-16所示。

8.2.1 建立应收账款统计表

图8-16 应收账款统计表原始数据

（2）启动 PyCharm，在项目 ch08 中新建一个名为 Receivables.py 的 Python 文件。

（3）在命令编辑窗口中编写如下程序，计算应收账款总额、预计能收回金额，以及各项应收账款占应收账款总额的百分比。

```
# /usr/bin/env python3
# -*- coding: UTF-8 -*-
```

```
import pandas as pd
import openpyxl as op

# DataFrame 显示为两位小数
pd.options.display.float_format = '{:,.2f}'.format

# 定义.xlsx 文件路径和名称
file = '流动资产.xlsx'
# 加载工作簿
wb = op.load_workbook(file, data_only=True)
# 根据表名获取表格
ws = wb["应收账款统计表"]
row = ws.max_row  # 计算最大行

# 计算应收账款总额
ws['C3'].value = "=SUM(C5:C{:d})".format(row)
# 计算预计能收回金额
ws['D3'].value = "=C3"
# 计算各项应收账款占应收账款总额的百分比
for i in range(5, row+1):
    ws['D%d' % i].value = "=C{:d}/$C$3".format(i)

# 另存文件
newfile = '应收账款管理.xlsx'
wb.save(newfile)
```

（4）运行程序，打开保存的文件“应收账款管理.xlsx”，即可看到计算结果，如图 8-17 所示。

	A	B	C	D	E	F	G	H
1	应收账款统计表							
2			应收账款总额	预计能收回金额	应收账款与年营业额占比			
3			¥2,382,923.23	¥2,382,923.23				
4	序号	客户名称	应收账款金额	应收账款占比 %	交易内容	账款发生日期	应何时结清	备注
5	1	苏州某棉纺公司	¥355,545.36	14.92%	针织布	2021/7/14	循环账，主要年底回笼	
6	2	扬州某轻纺公司	¥213,640.50	8.97%	针织布	2022/1/15	循环账，主要年底回笼	
7	3	山东某纺织公司	¥290,300.02	12.18%	经编布	2021/7/20	循环账，主要年底回笼	
8	4	杭州某进出口公司	¥176,565.30	7.41%	欧根纱	2020/12/12	循环账，主要年底回笼	
9	5	上海某外贸公司	¥858,413.63	36.02%	棉麻布	2021/6/28	循环账，主要年底回笼	
10	6	南宁某进出口公司	¥17,540.62	0.74%	棉麻布	2022/2/12	循环账，主要年底回笼	
11	7	黄山某日用品公司	¥17,567.98	0.74%	针织布	2021/8/28	循环账，主要年底回笼	
12	8	大连某装饰公司	¥7,896.27	0.33%	经编布	2022/5/10	循环账，主要年底回笼	
13	9	苏州某化妆品公司	¥10,580.43	0.44%	经编布	2021/9/28	循环账，主要年底回笼	
14	10	临沂某纺织公司	¥10,427.32	0.44%	针织布	2021/6/27	循环账，主要年底回笼	
15	11	湖北某轻纺公司	¥2,012.16	0.08%	经编布	2022/1/19	循环账，主要年底回笼	
16	12	云南某服装公司	¥3,944.50	0.17%	针织布	2021/10/18	循环账，主要年底回笼	
17	13	广州某玩具材料制品厂	¥60,432.20	2.54%	经编布	2022/5/18	循环账，主要年底回笼	
18	14	常德某针织有限公司	¥6,800.21	0.29%	经编布	2022/9/27	循环账，主要年底回笼	
19	15	海宁某纺织制品厂	¥186,319.58	7.82%	经编布	2021/12/29	循环账，主要年底回笼	
20	16	通州某纺织服饰有限公司	¥19,929.25	0.84%	经编布	2022/7/28	循环账，主要年底回笼	
21	17	淄博某工贸有限公司	¥1,777.10	0.07%	欧根纱	2022/3/27	循环账，主要年底回笼	
22	18	上海某寝装有限公司	¥21,227.00	0.89%	经编布	2022/6/21	循环账，主要年底回笼	
23	19	潍坊某棉纺有限公司	¥9,256.80	0.39%	针织布	2022/7/27	循环账，主要年底回笼	
24	20	苏州某丝织品有限公司	¥7,747.00	0.33%	经编布	2020/12/15	循环账，主要年底回笼	
25	21	青岛某针织品有限公司	¥105,000.00	4.41%	针织布	2022/8/13	循环账，主要年底回笼	

图 8-17　计算结果

为方便查看应收账款占比较大的客户及其相关信息，接下来使用条件格式标记应收账款较高的前 5 名的记录。

（5）在命令编辑窗口中添加如下程序，定义单元格的字体和填充样式，将应收账款较高的前 5 个单元格填充为红色，字体变大、加粗。

```
from openpyxl. styles import Font
from openpyxl. styles import PatternFill

# 读取 Excel 文件，第 4 行为表头
data = pd.read_excel(file, skiprows=3, sheet_name="应收账款统计表")
df = data['应收账款金额']
```

```
# 获取应收账款较高的前 5 名在 Excel 表中的行号
idx = df.sort_values(ascending=False).index[:5]+5
# 定义单元格字体和填充样式
font_style = Font(size=11, bold=True)
fill_style = PatternFill(fill_type='solid', fgColor="FF0000")
# 应用字体和填充样式
for i in idx:
    ws.cell(row=i, column=3).font = font_style
    ws.cell(row=i, column=3).fill = fill_style
```

（6）运行程序，打开保存的文件，可以看到应收账款较高的前 5 名所在单元格填充为红色，字体变大、加粗，如图 8-18 所示。

图 8-18　应收账款较高的前 5 名显示效果

8.2.2　往来单位应收账款明细表

8.2.2　往来单位应收账款明细表

企业为加强对应收账款的管理，在总分类账的基础上，又按信用客户的名称设置明细分类账，详细、有序地记载与各信用客户的往来情况。会计的作用在于提供与决策相关的信息，应收账款明细分类账在应收账款的管理上正是充当了这一角色。

制作往来单位应收账款明细表的操作步骤如下。

（1）在 Excel 工作簿"流动资产.xlsx"中建立名为"往来单位应收账款明细表"的工作表。然后设置表头，并根据实际经营情况录入相关基础数据，设置单元格格式，如图 8-19 所示。

图 8-19　应收账款明细表原始数据

（2）启动 PyCharm，在项目 ch08 中加载模块库 datetime，然后新建一个名为 receivablesItems.py 的 Python 文件。

（3）在命令编辑窗口中编写如下程序，计算应收账款到期日期和期末余额。

```python
# /usr/bin/env python3
# -*- coding: UTF-8 -*-
import pandas as pd
import openpyxl as op
import datetime as dt

# DataFrame 显示为两位小数
pd.options.display.float_format = '{:,.2f}'.format

# 定义.xlsx 文件路径和名称
file = '流动资产.xlsx'
# 加载工作簿
wb = op.load_workbook(file, data_only=True)
# 根据表名获取表格
ws = wb["往来单位应收账款明细表"]
row = ws.max_row      # 计算最大行

# 计算应收账款的到期日期
for i in range(4, row+1):
    date_start = ws['C%d' % i].value    # 记账日期
    delta = ws['D%d' % i].value         # 账期
    ws['E%d' % i].value = date_start + dt.timedelta(days=delta)
    # 计算期末余额
    ws['I%d' % i].value = "=F{:d}+G{:d}-H{:d}".format(i, i, i)

# 另存文件
newfile = '应收账款管理.xlsx'
wb.save(newfile)
```

本期借方发生额和本期贷方发生额可按照本期应收账款发生和收回的实际情况填写，期末余额=期初余额+本期借方发生额−本期贷方发生额。

（4）运行程序，打开保存的文件"应收账款管理.xlsx"，结果如图 8-20 所示。

	A	B	C	D	E	F	G	H	I	J	K
1						应收账款明细表					
2	科目：应收账款——人民币							截止日期：	2022/7/31		
3	序号	往来单位	记账日期	账期	到期日期	期初余额	本期借方发生额	本期贷方发生额	期末余额	超期否	账龄
4	1	苏州某公司	2022/2/14	150	2022/7/14	35,545.36		35,545.36	-		
5	2	扬州某公司	2022/7/15	90	2022/10/13		21,640.50		21,640.50		
6	3	山东某公司	2022/7/20	60	2022/9/18		29,300.02		29,300.02		
7	4	杭州某进出口公司	2021/12/12	150	2022/5/11	76,565.30			76,565.30		
8	5	上海某外贸公司	2022/3/28	90	2022/6/26	85,413.63			85,413.63		
9	6	南京某进出口公司	2022/6/12	90	2022/9/10	12,579.00			12,579.00		
10	7	黄山某公司	2022/7/6	60	2022/9/4		3,456.00		3,456.00		
11	8	大连某公司	2022/3/10	90	2022/6/8	7,896.27			7,896.27		
12	9	苏州某化妆品公司	2015/1/28	90	2015/4/28	10,580.43		10,580.43	-		
13	10	云南某公司	2022/7/27	90	2022/10/25		10,427.32		10,427.32		

图 8-20 计算到期日期和期末余额

（5）在命令编辑窗口中的 for 循环中添加如下程序，判断各项应收账款是否超期，并填写"超期否"列。运行结果如图 8-21 所示。

```python
# 判断是否超期
    date_end = ws['E%d' % i].value      # 到期日期
    date_exp = ws['I2'].value           # 截止日期
    if date_end < date_exp:
        ws['J%d' % i].value = "超期"
```

```
    else:
        ws['J%d' % i].value = "正常"
```

	A	B	C	D	E	F	G	H	I	J	K
1						应收账款明细表					
2	科目：应收账款——人民币							截止日期：	2022/7/31		
3	序号	往来单位	记账日期	账期	到期日期	期初余额	本期借方发生额	本期贷方发生额	期末余额	超期否	账龄
4	1	苏州某公司	2022/2/14	150	2022/7/14	35,545.36		35,545.36	-	超期	
5	2	扬州某公司	2022/7/15	90	2022/10/13		21,640.50		21,640.50	正常	
6	3	山东某公司	2022/7/20	60	2022/9/18		29,300.02		29,300.02	正常	
7	4	杭州某进出口公司	2021/12/12	150	2022/5/11	76,565.30			76,565.30	超期	
8	5	上海某外贸公司	2022/3/28	90	2022/6/26	85,413.63			85,413.63	超期	
9	6	南宁某进出口公司	2022/6/12	90	2022/9/10	12,579.00			12,579.00	正常	
10	7	黄山某公司	2022/7/6	60	2022/9/4		3,456.00		3,456.00	正常	
11	8	大连某公司	2022/3/10	90	2022/6/8	7,896.27			7,896.27	超期	
12	9	苏州某化妆品公司	2022/1/28	90	2022/4/28	10,580.43		10,580.43	-	超期	
13	10	云南某公司	2022/7/27	90	2022/10/25		10,427.32		10,427.32	正常	

图 8-21　计算应收账款是否超期

应收账款应在到期日期前收回，若应收账款不能按时收回，将会影响企业的资金运作，严重的可造成企业资金链断裂。因此，统计逾期未收回款项是应收账款管理中一项重要的工作。在本例中，到期日期在截止日期之前的应收账款归为超期的行列。

为便于查看和分析应收账款的超期情况，接下来对"超期否"列（J 列）设置条件格式，将显示为"超期"的数据行以黄色高亮显示。

（6）在命令编辑窗口中添加如下程序，查找超期记录所在行，并设置条件格式，将超期记录填充为黄色。

```
import numpy as np
from openpyxl.styles import Font
from openpyxl.styles import PatternFill


def get_rows(data: pd.DataFrame, col: str, target: str):
    """
    根据要查找的目标，返回其在 DataFrame 中的位置
    data: Excel 数据
    col: 列名
    target: 要查找的目标
    return: 返回目标在 Excel 中的行号
    """
    data_list = np.array(data[col]).tolist()
    idxs = []
    for i in range(len(data_list)):
        if data_list[i] == target:
            idxs.append(i+4)
    return idxs


# 另存文件
wb.save("temp.xlsx")

# 读取 Excel 文件，第 3 行为表头
data = pd.read_excel("temp.xlsx", skiprows=2, sheet_name="往来单位应收账款明细表")
# 获取超期记录所在行
col = '超期否'
target = '超期'
idx = get_rows(data, col, target)
# 定义条件格式
font_style = Font(size= 10, bold=True)
fill_style = PatternFill(fill_type='solid', fgColor="FFFF00")
```

```
# 应用条件格式
cols = ws.max_column
for i in idx:
    for j in range(1, cols+1):
        ws.cell(row=i, column=j).font = font_style
        ws.cell(row=i, column=j).fill = fill_style

# 另存文件
newfile = '应收账款管理.xlsx'
wb.save(newfile)
```

运行结果如图 8-22 所示。

图 8-22 应用条件格式的效果

（7）在命令编辑窗口中的 for 循环中添加如下程序，计算各项应收账款的账龄。

```
# 计算各项应收账款的账龄
for i in range(4, row+1):
    ...
    # 计算账龄
    ws['K%d' % i].value = "=I2-C{:d}".format(i)
```

运行结果如图 8-23 所示。

图 8-23 计算账龄

应收账款的账龄是指，应收账款三级账（按照客户统计）中自发生之日起，到资产负债表日（资产负债表日指结账日期，即结账和编制资产负债表的日期，一般是每年 12 月 31 日）止所经历的时间，也就是应收账款在账面上存在的时间。

8.2.3 应收账款的账龄分析

账龄反映的是应收账款的持有时间，它不仅是估算应收账款总体风险和时间价值损失的主要依据之一，也是计提坏账准备的现实基础。企业已发生的应收账款时间长短不一，有的尚未超过信用期，有的则已逾期拖欠。一般来讲，逾期拖欠时间越长，账款催收的难度越大，成为坏账的可能性也就越高。因此，进行应收账款账龄分析，密切注意应收账款的回收情况，是提高应收账款收现效率的重要环节。

应收账款账龄分析就是考查应收账款的账龄结构，即各账龄应收账款的余额占应收账款总计余额的比重，有利于加快货款回笼，减少坏账损失，以及账务报表使用者更好地理解公司资产状况。

应收账款账龄分析通过对应收账款进行合理的账龄分段、计算各应收账款所处的账龄分段、将各账龄分段应收账款汇总，评判公司应收账款运行状况，寻找产生高龄账款的原因。

本节将利用数据透视表功能编制账龄分析表，操作步骤如下。

（1）打开 8.2.2 节保存的 Excel 文件"应收账款管理.xlsx"，复制其中的"往来单位应收账款明细表"，利用选择性粘贴，将表格中的值粘贴到"流动资产.xlsx"的一个新建表中，将该表所在工作表命名为"应收账款明细表"。

（2）在项目 ch08 中新建一个 Python 文件 accountReceivableAge.py，编写如下程序，使用数据透视表输出超期与非超期的记录。

```python
# /usr/bin/env python3
# -*- coding: UTF-8 -*-
import pandas as pd
import openpyxl as op

# DataFrame 显示为两位小数
pd.options.display.float_format = '{:,.2f}'.format
# 设置数据列名与数据对齐方式
pd.set_option('display.unicode.east_asian_width', True)

# 定义.xlsx 文件路径和名称
file = '流动资产.xlsx'
# 加载工作簿
wb = op.load_workbook(file, data_only=True)
# 根据表名获取表格
sheetname = "应收账款明细表"
ws = wb[sheetname]
row = ws.max_row    # 计算最大行

# 读取 Excel 文件，第 3 行为表头
data = pd.read_excel(newfile, skiprows=2, sheet_name=sheetname)
result = pd.pivot_table(data, index=['超期否', '往来单位'],
                        values=['期末余额', '账期', '账龄'])
print(result)
```

（3）运行程序，在控制台中可以看到运行结果如图 8-24 所示。

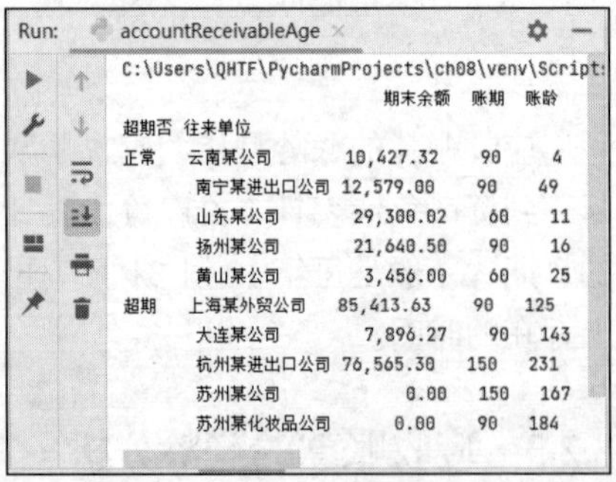

为便于考查应收账款的账龄结构，接下来确定账龄分段。账龄分段通常可根据企业给予客户的信用期，结合会计准则对计提坏账准备标准的时间段来进行划分，账龄分段划分越细、间隔越短，对坏账损失的估计就越准确。编制应收账款账龄分析表时一般以 30 天为一个单位，对账龄在 150 天以上的记录将不再细分。

（4）在表"应收账款明细表"的最后一列添加一列，名称为"分段"，如图 8-25 所示。

图 8-24 运行结果

	A	B	C	D	E	F	G	H	I	J	K	L
1						应收账款明细表						
2	科目：应收账款——人民币							截止日期：	2022/7/31			
3	序号	往来单位	记账日期	账期	到期日期	期初余额	本期借方发生额	本期贷方发生额	期末余额	超期否	账龄	分段
4	1	苏州某公司	2022/2/14	150	2022/7/14	35,545.36		35,545.36	-	超期	167	
5	2	扬州某公司	2022/7/15	90	2022/10/13		21,640.50		21,640.50	正常	16	
6	3	山东某公司	2022/7/20	60	2022/9/18		29,300.02		29,300.02	正常	11	
7	4	杭州某进出口公司	2021/12/12	150	2022/5/11	76,565.30			76,565.30	超期	231	
8	5	上海某外贸公司	2022/3/28	90	2022/6/26	85,413.63			85,413.63	超期	125	
9	6	南宁某进出口公司	2022/6/12	90	2022/9/10	12,579.00			12,579.00	正常	49	
10	7	黄山某公司	2022/7/6	60	2022/9/4		3,456.00		3,456.00	正常	25	
11	8	大连某公司	2022/3/10	90	2022/6/8	7,896.27			7,896.27	超期	143	
12	9	苏州某化妆品公司	2022/1/28	90	2022/4/28	10,580.43		10,580.43	-	超期	184	
13	10	云南某公司	2022/7/27	90	2022/10/25		10,427.32		10,427.32	正常	4	

图 8-25 添加"分段"列的结果

（5）打开 accountReceivableAge.py，在命令编辑窗口中添加如下程序，对账龄进行分段。

```
# 账龄分段
for i in range(4, row+1):
    tempdata = ws['K%d' % i].value / 30
    if tempdata <= 1:
        ws['L%d' % i].value = "1-30"
    elif tempdata <= 2:
        ws['L%d' % i].value = "31-60"
    elif tempdata <= 3:
        ws['L%d' % i].value = "61-90"
    elif tempdata <= 4:
        ws['L%d' % i].value = "91-120"
    elif tempdata <= 5:
        ws['L%d' % i].value = "121-150"
    else:
        ws['L%d' % i].value = ">150"

# 另存文件
newfile = '应收账款管理.xlsx'
wb.save(newfile)
```

运行程序，打开保存的文件，可以看到计算得到的账龄分段，如图 8-26 所示。

	A	B	C	D	E	F	G	H	I	J	K	L
1						应收账款明细表						
2	科目：应收账款——人民币							截止日期：	2022/7/31			
3	序号	往来单位	记账日期	账期	到期日期	期初余额	本期借方发生额	本期贷方发生额	期末余额	超期否	账龄	分段
4	1	苏州某公司	2022/2/14	150	2022/7/14	35,545.36		35,545.36	-	超期	167	>150
5	2	扬州某公司	2022/7/15	90	2022/10/13		21,640.50		21,640.50	正常	16	1-30
6	3	山东某公司	2022/7/20	60	2022/9/18		29,300.02		29,300.02	正常	11	1-30
7	4	杭州某进出口公司	2021/12/12	150	2022/5/11	76,565.30			76,565.30	超期	231	>150
8	5	上海某外贸公司	2022/3/28	90	2022/6/26	85,413.63			85,413.63	超期	125	121-150
9	6	南宁某进出口公司	2022/6/12	90	2022/9/10	12,579.00			12,579.00	正常	49	31-60
10	7	黄山某公司	2022/7/6	60	2022/9/4		3,456.00		3,456.00	正常	25	1-30
11	8	大连某公司	2022/3/10	90	2022/6/8	7,896.27			7,896.27	超期	143	121-150
12	9	苏州某化妆品公司	2022/1/28	90	2022/4/28	10,580.43		10,580.43	-	超期	184	>150
13	10	云南某公司	2022/7/27	90	2022/10/25		10,427.32		10,427.32	正常	4	1-30

图 8-26 对账龄分段的结果

（6）在命令编辑窗口中添加如下程序，创建数据透视表，对账龄进行分析。

```
# 读取 Excel 文件，第 3 行为表头
data = pd.read_excel(newfile, skiprows=2, sheet_name=sheetname)
result = pd.pivot_table(data, index=['超期否', '分段', '往来单位'],
                       values=['期末余额', '账期', '账龄'])
print(result)
```

运行结果如图 8-27 所示。

图 8-27　账龄分析结果

8.3 存货管理

存货是指企业在日常生产经营过程中为生产或销售而储备的物资。它是反映企业流动资金运作情况的"晴雨表",在企业营运资本中占很大比重,但是流动性较差的流动资产。

存货管理的目标是在存货效益与成本之间进行利弊权衡,在充分发挥存货功能的同时降低成本、增加收益,实现它们的最佳组合。

存货管理的决策涉及多方面的内容,包括决定进货项目、选择供应商、决定进货时间和决定进货批量等。常见的存货管理决策是确定经济进货批量。

8.3.1 存货的经济批量基本模型

存货的经济批量是指能够使一定时期存货的相关总成本最低的进货数量。在这些成本中只有变动性的成本才是进行经济批量决策时的相关成本,包括变动性采购成本、订货成本、储存成本以及缺货成本。

其中,变动性采购成本在物价变动和有进货数量折扣的条件下是决策的相关成本;订货成本是为组织进货而开支的费用,在一定时期进货总量既定的条件下,增加每次进货数量,则会减少进货次数,从而降低订货成本;储存成本是指企业为持有存货而发生的费用,企业要降低储存成本,就要减少存货的进货数量;缺货成本是指由于存货供应中断而造成的损失,如果企业允许缺货,则缺货成本与存货数量反向相关,企业要降低缺货成本,就要增加存货数量。可见,要降低订货成本与缺货成本,储存成本就会提高;反之,存货的储存成本降低,存货的订货成本与缺货成本就会提高。因此,做到既能满足生产、销售的需要,又能使存货所耗费的总成本降到最低,已成为存货管理的基本目标。

经济批量基本模型基于以下假设建立:

(1)企业能够及时补充存货,即需要订货时便可立即取得存货;

(2)集中到货,而不是陆续到货;

(3)不允许缺货,即无缺货成本,因为良好的存货管理本身就不应该出现缺货成本;

(4)需求量稳定,并且能预测;

(5)存货的价格稳定,且不考虑商业折扣;

(6)企业现金充足,不会因现金短缺而影响进货。

存货的经济批量计算公式为:$Q=\sqrt{2AB/C}$。

其中,Q 是存货的经济批量,A 是存货的年度需求量,B 是平均进货费用,C 是单位储存成本。

经济批量的相关总成本计算公式为：$TC^1=\sqrt{2ABC}$。

最佳进货次数计算公式为：$N=A/Q=\sqrt{AC/2B}$。

经济批量的资金平均占用额计算公式为：$W=\dfrac{QP}{2}$（P 为进货单价）。

实例 81：存货经济批量决策

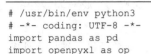
实例 81：存货经济批量决策

某企业每年耗用某种材料 14400 千克，该材料的单位采购成本为 10 元，单位储存成本为 2 元，平均采购费用为 400 元。本实例进行存货经济批量决策。

（1）依据题意，在 Excel 工作簿"流动资产.xlsx"中创建图 8-28 所示的测算表，将其所在工作表命名为"存货的经济批量基本模型"。

（2）在项目 ch08 中新建一个 Python 文件 basicModel.py，编写如下程序，分别计算经济进货批量、相关总成本、最佳进货次数和资金平均占用额。

```python
# /usr/bin/env python3
# -*- coding: UTF-8 -*-
import pandas as pd
import openpyxl as op

# DataFrame 显示为两位小数
pd.options.display.float_format = '{:,.2f}'.format

# 定义.xlsx 文件路径和名称
file = '流动资产.xlsx'
# 加载工作簿
wb = op.load_workbook(file, data_only=True)
# 根据表名获取表格
ws = wb["存货的经济批量基本模型"]
row = ws.max_row    # 计算最大行

# 计算经济进货批量
ws['B7'].value = "=SQRT(PRODUCT(2,B2,B3)/B5)"
# 计算相关总成本
ws['B8'].value = "=SQRT(PRODUCT(2*B2*B3*B5))"
# 计算最佳进货次数
ws['B9'].value = "=B2/B7"
# 计算资金平均占用额
ws['B10'].value = "=B7*B4/2"

# 另存文件
newfile = '存货管理.xlsx'
wb.save(newfile)
```

（3）运行程序，打开保存的文件"存货管理.xlsx"，即可看到计算结果，如图 8-29 所示。

图 8-28　测算表

图 8-29　计算结果

---

1 此处的 TC 为 Total Cost 的简称，与等式右侧的 C 无关。

8.3.2 有数量折扣的经济批量模型

在现实生活中,供应商为鼓励客户大量购买,通常会给予不同程度的价格优惠,即商业折扣。在这种情况下,除了考虑订货成本和储存成本外,还要考虑采购成本,采购成本又与进货数量有直接联系,属于决策的相关成本。

此时,存货相关总成本=存货进价+进货费用+储存成本。其中,存货进价=进货数量×进货单价。

> **实例 82:有数量折扣的经济进货批量决策**

某企业预计每年耗用某材料 7200 千克,平均采购费用为 800 元,该材料的单位采购成本为 30 元,单位储存成本为 2 元。如果供应商提供商业折扣,一次采购量超过 3600 千克(含)时,该材料的单位采购成本为 28 元。本实例计算一次采购多少该材料较经济。

操作步骤如下。

(1)在工作簿"流动资产.xlsx"中,根据已知数据建立有数量折扣的经济批量模型,如图 8-30 所示,将其所在工作表命名为"有数量折扣的经济批量模型"。

	A	B	C	D
1	有数量折扣的经济批量模型			
2	年度存货需求量(千克)	7200.00		
3	平均采购费用(元)	¥800.00		
4	单位采购成本(元)	¥30.00	有数量折扣的单位采购成本(元)	¥28.00
5	单位储存成本(元)	¥2.00		
6				
7	基本经济进货批量(千克)		有数量折扣的进货批量(千克)	3600
8	存货进价(元)		存货进价(元)	
9	进货费用(元)		进货费用(元)	
10	储存成本(元)		储存成本(元)	
11	基本经济批量相关总成本(元)		有数量折扣经济批量相关总成本(元)	

图 8-30 建立有数量折扣的经济批量模型

(2)启动 PyCharm,在项目 ch08 中新建一个名为 quantityDiscount.py 的 Python 文件。在命令编辑窗口中编写如下程序,计算基本经济进货批量。

```python
# /usr/bin/env python3
# -*- coding: UTF-8 -*-
import pandas as pd
import openpyxl as op

# DataFrame 显示为两位小数
pd.options.display.float_format = '{:,.2f}'.format

# 定义.xlsx 文件路径和名称
file = '流动资产.xlsx'
# 加载工作簿
wb = op.load_workbook(file, data_only=True)
# 根据表名获取表格
ws = wb["有数量折扣的经济批量模型"]
row = ws.max_row   # 计算最大行

# 计算基本经济进货批量
ws['B7'].value = "=SQRT(2*B2*B3/B5)"

# 另存文件
```

```
newfile = '存货管理.xlsx'
wb.save(newfile)
```

（3）运行程序，打开保存的文件"存货管理.xlsx"，可以看到基本经济进货批量为 2400 千克，如图 8-31 所示。

图 8-31　计算基本经济进货批量

（4）在命令编辑窗口中添加如下程序，分别计算基本经济批量和有数量折扣经济批量的相关费用和总成本。

```
# 计算两种情况下的相关费用和总成本
for s in ['B', 'D']:
    # 计算存货进价
    ws['%s8' % s].value = "=B2*{:s}4".format(s)
    # 计算进货费用
    ws['%s9' % s].value = "=B2/{:s}7*B3".format(s)
    # 计算储存成本
    ws['%s10' % s].value = "={:s}7*B5/2".format(s)
    # 计算相关总成本
    ws['%s11' % s].value = "=SUM({:s}8:{:s}10)".format(s, s)
```

运行结果如图 8-32 所示。

图 8-32　计算存货相关总成本

（5）比较不同进货批量时的存货相关总成本，最佳进货批量就是使存货相关总成本最低的进货批量。由于有数量折扣的进货批量（3600 千克）大于基本经济进货批量（2400 千克），且有数量折扣经济批量相关总成本小于基本经济批量相关总成本，因此，最佳进货批量为 3600 千克。

8.3.3　允许缺货时的经济批量模型

假如市场对某种商品的需求量是已知和确定的，企业允许缺货，并且因缺货而使利润减少。在这种情况下企业不仅要考虑进货费用和储存成本，而且必须考虑有可能的缺货成本。缺货成本是因存货不足而给企业造成的损失，包括由于材料供应中断造成的停工损失、成品供应中断导致延误发货的信誉损失和丧失销售机会的损失、紧急采购的额外开支等。

> **注意**
>
> 缺货成本能否作为决策的相关成本,应视企业是否允许出现存货短缺的不同情形而定。若允许缺货,则缺货成本便与存货数量反向相关,即属于决策相关成本;若企业不允许发生缺货情形,则缺货成本为 0,不加以考虑。

允许缺货的情况下,企业对经济进货批量的确定,不仅要考虑进货费用与储存成本,而且必须对可能的缺货成本加以考虑,能够使这 3 项成本总和最低的进货批量便是经济进货批量。

允许缺货时的经济进货批量计算公式为:$Q = \sqrt{\dfrac{2AB}{C} \times \dfrac{C+R}{R}}$。

平均缺货量计算公式为:$S = Q \times \dfrac{C}{C+R}$。

其中,A 为存货的年度需要量,B 为平均进货费用,C 为单位储存成本,R 为单位缺货成本。

实例 83:计算允许缺货时的经济进货批量和平均缺货量

某公司某种材料年度需要量为 8000 千克,平均进货费用为 80 元,单位储存成本为 4 元,单位缺货成本为 6 元。本实例计算允许缺货时的经济进货批量和平均缺货量。

实例 83:计算允许缺货时的经济进货批量和平均缺货量

操作步骤如下。

(1)在工作簿"流动资产.xlsx"中,根据已知数据建立允许缺货时的经济批量模型,如图 8-33 所示,将其所在工作表命名为"允许缺货时的经济批量模型"。

(2)启动 PyCharm,在项目 ch08 中新建一个名为 stockout.py 的 Python 文件。在命令编辑窗口中编写如下程序,计算经济进货批量和平均缺货量。

```
# /usr/bin/env python3
# -*- coding: UTF-8 -*-
import pandas as pd
import openpyxl as op

# DataFrame 显示为两位小数
pd.options.display.float_format = '{:,.2f}'.format

# 定义.xlsx 文件路径和名称
file = '流动资产.xlsx'
# 加载工作簿
wb = op.load_workbook(file, data_only=True)
# 根据表名获取表格
ws = wb["允许缺货时的经济批量模型"]

# 计算经济进货批量
ws['B7'].value = "=SQRT(PRODUCT(PRODUCT(2,B2,B3)/B4,SUM(B4,B5)/B5))"
# 计算平均缺货量
ws['B8'].value = "=PRODUCT(B7,B4/SUM(B4,B5))"

# 另存文件
newfile = '存货管理.xlsx'
wb.save(newfile)
```

（3）运行程序，打开保存的文件"存货管理.xlsx"，即可看到计算结果，如图 8-34 所示。

	A	B
1	允许缺货时的经济批量模型	
2	年度存货需要量（千克）	8000
3	平均进货费用（元）	¥80.00
4	单位储存成本（元）	¥4.00
5	单位缺货成本（元）	¥6.00
6		
7	经济进货批量（千克）	
8	平均缺货量（千克）	

图 8-33 建立允许缺货时的经济批量模型

	A	B
1	允许缺货时的经济批量模型	
2	年度存货需要量（千克）	8000
3	平均进货费用（元）	¥80.00
4	单位储存成本（元）	¥4.00
5	单位缺货成本（元）	¥6.00
6		
7	经济进货批量（千克）	730.30
8	平均缺货量（千克）	292.12

图 8-34 计算结果

在实际运用中，通过以上 3 个模型可以确定存货的经济批量，这样既加速了存货的资金周转，节约了资金占用，降低了成本费用，又提高了企业的盈利能力。

第 9 章 企业固定资产管理

固定资产是指企业为生产商品、提供劳务、出租或经营管理而持有的、使用年限在一年以上、单位价值较高、在使用过程中保持原来实物形态的资产。固定资产是企业长期使用的资产，作为企业资产的主要部分，固定资产的核算与管理一直是企业会计和资产管理工作的重点。

固定资产的核算与管理主要包括固定资产增减业务的核算、折旧核算、固定资产修理和改良的核算，以及固定资产报废、出售、清理等处理的核算。

本章主要介绍利用 Excel 建立固定资产统计表，利用 Python 操作 Excel 表格，按照不同的分类方式对固定资产进行汇总，使用 pandas 库中的财务函数计算不同计提折旧方法下的固定资产折旧额，以及利用固定资产更新决策模型进行固定资产更新决策分析。

9.1 建立固定资产统计表

固定资产统计表是固定资产管理系统处理的起点。基于统计表，用户可以对固定资产记录进行添加、修改、删除等操作，还可以据此对固定资产进行分类汇总分析。

9.1.1 编制固定资产统计表

固定资产档案是专门记录固定资产相关信息的文档，它记录了固定资产的原始信息，例如名称、变动方式、使用状态、使用部门、累计折旧明细账等。在编制固定资产统计表时，经常要记录固定资产的物理类别、变动方式、使用状态、使用部门、资产性质和折旧方法。因此，在编制该表之前，可以先创建图 9-1 所示的基础设置表，并使用名称管理器定义名称，然后在表格中选取录入。

	A	B	C	D	E	F
1			基础设置			
2	物理类别	变动方式	使用状态	使用部门	资产性质	折旧方法
3	房屋建筑	购入	未使用	财务部	正常	线性折旧法
4	机器设备	自建	在使用	经营部	当月新增	固定余额递减法
5	电子设备	盘盈	已提足折旧	技术部	当月减少	双倍余额递减法
6	运输设备	接受投资		机关部	当月新增并减少	年限总和法
7	其他设备	接受捐赠		劳资部		
8		融资租入		其他		
9		在建工程转入				

图 9-1 基础设置表

本节基于某企业编制的图 9-2 所示的固定资产档案原始数据，计算各项固定资产的折旧月份、残值、月折旧额、累计折旧和净值。

	A	B	C	D	E	F	G	H	I	J	K	L	M	N	O	P	Q
1			固定资产档案							折旧					当前日期:	2023/2/3	
2	卡片编号	物理类别	资产名称	资产编号	变动方式	使用状态	使用日期	使用部门	原值	使用年限	折旧月份	残值率	残值	月折旧额	累计折旧	净值	折旧方法
3	F001	电子设备	空调	A001	购入	使用中	2018/8/1	财务部	3,500.00	10		5%					
4	F002	电子设备	空调	A002	购入	使用中	2017/8/1	经营部	3,500.00	10		5%					
5	F003	电子设备	空调	A003	购入	使用中	2019/8/1	技术部	3,500.00	10		5%					
6	F004	房屋建筑	厂房	A004	自建	使用中	2015/7/1	机关部	3,000,000.00	50		5%					
7	F005	运输设备	现代汽车	A005	接受投资	使用中	2020/3/15	技术部	170,000.00	10		5%					
8	F006	运输设备	金杯车	A006	购入	使用中	2021/3/16	机关部	150,000.00	10		5%					
9	F007	电子设备	电脑	A007	购入	使用中	2020/8/1	财务部	5,000.00	5		5%					
10	F008	电子设备	电脑	A008	购入	使用中	2019/8/1	财务部	5,000.00	5		5%					
11	F009	电子设备	电脑	A009	购入	使用中	2020/8/1	劳资部	5,000.00	5		5%					
12	F010	房屋建筑	办公楼	A010	自建	在使用	2015/5/1	机关部	1,000,000.00	40		5%					
13	F011	电子设备	检测仪	A011	接受捐赠	在使用	2016/12/9	技术部	500,000.00	20		5%					
14	F012	电子设备	检测仪	A012	购入	在使用	2021/12/9	技术部	500,000.00	20		5%					
15	F013	电子设备	打印机	A013	购入	在使用	2020/2/19	财务部	3,000.00	5		5%					
16	F014	电子设备	打印机	A014	购入	在使用	2020/2/19	财务部	3,001.00	5		5%					
17	F015	电子设备	打印机	A015	购入	在使用	2020/2/19	劳资部	3,002.00	5		5%					
18	F016	机器设备	起重机	A016	接受投资	其他	2021/10/15	其他	300,000.00	20		5%					
19	F017	机器设备	调动机	A017	接受投资	在使	2022/2/11	其他	400,000.00	20		5%					

图 9-2　固定资产档案原始数据

操作步骤如下。

（1）启动 PyCharm，新建一个名为 ch09 的项目，加载 pandas、Matplotlib、openpyxl 等模块库。然后将固定资产档案原始数据所在的工作簿保存到项目路径下，命名为"固定资产.xlsx"。

（2）在项目 ch09 中新建一个名为 fixedAssetsFile.py 的 Python 文件，然后在命令编辑窗口编写如下程序计算折旧月份。

如果某项固定资产的使用日期的年份为当前年份，则应提的折旧月份为当前日期的月份–该项固定资产使用日期的月份+1；否则为(当前年份–使用日期的年份)×12–该项固定资产使用日期的月份+当前日期的月份。

```
# /usr/bin/env python3
# -*- coding: UTF-8 -*-
import pandas as pd
import openpyxl as op

# DataFrame 显示为两位小数
pd.options.display.float_format = '{:,.2f}'.format

# 定义.xlsx 文件路径和名称
file = '固定资产.xlsx'
# 加载工作簿
wb = op.load_workbook(file, data_only=True)
# 根据表名获取表格
ws = wb["固定资产档案"]
row = ws.max_row    # 最大行

# 获取当前日期的年份和月份
date_current = ws['P1'].value   # 当前日期
current_year = date_current.year    # 当前日期的年份
current_month = date_current.month  # 当前日期的月份
# 计算折旧月份
for i in range(3, row+1):
    # 获取某项固定资产使用日期的年份和月份
    date_use = ws['G%d' % i].value
    use_year = date_use.year
    use_month = date_use.month
    # 计算折旧月份
    if current_year > use_year:
        tempdata = (current_year - use_year) * 12\
                   - use_month + current_month
    else:
        tempdata = current_month - use_month + 1
```

```
ws['K%d' % i].value = tempdata    # 写入 K 列

# 另存文件
newfile = '固定资产统计表.xlsx'
wb.save(newfile)
```

（3）运行程序，打开保存的文件"固定资产统计表.xlsx"，在 K 列可以看到计算结果，如图 9-3 所示。

图 9-3 计算折旧月份

（4）在命令编辑窗口中的 for 循环中添加如下程序，计算各项固定资产的残值。

残值是"残余价值"的简称。固定资产在报废清理过程中所回收的残余材料的价值，包括回收出售固定资产的价款、报废固定资产的残料价值和变价收入。在实际工作中，计算固定资产折旧率之前要对固定资产残值进行估计，固定资产残值是计算固定资产折旧率的因素之一。

```
# 计算残值
ws['M%d' % i].value = "=I{:d}*L{:d}".format(i, i)
```

运行结果如图 9-4 所示。

图 9-4 计算残值

（5）在命令编辑窗口中的 for 循环中添加如下程序，计算各项固定资产的月折旧额。

```
# 计算月折旧额
ws['N%d' % i].value = "=ROUND((SLN(I{:d},I{:d}*L{:d},J{:d}))/12,2)"\
    .format(i, i, i, i)
```

固定资产计提折旧的方法有很多，本例使用的是平均年限法（也称直线法），该方法是在不考虑减值准备的情况下，将固定资产按预计使用年限平均计算折旧，均衡地将折旧分摊到各期，也就是说，每期（年、月）的折旧额都是相等的。本例直接引用 Excel 中的 SLN 函数计算某项固定资产在一个期间（年）中的线性折旧额，其参数依次表示固定资产原值、固定资产在折旧期末的价值（即残值）和使用年限。

运行结果如图 9-5 所示。

图 9-5　计算月折旧额

（6）在命令编辑窗口中的 for 循环中添加如下程序，计算累计折旧和净值。

```
# 计算累计折旧
ws['O%d' % i].value = "=K{:d}*N{:d}".format(i, i)
# 计算净值
ws['P%d' % i].value = "=I{:d}-O{:d}".format(i, i)
```

运行结果如图 9-6 所示。

图 9-6　计算累计折旧和净值

至此，固定资产统计表编制完成。

9.1.2　创建分类汇总

分类汇总是对数据列表进行数据分析的一种方法。分类汇总对数据列表中指定的字段进行分类，然后统计同一类记录的有关信息。

9.1.2　创建分类汇总

操作步骤如下。

（1）打开 9.1.1 节保存的 Excel 文件"固定资产统计表.xlsx"，复制其中的"固定资产档案"表，利用选择性粘贴，将表格中的值粘贴到"固定资产.xlsx"的一个新建表中，将其所在工作表命名为"固定资产档案表"。

（2）在项目 ch09 中新建一个 Python 文件 fixedAssetsSummary.py，编写如下程序，使用数据透视表显示各个物理类别的残值和净值的最大值。

```python
# /usr/bin/env python3
# -*- coding: UTF-8 -*-
import pandas as pd
import openpyxl as op

# DataFrame 显示为两位小数
pd.options.display.float_format = '{:,.2f}'.format

# 定义.xlsx 文件路径和名称
file = '固定资产.xlsx'
# 加载工作簿
wb = op.load_workbook(file, data_only=True)
# 获取表格表名
sheetname = "固定资产档案表"

# 读取表格，第二行为表头
data = pd.read_excel(file, skiprows=1, sheet_name=sheetname)
# 显示各个物理类别的残值和净值的最大值
result = pd.pivot_table(data, index=['物理类别'],
                        values=['净值', '残值'],
                        aggfunc=['max'])
# 设置数据列名与数据对齐方式
pd.set_option('display.unicode.east_asian_width', True)
print(result)
```

（3）运行程序，在控制台中可以看到各个物理类别的残值和净值的最大值，如图 9-7 所示。

（4）如果要进一步查看各物理类别下各种固定资产的净值和残值的最大值，可以在命令编辑窗口中添加如下程序。

```python
# 进一步显示资产名称
result2 = pd.pivot_table(data, index=['物理类别', '资产名称'],
                         values=['净值', '残值'],
                         aggfunc=['max'])
print(result2)
```

运行结果如图 9-8 所示。

图 9-7　按物理类别分类汇总

图 9-8　按物理类别和资产名称分类汇总

9.2 固定资产计提折旧

固定资产的价值在使用过程中会根据它本身的磨损程度逐渐转移到新产品中。固定资产折旧是指在固定资产的使用寿命内,为弥补固定资产损耗,按照确定的折旧率对应计折旧额进行的系统分摊。其实质是一种价值转移过程和资金形态的变化过程。

折旧概念的产生是企业由收付实现制向权责发生制转变的重要标志,其概念基础是权责发生制以及体现这一制度要求的配比原则。按照配比原则,固定资产的成本不仅仅是为取得当期收入而发生的成本,也是为取得以后各项收入而发生的成本,即固定资产成本是为在固定资产有效使用期内取得收入而发生的成本,自然与收入相配比。

计提折旧,是公司在财务处理时,在权责发生制前提下,预先计入某些已经发生,但是未实际支付的折旧费用。正确计提折旧,不仅有利于正确计算产品成本,而且可以保证固定资产再生产的资金来源。固定资产计提的折旧额受计提折旧基数、净残值、折旧年限、折旧方法等因素的影响。

9.2.1 计提折旧常用方法

常用的固定资产计提折旧的方法有平均年限法、工作量法、双倍余额递减法以及年数总和法。企业应根据固定资产所含经济利益的预期实现方式选择计提折旧方法。

提示

> 计提折旧时需要区分会计期间和折旧期间。折旧期间指的是开始计提折旧时依次顺延的年限,例如从2021年6月开始计提折旧,则折旧期间的第一年是2021年6月到2022年6月;而会计期间在我国通常是指每年的1月1日至12月31日。

1. 平均年限法

平均年限法,是按固定资产的使用年限平均计提折旧的方法,按此方法所计算的每年的折旧额相同。在各年使用固定资产情况相同时,采用这种方法比较恰当。年折旧额计算公式如下:

年折旧额=(固定资产原值−预计净残值)/折旧年限

由此可得:

年折旧率=(1−预计净残值率)/折旧年限×100%

月折旧率=年折旧率/12

月折旧额=固定资产原值×月折旧率

其中,固定资产原值指固定资产的账面成本。净残值是指假定固定资产预计使用寿命已满并处于使用寿命终了时的预期状态,企业目前从该项固定资产处置中获得的扣除预计处置费用以后的金额。折旧年限也称为使用寿命,是指企业使用固定资产的预计期间,其长短直接影响各期应计提的折旧额。

由于在计算折旧时,固定资产的残值是人为估计的,所以净残值的确定有一定的主观性。

在实际工作中,企业一般应按月计提固定资产折旧,因此有如下计算公式:

月折旧额 =(固定资产原值−预计净残值)/预计使用月份

月折旧率 =(1−预计净残值率)/预计使用月份×100%

企业在实际计提固定资产折旧时，当月增加的固定资产，当月不提折旧，从下月起计提折旧；当月减少的固定资产，当月照提折旧，从下月起不提折旧。固定资产提足折旧后，不论能否继续使用，均不再计提折旧；提前报废的固定资产，也不再补提折旧。

在 Python 中，可以根据平均年限法的公式计算固定资产的折旧额。在操作 Excel 文件时，一个更简便的方法是直接调用 Excel 中的 SLN 函数，计算某项固定资产在一个期间中的线性折旧额。该函数语法格式如下：

```
SLN(cost,salvage,life)
```

其中，cost 为固定资产原值，salvage 为固定资产残值，life 为折旧年限。

实例 84：平均年限法计算某厂房的年折旧额

某企业厂房原值为 300 万元，预计可使用 10 年，预计报废时的净残值为 5000 元，如图 9-9 所示。本实例采用平均年限法计提折旧，计算该厂房的年折旧额。

实例 84：平均年限法计算某厂房的年折旧额

操作步骤如下。

（1）启动 PyCharm，在项目 ch09 中新建一个 Python 文件 averageAge.py，编写如下程序，计算年折旧额。

```python
# /usr/bin/env python3
# -*- coding: UTF-8 -*-
import pandas as pd
import openpyxl as op

# DataFrame 显示为两位小数
pd.options.display.float_format = '{:,.2f}'.format

# 定义.xlsx 文件路径和名称
file = '固定资产.xlsx'
# 加载工作簿
wb = op.load_workbook(file, data_only=True)
# 根据表名获取表格
ws = wb["平均年限法"]

# 计算年折旧额
annual_depreciation = "=(B2-B3)/B4"
print("年折旧额为: ", annual_depreciation)
ws['B5'].value = "=(B2-B3)/B4"
# 另存文件
newfile = '计提折旧.xlsx'
wb.save(newfile)
```

上面的程序是根据平均年限法的定义计算年折旧额，也可以直接调用 SLN 函数进行计算，方法如下：

```
ws['B5'].value = "=SLN(B2,B3,B4)"
```

（2）运行程序，打开保存的文件"计提折旧.xlsx"，在 B5 单元格中可以看到计算结果，如图 9-10 所示。

2. 工作量法

工作量法是根据实际工作量计提折旧额的一种方法，一般用于生产设备的折旧计算。计算时，先计算出单位工作量折旧额，再根据单位工作量折旧额乘预计的总工作量，计算出某项固定资产月折旧额，计算公式如下：

单位工作量折旧额 =（固定资产原值-预计净残值）/ 预计的总工作量

月折旧额 = 当月工作量×单位工作量折旧额

	A	B
1	平均年限法计提折旧	
2	资产原值	¥3,000,000.00
3	资产净残值	¥5,000.00
4	使用寿命(年)	10
5	每年的折旧额	

图 9-9　原始数据表

	A	B
1	平均年限法计提折旧	
2	资产原值	¥3,000,000.00
3	资产净残值	¥5,000.00
4	使用寿命(年)	10
5	每年的折旧额	¥299,500.00

图 9-10　平均年限法计算年折旧额

实例 85：工作量法计算某企业运货卡车的单位工作量折旧额和月折旧额

某企业有一辆专门用于运货的卡车，原值为 30000 元，预计总行驶里程为 250000 千米。假设该卡车报废时的净残值为 500 元，当月行驶 1500 千米。本实例利用工作量法计算单位工作量折旧额和月折旧额。

操作步骤如下。

（1）启动 PyCharm，在项目 ch09 中新建一个 Python 文件 workloadMethod.py，编写如下程序，计算单位工作量折旧额和月折旧额。

实例 85：工作量法计算某企业运货卡车的单位工作量折旧额和月折旧额

```python
# /usr/bin/env python3
# -*- coding: UTF-8 -*-

# 变量赋值
original_cost = 30000      # 原值
residual_cost = 500        # 净残值
workload = 250000          # 总工作量
distance = 1500            # 当月工作量
# 计算单位工作量折旧额
unit_depreciation = (original_cost-residual_cost)/workload
print("单位工作量折旧额（元/千米）: ", unit_depreciation)
# 计算月折旧额
month_depreciation = distance * unit_depreciation
print("月折旧额（元）: ", month_depreciation)
```

（2）运行程序，运行结果如图 9-11 所示。

3. 双倍余额递减法

双倍余额递减法是在不考虑固定资产残值的情况下，根据每期固定资产账面净值和双倍直线折旧率计算固定资产折旧额的一种方法，是一种加速折旧法。双倍余额递减法计算公式如下：

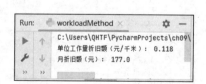

图 9-11　运行结果

年折旧率 = 2÷折旧年限×100%

月折旧率 = 年折旧率÷12

月折旧额=固定资产账面净值×月折旧率

年折旧额=每年年初固定资产账面净值×年折旧率

最后两年折旧额=（固定资产账面净值-预计净残值）÷2

注意

使用双倍余额递减法计提折旧的固定资产,在其折旧年限到期前两年的期间内不考虑残值,将固定资产账面净值扣除预计净残值后平均分摊,最后两年需使用平均年限法折旧。

在 Python 中,可以根据双倍余额递减法的公式计算折旧额。在操作 Excel 数据表时,更简便的方法是直接调用 Excel 中的 DDB 函数,在给定期间内对固定资产进行双倍余额递减法计提折旧。该函数的语法格式如下:

```
DDB(cost,salvage,life,period,factor)
```

其中,cost 为固定资产原值;salvage 为固定资产残值,可以为 0;life 为折旧年限;period 为需要计算折旧额的期间,单位必须与 life 相同;factor 为余额递减速率,如果省略,则默认为 2,即双倍余额递减法。

实例 86:双倍余额递减法计算某资产的折旧额

某资产原值为 4500 元,使用寿命为 10 年,10 年后该资产净残值为 500 元。本实例使用双倍余额递减法计算第一天、第一个月、第一年、第二年、第三年的折旧额,使用余额递减速率 2.5 计算第三年的折旧额。

实例 86:双倍余额递减法计算某资产的折旧额

	A	B
1	加速折旧法计提折旧额	
2	资产原值	¥4,500.00
3	资产净残值	¥500.00
4	使用寿命(年)	10
5	第一天的折旧额	
6	第一个月的折旧额	
7	第一年的折旧额	
8	第二年的折旧额	
9	第三年的折旧额	
10	第三年的折旧额(2.5)	

图 9-12 测算表

操作步骤如下。

(1)在工作簿"固定资产.xlsx"中新建一个名为"双倍余额递减法"的工作表,根据题意设计图 9-12 所示的测算表。

(2)启动 PyCharm,在项目 ch09 中新建一个 Python 文件 doubleDeclining.py,编写如下程序,计算折旧额。

```python
# /usr/bin/env python3
# -*- coding: UTF-8 -*-
import pandas as pd
import openpyxl as op

# DataFrame 显示为两位小数
pd.options.display.float_format = '{:,.2f}'.format

# 定义.xlsx 文件路径和名称
file = '固定资产.xlsx'
# 加载工作簿
wb = op.load_workbook(file, data_only=True)
# 根据表名获取表格
ws = wb["双倍余额递减法"]

# 计算折旧额,余额递减速率默认为 2
ws['B5'].value = "= DDB(B2,B3,B4*365,1)"    # 第一天的折旧额
ws['B6'].value = "=DDB(B2,B3,B4*12,1)"      # 第一个月的折旧额
ws['B7'].value = "=DDB(B2,B3,B4,1)"         # 第一年的折旧额
ws['B8'].value = "=DDB(B2,B3,B4,2)"         # 第二年的折旧额
ws['B9'].value = "=DDB(B2,B3,B4,3)"         # 第三年的折旧额
```

```
# 余额递减速率为2.5，计算第三年的折旧额
ws['B10'].value = "=DDB(B2,B3,B4,3,2.5)"

# 另存文件
newfile = '计提折旧.xlsx'
wb.save(newfile)
```

（3）运行程序，打开保存的文件"计提折旧.xlsx"，即可看到运行结果，如图9-13所示。

从运行结果中可以看到，双倍余额递减法以加速增大的比率计算折旧。折旧额在第一阶段最高，在后继阶段逐渐减少。

固定资产使用期结束时，一般不能使固定资产账面余额大于预计净残值，即若某年发现在剩余的年数中，按平均年限法计算的每年折旧额大于该年按双倍余额递减法计算的折旧额时，应改用倍率余额递减法计提折旧额，即使用 VDB 函数。该函数语法格式如下：

图 9-13　计算折旧额

```
VDB(cost, salvage, life, start_period, end_period, factor, no_switch)
```

以上参数必须为正数。其中，start_period 为折旧计算的起始期间；end_period 为折旧计算的截止期间；no_switch 是一个布尔值，指定当按平均年限法计算的折旧额大于按双倍余额递减法计算的折旧额时，是否转换用倍率余额递减法。如果为 True，则不转为倍率余额递减法；如果为 False 或省略，表示转为倍率余额递减法。

4．年数总和法

年数总和法是将固定资产原值减去净残值后的余额乘以一个逐年递减的分数（即年折旧率）来计算年折旧额，是一种变率折旧法，也是加速折旧法。

分数的分子代表固定资产尚可使用的年数，分母代表固定资产使用年数的序数之和。例如，使用年限为10年，则分母为10+9+8+7+6+5+4+3+2+1=55，第一年分子为10，第二年分子为9，依此类推。

年数总和法的计算公式如下：

年折旧额=（固定资产原值-预计净残值）×可使用年数÷使用年数的序数之和

年折旧率=该年尚可使用年数÷各年尚可使用年数总和=（预计使用年限-已使用年数）÷[预计使用年限×（预计使用年限+1）÷2]

月折旧率=年折旧率÷12

月折旧额=（固定资产原值-预计净残值）×月折旧率

在 Python 中，可以根据年数总和法的公式计算固定资产的折旧额。在操作 Excel 文件时，一个更简便的方法是直接调用 Excel 中的 SYD 函数，在指定期间内对固定资产按年数总和法计提折旧。该函数的语法格式如下：

```
SYD(cost,salvage,life,per)
```

其中，cost 为固定资产原值；salvage 为固定资产残值；life 为折旧年限；per 为需要计算折旧额的期间，单位与 life 相同。

实例87：年数总和法计算某固定资产的折旧额

实例87：年数总和法计算某固定资产的折旧额

某固定资产原值为 60000 元，预计净残值为 3000 元，预计使用年限为 5 年。本实例采用年数总和法对该固定资产计提折旧，计算折旧额。

由题意可知，该固定资产的年数总和为 5+4+3+2+1=15 或 5×(5+1)÷2=15，根据年数总和法的计算公式，可以得到各年折旧率和折旧额如表 9-1 所示。

表 9-1　　　　　　　　　　各年折旧率和折旧额

年份	应计提折旧总额	年折旧率	年折旧额	累计折旧
1	60000−3000=57000	5/15	19000	19000
2	57000	4/15	15200	34200
3	57000	3/15	11400	45600
4	57000	2/15	7600	53200
5	57000	1/15	3800	57000

接下来编写 Python 程序，计算第 1 天、第 1 个月，以及第 1 年到第 5 年的折旧额。操作步骤如下。

（1）在工作簿"固定资产.xlsx"中新建一个名为"年数总和法"的工作表，根据题意设计图 9-14 所示的测算表。

图 9-14　测算表

（2）启动 PyCharm，在项目 ch09 中新建一个 Python 文件 sumYears.py，编写如下程序，计算折旧额。

```python
# /usr/bin/env python3
# -*- coding: UTF-8 -*-
import pandas as pd
import openpyxl as op

# DataFrame 显示为两位小数
pd.options.display.float_format = '{:,.2f}'.format

# 定义.xlsx 文件路径和名称
file = '固定资产.xlsx'
# 加载工作簿
wb = op.load_workbook(file, data_only=True)
# 根据表名获取表格
ws = wb["年数总和法"]

# 计算第 1 天和第 1 个月的折旧额
ws['D3'].value = "=SYD(B2,B3,B4*365,1)"    # 第 1 天的折旧额
ws['E3'].value = "=SYD(B2,B3,B4*12,1)"     # 第 1 个月的折旧额
# 计算各年的折旧额
i = 1  # 初始化年份
for j in ['F', 'G', 'H', 'I', 'J']:
```

```
ws['%s3' % j].value = "=SYD(B2,B3,B4,{:d})".format(i)
i = i + 1    # 年份递增

# 另存文件
newfile = '计提折旧.xlsx'
wb.save(newfile)
```

（3）运行程序，打开保存的文件"计提折旧.xlsx"，即可看到计算结果，如图9-15所示。

	A	B	C	D	E	F	G	H	I	J
1	资产数据		年数总和法计提折旧							
2	资产原值(元)	¥60,000.00	第1天	第1个月	第1年	第2年	第3年	第4年	第5年	
3	资产净残值	¥3,000.00	62.4315	1868.85	19000	15200	11400	7600	3800	
4	使用寿命(年)	5								

图 9-15 计算折旧额

9.2.2 编制固定资产折旧表

固定资产折旧是企业固定资产管理中的一个重要组成部分。折旧是对固定资产因使用而产生损耗的一种计提，以便企业在固定资产达到使用寿命时有足够的资金再购置新设备。不提折旧不仅会虚增利润、多交企业所得税，而且会导致没有预备出更新设备的资金，对企业的发展产生影响。因此，折旧应当在固定资产的有效使用年限内进行分摊，形成折旧费用，计入各期成本。

9.2.2 编制固定资产折旧表

本节以固定资产档案中资产编号为A001的固定资产为例，详细介绍固定资产折旧表的编制过程。

操作步骤如下。

（1）按照固定资产折旧表格式，在工作簿"固定资产.xlsx"中新建一个名为"固定资产折旧"的工作表，建立其框架，在单元格中输入相关文本并对单元格进行格式化，如图9-16所示。

图 9-16 固定资产折旧表框架

（2）启动 PyCharm，在项目 ch09 中新建一个 Python 文件 depreciateForm.py，编写如下程序，填写固定资产信息。

```
# /usr/bin/env python3
# -*- coding: UTF-8 -*-
import pandas as pd
import openpyxl as op

# DataFrame 显示为两位小数
pd.options.display.float_format = '{:,.2f}'.format

# 定义.xlsx 文件路径和名称
file = '固定资产.xlsx'
```

```
# 加载工作簿
wb = op.load_workbook(file, data_only=True)
# 根据表名获取表格
ws1 = wb["固定资产档案表"]
ws2 = wb["固定资产折旧"]

# 按列填写固定资产信息
# 填写 B 列
col_idx = ['D', 'C', 'E', 'I']
for i, s in zip(range(3, 7), col_idx):
    ws2['B%d' % i].value = ws1['%s3' % s].value
# 填写 E 列
col_idx = ['A', 'F', 'G', 'H']
for i, s in zip(range(3, 7), col_idx):
    ws2['E%d' % i].value = ws1['%s3' % s].value
# 填写 H 列
col_idx = ['J', 'K', 'L', 'N']
for i, s in zip(range(3, 7), col_idx):
    ws2['H%d' % i].value = ws1['%s3' % s].value
# 填写 J 列
col_idx = ['O', 'P']
for i, s in zip([3, 4, 6], col_idx):
    ws2['J%d' % i].value = ws1['%s3' % s].value

# 另存文件
newfile = '计提折旧.xlsx'
wb.save(newfile)
```

（3）运行程序，打开保存的文件“计提折旧.xlsx”，即可看到填写结果如图 9-17 所示。

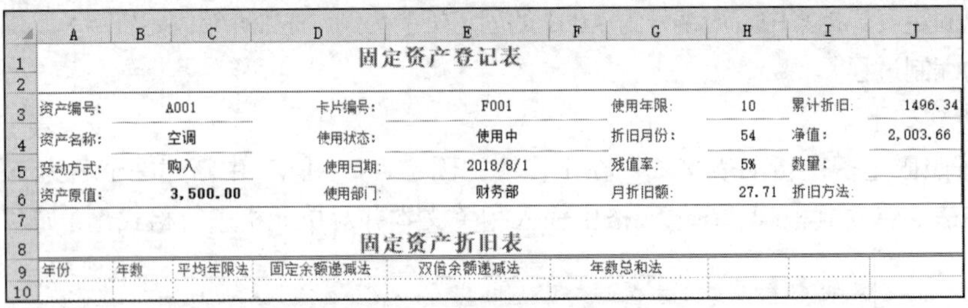

	A	B	C	D	E	F	G	H	I	J
1	固定资产登记表									
2										
3	资产编号:	A001		卡片编号:	F001		使用年限:	10	累计折旧:	1496.34
4	资产名称:	空调		使用状态:	使用中		折旧月份:	54	净值:	2,003.66
5	变动方式:	购入		使用日期:	2018/8/1		残值率:	5%	数量:	
6	资产原值:	3,500.00		使用部门:	财务部		月折旧额:	27.71	折旧方法:	
7										
8	固定资产折旧表									
9	年份	年数	平均年限法	固定余额递减法	双倍余额递减法		年数总和法			
10										

图 9-17　填写固定资产信息

（4）在命令编辑窗口中添加如下程序，计算固定资产折旧表的计提年份。

固定资产的使用日期的年份到该年份加上使用年限的年份是应计提的年份，如果年份超出应计提的最后一个年份，则显示“已提足折旧”。

```
# 录入计提折旧的年份
ws2['A10'].value = ws2['E5'].value.year  # 第 1 年份
life = ws2['H3'].value   # 使用年限
# 计算计提年份
for i in range(11, life+11):
    years = "=A{:d}+1".format(i-1)
    ws2['A%d' % i].value = years
ws2['A%d' % (life+11)].value = "已提足折旧"
```

运行结果如图 9-18 所示。

例如从 2018 年 8 月开始计提折旧，对于折旧而言的第一年是 2018 年 8 月到 2019 年 8 月。本例中的固定资产的使用日期为 2018/8/1，所以可以在表中将单元格区域 A11:A20 的格式自定义为“0"-8-1"”，即在年份后加上月份和日期，计算折旧期间，结果如图 9-19 所示。

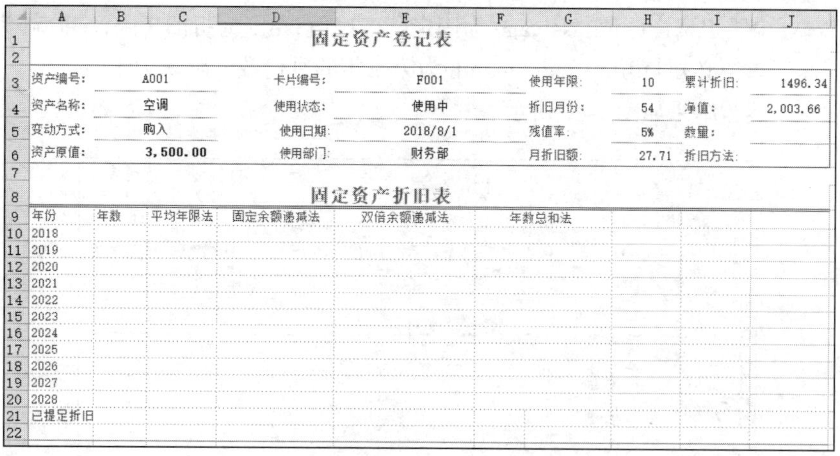

9.2 固定资产计提折旧

图 9-18 计算计提年份

图 9-19 修改单元格格式的效果

（5）在命令编辑窗口中添加如下程序，填写年数，并计算各种计提折旧方法下的折旧额。

```
# 填写年数
for i, j in zip(range(11, life+11), range(1, life+1)):
    ws2['B%d' % i].value = j

# 计算每期的折旧额
for i in range(11, life+11):
    # 平均年限法
    ws2['C%d' % i].value = "=SLN(B6, B6*H5, H3)"
    # 固定余额递减法
    ws2['D%d' % i].value = "=DB(B6,B6*H5,H3,B{:d},MONTH(E5))".format(i)
    # 双倍余额递减法
    ws2['E%d' % i].value = "=DDB(B6,B6*H5,H3,B{:d})".format(i)
    # 年数总和法
    ws2['F%d' % i].value = "=SYD(B6,B6*H5,H3,B{:d})".format(i)
```

折旧额主要取决于两个基本因素，即固定资产的原值和预计使用年限。本例中除了使用到平均年限法、双倍余额递减法和年数总和法计算折旧费用之外，还直接引用了 Excel 中的 DB 函数以使用固定余额递减法（我国的会计准则中并不包含这种计提折旧的方法，感兴趣的读者可以查阅 Excel 帮助文档中关于 DB 函数的介绍，以了解该方法的更多知识）计算一笔资产在给定期间内的折旧值。其语法格式如下：

```
DB(cost,salvage,life,period,month)
```

其中，cost 为固定资产原值；salvage 为固定资产残值；life 为折旧年限；period 为需要计算折旧额的期间，单位必须与 life 相同；month 为第一年的月份数，默认为 12。

运行程序，运行结果如图 9-20 所示。

图 9-20 运行结果

至此，资产编号为 A001 的固定资产折旧表编制完毕。通过此方法，读者也可以制作其他固定资产的折旧表（在程序开头按列填写固定资产信息时，需要修改读入单元格的行号）。

9.2.3 编制固定资产报表

使用固定资产报表便于企业管理固定资产，分析各期折旧情况、固定资产净值、筹备更新固定资产的资金。虽然折旧并非现金流入，但是它具有抵税作用，因此也是企业管理资金的有效途径。本节将详细介绍固定资产报表的编制方法。

9.2.3 编制固定资产报表

操作步骤如下：

（1）按照固定资产报表格式，在工作簿"固定资产.xlsx"中新建一个名为"固定资产报表"的工作表，建立好其框架，在单元格中输入相关文本并对单元格进行格式化，如图 9-21 所示。

图 9-21 固定资产报表框架

（2）启动 PyCharm，在项目 ch09 中新建一个 Python 文件 assetsStatement.py，编写如下程序，填写按物理类别分类汇总的固定资产类别。

```python
# /usr/bin/env python3
# -*- coding: UTF-8 -*-
import pandas as pd
import openpyxl as op

# DataFrame 显示为两位小数
pd.options.display.float_format = '{:,.2f}'.format

# 定义.xlsx 文件路径和名称
file = '固定资产.xlsx'
# 加载工作簿
wb = op.load_workbook(file, data_only=True)
# 根据表名获取表格
ws = wb["固定资产报表"]

# 读取表格，第二行为表头
data = pd.read_excel(file, skiprows=1, sheet_name="固定资产档案表")
# 创建数据透视表，按物理类别分类汇总
result = pd.pivot_table(data, index=['物理类别'],
                        values=['净值', '原值', '月折旧额', '累计折旧'],
                        aggfunc=['sum'])
print(result)

# 按物理类别分类汇总
start = 4      # 开始行号
last = len(result.index)    # 物理类别个数
for i in range(start, start+last):
    # 填写固定资产类别
    ws['A%d' % i].value = result.index[i - start]

# 另存文件
newfile = '计提折旧.xlsx'
wb.save(newfile)
```

（3）运行程序，在控制台中可以看到按物理类别分类汇总的结果，如图 9-22 所示。打开保存的文件"计提折旧.xlsx"，可以看到填写的固定资产类别，如图 9-23 所示。

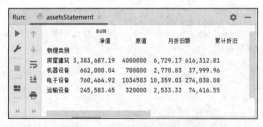

图 9-22　按物理类别透视数据

图 9-23　填写的固定资产类别

（4）在命令编辑窗口中添加如下程序，计算按物理类别分类汇总的原值、本月折旧、累计折旧、净值，以及各项的合计。

```
# 按物理类别分类汇总
start = 4    # 开始行号
last = len(result.index)   # 物理类别个数
for i in range(start, start+last):
    # 填写固定资产类别
    ws['A%d' % i].value = result.index[i - start]
    # 原值
    ws['B%d' % i].value = result.iloc[(i - start), 1]
    # 本月折旧
    ws['C%d' % i].value = result.iloc[(i - start), 2]
    # 累计折旧
    ws['D%d' % i].value = result.iloc[(i - start), 3]
    # 净值
    ws['E%d' % i].value = result.iloc[(i - start), 0]
# 计算各项的合计
sum_row = last+start
ws['A%d' % sum_row].value = "合计："
for c in ['B', 'C', 'D', 'E']:
    ws['%s%d' % (c, sum_row)].value = "=SUM({:s}4:{:s}{:d})"\
        .format(c, c, sum_row-1)
```

运行结果如图 9-24 所示。

	A	B	C	D	E
1			固定资产报表		
2	固定资产报表1：		按物理类别分类汇总		
3	类别	原值	本月折旧	累计折旧	净值
4	房屋建筑	4,000,000.00	6,729.17	616,312.81	3,383,687.19
5	机器设备	700,000.00	2,770.83	37,999.96	662,000.04
6	电子设备	1,034,503.00	10,359.03	274,038.08	760,464.92
7	运输设备	320,000.00	2,533.33	74,416.55	245,583.45
8	合计	6,054,503.00	22,392.36	1,002,767.40	5,051,735.60

图 9-24 按物理类别分类汇总结果

（5）在命令编辑窗口中添加如下程序，计算按使用部门分类汇总的原值、本月折旧、累计折旧、净值，以及各项的合计。

```
# 创建数据透视表，按使用部门分类汇总
result2 = pd.pivot_table(data, index=['使用部门'],
                         values=['净值', '原值', '月折旧额', '累计折旧'],
                         aggfunc=['sum'])
print(result2)

# 按使用部门分类汇总
start2 = last+start+4
last2 = len(result2.index)    # 使用部门个数
for i in range(start2, last2+start2):
    # 填写固定资产类别
    ws['A%d' % i].value = result2.index[i - start2]
    # 原值
    ws['B%d' % i].value = result2.iloc[(i - start2), 1]
    # 本月折旧
    ws['C%d' % i].value = result2.iloc[(i - start2), 2]
    # 累计折旧
    ws['D%d' % i].value = result2.iloc[(i - start2), 3]
    # 净值
    ws['E%d' % i].value = result2.iloc[(i - start2), 0]
# 计算各项的合计
sum_row2 = last2+start2
ws['A%d' % sum_row2].value = "合计："
```

```
for c in ['B', 'C', 'D', 'E']:
    ws['%s%d' % (c, sum_row2)].value = "=SUM({:s}12:{:s}{:d})"\
        .format(c, c, sum_row2-1)
```

运行结果如图 9-25 和图 9-26 所示。

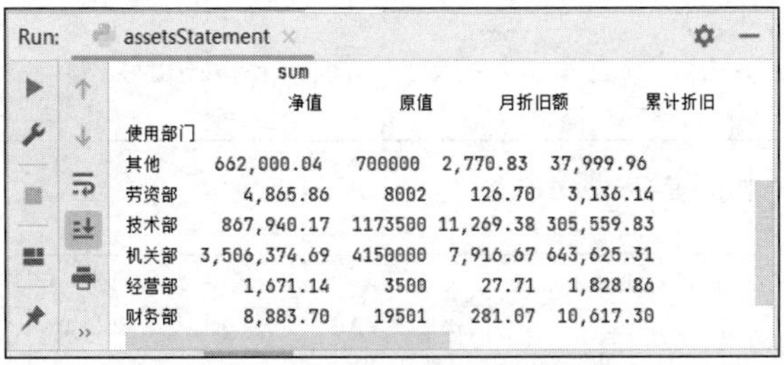

图 9-25　按使用部门透视数据

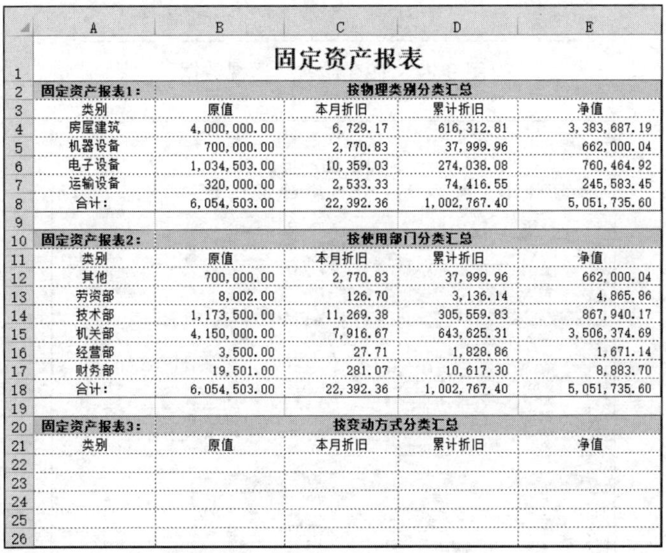

图 9-26　按使用部门分类汇总结果

（6）在命令编辑窗口中添加如下程序，计算按变动方式分类汇总的原值、本月折旧、累计折旧、净值，以及各项的合计。

```
# 创建数据透视表，按变动方式分类汇总
result3 = pd.pivot_table(data, index=['变动方式'],
                         values=['净值', '原值', '月折旧额', '累计折旧'],
                         aggfunc=['sum'])
print(result3)

# 按变动方式分类汇总
start3 = start2+last2+4
last3 = len(result3.index)    # 变动方式个数
for i in range(start3, last3+start3):
    # 填写固定资产类别
    ws['A%d' % i].value = result3.index[i - start3]
    # 原值
    ws['B%d' % i].value = result3.iloc[(i - start3), 1]
    # 本月折旧
    ws['C%d' % i].value = result3.iloc[(i - start3), 2]
```

```
    # 累计折旧
    ws['D%d' % i].value = result3.iloc[(i - start3), 3]
    # 净值
    ws['E%d' % i].value = result3.iloc[(i - start3), 0]
# 计算各项的合计
sum_row3 = last3+start3
ws['A%d' % sum_row3].value = "合计："
for c in ['B', 'C', 'D', 'E']:
    ws['%s%d' % (c, sum_row3)].value = "=SUM({:s}24:{:s}{:d})"\
        .format(c, c, sum_row3-1)
```

运行结果如图 9-27 和图 9-28 所示。

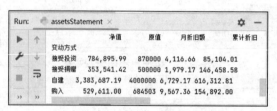

图 9-27　按变动方式透视数据

	A	B	C	D	E
1	固定资产报表				
2	固定资产报表1：	按物理类别分类汇总			
3	类别	原值	本月折旧	累计折旧	净值
4	房屋建筑	4,000,000.00	6,729.17	616,312.81	3,383,687.19
5	机器设备	700,000.00	2,770.83	37,999.96	662,000.04
6	电子设备	1,034,503.00	10,359.03	274,038.08	760,464.92
7	运输设备	320,000.00	2,533.33	74,416.55	245,583.45
8	合计：	6,054,503.00	22,392.36	1,002,767.40	5,051,735.60
9					
10	固定资产报表2：	按使用部门分类汇总			
11	类别	原值	本月折旧	累计折旧	净值
12	其他	700,000.00	2,770.83	37,999.96	662,000.04
13	劳资部	8,002.00	126.70	3,136.14	4,865.86
14	技术部	1,173,500.00	11,269.38	305,559.83	867,940.17
15	机关部	4,150,000.00	7,916.67	643,625.31	3,506,374.69
16	经营部	3,500.00	27.71	1,828.86	1,671.14
17	财务部	19,501.00	281.07	10,617.30	8,883.70
18	合计：	6,054,503.00	22,392.36	1,002,767.40	5,051,735.60
19					
20	固定资产报表3：	按变动方式汇总			
21	类别	原值	本月折旧	累计折旧	净值
22	接受投资	870,000.00	4,116.66	85,104.01	784,895.99
23	接受捐赠	500,000.00	1,979.17	146,458.58	353,541.42
24	自建	4,000,000.00	6,729.17	616,312.81	3,383,687.19
25	购入	684,503.00	9,567.36	154,892.00	529,611.00
26	合计：	6,054,503.00	22,392.36	1,002,767.40	5,051,735.60

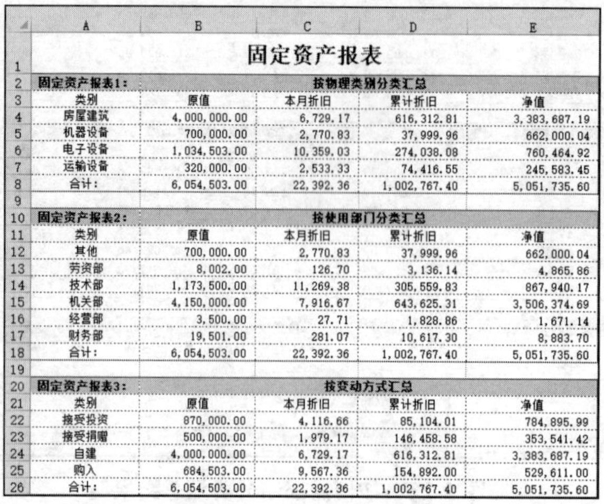

图 9-28　固定资产报表

至此，固定资产报表编制完成。

9.3　固定资产更新决策分析

在企业的经营活动中，固定资产更新是一个经常面临的问题。固定资产更新决策是指决定继续使用旧设备还是购置新设备的一种决策，如果购置新设备，旧设备将以市场价格出售。不同于一般的投资决策，固定资产更新决策一般不能增加企业的现金流入，主要是现金流出。

固定资产更新决策是将继续使用旧设备视为一种方案，将购置新设备、出售旧设备视为另一种方案，将这两种方案进行对比优选。根据新旧设备未来的使用寿命是否相同，有以下两种方法。

（1）如果新旧设备未来的使用寿命相同，则采用差额分析法，先计算两个方案的现金流量差额，再计算净现值差额或内部收益率差额，进行对比分析。如果净现值差额大于 0，则购置新设备，否则继续使用旧设备。

（2）如果新旧设备未来的使用寿命不相同，则采用平均年成本法分别计算两个方案的年平均运行成本。一般而言，年平均运行成本较低的方案较优。

固定资产的年平均运行成本（即固定资产平均年成本）是指该固定资产引起的现金流出的年平均值。如果不考虑货币时间价值，它是未来使用年限内的现金流出总额与使用年限的比率。如果考虑货币时间价值，它是未来使用年限内现金流出总现值与年金现值系数的比率，即平均每年的现金流出。计算公式如下：

$$UAC = \frac{\left[C - \frac{S_n}{(1+i)^n} + \sum_{t=1}^{n} \frac{C_t}{(1+i)^t} \right]}{(P/A, i, n)}$$

其中，C 为固定资产原值；S_n 是 n 年后固定资产的残值；C_t 为第 t 年的运行成本；n 为预计使用年限；i 为投资最低报酬率；$(p/A, i, n)$ 为年金现值系数，UAC 为固定资产平均年成本。

实例88：某固定资产更新决策分析

某公司有 1 台设备购于 3 年前，现在考虑是否需要更新。假设新旧设备的生产能力相同，其基础信息如图 9-29 所示。本实例对该固定资产进行更新决策分析。

实例88：某固定资产更新决策分析

操作步骤如下。

（1）在"固定资产.xlsx"中新建一个 Excel 工作表，命名为"固定资产更新决策模型"，然后输入已知的新旧设备基础信息，如图 9-29 所示。

（2）启动 PyCharm，在项目 ch09 中新建一个 Python 文件 updateDecision.py，编写如下程序，填写折旧年数的文本信息。

```python
# /usr/bin/env python3
# -*- coding: UTF-8 -*-
import pandas as pd
import openpyxl as op

# DataFrame 显示为两位小数
pd.options.display.float_format = '{:,.2f}'.format

# 定义.xlsx 文件路径和名称
file = '固定资产.xlsx'
# 加载工作簿
wb = op.load_workbook(file, data_only=True)
# 根据表名获取表格
ws = wb["固定资产更新决策模型"]

# 填写折旧年数的文本信息
ages = ws['C6'].value    # 新设备使用年限
for i, j in zip(range(13, 18), range(1, ages+1)):
    ws['A%d' % i] = "每年折旧额：第{:d}年".format(j)

# 另存文件
newfile = '计提折旧.xlsx'
wb.save(newfile)
```

（3）运行程序，打开保存的文件"计提折旧.xlsx"，即可看到填写的折旧年数的文本信息如图 9-30 所示。

第9章 企业固定资产管理

	A	B	C	D
1		新旧设备基础信息		
2	项目	旧设备	新设备	年金现值系数PV
3	原价	60000	50000	(P/A)
4	税法规定残值率	0.1	0.1	复利现值系数FV
5	税法规定残值			(P/F)
6	税法规定使用年限（年）	6	5	公司所得税率
7	已用年限	3	0	40%
8	尚可使用年限	3	5	
9	每年操作成本	8600	5000	
10	两年末大修支出	28000		
11	最终报废残值	7000	10000	
12	目前变现价值	10000		
13				
14				
15				
16				
17				
18	折旧方法	平均年限法	年数总和法	

图 9-29 新旧设备基础信息

	A	B	C	D
1		新旧设备基础信息		
2	项目	旧设备	新设备	年金现值系数PV
3	原价	60000	50000	(P/A)
4	税法规定残值率	0.1	0.1	复利现值系数FV
5	税法规定残值			(P/F)
6	税法规定使用年限（年）	6	5	公司所得税率
7	已用年限	3	0	40%
8	尚可使用年限	3	5	
9	每年操作成本	8600	5000	
10	两年末大修支出	28000		
11	最终报废残值	7000	10000	
12	目前变现价值	10000		
13	每年折旧额：第1年			
14	每年折旧额：第2年			
15	每年折旧额：第3年			
16	每年折旧额：第4年			
17	每年折旧额：第5年			
18	折旧方法	平均年限法	年数总和法	

图 9-30 填写的折旧年数的信息

（4）在命令编辑窗口中添加如下程序，计算新旧设备税法规定残值和每年折旧额。

```
# 计算新旧设备税法规定残值
for c in ['B', 'C']:
    ws['%s5' % c].value = "={:s}3*{:s}4".format(c, c)
# 计算旧设备每年折旧额
life_old = ws['B8'].value
for r in range(13, 13 + life_old):
    ws['B%d' % r].value = "=SLN(B3,B5,B6)"
# 计算新设备每年折旧额
life_new = ws['C8'].value
for r, j in zip(range(13, 13 + life_new), range(1, life_new+1)):
    ws['C%d' % r].value = "=SYD(C3,C5,C6,{:d})".format(j)
```

本实例中，使用平均年限法计算旧设备每年折旧额，使用年数总和法计算新设备每年折旧额。运行结果如图 9-31 所示。

（5）在工作表"固定资产更新决策模型"中创建表格，分别录入新旧设备平均年成本的基础信息，如图 9-32 所示。

	A	B	C	D
1		新旧设备基础信息		
2	项目	旧设备	新设备	年金现值系数PV
3	原价	60000	50000	(P/A)
4	税法规定残值率	0.1	0.1	复利现值系数FV
5	税法规定残值	6000	5000	(P/F)
6	税法规定使用年限（年）	6	5	公司所得税率
7	已用年限	3	0	40%
8	尚可使用年限	3	5	
9	每年操作成本	8600	5000	
10	两年末大修支出	28000		
11	最终报废残值	7000	10000	
12	目前变现价值	10000		
13	每年折旧额：第1年	¥9,000	¥15,000	
14	每年折旧额：第2年	¥9,000	¥12,000	
15	每年折旧额：第3年	¥9,000	¥9,000	
16	每年折旧额：第4年		¥6,000	
17	每年折旧额：第5年		¥3,000	
18	折旧方法	平均年限法	年数总和法	

图 9-31 计算新设备每年折旧额

	A	B	C	D
19		旧设备平均年成本		
20	项目	现金流量	时间	现值
21	继续使用旧设备			
22	旧设备变现价值			0
23	旧设备变现损失减税			0
24	每年付现操作成本			3
25	每年折旧抵税			3
26	两年末大修成本			2
27	残值变现收入			3
28	残值变现净收入纳税			3
29	合计			
30		新设备平均年成本		
31	项目	现金流量	时间	现值
32	更换新设备			
33	设备投资			0
34	每年付现操作成本			5
35	每年折旧抵税			
36	每年折旧额：第1年			1
37	每年折旧额：第2年			2
38	每年折旧额：第3年			3
39	每年折旧额：第4年			4
40	每年折旧额：第5年			5
41	残值收入			5
42	残值净收入纳税			5
43	合计			

图 9-32 录入新旧设备平均年成本的基础信息

（6）在命令编辑窗口中添加如下程序，计算旧设备平均年成本。

```
# 旧设备变现价值
ws['B22'].value = "=-B12"
# 旧设备变现损失减税
```

```
ws['B23'].value = "=(B12-(B3-SLN(B3,B5,B6)*3))*D7"
# 每年付现操作成本
ws['B24'].value = "=B9*(1-D7)"
# 每年折旧抵税
ws['B25'].value = "=-B13*D7"
# 两年末大修成本
ws['B26'].value = "=-B10*(1-D7)"
# 残值变现收入与残值变现净收入纳税
ws['B27'].value = "=B11"
ws['B28'].value = "=-(B27-B5)*D7"
# 旧设备变现价值及旧设备变现损失减税的现值
ws['D22'].value = "=B22"
ws['D23'].value = "=B23"
# 每年付现操作成本及每年折旧抵税的现值
ws['D24'].value = "=PV(B4,C24,B24)"
ws['D25'].value = "=PV(B4,C25,B25)"
# 两年末大修成本的现值
ws['D26'].value = "=NPV(B4,0,B26)"
# 残值变现收入的现值
ws['D27'].value = "=NPV(B4,0,0,0,B27)"
# 残值变现净收入纳税的现值
ws['D28'].value = "=NPV(B4,0,0,0,B28)"
# 旧设备平均年成本的现值
ws['D29'].value = "=SUM(D22:D28)"
```

> **注意**
>
> 本实例在程序中直接调用 Excel 财务函数 PV 和 NPV 计算各个项目的现值和净现值。这两个函数的金额参数有正负之分，负值代表现金流出，正值代表现金流入，因此在计算现值和净现值时要注意正负号。

运行程序，结果如图 9-33 所示。

	A	B	C	D
19		旧设备平均年成本		
20	项目	现金流量	时间	现值
21	继续使用旧设备			
22	旧设备变现价值	-10000	0	-10,000.00
23	旧设备变现损失减税	-9200	0	-9,200.00
24	每年付现操作成本	5160	3	-12,832.16
25	每年折旧抵税	-3600	3	8,952.67
26	两年末大修成本	-16800	2	-13,884.30
27	残值变现收入	7000	3	4,781.09
28	残值变现净收入纳税	-400	3	-273.21
29	合计			-32,455.90

图 9-33 旧设备平均年成本

（7）在命令编辑窗口中添加如下程序，计算新设备平均年成本。

```
# 计算新设备的平均年成本
# 设备投资
ws['B33'].value = "=-C3"
# 每年付现操作成本
ws['B34'].value = "=C9*(1-D7)"
# 每年折旧抵税
for m, n in zip(range(36, 41), range(13, 18)):
    ws['B%d' % m].value = "=C{:d}*D7".format(n)
# 残值收入及残值净收入纳税
ws['B41'].value = "=C11"
ws['B42'].value = "=-(C11-C5)*D7"
# 设备投资的现值
ws['D33'].value = "=B33"
# 每年付现操作成本的现值
```

第9章 企业固定资产管理

```
ws['D34'].value = "=PV(C4,C34,B34)"
# 每年折旧抵税的现值
ws['D36'].value = "=NPV(C4,B36)"           # 第1年
ws['D37'].value = "=NPV(C4,0,B37)"         # 第2年
ws['D38'].value = "=NPV(C4,0,0,B38)"       # 第3年
ws['D39'].value = "=NPV(C4,0,0,0,B39)"     # 第4年
ws['D40'].value = "=NPV(C4,0,0,0,0,B40)"   # 第5年
# 残值收入及残值净收入纳税的现值
ws['D41'].value = "=NPV(C4,0,0,0,0,B41)"
ws['D42'].value = "=NPV(C4,0,0,0,0,B42)"
# 新设备平均年成本的现值
ws['D43'].value = "=SUM(D33:D42)"
```

运行结果如图 9-34 所示。

	A	B	C	D
30	新设备平均年成本			
31	项目	现金流量	时间	现值
32	更换新设备			
33	设备投资	−50000	0	−50,000.00
34	每年付现操作成本	3000	5	−11,372.36
35	每年折旧抵税			
36	每年折旧额：第1年	¥6,000.00	1	5,454.55
37	每年折旧额：第2年	¥4,800.00	2	3,966.94
38	每年折旧额：第3年	¥3,600.00	3	2,704.73
39	每年折旧额：第4年	¥2,400.00	4	1,639.23
40	每年折旧额：第5年	¥1,200.00	5	745.11
41	残值收入	10000	5	6,209.21
42	残值净收入纳税	−2000	5	−1,241.84
43	合计			−41,894.43

图 9-34　新设备平均年成本

上述步骤中已计算了新旧设备平均年成本的现值，接下来比较两种方案的优劣。一般而言，平均年成本较低的方案较优。本实例中，由于旧设备的平均年成本较低，因此，企业暂时不用更换新设备，应继续使用旧设备。

第 10 章 企业筹资决策分析

筹资是企业资本运作的起点,任何企业都应组织好筹资活动,以最小的资金成本筹集企业所需要的资金。企业筹资又称公司筹资,是指企业作为筹资主体根据其生产经营、对外投资和调整资本结构等的需要,通过筹资渠道和金融市场,运用筹资方式,经济、有效地筹措和集中资本的活动,是财务管理的首要环节。

筹资决策是指企业为满足融资的需要,对各种筹资渠道、数量、时间、成本、风险和方案进行评估和选择,从而确定一个最优资金结构的分析判断过程。筹资决策的核心,就是在多渠道、多方式的筹资条件下,力求筹集到最为经济、资金成本最低的资金。筹资决策是企业财务管理相对于投资决策的另一重要决策。

筹资决策的基本方法有以下 3 种。

① 比较筹资代价法,包括比较筹资成本代价、筹资条件代价、筹资时间代价等。
② 比较筹资机会法,包括比较筹资的实施机会、比较筹资的风险程度等。
③ 比较筹资的收益与代价法,如果筹资项目预期经济效益大于筹资成本,则方案可行。

其中,方法③是判断筹资方案是否可行和选择最佳筹资方案的主要依据。

10.1 货币时间价值函数

货币时间价值是指在社会生产和再生产的过程中,一定量货币在不同时点上的价值量的差额,也称为资金时间价值,是衡量企业经济效益、考核经营成果的重要依据,是进行财务决策的重要条件。货币时间价值的表现形式有两种:利息和利率。

NumPy 1.20 及之前的版本包含很多金融函数,例如 fv、pv、npv、pmt 等,导入 NumPy,就可以直接调用这些函数。NumPy 1.20 之后的版本移除了金融函数,并将这些函数移至 numpy-financial 库。因此,要在 Python 中使用金融函数,必须先安装 numpy-financial 库。

本节将简要介绍 numpy-financial 库中常用的几个货币时间价值函数的语法格式和使用方法。

10.1.1 等额还款函数

等额还款是指借款人每月按相等的金额偿还贷款本息,其中每月贷款利息按月初剩余贷款本金计算,并逐月结清。

在 Python 中,可以调用 numpy-financial 模块库中的 pmt 函数基于固定利率及等额分期付款方式计算每期付款额。该函数的语法格式如下:

```
numpy_financial.pmt(rate,nper, pv, fv=0, when='end')
```

参数说明如下。
- rate：贷款利率。
- nper：贷款分期付款的总期数。

> **注意**
>
> rate 和 nper 须匹配。例如，同样是 4 年期年利率为 12%的贷款，如果按月支付，rate 应为 12%/12，nper 应为 4×12；如果按年支付，rate 应为 12%，nper 应为 4。

- pv：现值，或一系列未来付款的当前值的累积和，也称为本金。
- fv：终值（也称为未来值），是在最后一次付款后希望得到的现金余额，可选参数。如果省略 fv，则默认其值为 0，也就是一笔贷款的终值为 0。
- when：支付方式，指定各期的付款时间是在期初还是期末。取值为'begin'或 1 表示期初；默认值'end'或 0 表示期末。

在使用 python 操作 Excel 数据表时，也可以使用 Excel 中的 PMT 函数计算等额还款额。该函数的语法格式如下：

```
PMT(rate, nper, pv, fv, type)
```

其中大部分参数与 numpy_financial.pmt 的相同（其参数 type 相当于 numpy_financial.pmt 函数的 when 参数），type 用于指定付款方式是在期初还是期末，默认值 0 或省略时表示期末，取值为 1 时表示期初。

实例 89：计算个人购房贷款分期还款额

某员工因资金不足，贷款 100 万购房。假设贷款年利率为 4.9%，该员工选用等额本息方式还款。本实例计算不同贷款年限和还款期数下的还款额。

操作步骤如下。

（1）启动 PyCharm，新建一个名为 ch10 的项目，加载 pandas、Matplotlib、openpyxl 等模块库。

（2）为便于显示、比较不同还款条件下的还款额，首先在 Excel 工作簿"借款筹资.xlsx"中创建图 10-1 所示的测算表，命名为"等额还款"，并设置单元格格式。然后将该工作簿保存到项目路径下。

（3）在项目 ch10 中新建一个名为 equalRepayment.py 的 Python 文件，然后在命令编辑窗口中编写如下程序，计算各期还款额。

```python
# /usr/bin/env python3
# -*- coding: UTF-8 -*-
import pandas as pd
import openpyxl as op

# DataFrame 显示为两位小数
pd.options.display.float_format = '{:,.2f}'.format

# 定义.xlsx 文件路径和名称
file = '借款筹资.xlsx'
# 加载工作簿
wb = op.load_workbook(file, data_only=True)
# 根据表名获取表格
ws = wb["等额还款"]
```

```
# 计算各期还款额
total = ws['B2'].value      # 贷款总额
rate = ws['D2'].value       # 年利率
for r in range(4, 8):
    for c in ['B', 'C', 'D']:
        pers = ws['%s3' % c].value * ws['A%d' % r].value     # 期数
        rate_pers = rate/ws['A%d' % r].value                  # 每期利率
        ws['%s%d' % (c, r)].value = "=-PMT({:f},{:d},{:d})"\
            .format(rate_pers, pers, total)                   # 各期还款额

# 另存文件
newfile = '筹资决策.xlsx'
wb.save(newfile)
```

（4）运行程序，打开保存的文件"筹资决策.xlsx"，即可看到计算结果，如图 10-2 所示。

图 10-1　测算表　　　　　　　　图 10-2　计算还款额

10.1.2　本金计算函数

在 Python 中，如果要基于固定利率及等额分期付款方式，计算贷款偿还额的本金，可以调用 numpy-financial 模块库中的 ppmt 函数。该函数的语法格式如下：

```
numpy_financial.ppmt(rate, per, nper, pv, fv=0, when='end')
```

参数说明如下。

- rate：各期利率。
- per：用于计算本金数额的期数（取值范围必须为 1~nper），表示当前处在第几个还款期。
- nper：总投资期（该项投资的付款期总数）。
- pv：现值（也称为本金）。
- fv：终值，如果省略，则默认其值为 0。
- when：指定各期的付款时间是在期初还是期末。'begin'或 1 表示期初，'end'、0 或省略表示期末。

与 pmt 函数一样，rate 和 nper 须匹配。例如，同样是 3 年期年利率为 10%的贷款，如果按月支付，rate 应为 10%/12，nper 应为 3×12；如果按年支付，rate 应为 10%，nper 应为 3。

在使用 Python 操作 Excel 数据表时，也可以直接调用 Excel 中的 PPMT 函数计算每期支付金额的本金。该函数的语法格式如下：

```
PPMT(rate, per, nper, pv, fv, type)
```

其参数与 numpy_financial.ppmt 函数相同（其参数 type 相当于 numpy_financial.ppmt 函数的参数 when），在此不赘述。

第 10 章 企业筹资决策分析

在等额还款方式下,虽然每期偿还的总金额(本金+利息)相等,但是各期的本金及利息不相等,随着时间的推移,每期偿还的本金逐渐增加,利息逐渐减少。

实例 90:等额分期还款指定期间的本金

本实例计算个人购房贷款等额分期还款中第一个月和最后一年支付的本金。操作步骤如下。

(1)为便于显示、比较不同还款条件下的还款额,首先在 Excel 工作簿 "借款筹资.xlsx" 中创建图 10-3 所示的测算表,命名为 "等额还款的本金",设置单元格格式并保存。

(2)在项目 ch10 中新建一个名为 principala.py 的 Python 文件,然后在命令编辑窗口中编写如下程序,计算还款额和本金。

```python
# /usr/bin/env python3
# -*- coding: UTF-8 -*-
import pandas as pd
import openpyxl as op

# DataFrame 显示为两位小数
pd.options.display.float_format = '{:,.2f}'.format

# 定义.xlsx 文件路径和名称
file = '借款筹资.xlsx'
# 加载工作簿
wb = op.load_workbook(file, data_only=True)
# 根据表名获取表格
ws = wb["等额还款的本金"]

# 计算还款额和本金
total = ws['B4'].value          # 贷款额
rate = ws['B2'].value / 12      # 月利率
years = ws['B3'].value          # 付款年限
pers = ws['B3'].value * 12      # 期数
ws['B5'].value = "=-PMT({:f},{:d},{:d})"\
    .format(rate, pers, total)       # 每月还款额
ws['B6'].value = "=PPMT({:f},1,{:d},{:d})"\
    .format(rate, pers, -total)      # 第一个月应支付的本金
ws['B7'].value = "=PPMT({:f},{:d},{:d},{:d})"\
    .format(rate*12, years, years, -total)    # 最后一年应支付的本金

# 另存文件
newfile = '筹资决策.xlsx'
wb.save(newfile)
```

(3)运行程序,打开保存的文件 "筹资决策.xlsx",即可看到计算结果,如图 10-4 所示。

图 10-3 测算表   图 10-4 计算结果

10.1.3 利息计算函数

在 Python 中，如果要基于固定利率及等额分期付款方式，计算贷款偿还额的利息，可以调用 numpy-financial 模块库中的 ipmt 函数。该函数的语法格式如下：

```
numpy_financial.ipmt(rate, per, nper, pv, fv, when)
```

参数说明如下。
- rate：各期利率。
- per：用于计算本金数额的期数（取值范围必须为 1~nper），表示当前处在第几个还款期。
- nper：总投资期（该项投资的付款期总数）。
- pv：现值（也称为本金）。
- fv：终值，如果省略，则默认其值为 0。
- when：指定各期的付款时间是在期初还是期末。'begin' 或 1 表示期初，'end'、0 或省略表示期末。

在使用 Python 操作 Excel 数据表时，也可以直接调用 Excel 中的 IPMT 函数计算每期支付金额的利息。该函数的语法格式如下：

```
IPMT(rate,per,nper,pv,fv,type)
```

其参数与 numpy_financial.ipmt 函数相同（其参数 type 相当于 numpy_financial.ipmt 函数的参数 when），在此不赘述。

> **实例 91：等额分期还款指定期间的利息**
>
> 本实例计算等额分期还款第 1 个月、第 1 季度和第 3 年应还款额，以及其中包含的本金和利息。
>
> 操作步骤如下。
>
> （1）在 Excel 工作簿 "借款筹资.xlsx" 中创建图 10-5 所示的测算表，命名为 "等额还款的利息"，设置单元格格式并保存。
>
> （2）在项目 ch10 中新建一个名为 interest.py 的 Python 文件，然后在命令编辑窗口中编写如下程序，计算终值为 0 且期初付款的条件下，各期还款额、本金和利息。

实例 91：等额分期还款指定期间的利息

```
# /usr/bin/env python3
# -*- coding: UTF-8 -*-
import pandas as pd
import openpyxl as op

# DataFrame 显示为两位小数
pd.options.display.float_format = '{:,.2f}'.format

# 定义.xlsx 文件路径和名称
file = '借款筹资.xlsx'
# 加载工作簿
wb = op.load_workbook(file, data_only=True)
# 根据表名获取表格
ws = wb["等额还款的利息"]

# 变量赋值
total = ws['B4'].value         # 贷款总额
```

```
rate = ws['B2'].value    # 年利率
years = ws['B3'].value   # 贷款年限
rate_list = [rate/12, rate, rate]
per = [1, 2, 3]  # 期数
nper = [years*12, years, years]
# 计算并填入数据
for c, i in zip(['B', 'C', 'D'], range(0, 3)):
    ws['%s7' % c].value = "=-PMT({:f},{:d},{:d})"\
        .format(rate_list[i], nper[i], total)       # 还款额
    ws['%s8' % c].value = "=PPMT({:f},{:d},{:d},{:d})"\
        .format(rate_list[i], per[i], nper[i], -total)      # 本金
    ws['%s9' % c].value = "=IPMT({:f},{:d},{:d},{:d},1)"\
        .format(rate_list[i], per[i], nper[i], -total)      # 利息

# 另存文件
newfile = '筹资决策.xlsx'
wb.save(newfile)
```

（3）运行程序，打开保存的文件"筹资决策.xlsx"，即可查看计算结果，如图 10-6 所示。

图 10-5　测算表　　　　　　　　　　图 10-6　计算结果

10.1.4　利率计算函数

利率是在单位时间内所得利息额与原借贷金额的比率，是国家对市场进行宏观调控的一种主要手段，通常用百分比表示。用于表示计算利息的时间单位称为计息周期，通常为年、半年、季、月、周或天。

利率是各国发展国民经济的重要杠杆之一。利率的高低由以下因素决定。

（1）利率的高低首先取决于社会平均利润率的高低，并随之变动。通常情况下，社会平均利润率是利率的最高界限。

（2）在社会平均利润率不变的情况下，利率高低取决于金融市场上借贷资本的供求情况。借贷资本供过于求，利率便下降；反之，求过于供，利率便上升。

（3）借出资本要承担一定的风险，风险越大，利率也就越高。

（4）通货膨胀对利息的波动有直接影响，资金贬值往往会使利息无形中成为负值。

（5）借出资本的期限长短也会影响利率的高低。贷款期限长，不可预见因素多，风险大，利率就高；反之，利率就低。

在 Python 中，如果要基于固定利率及等额分期付款方式，计算贷款偿还额的利息，可以调用 numpy-financial 模块库中的 rate 函数。该函数的语法格式如下：

```
numpy_financial.rate(nper, pmt, pv, fv, when, guess)
```

参数说明如下。

- nper：总投资期（该项投资的付款期总数）。
- pmt：每期支付的金额。
- pv：现值（也称为本金）。
- fv：终值，如果省略，则默认其值为 0。
- when：指定各期的付款时间是在期初还是期末。'begin'或 1 表示期初，'end'、0 或省略表示期末。
- guess：猜测值，若省略，则默认为 0.1。

在使用 Python 操作 Excel 数据表时，也可以直接调用 Excel 中的 RATE 函数计算贷款或分期储蓄的利率。该函数的语法格式如下：

RATE (nper, pmt, pv, fv, type, guess)

其参数与 numpy_financial.rate 函数相同（其参数 type 相当于 numpy_financial.rate 函数的参数 when），在此不赘述。

实例 92：计算贷款年利率

某公司向银行贷款 1000 万元，期限为 15 年，每月还款额为 8 万元，如图 10-7 所示。本实例据此计算贷款的年利率。

操作步骤如下。

（1）在 Excel 工作簿"借款筹资.xlsx"中创建如图 10-7 所示的工作表，命名为"等额还款的利率"，并设置单元格格式。然后将该工作簿保存到项目路径下。

（2）在项目 ch10 中新建一个名为 annualRate.py 的 Python 文件，然后在命令编辑窗口中编写如下程序，计算该贷款的年利率。

```python
# /usr/bin/env python3
# -*- coding: UTF-8 -*-
import openpyxl as op

# 定义.xlsx 文件路径和名称
file = '借款筹资.xlsx'
# 加载工作簿
wb = op.load_workbook(file, data_only=True)
# 根据表名获取表格
ws = wb["等额还款的利率"]

# 变量赋值
pv = ws['B4'].value        # 贷款总额
years = ws['B3'].value     # 贷款年限
nper = years * 12          # 总期数
pmt = ws['B5'].value       # 每月还款额
fv = 0   # 终值，期末还清
pay_type = 0  # 期末
# 计算并写入年利率
annual_rate = "=RATE({:d}, {:d}, {:d}, {:d}, {:d})*12"\
    .format(nper, -pmt, pv, fv, pay_type)
ws['B2'].value = annual_rate

# 另存文件
newfile = '筹资决策.xlsx'
wb.save(newfile)
```

（3）运行程序，打开保存的文件"筹资决策.xlsx"，即可查看计算结果，如图 10-8 所示。

图 10-7 测算表   图 10-8 计算结果

10.2 建立借款筹资的还款计划表

借款筹资是企业筹资方式中的一种重要方式。借款是企业向金融机构以及其他单位借入的期限在一年以上的各种形式的资金，主要用于购买固定资产和长期占用的流动资产。

与其他筹资方式相比，借款的成本比较低，其利息可以在缴纳所得税前列支。而且与股票、债券相比，借款的筹集速度要快很多，企业可以较早地使用这些资金来获得收益。此外，还能根据企业情况提前偿还本息，为企业节省一部分资金，但其不足之处就是筹资的数额有限。

某企业计划从银行借款 1000 万用于购置新设备，借款年利率为 5.9%，计划还款期限为 10 年。本节将结合 10.1 节介绍的货币时间价值函数，利用 Python 程序，编制该项长期借款筹资的还款计划表。

10.2.1 等额摊还法计划表

等额摊还法，即借款人每月按相等的金额偿还借款本息，其中每月借款利息按月初剩余借款本金计算并逐月结清。

由于每月的还款额相等，因此，在借款初期每月的还款额中，剔除按月结清的利息后，所还的借款本金较少；而在借款后期因借款本金不断减少，每月的还款额中借款利息也不断减少，每月所还的借款本金就较多。

10.2.1 等额摊还法计划表

等额摊还法计划表的编制步骤如下。

（1）在工作簿"借款筹资.xlsx"中新建一个 Excel 工作表，依据题意录入基本数据并格式化单元格，如图 10-9 所示，然后将该工作表重命名为"借款筹资还款计划表"。

图 10-9 新建表格

（2）在项目 ch10 中新建一个名为 repaymentSchedule.py 的 Python 文件，然后在命令编辑窗

314

口中编写如下程序，计算等额摊还法各期的年偿还额、支付利息、偿还本金和剩余本金。

```python
# /usr/bin/env python3
# -*- coding: UTF-8 -*-
import pandas as pd
import openpyxl as op

# DataFrame 显示为两位小数
pd.options.display.float_format = '{:,.2f}'.format

# 定义.xlsx 文件路径和名称
file = '借款筹资.xlsx'
# 加载工作簿
wb = op.load_workbook(file, data_only=True)
# 根据表名获取表格
ws = wb["借款筹资还款计划表"]

# 变量赋值
ws['F5'].value = "=D2"            # 借款金额
years = ws['G2'].value            # 还款年限
rate = ws['J2'].value             # 借款年利率
total = ws['D2'].value            # 借款金额
# 编制等额摊还法计划表
for r in range(1, years+1):
    ws['C%d' % (r + 5)].value = "=PMT({:f},{:d},{:d})"\
        .format(rate, years, -total)                    # 年偿还额
    ws['D%d' % (r + 5)].value = "=IPMT({:f},{:d},{:d},{:d})" \
        .format(rate, r, years, -total)                 # 支付利息
    ws['E%d' % (r + 5)].value = "=PPMT({:f},{:d},{:d},{:d})" \
        .format(rate, r, years, -total)                 # 偿还本金
    ws['F%d' % (r + 5)].value = "=F{:d}-E{:d}" \
        .format((r+4), (r+5))                           # 剩余本金

# 另存文件
newfile = '筹资决策.xlsx'
wb.save(newfile)
```

（3）运行程序，打开保存的文件，即可看到计算结果，如图 10-10 所示。

		长期借款筹资还款计划表							
	借款金额（万）	1000		还款期限（年）		10	借款年利率		5.90%
		等 额 摊 还 法 还 款 计 划 表				等 额 本 金 还 款 法 计 划 表			
	期数	年偿还额	支付利息	偿还本金	剩余本金	年偿还额	支付利息	偿还本金	剩余本金
	0				1000.00				
	1	135.22	59.00	76.22	923.78				
	2	135.22	54.50	80.72	843.05				
	3	135.22	49.74	85.48	757.57				
	4	135.22	44.70	90.53	667.04				
	5	135.22	39.36	95.87	571.17				
	6	135.22	33.70	101.53	469.64				
	7	135.22	27.71	107.52	362.13				
	8	135.22	21.37	113.86	248.27				
	9	135.22	14.65	120.58	127.69				
	10	135.22	7.53	127.69	0.00				
	合计								

图 10-10 编制等额摊还法计划表

（4）在命令编辑窗口中添加如下程序，合计年偿还额、支付利息和偿还本金。

```
# 各项合计
row_idx = years + 6
for c in ['C', 'D', 'E']:
    ws['%s%d' % (c, row_idx)].value = "=SUM({:s}6:{:s}15)" \
        .format(c, c)
```

运行结果如图10-11所示。

	长期借款筹资还款计划表							
借款金额(万)	1000		还款期限(年)		10	借款年利率		5.90%
	等额摊还法还款计划表				等额本金还款法计划表			
期数	年偿还额	支付利息	偿还本金	剩余本金	年偿还额	支付利息	偿还本金	剩余本金
0				1000.00				
1	135.22	59.00	76.22	923.78				
2	135.22	54.50	80.72	843.05				
3	135.22	49.74	85.48	757.57				
4	135.22	44.70	90.53	667.04				
5	135.22	39.36	95.87	571.17				
6	135.22	33.70	101.53	469.64				
7	135.22	27.71	107.52	362.13				
8	135.22	21.37	113.86	248.27				
9	135.22	14.65	120.58	127.69				
10	135.22	7.53	127.69	0.00				
合计	1352.25	352.25	1000.00					

图10-11 合计年偿还额、支付利息和偿还本金

至此,等额摊还法计划表编制完成。

10.2.2 等额本金还款法计划表

等额本金还款法,即借款人每月按相等的金额偿还借款本金,每月借款利息按月初剩余借款本金计算并逐月结清,两者合计即每月的还款额。

10.2.2 等额本金还款法计划表

由于每月所还本金固定,而每月借款利息随着本金余额的减少而递减,因此,等额本金还款法在借款初期月还款额大,此后逐月递减。月递减额=月还本金×月利率。

等额本金还款法计划表的编制步骤如下。

(1)在项目ch10中打开名为repaymentSchedule.py的Python文件,在命令编辑窗口中添加如下程序,计算等额本金还款法各期的年偿还额、支付利息、偿还本金和剩余本金。

```
# 编制等额本金还款法计划表
ws['J5'].value = "=D2"        # 借款金额
for r in range(6, years+6):
    ws['I%d' % r].value = "={:d}/{:d}".format(total, years)   # 各期偿还本金
    ws['H%d' % r].value = "=J{:d}*{:f}".format((r-1), rate)    # 各期支付利息
    ws['G%d' % r].value = "=H{:d}+I{:d}".format(r, r)          # 各期年偿还额
    ws['J%d' % r].value = "=J{:d}-I{:d}".format((r-1), r)      # 各期剩余本金
```

在等额本金还款法中,每期应偿还的本金=借款金额/借款期数;利息还款是用来偿还剩余借款本金在本期所产生的利息的,因此,本期应支付利息=上期持有本金×借款年利率。

运行结果如图10-12所示。

10.2 建立借款筹资的还款计划表

长期借款筹资还款计划表

借款金额（万）	1000	还款期限（年）		10	借款年利率		5.90%
等额摊还法还款计划表				等额本金还款法计划表			
期数	年偿还额	支付利息	偿还本金	剩余本金	年偿还额	支付利息	偿还本金	剩余本金
0				1000.00				1000.00
1	135.22	59.00	76.22	923.78	159.00	59.00	100.00	900.00
2	135.22	54.50	80.72	843.05	153.10	53.10	100.00	800.00
3	135.22	49.74	85.48	757.57	147.20	47.20	100.00	700.00
4	135.22	44.70	90.53	667.04	141.30	41.30	100.00	600.00
5	135.22	39.36	95.87	571.17	135.40	35.40	100.00	500.00
6	135.22	33.70	101.53	469.64	129.50	29.50	100.00	400.00
7	135.22	27.71	107.52	362.13	123.60	23.60	100.00	300.00
8	135.22	21.37	113.86	248.27	117.70	17.70	100.00	200.00
9	135.22	14.65	120.58	127.69	111.80	11.80	100.00	100.00
10	135.22	7.53	127.69	0.00	105.90	5.90	100.00	0.00
合计	1352.25	352.25	1000.00					

图 10-12 编制等额本金还款法计划表

（2）在命令编辑窗口中添加如下程序，合计年偿还额、支付利息和偿还本金。

```
# 各项合计
for c in ['G', 'H', 'I']:
    ws['%s%d' % (c, row_idx)].value = "=SUM({:s}6:{:s}15)" \
        .format(c, c)
```

运行结果如图 10-13 所示。

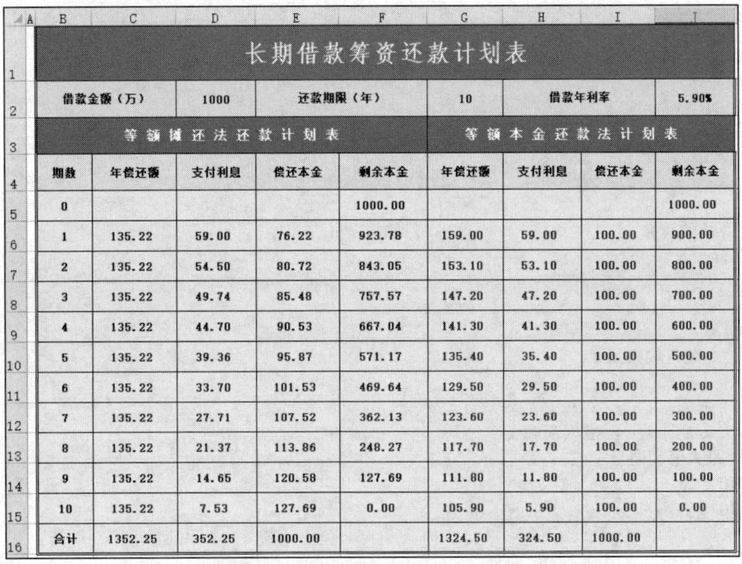

长期借款筹资还款计划表

借款金额（万）	1000	还款期限（年）		10	借款年利率		5.90%
等额摊还法还款计划表				等额本金还款法计划表			
期数	年偿还额	支付利息	偿还本金	剩余本金	年偿还额	支付利息	偿还本金	剩余本金
0				1000.00				1000.00
1	135.22	59.00	76.22	923.78	159.00	59.00	100.00	900.00
2	135.22	54.50	80.72	843.05	153.10	53.10	100.00	800.00
3	135.22	49.74	85.48	757.57	147.20	47.20	100.00	700.00
4	135.22	44.70	90.53	667.04	141.30	41.30	100.00	600.00
5	135.22	39.36	95.87	571.17	135.40	35.40	100.00	500.00
6	135.22	33.70	101.53	469.64	129.50	29.50	100.00	400.00
7	135.22	27.71	107.52	362.13	123.60	23.60	100.00	300.00
8	135.22	21.37	113.86	248.27	117.70	17.70	100.00	200.00
9	135.22	14.65	120.58	127.69	111.80	11.80	100.00	100.00
10	135.22	7.53	127.69	0.00	105.90	5.90	100.00	0.00
合计	1352.25	352.25	1000.00		1324.50	324.50	1000.00	

图 10-13 合计年偿还额、支付利息和偿还本金

至此，等额本金还款法计划表编制完成。从图 10-13 可以看出，由于等额摊还法本金归还速度相对较慢，占用资金时间较长，还款总利息较相同期限的等额本金还款法高。

尽管从数据上看，等额摊还法较同期限的等额本金还款法所还总利息要多，但这并不能说明等额本金还款法就较优。因为银行利息的计算公式是"利息＝资金额×利率×占用时间"，在利率不变的情况下，利息的多少取决于资金的多少和实际的占用时间，而不是采用哪种还款方式。

不同的还款方式，其实质无非是借款本金先还还是后还，这造成借款本金事实上的长用短用、多用少用，进而影响利息增减。

10.3 借款筹资决策

当企业选择通过借款进行筹资时，由于借款受货币时间规律的影响，具有到期偿还本息的特点，且借款利率和借款年限是可变的，所以企业往往需要根据自身的发展规划、偿还的条件以及企业财务状况、盈利稳定性等情况来确定借款的数额、用途和期限，以最大限度地节省资金。如果按变化因素一项一项地重复计算，不仅繁杂，而且容易出错。本节将利用 Python 决策出企业的最佳还贷方案。

实例 93：计算还款年数

某公司从银行借款 1500 万元用于购置设备，银行借款年利率为 5.9%，该公司每月的还款能力为 15 万～20 万元。本实例计算该公司还清借款的年数。

操作步骤如下。

（1）在工作簿"借款筹资.xlsx"中新建一个 Excel 工作表，依据题意录入基本数据并格式化单元格，如图 10-14 所示，然后将该工作表重命名为"借款筹资单输入模拟运算"。

（2）在项目 ch10 中新建一个名为 loanPayYears.py 的 Python 文件，然后在命令编辑窗口中编写如下程序，录入每期还款，并计算每期还款对应的还款年数。

```python
# /usr/bin/env python3
# -*- coding: UTF-8 -*-
import numpy as np
import pandas as pd
import openpyxl as op

# DataFrame 显示为两位小数
pd.options.display.float_format = '{:,.2f}'.format

# 定义.xlsx 文件路径和名称
file = '借款筹资.xlsx'
# 加载工作簿
wb = op.load_workbook(file, data_only=True)
# 根据表名获取表格
ws = wb["借款筹资单输入模拟运算"]

rate = ws['B3'].value        # 借款年利率
loan = ws['B2'].value        # 借款金额
# 还款能力最小值、最大值和增量
min_pay = 150000
max_pay = 200000
delta = 5000
# 还款能力列表
pay_list = np.arange(min_pay, max_pay + delta, delta)
# 计算还款年数
end = len(pay_list)
for r, i in zip(range(7, end + 7), range(0, end + 1)):
    ws['A%d' % r].value = pay_list[i]         # 每期还款
    ws['B%d' % r].value = "=NPER({:f}/12,{:d},{:d})/12"\
        .format(rate, pay_list[i], -loan)      # 还款年数
```

```
# 另存文件
newfile = '筹资决策.xlsx'
wb.save(newfile)
```

（3）运行程序，打开保存的文件，即可看到每期不同的还款数对应的还款年数，如图 10-15 所示。

图 10-14　新建工作表"借款筹资单输入模拟运算"　　图 10-15　运行结果

下面利用双输入模拟运算表辅助企业进行借款筹资决策分析。

实例 94：不同借款利率和借款年限下的月还款额

实例 94：不同借款利率和借款年限下的月还款额

某企业要向银行借款 200 万，借款利率为 4.75%～6.50%，借款年限可以在 10 年、15 年、20 年、25 年和 30 年之中选择，该企业可接受的月还款额为 10000～15000 元。本实例分析不同借款利率和不同借款年限条件下每月的还款额。

操作步骤如下。

（1）在工作簿"借款筹资.xlsx"中新建一个 Excel 工作表，依据题意录入基本数据并格式化单元格，如图 10-16 所示，然后将该工作表重命名为"借款筹资双输入模拟运算"。

图 10-16　新建工作表"借款筹资双输入模拟运算"

（2）在项目 ch10 中新建一个名为 loanPayAmount.py 的 Python 文件，然后在命令编辑窗口中编写如下程序，录入借款利率，并计算指定借款利率和借款年限对应的月还款额。

```
# /usr/bin/env python3
# -*- coding: UTF-8 -*-
import numpy as np
import pandas as pd
import openpyxl as op

# DataFrame 显示为两位小数
pd.options.display.float_format = '{:,.2f}'.format
```

```python
# 定义.xlsx 文件路径和名称
file = '借款筹资.xlsx'
# 加载工作簿
wb = op.load_workbook(file, data_only=True)
# 根据表名获取表格
ws = wb["借款筹资双输入模拟运算"]

loan = ws['B2'].value       # 借款金额
# 借款利率最小值、最大值和增量
min_rate = 0.0475
max_rate = 0.0650
delta = 0.0025
# 借款利率列表
rate_list = np.arange(min_rate, max_rate, delta)
# 计算不同借款利率和借款年限下的月还款额
end = len(rate_list)
for r, i in zip(range(6, end + 6), range(0, end + 1)):
    ws['A%d' % r].value = rate_list[i]      # 借款利率
    for c in ['B', 'C', 'D', 'E', 'F']:
        years = ws['%s5' % c].value       # 借款年限
        ws['%s%d' % (c, r)].value = "=PMT({:f}/12,{:d}*12,{:d})"\
            .format(rate_list[i], years, -loan)      # 月还款额

# 另存文件
newfile = '筹资决策.xlsx'
wb.save(newfile)
```

（3）运行程序，打开保存的文件，即可看到不同的借款利率和借款年限对应的月还款额，如图 10-17 所示。

	A	B	C	D	E	F
1		借款筹资双输入模拟运算				
2	借款金额	(¥2,000,000.00)				
3						
4	借款年利率	借款年限（年）				
5		10	15	20	25	30
6	4.75%	(¥20,969.55)	(¥15,556.64)	(¥12,924.47)	(¥11,402.35)	(¥10,432.95)
7	5.00%	(¥21,213.10)	(¥15,815.87)	(¥13,199.11)	(¥11,691.80)	(¥10,736.43)
8	5.25%	(¥21,458.34)	(¥16,077.55)	(¥13,476.88)	(¥11,984.95)	(¥11,044.07)
9	5.50%	(¥21,705.26)	(¥16,341.67)	(¥13,757.75)	(¥12,281.75)	(¥11,355.78)
10	5.75%	(¥21,953.84)	(¥16,608.20)	(¥14,041.67)	(¥12,582.13)	(¥11,671.46)
11	6.00%	(¥22,204.10)	(¥16,877.14)	(¥14,328.62)	(¥12,886.03)	(¥11,991.01)
12	6.25%	(¥22,456.02)	(¥17,148.46)	(¥14,618.56)	(¥13,193.39)	(¥12,314.34)
13	6.50%	(¥22,709.60)	(¥17,422.15)	(¥14,911.46)	(¥13,504.14)	(¥12,641.36)

图 10-17　运行结果

根据该企业可接受的月还款额，从运行结果可以看出，该企业应选择借款年限在 20～30 年的金融机构进行借款筹资。

10.4　租赁筹资决策分析

租赁筹资是指在约定的期间内，出租人将资产使用权让与承租人以获取租金的契约性行为，其行为实质是一种借贷行为，不过它直接涉及的是物而不是钱。租赁过程中的纳税筹划对于减轻企业税收负担具有重要意义。租赁的形式多种多样，主要有经营租赁和融资租赁。

经营租赁（也称为业务租赁）是为了满足经营上的临时或季节性需要而发生的一种短期资产租赁，并没有添置资产的意图。出租人不仅要向承租人提供设备的使用权，还要向承租人提供设备的保养、保险、维修和其他专门性技术服务。

融资租赁（也称为设备租赁），是指出租人根据承租人对租赁物件的特定要求购买租赁物件，并租给承租人使用，承租人则分期向出租人支付租金，在租赁期内租赁物件的所有权属于出租人所有，承租人拥有租赁物件的使用权。资产的所有权最终可以转移，也可以不转移。其实质是转移与资产所有权有关的全部或绝大部分风险和报酬。

10.4.1 建立租赁筹资模型

某企业准备将资产中的某栋公寓中的 3 层以 480 万的租金租赁给 A 公司，假设租赁的年利率为 5.15%～6.15%，租赁年限为 10 年，每年可分 1 期、2 期、3 期、4 期付款，租户可以选择预支或期末支付。本例分析不同年利率和年付款期数条件下每期应付租金。

操作步骤如下。

（1）在工作簿"借款筹资.xlsx"中新建一个 Excel 工作表，依据题意建立租赁筹资模型，并格式化表格，效果如图 10-18 所示。然后将工作表重命名为"租赁筹资模拟运算"。

（2）在项目 ch10 中新建一个名为 rentModel.py 的 Python 文件，然后在命令编辑窗口中编写如下程序，计算不同年利率、年付款期数和支付方式对应的每期应付租金。

图 10-18　建立租赁筹资模型

```
# /usr/bin/env python3
# -*- coding: UTF-8 -*-
import numpy as np
import pandas as pd
import openpyxl as op

# DataFrame 显示为两位小数
pd.options.display.float_format = '{:,.2f}'.format

# 定义.xlsx 文件路径和名称
file = '借款筹资.xlsx'
# 加载工作簿
wb = op.load_workbook(file, data_only=True)
# 根据表名获取表格
ws = wb["租赁筹资模拟运算"]

loan = ws['B2'].value        # 租金
years = ws['B3'].value       # 租赁年限
# 年利率最小值、最大值和增量
min_rate = 0.0515
max_rate = 0.0615
delta = 0.001
# 支付方式
if ws['E3'].value =='期初':
    term = 1
else:
    term = 0
# 年利率列表
rate_list = np.arange(min_rate, max_rate, delta)

# 计算每期应付租金
```

```
end = len(rate_list)
for r, i in zip(range(7, end + 7), range(0, end + 1)):
    ws['A%d' % r].value = rate_list[i]      # 年利率
    for c in ['B', 'C', 'D', 'E']:
        pers = ws['%s6' % c].value          # 年付款期数
        npers = pers * years                # 总付款期数
        ws['%s%d' % (c, r)].value = "=ABS(PMT({:f}/{:d},{:d},{:d},0,{:d}))"\
            .format(rate_list[i], pers, npers, loan, term)      # 每期应付租金

# 另存文件
newfile = '筹资决策.xlsx'
wb.save(newfile)
```

（3）运行程序，打开保存的文件，即可看到期初付款时不同年利率、不同年付款期数对应的每期应付租金，如图10-19所示。

上面程序的运行结果为期初付款时的每期应付租金，如果要分析期末付款时的每期应付租金（即后付年金或普通年金），可在"借款筹资.xlsx"的"租赁筹资模拟运算"表中选择支付方式为"期末"，然后保存文件，并运行程序，运行结果如图10-20所示。

图10-19 期初付款时的每期应付租金

图10-20 期末付款时的每期应付租金

此时，用户可以查看不同年利率和不同年付款期数条件下的每期应付租金，还可以比较期初付款与期末付款时的每期应付租金的差异。

10.4.2 计算租赁筹资方案的现值

本节继续使用10.4.1节的例子，计算各种租赁筹资方案的现值。
操作步骤如下。

（1）依照10.4.1节创建租赁筹资模型的方法创建租赁筹资方案现值计算表，并格式化表格，效果如图10-21所示。

图10-21 租赁筹资方案现值计算表

（2）打开Python文件rentModel.py，在命令编辑窗口中添加如下程序，计算各种租赁筹资

方案的现值。

```
# 计算当前年利率为5.15%时,各种租赁筹资方案的现值
current_rate = 0.0515      # 当前年利率
for r, i in zip(range(22, end + 22), range(0, end + 1)):
    ws['A%d' % r].value = rate_list[i]    # 年利率
    for c in ['B', 'C', 'D', 'E']:
        pers = ws['%s21' % c].value       # 年付款期数
        npers = pers * years              # 总付款期数
        # 计算每期应付租金的现值
        ws['%s%d' % (c, r)].value = \
            "=ABS(PV({:f}/{:d},{:d},{:s}{:d},0,{:d}))"\
            .format(current_rate, pers, npers, c, (r-15), term)
```

运行程序,打开保存的文件,即可看到期初付款时的每期应付租金的现值,如图10-22所示。

	A	B	C	D	E
1			公寓租赁筹资模拟运算		
2	租金(元)	¥4,800,000.00			
3	租赁年限(年)	10		支付方式	期初
4					
5			年付款期数		
6	年利率	1	2	3	4
7	5.15%	¥595,490.43	¥302,307.41	¥202,582.94	¥152,333.45
8	5.25%	¥597,806.45	¥303,584.49	¥203,462.23	¥153,003.60
9	5.35%	¥600,124.87	¥304,863.97	¥204,343.43	¥153,675.30
10	5.45%	¥602,445.64	¥306,145.83	¥205,226.53	¥154,348.55
11	5.55%	¥604,768.76	¥307,430.06	¥206,111.52	¥155,023.34
12	5.65%	¥607,094.19	¥308,716.66	¥206,998.40	¥155,699.67
13	5.75%	¥609,421.92	¥310,005.62	¥207,887.17	¥156,377.54
14	5.85%	¥611,751.92	¥311,296.92	¥208,777.81	¥157,056.94
15	5.95%	¥614,084.17	¥312,590.56	¥209,670.32	¥157,737.87
16	6.05%	¥616,418.65	¥313,886.52	¥210,564.70	¥158,420.32
17	6.15%	¥618,755.32	¥315,184.80	¥211,460.94	¥159,104.30
18					
19			租赁筹资方案现值		
20			年付款期数		
21	年利率	1	2	3	4
22	5.15%	¥4,800,000.00	¥4,800,000.00	¥4,800,000.00	¥4,800,000.00
23	5.25%	¥4,818,668.52	¥4,820,277.29	¥4,820,833.94	¥4,821,116.24
24	5.35%	¥4,837,356.28	¥4,840,592.61	¥4,841,713.03	¥4,842,281.37
25	5.45%	¥4,856,063.08	¥4,860,945.82	¥4,862,637.15	¥4,863,495.27
26	5.55%	¥4,874,788.76	¥4,881,336.74	¥4,883,606.16	¥4,884,757.84
27	5.65%	¥4,893,533.11	¥4,901,765.22	¥4,904,619.93	¥4,906,068.93
28	5.75%	¥4,912,295.96	¥4,922,231.11	¥4,925,678.32	¥4,927,428.44
29	5.85%	¥4,931,077.12	¥4,942,734.25	¥4,946,781.19	¥4,948,836.24
30	5.95%	¥4,949,876.41	¥4,963,274.47	¥4,967,928.41	¥4,970,292.21
31	6.05%	¥4,968,693.64	¥4,983,851.63	¥4,989,119.84	¥4,991,796.21
32	6.15%	¥4,987,528.62	¥5,004,465.55	¥5,010,355.34	¥5,013,348.14

图10-22 期初付款时的每期应付租金的现值

(3)在"借款筹资.xlsx"的"租赁筹资模拟运算"表中选择支付方式为"期末",然后保存文件,并运行程序,即可得到期末付款时的每期应付租金的现值,运行结果如图10-23所示。

比较图10-22和图10-23可以看出,如果选择期初付款,年付款4期较合适;如果选择期末付款,则年付款1期较合适。综合比较,企业选择期末付款,年付款1期较优。

第 10 章 企业筹资决策分析

图 10-23 期末付款时的每期应付租金的现值

10.4.3 租赁筹资租金摊销计划表

本节编制租金摊销计划表。租金摊销计划表按照合同将每一期的租金分解为本金和利息两部分，在租金支付期间进行摊销，如果合同中有特殊规定，应按规定进行摊销。

操作步骤如下。

（1）在工作簿"借款筹资.xlsx"中新建一个工作表，依据题意录入基本数据并格式化单元格，如图 10-24 所示，然后将该工作表重命名为"租金摊销计划表"。

10.4.3 租赁筹资租金摊销计划表

图 10-24 租金摊销计划表

324

（2）在项目 ch10 中新建一个名为 amortizationSchedule.py 的 Python 文件，然后在命令编辑窗口中编写如下程序，录入年数，并计算采用期初支付方式时，第 0 年的每期支付租金、应计租息、偿还本金以及剩余本金。

```python
# /usr/bin/env python3
# -*- coding: UTF-8 -*-
import numpy as np
import pandas as pd
import openpyxl as op

# DataFrame 显示为两位小数
pd.options.display.float_format = '{:,.2f}'.format

# 定义.xlsx文件路径和名称
file = '借款筹资.xlsx'
# 加载工作簿
wb = op.load_workbook(file, data_only=True)
# 根据表名获取表格
ws = wb["租金摊销计划表"]

# 变量赋值
loan = ws['B2'].value        # 租金
years = ws['B3'].value       # 租赁年限
rate = ws['D2'].value        # 年利率
pers = ws['D3'].value        # 年付款期数
npers = pers * years         # 总付款期数

# 编制期初支付的租金摊销计划表
rowslist01 = range(7, 7+years)
yearlist = range(0, years+1)     # 年数列表
for r1, i in zip(rowslist01, yearlist):
    # 录入年数
    ws['A%d' % r1].value = i
    # 计算支付租金
    ws['B%d' % r1].value = "=PMT({:f}/{:d},{:d},{:d},,1)"\
        .format(rate, pers, npers, -loan)
    # 计算第 0 年的摊销金额
    if ws['A%d' % r1].value == 0:
        ws['C%d' % r1].value = 0          # 应计租息
        ws['D%d' % r1].value = "=B{:d}".format(r1)    # 偿还本金
        ws['E%d' % r1].value = "={:d}-D{:d}*{:d}"\
            .format(loan, r1, pers)       # 剩余本金

# 另存文件
newfile = '筹资决策.xlsx'
wb.save(newfile)
```

"支付租金"是每年支付的租金。采用期初支付方式时，使用 PMT 函数计算第 0 年～第 N–1 年（N 为租赁年限）应支付的租金。

"应计租息"是租金中包含的利息，是对未偿还本金支付的利息。因此，应计租息=期初本金×折现率。租金支付方式为"期初"时，第 1 期不计租息，其他期可利用 IPMT 函数或公式"应计租息=期初本金×折现率"计算第 0 年～第 N–1 年（N 为租赁年限）的应计租息，其中，期初本金为本期支付租金之前占用的本金。

偿还本金是每年支付租金中扣除"应计租息"后的余额，即偿还本金=支付租金-应计租息。由于第 1 期不计租息，因此第 1 期的偿还本金为支付租金。

剩余本金指各期支付租金后还占用的本金。采用期初支付方式时，第 0 年的剩余本金为租

赁项目总的租金-每期支付租金×年付款期数。

（3）运行程序，打开保存的文件，即可看到计算结果，如图10-25所示。

图10-25　期初支付第0年的摊销金额

（4）在命令编辑窗口中修改if语句，计算期初支付方式下，其他各年的摊销金额。

```
# 计算第0年的摊销金额
if ws['A%d' % r1].value == 0:
    ws['C%d' % r1].value = 0        # 应计租息
    ws['D%d' % r1].value = "=B{:d}-C{:d}".format(r1, r1)      # 偿还本金
    ws['E%d' % r1].value = "={:d}-D{:d}*2".format(loan, r1)   # 剩余本金
# 计算其他各年的摊销金额
else:
    ws['C%d' % r1].value = "=E{:d}*{:f}/{:d}"\
        .format((r1-1), rate, pers)           # 应计租息
    ws['D%d' % r1].value = "=B{:d}-C{:d}".format(r1, r1)      # 偿还本金
    ws['E%d' % r1].value = "=E{:d}-D{:d}*{:d}"\
        .format((r1-1), r1, pers)    # 剩余本金
```

运行结果如图10-26所示。

图10-26　期初支付的租金摊销计划表

（5）在命令编辑窗口中添加如下语句，计算支付租金、应计租息和偿还本金的总额。

```
# 计算支付租金、应计租息和偿还本金的总额
for s in ['B', 'C', 'D']:
    ws['%s18' % s].value = "=sum({:s}7:{:s}16)*{:d}"\
```

```
            .format(s, s, pers)
```

运行结果如图 10-27 所示。

	A	B	C	D	E
1	某公寓租赁筹资基础表				
2	租金（元）	¥4,800,000.00	年利率	5.15%	
3	租赁年限（年）	10	年付款期数	1	
4					
5	租金摊销计划表（期初等额支付）				
6	年数	支付租金	应计租息	偿还本金	剩余本金
7	0	¥ 595,490.43	¥ —	¥ 595,490.43	¥ 4,204,509.57
8	1	¥ 595,490.43	¥ 216,532.24	¥ 378,958.19	¥ 3,825,551.39
9	2	¥ 595,490.43	¥ 197,015.90	¥ 398,474.53	¥ 3,427,076.86
10	3	¥ 595,490.43	¥ 176,494.46	¥ 418,995.97	¥ 3,008,080.89
11	4	¥ 595,490.43	¥ 154,916.17	¥ 440,574.26	¥ 2,567,506.62
12	5	¥ 595,490.43	¥ 132,226.59	¥ 463,263.84	¥ 2,104,242.79
13	6	¥ 595,490.43	¥ 108,368.50	¥ 487,121.92	¥ 1,617,120.86
14	7	¥ 595,490.43	¥ 83,281.72	¥ 512,208.70	¥ 1,104,912.16
15	8	¥ 595,490.43	¥ 56,902.98	¥ 538,587.45	¥ 566,324.71
16	9	¥ 595,490.43	¥ 29,165.72	¥ 566,324.71	¥ 0.00
17					
18	合计	¥5,954,904.28	¥1,154,904.28	¥ 4,800,000.00	

图 10-27　计算支付租金、应计租息和偿还本金的总额

（6）在命令编辑窗口中添加如下语句，计算采用期末支付方式时，各期的支付租金、应计租息、偿还本金和剩余本金。

```
# 编制期末支付的租金摊销计划表
rowslist02 = range(22, 23+years)
for r2, i in zip(rowslist02, yearlist):
    # 录入年数
    ws['A%d' % r2].value = i
    # 计算第 0 年的摊销金额
    if ws['A%d' % r2].value == 0:
        ws['E%d' % r2].value = loan    # 剩余本金
    # 计算其他年的摊销金额
    else:
        # 计算支付租金
        ws['B%d' % r2].value = "=PMT({:f}/{:d},{:d},{:d},,0)" \
            .format(rate, pers, npers, -loan)
        ws['C%d' % r2].value = "=E{:d}*{:f}/{:d}"\
            .format((r2-1), rate, pers)            # 应计租息
        ws['D%d' % r2].value = "=B{:d}-C{:d}".format(r2, r2)    # 偿还本金
        ws['E%d' % r2].value = "=E{:d}-D{:d}*{:d}"\
            .format((r2-1), r2, pers)   # 剩余本金
# 计算支付租金、应计租息和偿还本金的总额
for s in ['B', 'C', 'D']:
    ws['%s33' % s].value = "=sum({:s}22:{:s}32)*{:d}"\
        .format(s, s, pers)
```

租金支付方式为期末支付时，第 0 年的剩余本金为租赁项目总的租金，第 1 年～第 N 年的剩余本金使用公式 "本期剩余本金=上期剩余本金–本期偿还本金" 计算。

第 1 年～第 N 年(N 为租赁年限)应支付的租金使用 PMT 函数计算；应计租息可使用 IPMT 函数或租息计算公式 "租息=期初本金×折现率" 计算；偿还本金使用 PPMT 函数或偿还本金计算公式计算。

运行程序，运行结果如图 10-28 所示。

至此，租金摊销计划表编制完成。用户可以通过修改租赁年限、年利率和年付款期数，查看指定条件下，分别使用期初支付和期末支付方式的租金摊销计划表。例如，租赁年限为 8 年，年利率为 5.45%，年付款期数为 2 期的租金摊销计划表如图 10-29 所示。

第 10 章 企业筹资决策分析

	A	B	C	D	E
1			某公寓租赁筹资基础表		
2	租金（元）	¥4,800,000.00	年利率	5.15%	
3	租赁年限（年）	10	年付款期数	1	
4					
5			租金摊销计划表（期初等额支付）		
6	年数	支付租金	应计租息	偿还本金	剩余本金
7	0	¥ 595,490.43	¥ —	¥ 595,490.43	¥ 4,204,509.57
8	1	¥ 595,490.43	¥ 216,532.24	¥ 378,958.19	¥ 3,825,551.39
9	2	¥ 595,490.43	¥ 197,015.90	¥ 398,474.53	¥ 3,427,076.86
10	3	¥ 595,490.43	¥ 176,494.46	¥ 418,995.97	¥ 3,008,080.89
11	4	¥ 595,490.43	¥ 154,916.17	¥ 440,574.26	¥ 2,567,506.62
12	5	¥ 595,490.43	¥ 132,226.59	¥ 463,263.84	¥ 2,104,242.79
13	6	¥ 595,490.43	¥ 108,368.50	¥ 487,121.92	¥ 1,617,120.86
14	7	¥ 595,490.43	¥ 83,281.72	¥ 512,208.70	¥ 1,104,912.16
15	8	¥ 595,490.43	¥ 56,902.98	¥ 538,587.45	¥ 566,324.71
16	9	¥ 595,490.43	¥ 29,165.72	¥ 566,324.71	¥ 0.00
17					
18	合计	¥5,954,904.28	¥ 1,154,904.28	¥ 4,800,000.00	
19					
20			租金摊销计划表（期末等额支付）		
21	年数	支付租金	应计租息	偿还本金	剩余本金
22	0				¥ 4,800,000.00
23	1	¥ 626,158.19	¥ 247,200.00	¥ 378,958.19	¥ 4,421,041.81
24	2	¥ 626,158.19	¥ 227,683.65	¥ 398,474.53	¥ 4,022,567.28
25	3	¥ 626,158.19	¥ 207,162.22	¥ 418,995.97	¥ 3,603,571.31
26	4	¥ 626,158.19	¥ 185,583.92	¥ 440,574.26	¥ 3,162,997.05
27	5	¥ 626,158.19	¥ 162,894.35	¥ 463,263.84	¥ 2,699,733.21
28	6	¥ 626,158.19	¥ 139,036.26	¥ 487,121.92	¥ 2,212,611.29
29	7	¥ 626,158.19	¥ 113,949.48	¥ 512,208.70	¥ 1,700,402.59
30	8	¥ 626,158.19	¥ 87,570.73	¥ 538,587.45	¥ 1,161,815.13
31	9	¥ 626,158.19	¥ 59,833.48	¥ 566,324.71	¥ 595,490.43
32	10	¥ 626,158.19	¥ 30,667.76	¥ 595,490.43	¥ —
33	合计	¥6,261,581.85	¥ 1,461,581.85	¥ 4,800,000.00	

图 10-28 运行结果

	A	B	C	D	E
1			某公寓租赁筹资基础表		
2	租金（元）	¥4,800,000.00	年利率	5.45%	
3	租赁年限（年）	8	年付款期数	2	
4					
5			租金摊销计划表（期初等额支付）		
6	年数	支付租金	应计租息	偿还本金	剩余本金
7	0	¥ 364,218.63	¥ —	¥ 364,218.63	¥ 4,071,562.74
8	1	¥ 364,218.63	¥ 110,950.08	¥ 253,268.55	¥ 3,565,025.64
9	2	¥ 364,218.63	¥ 97,146.95	¥ 267,071.68	¥ 3,030,882.28
10	3	¥ 364,218.63	¥ 82,591.54	¥ 281,627.09	¥ 2,467,628.10
11	4	¥ 364,218.63	¥ 67,242.87	¥ 296,975.77	¥ 1,873,676.57
12	5	¥ 364,218.63	¥ 51,057.69	¥ 313,160.94	¥ 1,247,354.68
13	6	¥ 364,218.63	¥ 33,990.42	¥ 330,228.22	¥ 586,898.25
14	7	¥ 364,218.63	¥ 15,992.98	¥ 348,225.65	¥ -109,553.06
15					
16					
17					
18	合计	¥5,827,498.10	¥ 917,945.04	¥ 4,909,553.06	
19					
20			租金摊销计划表（期末等额支付）		
21	年数	支付租金	应计租息	偿还本金	剩余本金
22	0				¥ 4,800,000.00
23	1	¥ 374,143.59	¥ 130,800.00	¥ 243,343.59	¥ 4,313,312.82
24	2	¥ 374,143.59	¥ 117,537.77	¥ 256,605.81	¥ 3,800,101.19
25	3	¥ 374,143.59	¥ 103,552.76	¥ 270,590.83	¥ 3,258,919.53
26	4	¥ 374,143.59	¥ 88,805.56	¥ 285,338.03	¥ 2,688,243.47
27	5	¥ 374,143.59	¥ 73,254.63	¥ 300,888.95	¥ 2,086,465.56
28	6	¥ 374,143.59	¥ 56,856.19	¥ 317,287.40	¥ 1,451,890.75
29	7	¥ 374,143.59	¥ 39,564.02	¥ 334,579.57	¥ 782,731.62
30	8	¥ 374,143.59	¥ 21,329.44	¥ 352,814.15	¥ 77,103.32
31					
32					
33	合计	¥5,986,297.42	¥ 1,263,400.74	¥ 4,722,896.68	

图 10-29 租金摊销计划表

第 11 章 企业投资决策分析

与投资有关的决策称为投资决策,即投资主体为了实现其预期的投资目标,运用一定的科学理论、方法和手段,在调查、分析、论证各种投资方案的基础上,最终确定一个最佳投资方案的过程。在财务工作中,投资决策是最为关键、最为重要的决策,一个企业的兴衰存亡,往往与投资的正确与否息息相关。

本章将介绍利用几种投资指标函数,建立相应的投资决策模型,并进行项目敏感性分析,以帮助企业管理人员提高决策效率。

11.1 投资指标函数

企业在进行商业投资之前必须对投资项目进行全面的评估分析,以使用有限的资金获取最大的利润。项目投资决策使用的经济指标,按照其是否考虑货币时间价值,分为非贴现指标和贴现指标两大类。

非贴现指标不考虑货币时间价值因素,对多样性的投资方案难以进行全面反映,该指标主要包括投资回收期、投资收益率等;贴现指标考虑了货币时间价值因素,该指标主要包括净现值、净现值率、净现值指数、内部收益率等。投资决策中的贴现法优于非贴现法。

本节主要介绍贴现法中应用较为普遍的净现值法和内部收益率法。

11.1.1 计算净现值

净现值(Net Present Value,NPV)指在项目的寿命期内,一项投资所产生的未来现金流的折现值与项目投资成本之间的差值,是按设定的折现率(基准收益率)计算的各年净现金流量现值的代数和。净现值考虑了方案整个计算期内各年现金流量的货币时间价值,使各种不同类型的现金支出和收入的方案具有可比性。

在投资决策中,可以调用 numpy-financial 模块库中的 npv 函数直接计算净现值。该函数通过使用贴现率以及一系列未来支出(负值)和收入(正值),返回一项投资的净现值。该函数的语法格式如下:

```
numpy_financial.npv(rate,values)
```

参数说明如下。
- rate:每一期的利率,取值为标量。
- values:现金流序列,取值为类数组(array_like)。现金流序列中的值在时间上必须具有相等间隔,并且都发生在期末。按照惯例,投资或存款为负数,收入或提款为正数。

第一个值必须是初始的投资，也就是必须是负数。

> **注意**
>
> npv 函数假设投资开始于第一笔现金流所在日期的前一期，并结束于最后一笔现金流的当期，只能计算同一贴现率下，各期限均为年末（指当年年末，不能是去年年末）的一组现金流的净现值。
>
> 若第一笔现金流发生在第一个周期的期初，则第一笔现金流必须添加到 npv 函数的结果中，而不应包含在 values 参数中。

在使用 Python 操作 Excel 表格时，也可以直接调用 Excel 中的 NPV 函数计算净现值。该函数的语法格式如下：

NPV(rate, value1, value2,…)

其参数与 numpy_financial.npv 大致相同，value1,value2,…代表支出和收入的 1～254 个参数，在此不赘述。

净现值法的判别标准如下：

（1）若 NPV=0，表示方案实施后的投资贴现率正好等于事先确定的贴现率，方案可以接受；

（2）若 NPV＞0，表示方案实施后的经济效益超过了目标贴现率的要求，方案较好；

（3）若 NPV＜0，表示经济效益达不到既定要求，方案应予以拒绝。

实例95：计算理财产品的投资净现值

实例 95：计算理财产品的投资净现值

投资 20 万购买某款理财产品，第 2 年末到第 6 年末的收入分别为 3 万、4 万、5 万、6 万和 8 万。本实例计算贴现率为 12%的条件下，该款理财产品的投资净现值，判断该款理财产品是否合算。

操作步骤如下。

（1）启动 PyCharm，新建一个名为 ch11 的项目，加载 pandas、Matplotlib、openpyxl 等模块库。

（2）在 Excel 工作簿"投资数据.xlsx"中创建图 11-1 所示的测算表，命名为"理财收益分析"，并设置单元格格式。然后将该工作簿保存到项目路径下。

（3）在项目 ch11 中新建一个名为 investmentIncome.py 的 Python 文件，然后在命令编辑窗口中编写如下程序，计算投资净现值。

```
# /usr/bin/env python3
# -*- coding: UTF-8 -*-
import pandas as pd
import openpyxl as op

# DataFrame 显示为两位小数
pd.options.display.float_format = '{:,.2f}'.format

# 定义.xlsx 文件路径和名称
file = '投资数据.xlsx'
# 加载工作簿
wb = op.load_workbook(file, data_only=True)
# 根据表名获取表格
ws = wb["理财收益分析"]
```

```
rate = ws['B9'].value    # 贴现率
# 计算并写入投资净现值
ws['B10'].value = "=NPV({:f},B4:B8)".format(rate)

# 另存文件
newfile = '投资决策.xlsx'
wb.save(newfile)
```

（4）运行程序，打开保存的文件，即可看到计算的投资净现值，如图 11-2 所示。

图 11-1 测算表　　　　　　　　图 11-2 计算投资净现值

项目第 1 年初的投资按惯例看作第 0 年的投资，利用 NPV 函数计算的是经营期的税后净现金流量的现值，因此应将 NPV 函数的计算结果减去第 0 年的初始投资额，才能得到该项目的净现值。在本实例中，投资净现值为 177788 元，小于投入成本 20 万元，因此该投资不合算。

尽管净现值考虑了货币时间价值、项目计算全过程的净现金流量，以及投资风险，但不能从动态的角度直接反映投资项目的实际收益水平，如果各项目投资额不等，仅用该指标无法确定投资方案的优劣。此外，净现金流量和贴现率较难确定，而这两项值直接影响项目评价的结论。

11.1.2 计算内部收益率

内部收益率（Internal Rate of Return，IRR）是指一个投资方案在其寿命期内，能够使未来现金流入现值等于未来现金流出现值的折现率，或者说是使投资方案净现值为 0 的贴现率。

手动计算内部收益率通常采用逐步测试的方法，非常复杂。在 Python 中，可以调用 numpy-financial 模块库中的 irr 函数计算一组现金流的内部收益率。该函数的语法格式如下：

```
numpy_financial.irr(values)
```

其中，参数 values 为现金流序列。

注意

在利用 irr 函数计算内部收益率时，必须注意以下几点。

（1）现金流量数值要有正有负，即既有现金流入又有现金流出；否则，就无法求出结果。实际上，任何完整的经济活动，都必然既存在现金流入也存在现金流出。至于流出流入数量的多少、时间的迟早，只影响内部收益率的高低，并不会导致出现无法求解的情况。

（2）IRR 函数根据数值的顺序来解释现金流量的顺序。在输入现金流量数值时，应确定按需要的顺序输入了支付和收入的数值。如果数组或引用包含文本、布尔值或空白单元格，这些数值将被忽略。

第 11 章 企业投资决策分析

（3）如果某时间点没有现金流量，该单元格必须用 0 填充，而不能用空格代替。若干空格表明间隔了若干期。

（4）如果现金流量是按半年或按季发生的，则利用 IRR 函数求得的结果要调整为年实际利率，即将求得的半年实际利率、季实际利率分别乘 2 和 4，换算为全年的实际利率。

在使用 Python 操作 Excel 文件时，也可以直接调用 Excel 的 IRR 函数计算内部收益率。该函数的语法格式如下：

```
IRR(values, guess)
```

其中，values 为数组或单元格的引用，代表一组现金流，现金流不一定均衡，但作为年金（年金是指每隔固定时间，收到或付出相同数量的款项），它们必须按固定的间隔产生，如按月或按年。guess 为对 IRR 函数计算结果的估计值，大多数情况下可省略。如果省略 guess，则默认它为 0.1（即 10%）。

实例 96：计算某项业务投资的内部收益率

实例 96：计算某项业务投资的内部收益率

某项业务的初期成本费用为 70000 元，第一年的净收入为 12000 元，第二年的净收入为 15000 元，第三年的净收入为 18000 元，第四年的净收入为 21000 元，第五年的净收入为 26000 元。本实例使用 IRR 函数分别计算投资 3 年后的内部收益和投资 5 年后的内部收益率。如果内部收益率的估计值为–15%，计算 2 年后的内部收益率。

操作步骤如下。

（1）根据题意，在工作簿"投资数据.xlsx"中创建图 11-3 所示的测算表，将其所在工作表命名为"内部收益率"，并设置单元格格式。

> 🔍 注意
>
> B2 单元格中的红色数字表示现金流出，即–70000。

（2）在项目 ch11 中新建一个名为 IRR.py 的 Python 文件，然后在命令编辑窗口中编写如下程序，计算内部收益率。

```python
# /usr/bin/env python3
# -*- coding: UTF-8 -*-
import pandas as pd
import openpyxl as op

# DataFrame 显示为两位小数
pd.options.display.float_format = '{:,.2f}'.format

# 定义.xlsx 文件路径和名称
file = '投资数据.xlsx'
# 加载工作簿
wb = op.load_workbook(file, data_only=True)
# 根据表名获取表格
ws = wb["内部收益率"]

guess = -0.15    # 估计值
# 计算并写入内部收益率
ws['B8'].value = "=IRR(B2:B5)"           # 3 年后的内部收益率
ws['B9'].value = "=IRR(B2:B7)"           # 5 年后的内部收益率
ws['B10'].value = "=IRR(B2:B4, {:f})".format(guess)    # 2 年后
```

```
# 另存文件
newfile = '投资决策.xlsx'
wb.save(newfile)
```

(3) 运行程序，计算结果如图 11-4 所示。

	A	B
1	计算内部收益率	
2	初期成本费用	(¥70,000.00)
3	第一年净收入	¥12,000.00
4	第二年净收入	¥15,000.00
5	第三年净收入	¥18,000.00
6	第四年净收入	¥21,000.00
7	第五年净收入	¥26,000.00
8	3年后的内部收益率	
9	5年后的内部收益率	
10	2年后（guess=-15%）	

图 11-3　测算表

	A	B
1	计算内部收益率	
2	初期成本费用	(¥70,000.00)
3	第一年净收入	¥12,000.00
4	第二年净收入	¥15,000.00
5	第三年净收入	¥18,000.00
6	第四年净收入	¥21,000.00
7	第五年净收入	¥26,000.00
8	3年后的内部收益率	-18%
9	5年后的内部收益率	9%
10	2年后（guess=-15%）	-44%

图 11-4　计算内部收益率

11.1.3　计算修正内部收益率

在资本投资中，内部收益率指标注重货币时间价值，能动态反映投资项目的实际收益水平，比较客观。但内部收益率指标假设现金流入后的再投资收益率就是内部收益率，可能有多个内部收益率同时存在；或两个项目的现金流入时间不一致，使用内部收益率指标的结论与使用净现值指标的结论相矛盾；或投资项目为非常规型，内部收益率可能无解。

为了解决上述问题，使内部收益率指标能更好地用于投资决策，引入了修正（或调整）内部收益率（Modified Internal Rate of Return，MIRR）指标，该指标同时考虑了投资成本和现金再投资的收益率。

修正内部收益率是在一定的贴现率条件下，将投资项目未来的现金流入量按照预定的贴现率计算至最后一年的终值，而将投资项目的现金流出量（投资额）折算成现值，并使现金流入量的终值与投资项目的现金流出量达到价值平衡的贴现率。

在 Python 中，可以调用 numpy-financial 模块库中的 mirr 函数，计算某一期限内现金流的修正内部收益率。该函数的语法格式如下：

```
numpy_financial.mirr(values, finance_rate, reinvest_rate)
```

参数说明如下。
- values：现金流，代表各期的一系列支出和收入，取值为类数组（array_like）。其中必须至少包含一个正值和一个负值，第一个值可以看作沉没成本。

与 irr 函数类似，mirr 函数根据输入值的顺序来解释现金流的顺序，所以，务必按照实际顺序输入支出和收入数值，并使用正确的正负号（现金流入用正值，现金流出用负值）。

- finance_rate：现金流中使用的资金支付的利率。
- reinvest_rate：将现金流再投资的收益率。

在使用 Python 操作 Excel 表时，也可以直接调用 Excel 中的 MIRR 函数计算修正内部收益率。该函数的语法格式如下：

```
MIRR(values,finance_rate,reinvest_rate)
```

其参数的意义与 numpy_financial.mirr 函数相同。要说明的是，values 可以是一个数组或对

第 11 章 企业投资决策分析

包含数字的单元格的引用，其中的文本、布尔值或空白单元格将被忽略。

实例 97：计算某设备的修正内部收益率

实例 97：计算某设备的修正内部收益率

某设备原值为 15 万元，第一年的投资收益为 4 万，第二年的投资收益为 3.2 万，第三年的投资收益为 2.2 万，第四年的投资收益为 3.8 万，第五年的投资收益为 4.6 万，贷款年利率为 10%，再投资收益年利率为 12%。本实例分别计算该项投资 3 年后的修正内部收益率和 5 年后的修正内部收益率。

操作步骤如下。

（1）根据题意，在工作簿"投资数据.xlsx"中创建图 11-5 所示的测算表，将其所在工作表命名为"修正内部收益率"，并设置单元格格式。

（2）在项目 ch11 中新建一个名为 MIRR.py 的 Python 文件，然后在命令编辑窗口中编写如下程序，计算修正内部收益率。

```python
# /usr/bin/env python3
# -*- coding: UTF-8 -*-
import pandas as pd
import openpyxl as op

# DataFrame 显示为两位小数
pd.options.display.float_format = '{:,.2f}'.format

# 定义.xlsx 文件路径和名称
file = '投资数据.xlsx'
# 加载工作簿
wb = op.load_workbook(file, data_only=True)
# 根据表名获取表格
ws = wb["修正内部收益率"]

# 变量赋值
rate = ws['B8'].value        # 贷款年利率
re_rate = ws['B9'].value     # 再投资收益年利率
# 计算并写入修正内部收益率
ws['B10'].value = "=MIRR(B2:B5,{:f},{:f})"\
    .format(rate, re_rate)   # 3 年后的修正内部收益率
ws['B11'].value = "=MIRR(B2:B7,{:f},{:f})"\
    .format(rate, re_rate)   # 5 年后的修正内部收益率

# 另存文件
newfile = '投资决策.xlsx'
wb.save(newfile)
```

（3）运行程序，计算结果如图 11-6 所示。

图 11-5 测算表

图 11-6 计算修正内部收益率

334

11.2 投资决策分析

投资决策分析是对各种建设投资方案进行综合分析。投资决策分析的一般方法有投资回收期法、净现值法、内部收益率法、获利能力指数法和会计收益率法。

本节仅简要介绍在投资决策分析中计算投资回收期、两种常用的投资决策模型和创建投资计划评估表的有关知识。

11.2.1 计算投资回收期

投资回收期是指以项目的净现金流量回收总投资（包括固定资产投资和流动资金）所需要的时间。它是反映投资项目财务上投资回收能力和资金周转速度的重要指标，一般情况下越短越好。投资回收期包括静态投资回收期和动态投资回收期两种。

静态投资回收期是在不考虑货币时间价值的条件下，以项目的净现金流量回收其全部投资所需要的时间。投资回收期可以自项目建设开始年算起，也可以自项目投产年开始算起，但应予注明。

静态投资回收期可根据现金流量表直接输入公式计算。

（1）若原始投资是一次投入，且项目建成投产后各年的净现金流量均相同，则：

$$投资回收期（P_t）=原始投资额/每年净现金流量$$

（2）若项目建成投产后各年的净现金流量不相同，则静态投资回收期可根据累计净现金流量求得，也就是在现金流量表中累计净现金流量由负值转向正值之间的年份。

静态投资回收期（P_t）=累计净现金流量开始出现正值的年份数−1+上一年累计净现金流量的绝对值/出现正值年份的净现金流量

将计算出的静态投资回收期（P_t）与部门或行业基准投资回收期（P_c）比较，若 $P_t \leq P_c$，表明项目投资能在规定的时间内收回；若 $P_t > P_c$，则投资方案不可行。

静态投资回收期的优点是能够直观地反映原始总投资的返本期限，便于理解，计算简单；可以直接利用回收期之前的净现金流量信息。其缺点是没有考虑货币时间价值和回收期到后发生的现金流量；不能正确反映不同投资方式对项目的影响。只有静态投资回收期指标小于或等于基准投资回收期的投资项目才具有财务可行性。

在采用投资回收期指标进行项目评价时，为克服静态投资回收期未考虑货币时间价值的缺点，就要采用动态投资回收期。

动态投资回收期是指在考虑货币时间价值的条件下，用投资项目初始投资以后的现金流量的现值回收初始投资所用的时间。动态投资回收期也可以看作使投资项目净现值为 0 的年限，计算公式为：

动态投资回收期（P'_t）=（累计净现金流量现值出现正值的年数−1）+上一年累计净现金流量现值的绝对值/出现正值年份净现金流量的现值

将计算出的动态投资回收期（P'_t）与部门或行业基准投资回收期（P_c）比较，若 $P'_t \leq P_c$，表明项目投资能在规定的时间内收回；若 $P'_t > P_c$，则投资方案不可行。

第 11 章 企业投资决策分析

> **说明**
>
> 按静态分析计算的投资回收期较短,决策者可能认为经济效果尚可以接受。但若考虑时间因素,用贴现法计算出的动态投资回收期,要比用传统方法计算出的静态投资回收期长,该方案未必能被接受。

实例 98:计算某投资项目的投资回收期

已知某投资项目投资期的现金流入量和现金流出量。本实例依据该项目的财务现金流量表计算该项目的投资回收期。

实例 98:计算某投资项目的投资回收期

操作步骤如下。

(1)根据题意,在工作簿"投资数据.xlsx"中创建图 11-7 所示的现金流量表,将其所在工作表命名为"项目现金流量表",并设置单元格格式。

图 11-7 现金流量表

(2)在项目 ch11 中新建一个名为 paybackPeriod.py 的 Python 文件,然后在命令编辑窗口中编写如下程序,计算现金流入、销售税金及附加、所得税、现金流出和净现金流量。

```
# /usr/bin/env python3
# -*- coding: UTF-8 -*-
import pandas as pd
import openpyxl as op

# DataFrame 显示为两位小数
pd.options.display.float_format = '{:,.2f}'.format

# 定义.xlsx 文件路径和名称
file = '投资数据.xlsx'
# 加载工作簿
wb = op.load_workbook(file, data_only=True)
# 根据表名获取表格
ws = wb["项目现金流量表"]

# 变量赋值
```

```
rate = 0.05        # 销售税金及附加的税率
tax = 0.33         # 所得税税率
# 计算现金流入等并填写现金流量表
col_list = ['C', 'D', 'E', 'F', 'G', 'H', 'I', 'J']
for c in col_list:
    ws['%s5' % c].value = "=sum({:s}6:{:s}9)"\
        .format(c, c)          # 现金流入
    ws['%s14' % c].value = "={:s}6*{:f}" \
        .format(c, rate)       # 销售税金及附加
    ws['%s16' % c].value = "=({:s}6-{:s}14-{:s}15)*{:f}" \
        .format(c, c, c, tax)  # 所得税
    ws['%s10' % c].value = "=sum({:s}11:{:s}17)" \
        .format(c, c)          # 现金流出
    ws['%s18' % c].value = "={:s}5-{:s}10"\
        .format(c, c)          # 净现金流量

# 另存文件
newfile = '投资决策.xlsx'
wb.save(newfile)
```

（3）运行程序，打开保存的文件，即可看到计算结果，如图11-8所示。

图 11-8 计算结果

（4）在命令编辑窗口中添加如下程序，计算各年的累计净现金流量。

```
# 计算累计净现金流量
ws['C19'].value = "=C18"        # 第0年累计净现金流量
# 计算其他年的累计净现金流量
col_list2 = ['D', 'E', 'F', 'G', 'H', 'I', 'J']
for s in col_list2:
    ws['%s19' % s].value = "=sum(C18:{:s}18)".format(s)
```

运行结果如图11-9所示。

（5）在命令编辑窗口中添加如下程序，计算项目财务内部收益率和净现值。

```
# 计算内部收益率和净现值
ws['C22'].value = "=IRR(C18:J18)"   # 内部收益率
discount_rate = 0.01    # 贴现率
ws['C23'].value = "=C18+NPV({:f},D18:J18)"\
    .format(discount_rate)          # 净现值
```

运行结果如图11-10所示。

第 11 章 企业投资决策分析

	A	B	C	D	E	F	G	H	I	J
1					投资项目财务现金流量表					
2										单位：万元
3	项 目						计算期（年）			
4			0	2016	2017	2018	2019	2020	2021	2022
5	现金流入		-	10,060.00	16,280.00	21,730.00	30,380.00	32,976.00	-	-
6	产品销售收入			9,200.00	15,300.00	20,500.00	28,880.00	30,956.00		
7	回收固定资产余值			860.00	980.00	1,230.00	1,500.00	2,020.00		
8	回收流动资金			-	-	-	-	-		
9	其他现金流入			-	-	-	-	-		
10	现金流出		-	23,895.20	21,112.55	13,439.35	12,512.28	12,087.01		
11	固定资产投资			20,000.00	15,000.00	5,000.00	1,000.00	400.00		
12	流动资金			-	-	-	-	-		
13	经营成本			350.00	350.00	800.00	800.00	200.00		
14	销售税金及附加（5%）			460.00	765.00	1,025.00	1,444.00	1,547.80		
15	期间费用			300.00	300.00	280.00	320.00	350.00		
16	所得税（33%）		-	2,785.20	4,697.55	6,334.35	8,948.28	9,589.21	-	-
17	其他现金流出			-	-	-	-	-		
18	净现金流量		-	-13,835.20	-4,832.55	8,290.65	17,867.72	20,888.99		
19	累计净现金流量		-	-13,835.20	-18,667.75	-10,377.10	7,490.62	28,379.61	28,379.61	28,379.61
20										
21	计算指标：									
22	项目财务内部收益率									
23	项目财务净现值（ic=10%）									
24	项目投资回收期（年）									

图 11-9　计算各年的累计净现金流量

	A	B	C	D	E	F	G	H	I	J
1					投资项目财务现金流量表					
2										单位：万元
3	项 目						计算期（年）			
4			0	2016	2017	2018	2019	2020	2021	2022
5	现金流入		-	10,060.00	16,280.00	21,730.00	30,380.00	32,976.00	-	-
6	产品销售收入			9,200.00	15,300.00	20,500.00	28,880.00	30,956.00		
7	回收固定资产余值			860.00	980.00	1,230.00	1,500.00	2,020.00		
8	回收流动资金			-	-	-	-	-		
9	其他现金流入			-	-	-	-	-		
10	现金流出		-	23,895.20	21,112.55	13,439.35	12,512.28	12,087.01		
11	固定资产投资			20,000.00	15,000.00	5,000.00	1,000.00	400.00		
12	流动资金			-	-	-	-	-		
13	经营成本			350.00	350.00	800.00	800.00	200.00		
14	销售税金及附加（5%）			460.00	765.00	1,025.00	1,444.00	1,547.80		
15	期间费用			300.00	300.00	280.00	320.00	350.00		
16	所得税（33%）		-	2,785.20	4,697.55	6,334.35	8,948.28	9,589.21	-	-
17	其他现金流出			-	-	-	-	-		
18	净现金流量		-	-13,835.20	-4,832.55	8,290.65	17,867.72	20,888.99		
19	累计净现金流量		-	-13,835.20	-18,667.75	-10,377.10	7,490.62	28,379.61	28,379.61	28,379.61
20										
21	计算指标：									
22	项目财务内部收益率		36.82%							
23	项目财务净现值（ic=10%）		26,656.96							
24	项目投资回收期（年）									

图 11-10　计算项目财务内部收益率和净现值

接下来计算投资回收期。本实例中，各年的净现金流量不相同，采用公式"投资回收期=累计净现金流量开始出现正值的年份数-1+上一年累计净现金流量的绝对值/出现正值年份的净现金流量"来计算。

（6）在命令编辑窗口中添加如下程序，计算投资回收期。

```
# 累计净现金流量非正值的最大值的索引
ws['C26'].value = "=MATCH(0,C19:J19,1)"
# 累计净现金流量取倒数
for s in col_list2:
    ws['%s27' % s].value = "=1/{:s}19".format(s)
# 净现金流量非正值的最大值的绝对值
ws['H26'].value = "=ABS(1/MIN(D27:J27))"
```

```python
# 出现正值的净现金流量
ws['I26'].value = "=1/MAX(D27:J27)"
# 计算投资回收期
ws['C24'].value = "=C26-1+H26/I26"
```

上面的程序首先使用 MATCH 函数获取累计净现金流量开始出现正值的年份数（4）。该函数的语法格式如下：

```
MATCH(lookup_value,lookup_array,match_type)
```

其中，lookup_value 代表需要在数据表中查找的数值；lookup_array 表示可能包含所要查找的数值的连续单元格区域，只能为一行或一列；match_type 表示查找方式的值（-1、0 或 1），如果 match_type 为 1，则查找小于或等于 lookup_value 的最大数值，lookup_array 必须按升序排列。

由于累计净现金流量中有负值，为计算方便，先计算各年累计净现金流量的倒数，然后取最小值的倒数并求绝对值，得到累计净现金流量开始出现正值的年份的上一年的累计净现金流量的绝对值。取最大值的倒数，得到出现正值年份的净现金流量。最后利用公式计算投资回收期。

运行程序，打开保存的文件，可以看到计算结果如图 11-11 所示。

	A	B	C	D	E	F	G	H	I	J
1					投资项目财务现金流量表					
2										单位：万元
3	项 目			计算期（年）						
4				0	2016	2017	2018	2019	2020	2021	2022
5	现金流入			-	10,060.00	16,280.00	21,730.00	30,380.00	32,976.00	-	-
6	产品销售收入				9,200.00	15,300.00	20,500.00	28,880.00	30,956.00		
7	回收固定资产余值				860.00	980.00	1,230.00	1,500.00	2,020.00		
8	回收流动资金				-	-	-	-	-		
9	其他现金流入				-	-	-	-	-		
10	现金流出			-	23,895.20	21,112.55	13,439.35	12,512.28	12,087.01	-	-
11	固定资产投资				20,000.00	15,000.00	5,000.00	1,000.00	400.00		
12	流动资金				-	-	-	-	-		
13	经营成本				350.00	350.00	800.00	800.00	200.00		
14	销售税金及附加（5%）				460.00	765.00	1,025.00	1,444.00	1,547.80		
15	期间费用				300.00	300.00	280.00	320.00	350.00		
16	所得税（33%）			-	2,785.20	4,697.55	6,334.35	8,948.28	9,589.21		
17	其他现金流出				-	-	-	-	-		
18	净现金流量			-	-13,835.20	-4,832.55	8,290.65	17,867.72	20,888.99		
19	累计净现金流量			-	-13,835.20	-18,667.75	-10,377.10	7,490.62	28,379.61	28,379.61	28,379.61
20											
21	计算指标										
22	项目财务内部收益率		36.82%								
23	项目财务净现值（ic=10%）		26,656.96								
24	项目投资回收期（年）		4.39								
25											
26				4					10377.1	7490.62	
27					-7.2E-05	-5.4E-05	-9.6E-05	0.000134	3.52E-05	3.52E-05	3.52E-05

图 11-11　计算投资回收期

11.2.2　投资决策模型

本节简要介绍两种常用的投资决策模型。

1．净现值模型

净现值用于反映项目投资获利能力。利用净现值模型，投资者可以根据不同投资方案计算出各方案的净现值及净现值指数，依据净现值及净现值指数的大小确定最优投资方案。

对各个投资项目进行决策时，主要判断标准是看它们的净现值是否大于 0。如果净现值>0，表明方案可行；净现值<0，表明方案不可行；净现值=0，表明该项投资无意义。

如果要在多个互斥的投资方案中选择，则应在所有净现值大于 0 的投资方案中，选择净现值最大的方案。

用净现值模型分析投资决策时，将净现值指标与净现值指数指标配合使用，能更准确地说明问题。其中：

净现值指数（PVI）=净现金流量现值/投资总额现值

PVI≥1 与 NPV≥0、PVI＜1 与 NPV＜0 实质完全相同。如果 PVI≥1，则方案可行。

净现值指标的主要优点是考虑了货币时间价值，使不同时点发生的现金流量具有可比性；同时，也考虑了投资的风险因素，贴现率的高低可根据投资项目的风险程度进行调整。其缺点是不能从动态角度直接反映投资项目的实际获利水平，不便于直接评价原始投资额不同的互斥型方案。

2．内部收益率模型

内部收益率模型是指投资者根据不同的投资方案计算出各方案的内部收益率及修正内部收益率，依据内部收益率及修正内部收益率的大小确定最优投资方案。

使用该模型进行投资决策时，对于独立项目，只要内部收益率大于或等于项目的必要收益率，该方案就是可行的；反之，就是不可行的。对于互斥的多个方案，应选择内部收益率较高的方案。

如果几个方案的内部收益率均大于其资金成本率，但各方案的原始投资额不等，其决策标准应是"投资额×(内部收益率−资金成本)"值最大的方案为最优投资方案。

内部收益率就是投资项目的实际投资报酬率，考虑了货币时间价值，能直接反映投资项目的实际获利水平，且不受贴现率的影响，比较客观。但该指标的计算过程比较复杂，有时可能出现多个内部收益率，难以进行决策。

11.2.3　创建投资计划评估表

某企业预备 1500 万进行项目投资，企划部做出了 4 种投资方案。本例对这 4 种投资方案进行投资计划评估，通过计算各种方案的投资回收期、净现值、内部收益率和利润率，选出最优投资方案。

11.2.3　创建投资计划评估表

操作步骤如下。

（1）在"投资数据.xlsx"中创建一个工作表，根据已知的数据创建投资计划评估表，并设置单元格格式，如图 11-12 所示。然后将工作表重命名为"投资计划评估表"。

（2）在项目 ch11 中新建一个名为 optionEvaluation.py 的 Python 文件，然后在命令编辑窗口中编写如下程序，计算各种方案的投资回收期。

	A	B	C	D	E
1		投资计划评估表			
2					单位：万元
3		方案A	方案B	方案C	方案D
4	投资总额	(1,500.00)	(1,500.00)	(1,500.00)	(1,500.00)
5	第一年收益	-	300.00	450.00	500.00
6	第二年收益	300.00	1,600.00	650.00	700.00
7	第三年收益	1,400.00	600.00	800.00	900.00
8	第四年收益	1,600.00	400.00	1,000.00	1,200.00
9	投资回收期（年）				
10	净现值				
11	内部收益率				
12	利润率				

图 11-12　创建投资计划评估表

```python
# /usr/bin/env python3
# -*- coding: UTF-8 -*-
import pandas as pd
import openpyxl as op

# DataFrame 显示为两位小数
pd.options.display.float_format = '{:,.2f}'.format

# 定义.xlsx 文件路径和名称
file = '投资数据.xlsx'
# 加载工作簿
wb = op.load_workbook(file, data_only=True)
# 根据表名获取表格
ws = wb["投资计划评估表"]

# 循环变量赋值
col_list = ['B', 'C', 'D', 'E']
row_list = range(4, 8)


def get_sum(col: str):
    """
    累计净现金流量
    col：列名
    return：逐年的累计净现金流量
    """
    temp_income = ws['%s4' % col].value
    sum_income = [temp_income]
    # 逐年求和
    for r in row_list:
        temp_income = temp_income + ws['%s%d' % (col, (r + 1))].value
        sum_income.append(temp_income)
    return sum_income


def get_years(sum_income: list):
    """
    累计净现金流量开始出现正值的年份数
    sum_income：每年的累计净现金流量
    return：累计净现金流量开始出现正值的年份索引
    """
    for i in range(0, len(sum_income)):
        if sum_income[i] > 0:
            return i


rate = 0.12      # 贴现率
for c in col_list:
    # 计算各种方案的投资回收期
    sumlist = get_sum(c)
    ind = get_years(sumlist)
    ws['%s9' % c].value = "={:d}-{:d}/{:s}{:d}"\
        .format((ind-1), sumlist[ind-1], c, (ind+4))

# 另存文件
newfile = '投资决策.xlsx'
wb.save(newfile)
```

（3）运行程序，打开保存的文件，即可看到各种方案的投资回收期，如图 11-13 所示。

（4）在命令编辑窗口中的 for 循环语句中添加如下程序，计算各种方案的净现值、内部收益率和利润率。

```
for c in col_list:
    ...
    # 各种方案的净现值
    ws['%s10' % c].value = "=NPV({:f},{:s}4:{:s}8)" \
        .format(rate, c, c)
    # 内部收益率
    ws['%s11' % c].value = "=IRR({:s}4:{:s}8)" \
        .format(c, c)
    # 利润率
    ws['%s12' % c].value = "=NPV({:f},{:s}5:{:s}8)/-{:s}4" \
        .format(rate, c, c, c)
```

运行结果如图 11-14 所示。

	A	B	C	D	E
1			投资计划评估表		
2					单位：万元
3		方案A	方案B	方案C	方案D
4	投资总额	(1,500.00)	(1,500.00)	(1,500.00)	(1,500.00)
5	第一年收益	-	300.00	450.00	500.00
6	第二年收益	300.00	1,600.00	650.00	700.00
7	第三年收益	1,400.00	600.00	800.00	900.00
8	第四年收益	1,600.00	400.00	1,000.00	1,200.00
9	投资回收期（年）	2.86	1.75	2.50	2.33
10	净现值				
11	内部收益率				
12	利润率				

图 11-13　计算各种方案的投资回收期

	A	B	C	D	E
1			投资计划评估表		
2					单位：万元
3		方案A	方案B	方案C	方案D
4	投资总额	(1,500.00)	(1,500.00)	(1,500.00)	(1,500.00)
5	第一年收益	-	300.00	450.00	500.00
6	第二年收益	300.00	1,600.00	650.00	700.00
7	第三年收益	1,400.00	600.00	800.00	900.00
8	第四年收益	1,600.00	400.00	1,000.00	1,200.00
9	投资回收期（年）	2.86	1.75	2.50	2.33
10	净现值	671.86	647.00	557.95	810.44
11	内部收益率	26.60%	33.52%	28.08%	34.33%
12	利润率	150.17%	148.31%	141.66%	160.51%

图 11-14　运行结果

接下来对上述运行结果进行分析，选出最优的投资方案。

首先比较投资回收期。使用投资回收期法评估运行结果的决策标准是：投资回收期越短越好，因此本例中投资回收期最短的方案 B 较优。

使用净现值法评估运行结果的决策标准是：如果投资方案的净现值大于或等于 0，则方案可行；如果几种方案的投资总额相同，且均大于 0，则净现值最大的方案最优。从图 11-14 可以看出，本例中的 4 种方案均可行，净现值最大的方案 D 较优。

采用内部收益率法评估运行结果的决策标准是：如果内部收益率大于资金成本，则方案可行；如果几种方案的内部收益率均大于资金成本，且各种方案的投资总额相同，则内部收益率与资金成本之间差值最大的方案最好。本例中内部收益率大于贴现率（假定为 12%），所以 4 种方案均可行，且 B 方案和 D 方案的内部收益率与贴现率的差值较大，方案较优。

采用利润率法评估运行结果的决策标准是：利润率越大，方案越优。因此本例中方案 D 较优。

综上所述，方案 B 和方案 D 较优。具体采用哪一种评估方法，还需要考虑评估准则。

优秀的评估准则应考虑货币时间价值和投资期间的所有现金流量，可显示财富的增长，而投资回收期法不符合这些特点，可排除；因此，方案 D 最优。

11.3　投资项目敏感性分析

在企业的生产经营活动中，由于市场在不断变化，企业的生产销售受到各种因素的影响，企业需要估计这些因素并分析其对企业生产销售的影响。

敏感性分析是投资决策中常用的一种重要的分析方法。它用来衡量当投资方案中某个因素发生变化时，对该方案预期结果的影响程度。如果某因素在较小范围内发生了变动就会影响原定方案的经济效果，则表明该因素的敏感性强；如果某因素在较大范围内变动时才会影响原定方案的经济效果，则表明该因素的敏感性弱。进行敏感性分析有助于企业了解在执行决策方案时应注意的问题，从而可以预先考虑应对措施，避免决策上的失误。

通常要做敏感性分析的因素如下：

（1）投资额，包括固定资产投资和追加的流动资产投资；
（2）项目寿命期；
（3）产品的产销量；
（4）产品价格；
（5）经营成本，特别是其中的变动成本；
（6）项目寿命期末的设备残值；
（7）折现率。

当上述因素发生变化时，对投资回收期、贷款偿还期、净现值、内部收益率都应进行敏感性分析。

11.3.1 投资项目敏感性分析的步骤

在长期投资决策中，敏感性分析通常用来研究投资方案的净现金流量或固定资产寿命发生变动时，对该方案的净现值和内部收益率的影响程度。同时，它也可以用来研究投资项目的内部收益率变动时，对该方案的净现金流量或固定资产使用年限的影响程度。

敏感性分析的一般步骤如下。
（1）确定敏感性分析指标。
（2）选择不确定因素及变动幅度。
（3）计算不确定因素的变动对分析指标的影响程度。
（4）寻找敏感因素。
（5）对敏感因素进行分析，采取措施，提高抵抗风险的能力。
下面通过一个具体实例讲解敏感性分析的步骤和方法。

实例99：某投资项目净现值敏感性分析

实例99：某投资项目净现值敏感性分析

某投资项目的有关资料如图 11-15 所示，所采用的数据是根据对未来可能出现的情况预测的，初始投资、付现成本和销售收入都有可能在-30%～30%的范围内变动。企业采用平均年限法计提折旧，基准收益率为 12%。本实例对这 3 个因素进行敏感性分析。

（1）确定敏感性分析指标。

敏感性分析指标就是敏感性分析的对象，如净现值、内部收益率等经济指标。通常，项目评价用什么指标，敏感性分析就用什么指标。本实例分析不确定因素对净现值的影响，因此选用净现值作为敏感性分析指标。

（2）在工作簿"投资数据.xlsx"中，依据已知数据设计图 11-16 所示的分析表格，并将表格所在工作表重命名为"敏感性分析"。

第 11 章　企业投资决策分析

图 11-15　投资项目原始数据

图 11-16　分析表格

（3）在项目 ch11 中新建一个名为 NPVSensitivity.py 的 Python 文件，然后在命令编辑窗口中编写如下程序，计算净现值。

```python
# /usr/bin/env python3
# -*- coding: UTF-8 -*-
import pandas as pd
import openpyxl as op

# DataFrame 显示为两位小数
pd.options.display.float_format = '{:,.2f}'.format

# 定义.xlsx 文件路径和名称
file = '投资数据.xlsx'
# 加载工作簿
wb = op.load_workbook(file, data_only=True)
# 根据表名获取表格
ws = wb["敏感性分析"]

# 变量赋值
total = ws['B3'].value       # 初始投资
rate = ws['E3'].value        # 基准收益率
tax = ws['F3'].value         # 所得税税率
salvage = ws['D6'].value     # 期末残值
# 第1~7年每年的净现金流量
ws['C7'].value = "=C4-(C5+(C4-C5-({:d}-{:d})/8)*{:f})"\
    .format(total, salvage, tax)
# 第 8 年的净现金流量
ws['D7'].value = "=C7+{:d}".format(salvage)
# 净现值
ws['B8'].value = "=NPV({:f},C7,C7,C7,C7,C7,C7,D7)-{:d}"\
    .format(rate, total)

# 另存文件
newfile = '投资决策.xlsx'
wb.save(newfile)
```

（4）运行程序，打开保存的文件，即可看到计算结果，如图 11-17 所示。

图 11-17　计算净现值

（5）根据已知数据创建不确定因素变化对项目净现值的影响表，如图 11-18 所示。

	A	B	C	D	E	F	G	H
1	投资项目原始数据							
2	年份	第0年	第1~7年	第8年	基准收益率	所得税税率		
3	初始投资	5,000.00			12%	33%		
4	销售收入		3,200.00	3,200.00				
5	付现成本		1,400.00	1,400.00				
6	期末残值			800.00				
7	净现金流量	-5,000.00	1,379.25	2,179.25				
8	净现值			¥2,174.72				
9	不确定因素变化对项目净现值的影响							
10	因素变化率	-30%	-20%	-10%	0%	10%	20%	30%
11	投资额							
12	付现成本							
13	销售收入							

图 11-18　创建表格

（6）在命令编辑窗口中添加如下程序，计算投资额变化时的净现值。

```
col_list = ['B', 'C', 'D', 'E', 'F', 'G', 'H']
for c in col_list:
    # 计算投资额变化时的净现值
    ws['%s11' % c].value = \
        "=NPV({:f},C7,C7,C7,C7,C7,C7,C7,D7)-{:d}*(1+{:s}10)"\
        .format(rate, total, c)
```

运行程序，计算结果如图 11-19 所示。

	A	B	C	D	E	F	G	H
1	投资项目原始数据							
2	年份	第0年	第1~7年	第8年	基准收益率	所得税税率		
3	初始投资	5,000.00			12%	33%		
4	销售收入		3,200.00	3,200.00				
5	付现成本		1,400.00	1,400.00				
6	期末残值			800.00				
7	净现金流量	-5,000.00	1,379.25	2,179.25				
8	净现值			¥2,174.72				
9	不确定因素变化对项目净现值的影响							
10	因素变化率	-30%	-20%	-10%	0%	10%	20%	30%
11	投资额	3,674.72	3,174.72	2,674.72	2,174.72	1,674.72	1,174.72	674.72
12	付现成本							
13	销售收入							

图 11-19　计算投资额变化时的净现值

（7）在命令编辑窗口中的 for 循环中添加如下程序，计算付现成本变化时的净现值。

```
# 付现成本变化时第1~7年的净现金流量
ws['%s17' % c].value = \
    "=C4-(C5*(1+{:s}10)+(C4-C5*(1+{:s}10)-({:d}-{:d})/8)*{:f})" \
    .format(c, c, total, salvage, tax)
# 付现成本变化时第8年的净现金流量
ws['%s18' % c].value = "={:s}17+D6".format(c)
```

第 11 章　企业投资决策分析

```
# 付现成本变化时的净现值
ws['%s12' % c].value = \
    "=NPV({:f},{:s}17,{:s}17,{:s}17,{:s}17,{:s}17,{:s}17,{:s}17," \
    "{:s}18)-{:d}".format(rate, c, c, c, c, c, c, c, c, total)
```

运行结果如图 11-20 所示。

	A	B	C	D	E	F	G	H
1			投资项目原始数据					
2	年份	第0年	第1~7年	第8年	基准收益率	所得税税率		
3	初始投资	5,000.00			12%	33%		
4	销售收入		3,200.00	3,200.00				
5	付现成本		1,400.00	1,400.00				
6	期末残值			800.00				
7	净现金流量	-5,000.00	1,379.25	2,179.25				
8	净现值			¥2,174.72				
9			不确定因素变化对项目净现值的影响					
10	因素变化率	-30%	-20%	-10%	0%	10%	20%	30%
11	投资额	3,674.72	3,174.72	2,674.72	2,174.72	1,674.72	1,174.72	674.72
12	付现成本	3,572.62	3,106.65	2,640.69	2,174.72	1,708.76	1,242.79	776.83
13	销售收入							

图 11-20　计算付现成本变化时的净现值

（8）在命令编辑窗口中的 for 循环中添加如下程序，计算销售收入变化时的净现值。

```
# 销售收入变化时第 1~7 年的净现金流量
ws['%s19' % c].value = \
    "=C4*(1+{:s}10)-(C5+(C4*(1+{:s}10)-C5-({:d}-{:d})/8)*{:f})" \
    .format(c, c, total, salvage, tax)
# 销售收入变化时第 8 年的净现金流量
ws['%s20' % c].value = "={:s}19+D6".format(c)
# 销售收入变化时的净现值
ws['%s13' % c].value = \
    "=NPV({:f},{:s}19,{:s}19,{:s}19,{:s}19,{:s}19,{:s}19,{:s}19," \
    "{:s}20)-{:d}".format(rate, c, c, c, c, c, c, c, c, total)
```

运行结果如图 11-21 所示。

	A	B	C	D	E	F	G	H
1			投资项目原始数据					
2	年份	第0年	第1~7年	第8年	基准收益率	所得税税率		
3	初始投资	5,000.00			12%	33%		
4	销售收入		3,200.00	3,200.00				
5	付现成本		1,400.00	1,400.00				
6	期末残值			800.00				
7	净现金流量	-5,000.00	1,379.25	2,179.25				
8	净现值			¥2,174.72				
9			不确定因素变化对项目净现值的影响					
10	因素变化率	-30%	-20%	-10%	0%	10%	20%	30%
11	投资额	3,674.72	3,174.72	2,674.72	2,174.72	1,674.72	1,174.72	674.72
12	付现成本	3,572.62	3,106.65	2,640.69	2,174.72	1,708.76	1,242.79	776.83
13	销售收入	-1,020.46	44.60	1,109.66	2,174.72	3,239.79	4,304.85	5,369.91

图 11-21　计算销售收入变化时的净现值

为了能够直观地比较不确定因素对净现值的影响，接下来绘制折线图。

（9）在命令编辑窗口中添加如下程序，获取图表数据，绘制折线图。

```python
import matplotlib.pyplot as plt    # 导入 matplotlib.pyplot 模块

plt.rcParams['font.sans-serif'] = ['SimHei']    # 解决中文乱码问题
plt.rcParams["axes.unicode_minus"] = False      # 负号的正常显示

# 读取.xlsx 文件，第 10 行为表头
df = pd.read_excel(file, sheet_name="敏感性分析", skiprows=9)
# 获取图表数据
y1 = df.loc[0].iloc[1:]         # 投资额
y2 = df.loc[1].iloc[1:]         # 付现成本
y3 = df.loc[2].iloc[1:]         # 销售收入
x = range(0, 7)                 # 横坐标轴刻度
cols = df.columns               # 列名
# 获取因素变化率
xt = []
for i in range(1, len(cols)):
    xt.append(cols[i])
# 绘制折线图，指定颜色、标记、线型和标签
plt.plot(x, y1, color='red', marker='*', linestyle='-', label='投资额')
plt.plot(x, y2, color='blue', marker='h', linestyle='-', label='付现成本')
plt.plot(x, y3, color='black', marker='s', linestyle='-', label='销售收入')
# 在右下角添加图例
plt.legend(loc=4)
# 添加标题
label = '投资项目净现值敏感性分析'
plt.title(label, fontsize=20, fontweight='heavy', loc='center')
# 设置坐标轴刻度
plt.xticks(x, xt, color='blue')
plt.show()      # 显示图表
```

运行结果如图 11-22 所示。

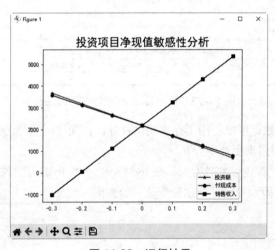

图 11-22　运行结果

从图 11-22 可以看出，销售收入对净现值的影响最大，付现成本其次，投资额对净现值的影响最小。

11.3.2　多因素变动对净现值的影响

在 11.3.1 节的某投资项目净现值敏感性分析中，总是假定其他因素不

11.3.2　多因素变动对净现值的影响

第 11 章　企业投资决策分析

变,只有一个不确定因素发生变化,这属于单因素敏感性分析。实际上,现实中常常遇到多种不确定因素同时发生变化的情况,例如上个实例中的投资额、付现成本、销售收入均有可能同时发生波动。本节将参照 11.2.2 节所述的投资决策分析的净现值模型,来分析多因素变动对净现值的综合影响。

某投资方案预计总投资为 1500 万元,年销量为 30 万台,产品单价为 45 元,年经营固定成本为 150 万元,产品的单位变动成本为 25 元,方案寿命期为 10 年,期末残值为 100 万元,基准收益率为 15%,所得税税率为 33%,采用平均年限法计提折旧。假设初始投资、年销售量、产品单价、年经营固定成本、单位变动成本、寿命期、期末残值和基准收益率都有可能在-30%~30%的范围内变动,分析多因素变动对净现值的影响。

操作步骤如下。

(1)在工作簿"投资数据.xlsx"中,依据已知数据设计如图 11-23 所示的分析表格,重命名为"净现值敏感性分析"。

	A	B	C	D	E
1	基于净现值的多因素敏感性分析				
2	已知条件		因素变化情况		
3	项目	预计值	变化后的数值	变动百分比	变动区间百分比
4	初始投资(万元)	1500			80
5	期末残值(万元)	100			60
6	寿命期(年)	10			45
7	年经营固定成本(万元)	150			55
8	年销售量(万台)	30			90
9	产品单价(元/台)	45			45
10	单位变动成本(元/台)	25			50
11	基准收益率(%)	15%			45
12	所得税税率	33%			
13	折旧方法	平均年限法			
14	最大变化率	30%			
15	多因素变动对净现值的影响(万元)				
16	预计净现值	变动后净现值	净现值变动额	变动幅度	
17					

图 11-23　投资项目净现值敏感性分析

其中,E 列是辅助数据区域,用于存放变动百分比在变化区间-30%~30%中的位置,本例假设初始值均为 50,即因素变动率为 0。

(2)在项目 ch11 中新建一个名为 sensitivityModel.py 的 Python 文件,然后在命令编辑窗口中编写如下程序,计算因素变动百分比和变化后的数值。

```
# /usr/bin/env python3
# -*- coding: UTF-8 -*-
import pandas as pd
import openpyxl as op

# DataFrame 显示为两位小数
pd.options.display.float_format = '{:,.2f}'.format

# 定义.xlsx 文件路径和名称
file = '投资数据.xlsx'
# 加载工作簿
wb = op.load_workbook(file, data_only=True)
# 根据表名获取表格
ws = wb["净现值敏感性分析"]
```

```
interval = ws['B14'].value    # 最大变化区间
# 计算因素变化值
for r in range(4, 12):
    # 变动百分比
    ws['D%d' % r].value = ws['E%d' % r].value\
                          * 2 * interval / 100 - interval
    # 变动后的数值
    ws['C%d' % r].value = ws['B%d' % r].value\
                          * (1+ws['D%d' % r].value)

# 另存文件
newfile = '投资决策.xlsx'
wb.save(newfile)
```

（3）运行程序，打开保存的文件，即可在 C 列和 D 列看到计算结果，如图 11-24 所示。

	A	B	C	D	E
1	基于净现值的多因素敏感性分析					
2	已知条件		因素变化情况		
3	项目	预计值	变化后的数值	变动百分比	变动区间百分比
4	初始投资(万元)	1500	1500.00	0.00%	50
5	期末残值(万元)	100	100.00	0.00%	50
6	寿命期(年)	10	10.00	0.00%	50
7	年经营固定成本(万元)	150	150.00	0.00%	50
8	年销售量(万台)	30	30.00	0.00%	50
9	产品单价(元/台)	45	45.00	0.00%	50
10	单位变动成本(元/台)	25	25.00	0.00%	50
11	基准收益率(%)	15%	15.00%	0.00%	50
12	所得税税率	33%			
13	折旧方法	平均年限法			
14	最大变化率	30%			

图 11-24　计算结果

接下来计算预计净现值。在之前的计算中，都是直接调用 Excel 中的 NPV 函数在单元格中计算净现值，或调用 numpy-financial 模块库中的 npv 函数计算净现值。本例将自定义一个函数，通过调用 numpy-financial 模块库中的 pv 函数，计算预计净现值。

（4）在项目 ch11 中加载 numpy-financial 模块库，并在命令编辑窗口中添加如下语句导入该模块库，自定义函数根据给定数据计算预计净现值。

```
import numpy_financial as npf


def npv_value(amount: float, scrap: float, years: int,
              cost: float, sales_num: int, unit_price: float,
              v_cost: float, base_interest: float, tax_income: float):
    """
    根据给定数据，计算预计净现值
    amount:初始投资
    scrap:残值
    years:使用寿命
    cost: 固定成本
    sales_num:销售量
    unit_price:产品单价
    v_cost:单位变动成本
    base_interest:基准收益率
    tax_income:所得税税率

    """
    cash_flow = (sales_num*(unit_price - v_cost)-cost)*(1-tax_income)\
```

```
            + (amount-scrap)/years*tax_income    # 净现金流量
    net_pv = npf.pv(base_interest, years, -cash_flow, -scrap)-amount
    return net_pv

# 变量赋值
total = ws['B4'].value           # 初始投资
rate = ws['B11'].value           # 基准收益率
tax = ws['B12'].value            # 所得税税率
life = ws['B6'].value            # 寿命期
salvage = ws['B5'].value         # 期末残值
sales = ws['B8'].value           # 年销售量
price = ws['B9'].value           # 产品单价
variable_cost = ws['B10'].value  # 单位变动成本
fixed_cost = ws['B7'].value      # 年经营固定成本
# 预计净现值
pre_npv = npv_value(total, salvage, life,
           fixed_cost, sales, price,
           variable_cost, rate, tax)
ws['A17'].value = pre_npv
```

（5）运行程序，打开保存的文件，即可看到计算的预计净现值，如图 11-25 所示。

	A	B	C	D	E
1	基于净现值的多因素敏感性分析				
2	已知条件		因素变化情况		
3	项目	预计值	变化后的数值	变动百分比	变动区间百分比
4	初始投资(万元)	1500	1500.00	0.00%	50
5	期末残值(万元)	100	100.00	0.00%	50
6	寿命期(年)	10	10.00	0.00%	50
7	年经营固定成本(万元)	150	150.00	0.00%	50
8	年销售量(万台)	30	30.00	0.00%	50
9	产品单价(元/台)	45	45.00	0.00%	50
10	单位变动成本(元/台)	25	25.00	0.00%	50
11	基准收益率(%)	15%	15.00%	0.00%	50
12	所得税税率	33%			
13	折旧方法	平均年限法			
14	最大变化率	30%			
15	多因素变动对净现值的影响（万元）				
16	预计净现值	变动后净现值	净现值变动额	变动幅度	
17	269.74				

图 11-25　计算预计净现值

（6）计算变动后净现值。由于变动后净现值计算方法与预计净现值相同，只是引用的数据为 C 列的数据，因此可以使用循环语句计算净现值。修改后的程序如下：

```
from openpyxl.utils import column_index_from_string, get_column_letter

# 变量赋值
tax = ws['B12'].value    # 所得税税率
for c in ['B', 'C']:
    total = ws['%s4' % c].value           # 初始投资
    rate = ws['%s11' % c].value           # 基准收益率
    life = ws['%s6' % c].value            # 寿命期
    salvage = ws['%s5' % c].value         # 期末残值
    sales = ws['%s8' % c].value           # 年销售量
    price = ws['%s9' % c].value           # 产品单价
    variable_cost = ws['%s10' % c].value  # 单位变动成本
    fixed_cost = ws['%s7' % c].value      # 年经营固定成本
    # 计算净现值
    pre_npv = npv_value(total, salvage, life,
               fixed_cost, sales, price,
```

```
                    variable_cost, rate, tax)
col_ind = column_index_from_string(c)    # 根据字母返回列的数字
cols = get_column_letter(col_ind-1)      # 根据列的数字返回字母
ws['%s17' % cols].value = pre_npv
```

运行结果如图 11-26 所示。

图 11-26 计算预计净现值和变动后净现值

（7）在命令编辑窗口中添加如下程序，计算净现值变动额和变动幅度。

```
# 计算净现值变动额和变动幅度
ws['C17'].value = "=B17-A17"    # 净现值变动额
ws['D17'].value = "=C17/A17"    # 变动幅度
```

运行结果如图 11-27 所示。

图 11-27 计算净现值变动额和变动幅度

至此，基于净现值的多因素敏感性分析模型建立完成。用户通过修改 E 列的数值（即因素变动幅度，值为 0～100，对应变化区间为-30%～30%）可以查看多因素变动对净现值的影响，如图 11-28 所示。

第 11 章 企业投资决策分析

1	基于净现值的多因素敏感性分析				
2		已知条件		因素变化情况	
3	项目	预计值	变化后的数值	变动百分比	变动区间百分比
4	初始投资(万元)	1500	1770.00	18.00%	80
5	期末残值(万元)	100	106.00	6.00%	60
6	寿命期(年)	10	9.70	-3.00%	45
7	年经营固定成本(万元)	150	154.50	3.00%	55
8	年销售量(万台)	30	37.20	24.00%	90
9	产品单价(元/台)	45	43.65	-3.00%	45
10	单位变动成本(元/台)	25	25.00	0.00%	50
11	基准收益率(%)	15%	14.55%	-3.00%	45
12	所得税税率	33%			
13	折旧方法	平均年限法			
14	最大变化率	30%			
15	多因素变动对净现值的影响(万元)				
16	预计净现值	变动后净现值	净现值变动额	变动幅度	
17	269.74	361.63	91.89	34.07%	

图 11-28　多因素敏感性分析模型

11.3.3　单因素变动对净现值的影响

本节分析各个因素单独变动时，对净现值的影响。

（1）在工作表"净现值敏感性分析"中设计单因素变动影响分析表格，如图 11-29 所示。

18	单因素变动对净现值的影响(万元)				
19	项目	因素变动百分比	变动后净现值	净现值变动额	净现值变动幅度
20	初始投资(万元)				
21	期末残值(万元)				
22	寿命期(年)				
23	年经营固定成本(万元)				
24	年销售量(万台)				
25	产品单价(元/台)				
26	单位变动成本(元/台)				
27	基准收益率(%)				

图 11-29　单因素变动影响分析表格

11.3.3　单因素变动对净现值的影响

（2）打开 Python 文件 sensitivityModel.py，在命令编辑窗口中添加如下程序，计算因素变动百分比，以及单因素变动后净现值。

```
# 单因素变动敏感性分析
# 因素变动百分比
for i, j in zip(range(20, 28), range(4, 12)):
    ws['B%d' % i].value = ws['D%d' % j].value
# 获取参数
args_pre = []    # 变动前
args_cur = []    # 变动后
for s in ['B', 'C']:
    total = ws['%s4' % s].value       # 初始投资
    salvage = ws['%s5' % s].value     # 期末残值
    life = ws['%s6' % s].value        # 寿命期
    fixed_cost = ws['%s7' % s].value  # 年经营固定成本
    sales = ws['%s8' % s].value       # 年销售量
    price = ws['%s9' % s].value       # 产品单价
    variable_cost = ws['%s10' % s].value  # 单位变动成本
    rate = ws['%s11' % s].value       # 基准收益率
    if s == 'B':
```

```python
            args_pre.append(total)
            args_pre.append(salvage)
            args_pre.append(life)
            args_pre.append(fixed_cost)
            args_pre.append(sales)
            args_pre.append(price)
            args_pre.append(variable_cost)
            args_pre.append(rate)
        else:
            args_cur.append(total)
            args_cur.append(salvage)
            args_cur.append(life)
            args_cur.append(fixed_cost)
            args_cur.append(sales)
            args_cur.append(price)
            args_cur.append(variable_cost)
            args_cur.append(rate)

# 计算变动后净现值
num = len(args_pre)
for r, j in zip(range(20, 28), range(0, num)):
    tem_args = args_pre.copy()      # 复制变化前的数据
    tem_args[j] = args_cur[j]       # 修改数据
    # 调用自定义函数计算变动后净现值
    tem_npv = npv_value(tem_args[0], tem_args[1], tem_args[2],
                        tem_args[3], tem_args[4], tem_args[5],
                        tem_args[6], tem_args[7], tax)
    ws['C%d' % r].value = tem_npv   # 写入单元格
```

运行程序，结果如图 11-30 所示。

	A	B	C	D	E
1	基于净现值的多因素敏感性分析				
2	已知条件		因素变化情况		
3	项目	预计值	变化后的数值	变动百分比	变动区间百分比
4	初始投资(万元)	1500	1770.00	18.00%	80
5	期末残值(万元)	100	106.00	6.00%	60
6	寿命期(年)	10	9.70	-3.00%	45
7	年经营固定成本(万元)	150	154.50	3.00%	55
8	年销售量(万台)	30	37.20	24.00%	90
9	产品单价(元/台)	45	43.65	-3.00%	45
10	单位变动成本(元/台)	25	25.00	0.00%	50
11	基准收益率(%)	15%	14.55%	-3.00%	45
12	所得税率	33%			
13	折旧方法	平均年限法			
14	最大变化率	30%			
15	多因素变动对净现值的影响（万元）				
16	预计净现值	变动后净现值	净现值变动额	变动幅度	
17	269.74	361.63	91.89	34.07%	
18	单因素变动对净现值的影响（万元）				
19	项目	因素变动百分比	变动后净现值	净现值变动额	净现值变动幅度
20	初始投资(万元)	18.00%	44.46		
21	期末残值(万元)	6.00%	270.23		
22	寿命期(年)	-3.00%	253.34		
23	年经营固定成本(万元)	3.00%	254.61		
24	年销售量(万台)	24.00%	753.96		
25	产品单价(元/台)	-3.00%	133.56		
26	单位变动成本(元/台)	0.00%	269.74		
27	基准收益率(%)	-3.00%	301.08		

图 11-30　计算单因素变动后净现值

(3) 在命令编辑窗口中添加如下程序，计算净现值变动额和净现值变动幅度。

```
# 计算净现值变动额和净现值变动幅度
ws['C17'].value = "=B17-A17"      # 净现值变动额
ws['D17'].value = "=C17/A17"      # 净现值变动幅度
```

运行结果如图 11-31 所示。

	A	B	C	D	E
1		基于净现值的多因素敏感性分析			
2	已知条件		因素变化情况		
3	项目	预计值	变化后的数值	变动百分比	变动区间百分比
4	初始投资(万元)	1500	1770.00	18.00%	80
5	期末残值(万元)	100	106.00	6.00%	60
6	寿命期(年)	10	9.70	-3.00%	45
7	年经营固定成本(万元)	150	154.50	3.00%	55
8	年销售量(万台)	30	37.20	24.00%	90
9	产品单价(元/台)	45	43.65	-3.00%	45
10	单位变动成本(元/台)	25	25.00	0.00%	50
11	基准收益率(%)	15%	14.55%	-3.00%	45
12	所得税税率	33%			
13	折旧方法	平均年限法			
14	最大变化率	30%			
15	多因素变动对净现值的影响（万元）				
16	预计净现值	变动后净现值	净现值变动额	变动幅度	
17	269.74	361.63	91.89	34.07%	
18	单因素变动对净现值的影响（万元）				
19	项目	因素变动百分比	变动后净现值	净现值变动额	净现值变动幅度
20	初始投资(万元)	18.00%	44.46	-225.28	-83.52%
21	期末残值(万元)	6.00%	270.23	0.49	0.18%
22	寿命期(年)	-3.00%	253.34	-16.41	-6.08%
23	年经营固定成本(万元)	3.00%	254.61	-15.13	-5.61%
24	年销售量(万台)	24.00%	753.96	484.21	179.51%
25	产品单价(元/台)	-3.00%	133.56	-136.18	-50.49%
26	单位变动成本(元/台)	0.00%	269.74	0.00	0.00%
27	基准收益率(%)	-3.00%	301.08	31.34	11.62%

图 11-31　投资项目敏感性分析模型

至此，完成了单因素变动对净现值影响的分析。